화엄경소론찬요
華嚴經疏論纂要

1

화엄경소론찬요
華嚴經疏論纂要 ①

◉ 일러두기 ◉

1. 이 책의 원서는 명말청초 때의 승려인 도패 스님※이 약술 편저한 《화엄경소론찬요》이다. 《대방광불화엄경》 80권본을 기초로 하여, 경문에 청량 스님의 소초(疏鈔)와 이통현 장자의 논(論)을 붙여 상세하게 풀이하였다.

2. 경(經), 소(疏), 논(論)은 원문에 토를 붙여서 그 뜻을 이해하기 편하도록 했으며, 원문 바로 아래 번역문을 넣었다.

3. 원문을 살려 그대로 옮겨 놓음을 원칙으로 하다 보니 본문의 제목 번호에 있어서 다소 혼동이 올 수 있다. 그럴 경우 목차를 참고하기 바란다.

4. 산스크리트 어 표기는 〈표준국어대사전〉과 〈불광 사전〉 등에 등재된 음역어를 사용하였으며, 불교 용어에 대한 설명은 주로 〈불광 사전〉을 참고하였다.

※ 위림도패(爲霖道霈, 1615~1702) 스님은 명말청초 때의 조동종 승려이다. 14세 때 백운사(白雲寺)에서 출가하여 경교(經敎)를 공부했다. 영각원현을 모시며 법을 이었고, 천동산(天童山) 밀운원오(密雲圓悟)에게 배워 크게 깨달았다. 그 후 백장산(百丈山)에 암자를 짓고 5년 동안 정업(淨業)을 닦았다. 나중에 고산(鼓山)으로 옮겨 20여 년 동안 살았는데 귀의하는 사람이 매우 많았다.
저술로는 《인왕반야경합소(仁王般若經合疏)》 3권을 비롯하여 《화엄경소론찬요(華嚴經疏論纂要)》 120권, 《법화경문구찬요(法華經文句纂要)》 7권, 《불조삼경지남(佛祖三經指南)》 3권, 《위림도패선사병불어록(爲霖道霈禪師秉拂語錄)》 2권, 《여박암고(旅泊庵稿)》 4권, 《선해십진(禪海十珍)》 1권, 《사십이장경지남(四十二章經指南)》, 《불유교경지남(佛遺教經指南)》, 《고산록(鼓山錄)》 6권, 《반야심경청익설(般若心經請益說)》, 《팔십팔불참(八十八佛懺)》, 《준제참(準提懺)》, 《발원문주(發願文註)》 등이 있다.

《화엄경소론찬요》 번역서를 간행하면서

《화엄경》은 비로자나 세존께서 보리도량에서 처음 정각을 성취하신 후, 일곱 도량 아홉 차례의 법문에서 일진(一眞)의 법계(法界)와 제불의 과원(果願)을 보여주시어 미묘한 현지(玄旨)와 그지없는 종취(宗趣)를 밝혀주신 최상의 경전이다. 이처럼 《화엄경》은 법계와 우주가 둘이 아닌 하나로 그 광대함을 말하면 포괄하지 않음이 없고, 그 심오함을 말하면 갖춰 있지 않음이 없어 공간으로는 법계에 다하고 시간으로는 삼세에 통하고 있다.

이러한 이유에서 《화엄경》은 근본 법륜으로 중국은 물론 동양 각국에서 높이 받들며 수많은 주석서가 간행되어 왔다. 그러나 세상에 널리 알려진 것은 청량 국사의 《대방광불화엄경소초(大方廣佛華嚴經疏鈔)》와 통현 장자의 《대방광불화엄경론(大方廣佛華嚴經論)》이다. 소초(疏鈔)는 철저한 장 구(章句)의 분석으로 본말을 지극히 밝혀주었고, 논(論)은 부처님의 논지를 널리 논변하여 자심(自心)으로 회귀하고 있는 것이 특징이다. 이처럼 청량소초와 통현론은 양대 명저(名著)로 모두 수증(修證)하는 데에 지극한 궤범(軌範)이었다.

탄허 대종사께서는 이러한 점을 토대로 통현론을 주(主)로 하고 청량소초를 보(補)로 하여 번역하심으로써 《화엄경》이 동양에 전해진 이후 동양 최초의 《화엄경》 번역이라는 쾌거를 이룩하셨다. 일찍이 한국불교에 침체된 화엄사상은 대종사의 번역에 힘입어 다시 온 누리에 화엄의 꽃비가 내려 화엄의 향기로 불국정토를 성취하여 더할 수 없는, 지극한 법륜을 설하셨다.

그러나 대종사께서 열반하신 이후, 불법은 날로 쇠퇴하고 중생의 근기는 날로 용렬하여 방대한 소초와 논을 열람하기에는 역부족이었다. 이에 대종사의 《화엄경》을 다시 한 번 밝히기 위해서는 또 다른 모색을 필요로 할 시점에 이르렀다. 보다 쉽게 볼 수 있고 간명한 데에서 심오한 데로, 물줄기에서 본원을 찾아갈 수 있는 진량(津梁)을 찾지 않는다면 대종사의 평생 정력을 저버리게 된다는 절박한 마음이 없지 않았다.

청대(淸代) 도패(道霈) 대사는 청량의 소초와 통현의 논 가운데 그 정요(精要)만을 뽑아 《화엄경소론찬요(華嚴經疏論纂要)》를 편집하였다. 이는 매우 방대한 소초와 논을 축약하여, 가까이는 청량 국사와 통현 장자의 심법을 전수하였고 멀리는 비로자나불의 묘체(妙諦)를 밝혀주는 오늘날 최고의 《화엄경》 주석서이다.

이에 《화엄경소론찬요》를 대본으로 하여, 다시 대종사의 번역서를 참고하면서 현대인이 보다 쉽게 이해할 수 있는 번역서를 간행하기에 이르렀다.

이제 돌이켜 생각하면 무상한 세월 속에 감회가 적지 않다. 내 지난날 출가 입산하여 겨우 이레가 되던 날, 처음 접한 경전이 《화엄경》이었다. 행자 생활을 시작한 영은사는 대종사께서 오대산 수도원이 해산된 후, 이의 연장선상에서 3년 결사(結社)를 선포하시고 《화엄경》 번역이라는 대작불사를 시작하여 강의하셨던, 한국불교사에 한 획을 그려준 역사의 도량이었다.

그 당시 대종사께서는 행자인 나에게 《화엄경》을 청강하라 하시면서 "설령 알아듣지 못할지라도 들어두면 글눈이 생겨 안 들은 것보다 낫다."고 권면하셨다. 이제 생각해보면 행자 출가 즉시 《화엄경》 공부 자리에 참여했다는 것은 전생의 숙연(宿緣)이 아니었으면 어떻게 그 당시 그 법회에 참석이나 할 수 있었겠는가. 이는 행운 중 행운으로 다겁의 선근공덕이 아닐까 생각되며, 아울러 늦게나마 대종사의 영전에 하나의 향을 올리는 바이다.

처음 《화엄경》 설법을 듣는 순간, 끝없는 우주법계의 장엄세계가 황홀하고 법계를 밝혀주고 무진 보배를 담고 있는 바다의 불가사의한 공덕이라는 대종사의 사자후가 머릿속에 쟁쟁하게 울려왔을 뿐, 그 도리를 이해한다는 것은 나의 근기로서는 도저히 불가능한 일이었다. "쭉정이만도 못하다."고 꾸지람을 하시던 대종사의 방할(棒喝)을 맞으며 영은사에서의 결사가 끝난 후, 나는 단 한 번도 《화엄경》을 펼쳐 볼 엄두를 내지 못했다.

그러던 몇 해 전, 무비 스님께서 범어사에서 《화엄경》을 강좌하시면서 서울에서도 《화엄경》 강좌를 열어보라고 권할 적만 하더라도 언감생심 《화엄경》을 강의하겠다는 생각을 하지 못하였다. 그러나 씨앗을 뿌려놓으면 새싹이 돋아나듯, 반드시 인연법은 사라지지 않는 모양이다. 영은사에서의 《화엄경》 인연이 자곡동 탄허기념박물관에 화엄각건립불사를 발원하게 되었고, 화엄각건립불사를 위하여 《화엄경》 강좌를 열기에 이를 줄은 꿈에도 생각지 못하였다.

미력한 소견으로 강좌를 열면서 정리된 강의 자료를 여러 뜻있는 이들과 다시 한 번 토론하고 강마하면서 우선 〈세주묘엄품〉부터 출간하게 되었으며, 앞으로도 연차적으로 간행할 예정이다.

이 책이 나오도록 기꺼이 설판제자가 되어주신 김철관(金澈官), 오정순(吳貞順) 불자(佛子)의 심신이 건강하고 사업이 번창하여 세세생생 부처님 가피가 충만하시기를 바라 마지않으며, 무주상으로 동참해주신 무애지, 법연심 등, 그리고 화엄각 불사에 앞장서주신 모든 불자들의 향연공덕이 무량하여 이 책이 간행된 인연으로 다시 한 번 화엄사상이 꽃피어 온 누리에 탄허 대종사의 공덕이 빛나고, 아울러 화엄정토가 구현되어 남북의 통일과 세계의 평화 속에서 부처님 세계 화엄정토가 이루어지길 진심으로 축원하는 바이다.

2016년 5월

五臺山 後學 彗炬 合掌 再拜

◉ 목 차 ◉

간행사 《화엄경소론찬요》 번역서를 간행하면서 5

화엄경소론찬요 제1권

경문에 들어가기에 앞서 대의를 밝히다 17

1. 7처 9회의 품과 차례 18
2. 경문을 구분하는 큰 과목 30
3. 경문의 종취宗趣를 밝히다 42
4. 경문의 과판科判, 이는 원교圓教에 속한다 52
5. 원의圓義에 대한 구분과 한계를 보이다 58
6. 가피를 받을 수 있는 대상의 근기 83

경제품목 (2) 93

경의 명제를 해석하다 – 대방광불화엄경大方廣佛華嚴經 93
품목을 해석하다 – 제1 세주묘엄품世主妙嚴品 111

화엄경소론찬요 제2권 ◉ 세주묘엄품 제1-1

경문을 해석하다 119

◉ 세주묘엄품

1. 가르침이 시작된 인연
제1. 여시아문如是我聞 128
제2. 설법주 · 설법 시기 · 설법 도량 134
제3. 설법 시기를 별도로 밝히다
 – 시성정각始成正覺 139
제4. 별도로 설법 도량의 장엄을 밝히다 156
 1. 도량의 장엄 159
 2. 보리수의 장엄 163
 3. 궁전의 장엄 169
 4. 사자좌의 장엄 174

화엄경소론찬요 제3권 ◉ 세주묘엄품 제1–2

제5. 세존의 불가사의 191

화엄경소론찬요 제4권 ◉ 세주묘엄품 제1–3

제6. 바다와 같은 대중이 운집하다 235
 1. 모임의 의미 235
 2. 모임의 원인 238

3. 대중의 무리를 분별함 240
4. 대중의 수효를 정함 241
5. 방편대중과 실법대중 245
6. 대중의 지위 247
7. 대중의 선후 순서 249
8. 대중의 있고 없음 252
9. 들음과 듣지 못함 255
10. 경문의 해석 256

1) 동생同生 대중
(1) 수효를 내세워 무리를 분별함 258
(2) 이름을 열거하며 수효를 끝맺음 261
(3) 지닌 공덕이 원만함 269

화엄경소론찬요 제5권 ◉ 세주묘엄품 제1–4

2) 이생異生 대중
(1) 잡류의 많은 신중
- 제1 금강신중金剛神衆 326
- 제2 신중신身衆神 332
- 제3 족행신足行神 334
- 제4 도량신道場神 336
- 제5 주성신主城神 338
- 제6 주지신主地神 340
- 제7 주산신主山神 341
- 제8 주림신主林神 343
- 제9 주약신主藥神 344
- 제10 주가신主稼神 346
- 제11 주하신主河神 348
- 제12 주해신主海神 350
- 제13 주수신主水神 352
- 제14 주화신 主火神 354
- 제15 주풍신主風神 356
- 제16 주공신主空神 357

• 제17 주방신主方神 359
• 제18 주야신主夜神 361
• 제19 주주신主晝神 363

(2) 팔부사왕八部四王의 대중
• 제1 아수라왕阿修羅王 365
• 제2 가루라왕迦樓羅王 368
• 제3 긴나라왕緊那羅王 376
• 제4 마후라가왕摩睺羅伽王 378
• 제5 야차왕夜叉王 380
• 제6 용왕龍王 383
• 제7 구반다왕鳩盤茶王 389
• 제8 건달바왕乾闥婆王 391

(3) 욕색제천중欲色諸天衆
① 욕계 제천
• 제1 월천자月天子 395
• 제2 일천자日天子 397
• 제3 33천(도리천)왕 400
• 제4 수야마천왕須夜摩天王 405
• 제5 도솔타천왕兜率陀天王 407
• 제6 화락천왕化樂天王 409
• 제7 타화자재천왕他化自在天王 411
② 색계 제천
• 제1 대범천왕大梵天王 414
• 제2 광음천光音天 416
• 제3 변정천徧淨天 419
• 제4 광과천廣果天 420
• 제5 대자재천大自在天 422

화엄경소론찬요 제6권 ◉ 세주묘엄품 제1-5

제7. 부처님을 찬양하고 덕을 찬탄하다 427
1. 도량에 위의를 갖추고 모여든 대중의 모습을 총괄하여 끝맺다 428
2. 덕행의 인연을 총괄하여 나타내다 430
3. 개별로 법문을 얻어 부처님을 찬탄하다 443

1) 이생異生 대중
(1) 욕색제천중欲色諸天衆
① 색계 제천
• 제1 대자재천 장항 10법 444
• 제2 제4선善 광과천 장항 10법 486
• 제3 삼선천三禪天 장항 10법 503
• 제4 이선천二禪天 장항 10법 521

화엄경소론찬요 제7권 ◉ 세주묘엄품 제1–6

• 제5 초선천初禪天 장항 10법 539
② 욕계 제천
• 제1 타화천왕他化天王 장항 10법 552
• 제2 화락천化樂天 장항 11법 565
• 제3 지족천知足天 장항 10법 583
• 제4 시분천時分天 장항 10법 596
• 제5 33천왕 장항 11법 607
• 제6 일천자日天子 장항 11법 621
• 제7 월천자月天子 장항 10법 637

화엄경소론찬요 제1권

華嚴經疏論纂要 卷第一

經前懸示

경문에 들어가기에 앞서 대의를 밝히다

經前懸示는 疏·論에 各有十門이로되 取其大意면 略立六段이니 一은 明處會品第오 二는 分經之大科오 三은 顯經之宗趣오 四는 判經屬圓教오 五는 示圓義分齊오 六은 明所被之機라

경문을 들어가기에 앞서 대의를 밝히니, 청량 국사의 '疏'와 통현 장자의 '論'에 각기 열 가지의 주제[十門]로 구분하였지만, 그 대의를 간추려 말하면 간단하게 6단락으로 정리할 수 있다.

1. 7處 9會의 品과 차례를 밝힘.
2. 경문을 구분하는 큰 과목.
3. 경문의 근본 종지[宗趣]를 밝힘.
4. 화엄경의 科判[1]은 圓教에 속함.
5. 圓義에 대한 구분과 한계[分齊][2]를 보임.
6. 가피를 받을 수 있는 대상의 근기를 밝힘이다.

....

1 科判 : 경문의 내용을 章節로 나누는 과목.

2 分齊 : 불광사전에 의하면, 한계·차별을 말한다. 또는 어느 程度와 차별을 갖춘 지위·계층·신분을 말한다. 불교의 論書에서 흔히 사용하는 어휘. 分別 또는 界別 등이라 말하지 않고 일반적으로 程度上의 차이·구별을 강조하기 위한 것으로 일반적인 성질의 차이를 말하는 것이 아니다. 후세에는 分際라는 단어와 혼용하는 경우가 많았다고 한다.

今初는 處會品第라

제1. 7처 9회의 품과 차례

此一部全經은 疏는 分爲七處九會·三十九品이어니와 論은 分爲十處·十會·四十品이라 疏論이 稍殊나 意各有在라

이 화엄경에 대해 청량 '소'에서는 7처·9회·39품으로 구분했는데, 통현 '논'에서는 10처·10회·40품으로 구분하였다. 소와 논에서 조금 달리 말했지만 각각 그 나름대로의 뜻이 있다.

◉ 疏 ◉

七處九會는 三十九品者라

7처 9회의 내용은 39품이다.

初會는 菩提場에 普賢菩薩로 爲會主하야 說毗盧遮那如來依正因果法門이라 自第一卷으로 至十一卷히 共六品經이라 六品者는 世主妙嚴品·如來現相品·普賢三昧品·世界成就品·華藏世界品·毗盧遮那品이라

첫 법회는 보리도량에서 보현보살로 會主를 삼아 비로자나여래의 依報와 正報에 의한 '因果' 법문을 설하였다. 제1권으로부터 11권까지 모두 6품의 경이다. 6품의 경은 제1 세주묘엄품·제2 여래현상품·제3 보현삼매품·제4 세계성취품·제5 화장세계품·제6 비로자나품이다.

第二會는 普光明殿에 文殊師利菩薩로 爲會主하야 說十信法門이라 自十二卷으로 至十五卷히 共六品經이라 六品者는 如來名號品·四聖諦品·光明覺品·菩薩問明品·淨行品·賢首品이라

둘째 법회는 보광명전에서 문수사리보살로 회주를 삼아 '十信' 법문을 설하였다. 제12권으로부터 15권까지 모두 6품의 경이다.

6품의 경은 제7 여래명호품·제8 사성제품·제9 광명각품·제10 보살문명품·제11 정행품·제12 현수품이다.

第三會는 忉利天宮에 法慧菩薩로 爲會主하야 說十住法門이라 自十六卷으로 至十八卷히 共六品經이라 六品者는 升須彌山頂品·須彌山頂偈讚品·十住品·梵行品·初發心功德品·明法品이라

셋째 법회는 도리천궁에서 법혜보살로 회주를 삼아 '十住' 법문을 설하였다. 제16권으로부터 18권까지 모두 6품의 경이다.

6품의 경은 제13 승수미산정품·제14 수미산정게찬품·제15 십주품·제16 범행품·제17 초발심공덕품·제18 명법품이다.

第四會는 夜摩天宮에 功德林菩薩로 爲會主하야 說十行法門이라 自十九卷으로 至二十一卷히 共四品經이라 四品者는 升夜摩天宮品·夜摩天宮偈讚品·十行品·十無盡藏品이라

넷째 법회는 야마천궁에서 공덕림보살로 회주를 삼아 '十行' 법문을 설하였다. 제19권으로부터 21권까지 모두 4품의 경이다.

4품의 경은 제19 승야마천궁품·제20 야마천궁게찬품·제21 십행품·제22 십무진장품이다.

第五會는 兜率天宮에 金剛幢菩薩로 爲會主하야 說十廻向法門이라

自二十二卷으로 至三十三卷히 共三品經이라 三品者는 升兜率天宮品·兜率天宮偈讚品·十廻向品이라

다섯째 법회는 도솔천궁에서 금강당보살로 회주를 삼아 '十廻向' 법문을 설하였다. 제22권으로부터 33권까지 모두 3품의 경이다.

3품의 경은 제23 승도솔천궁품·제24 도솔천궁게찬품·제25 십회향품이다.

第六會는 他化自在天宮에 金剛藏菩薩로 爲會主하야 說十地法門이라 自三十四卷으로 至三十九卷히 共一品經이라 一品者는 卽十地品이라

여섯째 법회는 타화자재천궁에서 금강장보살로 회주를 삼아 '十地' 법문을 설하였다. 제34권으로부터 39권까지 모두 1품의 경이다. 1품이란 곧 제26 십지품이다.

第七은 重會普光明殿하야 如來로 爲會主하야 說阿僧祇數量法門과 及如來隨好光明功德과 及普賢等諸菩薩이 說十大三昧等等妙法門이라 自四十卷으로 至五十二卷히 共十一品經 이라 十一品者는 普賢菩薩說十定品·十通品·十忍品·佛說阿僧祇品·心王菩薩說如來壽量品·諸菩薩住處品(**上明差別因**)·青蓮華藏菩薩說佛不思議法品·普賢菩薩說如來十身相海品·佛說如來隨好光明功德品(**上明差別果**)·普賢菩薩說普賢行品(**明平等因**)·說如來出現品(**明平等果**)이라 上自二會來로 至此히 一은 遍明六位因果라

일곱째 법회는 다시 普光明殿에서 법회를 열어 여래로 회주

를 삼아 阿僧祇數量 법문과 如來隨好光明 공덕과 보현 등 모든 보살이 十大三昧等等妙 법문을 설하였다. 제40권으로부터 52권까지 모두 11품의 경이다.

11품의 경은 제27 보현보살설십정품·제28 십통품·제29 십인품·제30 불설아승기품·제31 심왕보살설여래수량품·제32 제보살주처품(**이상은 差別因을 밝힘**)·제33 청련화장보살설불부사의법품·제34 보현보살설여래십신상해품·제35 불설여래수호광명공덕품(**이상은 差別果를 밝힘**)·제36 보현보살설보현행품(**平等因을 밝힘**)·제37 여래출현품(**平等果를 밝힘**)이다.

위의 제2 법회로부터 여기까지는 첫 번째, 六位 인과를 두루 밝힌 것이다.

第八은 三會普光明殿하야 普賢菩薩로 爲會主하야 說離世間法門이라 自五十三卷으로 至五十九卷히 共一品經이라 一品者는 卽離世間品이라 此二遍明六位因果라

여덟째 법회는 보광명전에서 세 번째 법회를 열어 보현보살로 회주를 삼아 '離世間' 법문을 설하였다. 제53권으로부터 59권까지 모두 1품의 경이다.

1품의 경은 곧 제38 이세간품이다. 이는 두 번째, 六位 인과를 두루 밝힌 것이다.

第九會는 逝多林에 如來善友로 爲會主하야 有本末 二會하니 初는 世尊이 放光現相하사 答諸菩薩念請으로 爲本會하고 次는 文殊師利菩薩이 從善住樓閣으로 出往人間하사 開悟六千比丘와 及指善財參

五十三知識으로 爲末會하니 通爲入法界品이라 自六十卷으로 至八十卷히 共一品經이라 一品者는 卽入法界品이라 此三遍明六位因果라

아홉째 법회는 逝多林에서 如來善友로 회주를 삼아 本末 두 법회가 열렸다. 첫 법회에서는 세존께서 광명을 쏟아내고 모습을 나타내어 많은 보살이 마음으로 청하는 念請에 답하는 것으로 본회를 삼고, 다음 법회에서는 문수사리보살이 선주누각에서 나와 인간세계로 내려가 6천 비구에게 깨달음을 얻게 하는 것과 선재동자가 53선지식을 찾아가는 것으로 마지막 법회를 삼았다. 이를 전체 '입법계품'이라고 말한다. 제60권부터 80권까지 모두 1품의 경이다. 1품의 경은 곧 제39 입법계품이다.

이는 세 번째, 六位 인과를 두루 밝힌 것이다.

◉ 論 ◉

十處 十會에 四十品經者라

열 곳의 도량에서 열 차례의 법회에 40품 경을 설하였다.

第一會는 在菩提場하사 示現初成正覺하시니 凡六品經은 同上하다

제1 법회는 부다가야 보리도량에 계시면서 처음 이루신 정각을 보여주시니 6품의 경은 위와 같다.

第二會는 在普光明殿하사 說十信位하시니 凡六品經은 同上하다

제2 법회는 보광명전에 계시면서 十信位를 말씀하시니 6품의 경은 위와 같다.

第三會는 在須彌山頂帝釋宮中하사 說十住位하시니 凡六品經은 同

上하다

제3 법회는 수미산 정상 제석궁에 계시면서 十住位를 말씀하시니 6품의 경은 위와 같다.

第四會는 在夜摩天宮하사 說十行位하시니 凡四品經은 同上하다

제4 법회는 야마천궁에 계시면서 十行位를 말씀하시니 4품의 경은 위와 같다.

第五會는 在兜率天宮하사 說十廻向位하시니 凡三品經은 同上하다

제5 법회는 도솔천궁에 계시면서 十廻向位를 말씀하시니 3품의 경은 위와 같다.

第六會는 在他化自在天宮하사 說十地位하시니 凡一品經은 同上하다

제6 법회는 타화자재천궁에 계시면서 十地位를 말씀하시니 1품의 경은 위와 같다.

第七會는 在第三禪天하사 說等覺法門하시니 謂之普賢佛華三昧會라 此會來文은 未足이니 如纓絡本業經에 具云 彼經은 '是化三乘人已오 後에 如來 領至菩提樹下하사 卻說初成佛時 說華嚴經會次第라하니 計此면 一會一品으로 通爲十處 十會에 四十品經이니 爲此經十十成法이 皆圓滿故일세니라

제7 법회는 제3 선천에 계시면서 等覺 법문을 말씀하시니 이를 普賢佛華三昧會라고 말한다. 이 법회에 관한 문장은 충분하지 못하다. 영락본업경의 경우, 이에 대해 구체적으로 말하고 있는바, 다음과 같다.

"三乘의 사람들을 모두 교화하시고 그 뒤에 여래께서 그들을

데리고 보리수 아래에 이르러 처음 성불할 당시 설하셨던 華嚴經會를 차례로 말씀하셨다.”

이로써 헤아려보면 한 법회에 한 품으로 모두 열 곳에서의 열 차례 법회를 통하여 40품의 경을 마련하였다. 이 화엄경은 10으로, 또 10으로 이뤄진 법이 모두 원만하기 때문이다.

第八會는 在普光明殿하사 說十定法門하시니 其定이 名入刹那際라 爲刹那 是極短促하야 思慮不及之地일세 不同三乘別論生滅이니 如來出世에 始終이 不離刹那際라 爲此定體 稱法界性하야 更無長短始終이오 三世 總爲一際故로 不同古人 釋此會에 爲重會普光明殿이니 豈可見兩度三度重敘普光明殿하고 卽云重會三會하야 令他作去來之見이리오 如經意者는 但以佛自體無作大悲로 爲母하고 以一切種智로 爲佛하고 以法無性無所依로 爲時日歲月하고 以一切衆生根器로 爲明鏡하야 佛이 于一切衆生心海에 任物自見하고 各得自法하야 皆令向善과 及得菩提오 非是如來有重去重來相故오 但明此普光明殿은 是如來自性一切智種智之都體也니 爲依報所居오 此刹那際定은 是佛一切智種智之法性故니 意在總括一切法界衆海會等總體니 如王寶印으로 一時頓印인달하야 不可作重會去來之見이니라

제8 법회는 보광명전에 계시면서 十定 법문을 말씀하시니 그 선정을 ‘찰나제에 들었다.’고 말한다. 찰나라 하는 것은 지극히 짧은 순간이기에 생각으로 미칠 수 없는 곳이다. 따라서 삼승에서 별도로 논한 생멸과는 같지 않다. 여래께서 세상에 출현하심에 그 시종이 찰나의 즈음을 떠나지 않는다. 이 선정의 본체는 법계의 자성

에 부합되어 다시는 장단과 시종이 없고, 삼세가 모두 하나의 즈음이 된다. 이 때문에 옛사람이 이 법회를 해석할 적에 다시 보광명전에서 법회를 열었다는 것과는 같지 않다.

어찌 두 차례 세 차례 거듭 보광명전을 서술하고, 두 번째, 세 번째 법회라고 말하여 부처님이 오고 가는 견해를 지은 것으로 볼 수 있겠는가. 경문의 뜻은 다만 부처님이 스스로 '작위 없는 대비[無作大悲]'를 체득한 것으로 어머니를 삼고, 일체종지로 부처를 삼고, 법의 자성이 없는 것과 의지한 바 없는 것으로 시간·날짜·해·달을 삼고, 일체중생 근기로 밝은 거울을 삼아 부처님이 일체중생의 마음바다를 중생에게 맡겨 스스로 보도록 하고, 제각기 자신의 법을 얻어서 모두가 선을 향하게 하고 보리를 얻게 하는 것이다. 이는 여래께서 거듭 가고 거듭 오는 모습이 아니기 때문이다. 단 보광명전은 여래자성 일체지종지의 모든 본체임을 밝히려는 것이기에 의보로 거처하는 대상을 삼는다. 이 찰나의 선정은 부처님의 일체지종지의 법성이기 때문이다. 그 뜻은 일체 법계 바다처럼 수많은 대중 등의 총체를 총괄하는 데 있다. 이는 마치 제왕이 御寶로 한꺼번에 도장을 찍은 것처럼 일시에 있는 것이지, 다시 법회에 오고 가는 견해를 짓지 않는다.

第九會는 在普光明殿하사 說離世間品者는 明從此로 重起信心하야 發行 修十住·十行·十廻向·十地·十定·十通·十忍 乃至如來出現佛果位終히 皆悉不離普賢舊行이라 爲如來出現品前三十六品經은 是自乘普賢行滿이오 出現品後離世間一品은 純是果後 利他普賢

恆行으로 普印十方하야 無休息也라 如善財 見慈氏如來已에 卻令見文殊師利者는 明令至果 不離初信之門이오 便聞普賢名하고 見普賢身等은 普賢身者 卽果後普賢之行이오 此品이 不同彼古人釋此會爲三會普光明殿者는 以法界門을 不可作世情去來之見이니 如上所說이라

제9 법회는 보광명전에 계시면서 제38 이세간품을 말씀하셨다는 것은 이로부터 다시 신심을 일으켜서 수행을 분발하여 十住·十行·十廻向·十地·十定·十通·十忍을 닦음으로부터 내지 여래께서 출현한 佛果位의 끝까지 모두 보현의 옛 수행에서 벗어나지 않은 것이다. 제37 여래출현품 앞의 36품은 스스로 보현행이 원만하게 이뤄짐을 얻음이며, 제37 여래출현품 이후 제38 이세간품 하나는 순전히 佛果 이후에 이타의 꾸준한 보현행으로 시방에 널리 법을 전하여 그침이 없는 것이다. 예를 들면, 선재동자가 미륵보살을 친견하였을 적에 선재동자에게 문수사리를 친견하도록 권유한 것은 선재로 하여금 불과에 다다름은 애당초 신심의 법문에서 떠나지 않음을 밝혀주려는 것이다. 곧 보현의 이름을 듣고서 보현의 몸을 찾아 친견했다는 등등은 보현의 몸이 곧 불과 이후에 보현의 행일 뿐, 이 품에 대해 옛사람들이 이 법회를 해석하면서 '세 번째로 광명전에서 법회를 하였다.'는 말과는 같지 않다. 이는 법계의 문을 세속 사람들의 마음으로 가늠하여 오가는 견해를 지을 수 없기 때문이다. 이는 위에서 말한 바와 같다.

第十會는 在逝多林하사 說法界品하시니 明此一會 普含諸會와 及十

方刹海法界虛空界하야 總之一會하야 重重無盡하며 無盡重重하야 以六相十玄으로 該之니 以無思之心으로 照之면 可見이니라

제10 법회는 서다림(기원정사)에 계시면서 법계품을 말씀하셨다. 이 법회는 모든 법회와 시방찰해 법계 허공계를 널리 포함하여 이를 하나의 법회로 총괄하였기에 거듭거듭 끝이 없고 그지없이 거듭거듭 六相과 十玄으로 이를 포괄하고 있음을 밝힌 것이다. 생각이 없는 마음으로 비춰 보면 이를 볼 수 있다.

又云以世主妙嚴品으로 爲一會하고 以普光殿三會로 爲一會하니 通前世主妙嚴品하야 爲二會며 上升須彌·夜摩·兜率·他化第三禪으로 爲五會하니 通前兩會하야 爲七會며 法界品 祇園人間으로 爲第八會며 善財大塔廟處로 爲第九會며 以虛空法界一切處會로 爲十會라 古人云九會者는 爲未知有十一地 在第三禪說이라하나 此經은 總十法爲準이니 不可說九也라

또한 세주묘엄품으로 한 법회를 삼고 보광명전 세 차례의 법회로 한 법회를 삼으니 앞의 세주묘엄품을 통하여 두 법회를 삼으며, 위로 수미산 정상·야마천궁·도솔궁·타화천 제3 禪으로 다섯 법회를 삼은바, 앞의 두 법회를 통하여 일곱 법회가 되며, 법계품을 설한 기원정사에서 인간으로 제8 법회를 삼으며, 善財 大塔廟 곳으로 제9 법회를 삼으며, 허공법계 모든 곳 법회로 열 차례의 법회를 삼는다. 옛사람이 이르기를, "아홉 차례의 법회는 열한 번째 장소, 제3 禪을 설한 곳에 있는지 알 수 없다."고 하지만, 이 화엄경은 모두 十法으로 준하기에 '아홉 차례의 법회'라 말할 수 없다.

評曰 此經處會品第가 疏論에 所以不同者는 各有其意니 不必軒輊이라 其普光明殿 重會三會之說은 在圓融行布之間이어늘 疏에 所以分者는 以圓融不礙行布也오 論에 不分前後往來之相하고 一時頓說者는 以行布不礙圓融也일세니 其言 似反이나 其意 正合이라 故疏釋에 升須彌品에 云"言爾時者는 卽前二會時에 主伴齊徧하야 演前二會之法也니라 何須擧前二會오 欲明前會不散하고 成後會故오 後必帶前하야 合成法界無礙會故오 一一法會 無休息故오 後後諸會 皆同時故니라 若散前會면 卽無後故라 所以로 唯約覺樹會者는 此爲本故오 得佛處故니라 理實第二도 亦同此徧이라 若同時徧인댄 何有九會며 若有前後인댄 何名同時오 應云 卽用之體는 同時頓徧이오 卽體之用은 不壞前後니 猶如印文이라"하니 觀此면 則疏意尤圓이라 善得六相之意하야 不滯一邊也라

논평은 다음과 같다.

이 화엄경을 설법한 장소와 법회의 품과 차례가 청량소와 통현론이 다른 이유는 각기 그 나름대로의 뜻이 있기 때문이다. 굳이 청량소와 통현론의 우열을 따질 게 없다. 보광명전에서의 두 번째 법회이니 세 번째 법회이니 하는 말들은 원융하게 문장에 나타나 있음에도 청량소에서 이를 구분 짓는 것은 원융하여 걸림이 없는 항포, 즉 차례대로 펼쳐놓은 문장 때문이며, 통현론에서 전후의 오가는 상을 구분하지 않고 한꺼번에 이를 말한 것은 문장에 걸림이 없어 원융하기 때문이다. 청량과 통현의 논지는 서로 반대가 되는 것처럼 보이지만 그 뜻은 바로 하나로 부합되는 것이다.

이 때문에 청량소의 해석 가운데 승수미산정품에서 다음과 같이 말하였다.

"爾時 즉 '그때'라고 말한 것은 곧 이전의 두 법회 때에 설주의 부처님과 따르는 대중[伴]이 한꺼번에 두루 함께하여 이전의 두 법회 때에 법문을 연설하였기 때문이다. 무엇 때문에 굳이 이전의 두 법회를 들어 말했을까? 이전의 법회에 모였던 대중이 흩어지지 않고서 그 이후의 법회를 이루었음을 밝히기 위함이며, 뒤의 법회는 반드시 이전의 법회를 안고서 합하여 법계의 걸림 없는 법회를 이루었기 때문이며, 하나하나의 법회가 끊임이 없었기 때문이며, 그 뒤의, 그리고 그 뒤의 모든 법회가 모두 동시에 있었기 때문이다. 만약 이전의 법회에 모였던 대중이 흩어졌다면 곧 뒤의 법회가 이어질 수 없었기 때문이다. 그러므로 오직 보리수[覺樹] 아래에서의 법회만을 가지고 말한다면 이는 근본이 되기 때문이며, 성불하신 곳이기 때문이다. 이런 이치로 보면 실제 제2의 법회 또한 이와 똑같은 것이다. 만약 동시에 두루 법회를 가졌다면 어떻게 아홉 차례의 법회가 있으며, 만약 전후가 있다면 어떻게 동시라고 말할 수 있겠는가.

이는 다음과 같이 말해야 할 것이다.

작용에 있는 본체는 동시에 한꺼번에 두루 하고, 본체에 있는 작용은 전후에 차별이 없다. 이는 마치 도장을 찍는 것과 같다."

이를 살펴보면 청량소의 뜻은 더욱 원만하다. 六相의 뜻을 잘 깨달아 어느 한쪽에도 막힌 바가 없다.

二는 分經之大科라 此一部全經은 淸涼國師疏는 分爲五周四分이어늘 而棗栢李長者論은 略作十段長科오 亦有五種因果徧周義라

제2. 경문을 구분하는 큰 과목

화엄경의 전체 부분은 청량소에서는 五周·四分으로 나누었는데, 棗栢 이통현 장자의 논에서는 간략하게 10단락의 긴 과목으로 마련하였고, 또한 5종 因果徧周의 뜻이 있다.

◉ 疏 ◉

五周四分者라

5주·4분이란 다음과 같다.

一은 所信因果周니 卽擧果勸樂生信分이라 謂第一會菩提場에 說毗盧遮那依正因果法門이라 自世主妙嚴品으로 至毗盧遮那品히 凡六品經이니 前五品은 顯如來依正果德이오 後一品은 明佛本因하야 勸勵大心衆生하야 令生欣樂하야 以起淨信이라 故名所信因果周라하고 亦名擧果勸樂生信分이라하다

1. 所信因果周. 이는 佛果를 들어 즐거움을 권하고 신심을 내게 하는 부분이다. 제1 법회 보리도량에서 비로자나의 의보와 정보의 인과 법문을 설하였다. 제1 세주묘엄품으로부터 제6 비로자나품에 이르기까지 모두 6품의 경이다. 앞의 5품은 여래의 의보와 정보의 과덕을 나타냄이며, 뒤의 1품은 부처님의 本因을 밝혀서 大心의 중생을 권면하여 그들로 하여금 환희의 마음을 내어 청

정한 신심을 일으키도록 함을 밝힌 것이다. 이 때문에 '소신인과주'라 이름하고, 또한 '불과를 들어 즐거움을 권하고 신심을 내게 하는 부분'이라고 말한다.

二는 差別因果周니 卽修因契果生解分이니 謂第二會 普光明殿으로 起하야 經歷忉利·夜摩·兜率·他化自在하야 說十信·十住·十行·十廻向·十地와 及重會普光明殿하야 說十定하야 至菩薩住處히 共六品經이니 明差別因圓이오 後佛不思議法과 如來十身相海와 如來隨好光明功德이 共三品經이니 明差別果滿이오 又十定以下 六品經은 明等覺이오 佛不思議法品 以下 三品經은 明妙覺이라

2. 差別因果周. 이는 인을 닦아 과에 계합하고 이해를 내게 하는 부분이다. 제2 법회 보광명전으로부터 시작하여 도리천·야마천·도솔궁·타화자재천을 거치면서 십신·십주·십행·십회향·십지품을 설법한 것과 다시 보광명전의 법회에서 십정품을 설법한 것으로부터 보살주처품까지 모두 6품의 경이다. 이는 차별의 因이 원융함을 밝힌 것이다. 뒤이어 불부사의법과 여래십신상해와 여래수호광명공덕품에 이르기까지는 모두 3품의 경으로, 차별의 과가 원만함을 밝힌 것이다. 또한 십정 이하 6품의 경은 등각을 밝히고 불부사의법품 이하 3품의 경은 묘각을 밝힌 것이다.

三은 平等因果周니 卽於前會에 說普賢行과 如來出現 二品經은 明平等因果오 前普賢行은 明因該果海오 次如來出現은 明果徹因源이라 因果不二일세 故名平等이라 連上差別二周하야 通名修因契果生解分이라

3. 平等因果周. 이전의 법회에서 설법한 제36 보현행품과 제37 여래출현품 2품의 경은 평등인과를 밝힘이며, 앞의 보현행은 인이 과의 바다를 갖추고 있음을 밝힘이며, 다음 제37 여래출현품은 과가 인의 근원에 통함을 밝힌 것이다. 인·과가 둘이 아니기 때문에 평등이라고 말하였다. 위의 差別因果周에까지 통틀어 "인을 닦아 과에 계합하고 이해를 내게 하는 부분"이라고 말한다.

四는 成行因果周니 卽託法進修成行分이니 謂第八會三會普光明殿에 說離世間法이니 卽成行因果周라 普慧雲興 二百問에 普賢이 瓶瀉二千酬하야 通明六位因果라 自五十三卷으로 至五十九卷히 共一品經이라 初通明五位之因하고 後明八相之果니 此託圓融法界하야 進修成行하야 位位交羅하고 一位에 具足一切位라 故沒其位名이로되 但明圓融之行이라 故名託法進修成行分이라

4. 成行因果周. 법에 의탁하여 나아가 닦아 행을 이룬 부분이다. 제8 법회, 보광명전에서의 세 번째 법회에서 제38 이세간품을 설법하였다. 이는 곧 '성행인과주'이다. 보혜운흥의 2백 가지 물음에 의하면, 보현이 2천 가지의 답변을 하되 마치 병을 들어서 물을 거꾸로 쏟은 듯이 말하여 통틀어 6위의 인과를 밝혀주었다. 제53권으로부터 59권에 이르기까지는 모두 1품 경이다. 처음은 5위의 인을 전체로 밝힌 것이며, 뒤는 8상의 과를 밝힌 것이다. 이는 원융한 법계에 의탁하여 나아가 닦아서 행을 이루어 한 지위 한 지위가 서로 연결되어 있고, 하나의 지위에 일체의 지위가 구족하다. 이 때문에 그 지위의 이름은 없고, 단 원융한 행만을 밝힌 것

이다. 따라서 "법에 의탁하여 나아가 닦아 행을 이룬 부분"이라고 말한다.

五는 證入因果周니 卽依人證入成德分이니 謂第九會 逝多林에 說入法界法門이라 以諸菩薩念請으로 有三十問하야 具問如來果海中事라 以果海離言일세 故如來 但現相以答하시고 復放光攝受하시니 光中에 具見所問之事하야 令其現證이니 是爲本會라 次文殊師利 從善住樓閣出하야 漸往人間大塔廟前하야 令六千比丘로 頓證하고 次指善財童子 南詢하야 參五十三知識을 通名末會오 及善財 末後에 見普賢身하야 入普賢菩薩一毛孔中하야 頓圓曠劫之果라 故前三十八品은 但該羅六位因果하야 令生信發解하야 依之起行造修오 至此에 方爲證入이라 故云依人證入成德分이니라 若無實證이면 則前解行이 俱爲虛設일세 故以證으로 終이니라

5. 證入因果周. 곧 사람에 의하여 깨달아 덕을 이룬 부분이다. 제9 법회, 서다림(기원정사)에서 법계로 들어가는 법문을 설하였다. 많은 보살의 생각과 부탁으로 30가지의 질문을 두어 여래의 佛果바다에서 일어나는 일들을 구체적으로 물었다. 불과바다는 언어를 떠난 경지이기에 여래께서 다만 모습을 나타내어 답하였고 다시 방광으로써 모두 거두어들이니, 광명의 가운데에 질문했던 일들을 모두 갖춰 보여줌으로써 그들로 하여금 그 자리에서 깨닫게 만든 것이다. 이것이 본회이다.

다음은 문수사리가 선주누각으로부터 출발하여 차츰차츰 인간의 대탑묘 앞으로 가면서 6천 비구로 하여금 일시에 깨닫게 하였

고, 다음 선재동자에게 선지식을 찾아 남방으로 행각하면서 53선지식을 참방하도록 가르쳐준 것을 통틀어 마지막 법회라 말한다. 선재동자가 맨 끝에 보현을 친견하고서 보현보살 하나의 털구멍 속으로 들어가 단번에 영겁의 과를 원만하게 이루었다. 이 때문에 앞의 38품은 단 6위 인과를 모두 망라하여 신심을 내게 하고 견해를 일으켜 이에 의하여 행을 일으키고 나아가 닦는 것이며, 이 경지에 이르러서야 비로소 깨달음을 얻는 것이다. 이 때문에 "사람에 의하여 깨달아 덕을 이룬 부분"이라고 말한다. 만약 실제 증득함이 없다면 앞의 이해와 행이 모두 헛것으로 이루어진 것이기에 증득으로 끝을 맺는다.

◉ 論 ◉

十段長科者라

열 단락의 큰 과목

一은 明始成正覺이니 卽世主妙嚴品이 是니라

1. 여래께서 처음 正覺을 이룸에 대해 밝힘이니 제1 세주묘엄품이 바로 그것이다.

二는 明擧果勸修니 卽現相品已下로 至毗盧遮那品히 總五品經이 是며 及前世主妙嚴品도 亦是니 乃是擧佛所成之果하사 勸令人修니라

2. 佛果를 들어 중생의 수행을 권함을 밝힘이니 제2 여래현상품 이하로부터 제6 비로자나품에 이르기까지 모두 5품의 경이 바

로 그것이며, 앞의 제1 세주묘엄품 또한 이런 뜻이다. 그것은 부처님께서 성취하신 果를 들어 사람들에게 그처럼 닦도록 권한 것이다.

三은 明以果成信이니 卽從佛名號品已下로 至賢首品히 六品經이 是며 亦通取前世主妙嚴品已來하야 總是니 便以十箇智佛로 以爲自心之果하야 以不動智佛로 爲首는 明自心智 隨分別性호되 無所動故일세니라

3. 불과로 신심을 이룸에 대해 밝힘이니 제7 여래명호품 이하로부터 제12 현수품에 이르기까지 6품의 경이 바로 그것이며, 또한 앞의 세주묘엄품 이하 전체를 들어 살펴보면 모두가 이런 뜻으로 말한 것이다.

곧 열 가지의 지혜를 갖춘 부처로 내 마음의 과를 삼아서 不動智의 佛로 으뜸을 삼는 것은 내 마음의 지혜가 분별의 자성을 따르되 동요하는 바가 없음을 밝힌 때문이다.

四는 明入眞實證이니 從升須彌山頂品已下 六品經이 是니 以十住爲體하야 住佛智慧家故일세니라

4. 진실한 증득에 듦을 밝힘이니 제13 승수미산정품 이하 6품의 경이 바로 그것이다. 十住로 체를 삼아 부처님 지혜의 집에 머물기 때문이다.

五는 明發行修行이니 從夜摩天宮已下 四品經이 是니 以十行爲體하야 行佛行故일세니라

5. 행을 일으켜 수행함을 밝힘이니 제19 승야마천궁품 이하 4품의 경이 바로 그것이다. 십행으로 체를 삼아서 부처님의 행을 행

한 때문이다.

六은 明智悲相入이니 從升兜率天宮品已下 三品經이 是니 以十廻向爲體하야 體圓眞俗하야 成大悲故일세니라

6. 大智와 大悲가 서로 함께함을 밝힘이니 제23 승도솔천궁품 이하 3품의 경이 바로 그것이다. 십회향으로 체를 삼아 십회향의 체가 眞俗에 원만하여 大悲를 이루었기 때문이다.

七은 明蘊修成德이니 他化自在天中 十地一品經이 是니 蘊修前三法하야 令慣習成就故일세니라

7. 잘 간직하여 닦아 덕을 이룸을 밝힘이니 타화자재천 가운데 제26 십지품의 경이 바로 그것이다. 앞에서 말한, 십주·십행·십회향 3가지 법을 간직하고 닦아서 이를 익숙하게 습관을 이루도록 하려는 때문이다.

八은 明利生自在니 從十定品已下로 至離世間品히 總十二品經이 是니 以十地中蘊德成功으로 十一地利生行滿이라야 方名法行圓滿佛이라 於始於終에 無作體性이 不移毫念하야 爲以法界圓明大智之性으로 爲十住見道之初에 無時念故며 三世無性故며 總一時故니 此非情識所知오 唯智會故일세니라

8. 중생을 이롭게 함에 있어 자재함을 밝힘이니 제27 십정품 이하로부터 제38 이세간품 등에 이르기까지 12품의 경이 바로 그것이다. 앞[七 明蘊修成德]의 十地에서 덕을 잘 간직하여 닦아 습관이 성취됨으로써 十一地에서 중생에게 이익 되는 행이 원만하여야 만이 비로소 '법과 행이 원만한 부처'라고 말한다. 처음부터 끝까지

인위의 조작이 없는 體性이 털끝만 한 생각이라도 바뀌지 않아서 '원만하고 밝은 법계의 큰 지혜'의 자성으로써 十住見道의 처음에 時分의 생각이 없기 때문이며, 三世가 자성이 없기 때문이며, 모두가 一時이기 때문이다. 이는 情識으로 알 수 있는 바가 아니며, 오직 증득한 지혜로만 알 수 있기 때문이다.

九는 諸賢寄位니 卽已上六位諸菩薩과 并佛出現品이 亦是니 皆從性海大智境界中으로 方便出現其身하야 寄位成十信·十住·十行·十廻向·十地와 及等覺位十一地法門하야 令凡夫信入하야 倣學依蹟하야 不迷其事니라

9. 모든 현자가 기탁한 지위이다. 이는 위에서 말한 六位의 모든 보살 및 제37 여래출현품이 또한 그것이다. 이는 모두 性海大智 경계에서 방편으로 그 몸을 나타내어 지위에 따라 십신·십주·십행·십회향·십지 및 等覺位라는 11지위의 법문을 성취하여, 범부로 하여금 믿고 들어가 이를 따라 배우고 이러한 행적에 의하여 수행하는 일에 혼미함이 없도록 만들어주는 것이다.

十은 明令凡實證者는 以法界性中에 安立十信等六位 進修方便行하야 不離體用하며 不壞方便하고 其智彌高에 其行彌下하야 逐根行滿일세 故名進修라 隨力堪能하야 安立諸位하며 隨位知行하야 令不迷因果하야 使學者로 善明總別하야 依位成功하야 不滯始故며 不離初故니 卽如下文 善財等衆의 優婆塞·優婆夷와 童子·童女 各列有五百은 具明十住·十行·十廻向·十地·十一地 五位 一位에 有十하야 通爲五百이오 如六千比丘는 通信亦不退하야 總云六千이오 一萬諸龍은 以

明萬行이니 如是之衆이 並是凡夫로되 皆信是法界佛果智門故로 而登十住十地諸位일세 故名令凡實證이니라

10. 범부로 하여금 진실로 증득케 함을 밝히는 것이니, 法界性 가운데에 십신 등 여섯 지위로 닦아나가는 방편행을 내세워 체용을 여의지 않고 방편을 무너뜨리지 않으며, 그 지혜가 더욱 높을수록 그 행이 더욱 낮아져 근기를 따라 행이 완성되기에 이를 명명하여 進修라고 한다. 감당할 수 있는 힘의 능력을 따라서 많은 지위를 내세웠으며, 지위의 知·行을 따라서 인과에 혼미하지 않도록 하여, 배우는 이로 하여금 총체와 별개를 잘 밝혀서 지위에 따라 공을 이루어 發心의 첫자리에 막히지 않도록 한 때문이며, 발심의 첫 단계를 여의지 않도록 한 때문이다. 그 아래의 경문에 선재동자 등의 우바새, 우바이, 동자, 동녀에 대해 각각 열거하여 5백 대중이 있었던 것은 십주·십행·십회향·십지·십일지의 5위에 1위마다 10지위가 있음을 밝힌 것으로 이를 통틀어 계산하면 5백이 된다. 예컨대 6천 비구는 信位 또한 退轉치 않음을 통하여 모두 6천이라고 말하였고, 1만 마리의 많은 용은 萬行을 밝힌 것이다. 이와 같은 대중이 모두 범부이지만 다 법계 佛果智境의 법문을 믿은 까닭에 십주·십지에 오를 수 있다. 이 때문에 범부로 하여금 진실로 증득케 함이라고 말한다.

評曰 疏·論分經은 大意皆同이로되 論은 唯第九諸賢寄位一科에 重收前六位니 謂已上六位諸菩薩이 并佛出現이니 是從性海大智境

界中으로 方便出現其身하야 寄位成十信等하야 令凡夫信入하야 倣學依蹟하야 不迷其事라하니 與疏不同이라 愚謂六位法門은 乃三世諸佛의 修行成道之成式이오 亦是毗盧遮那如來因地修證之門이라 前菩提場一會에 旣擧其所成之果하고 第二普光明殿已下諸會에 明信·住·行·向·地等位하야 乃示其由因至果之蹟하고 離世間一品은 則明其諸位之行하고 而法界一品은 擧善財一人하야 經歷諸位하야 一生頓證하야 令大心凡夫로 見賢思齊하야 直下承當하고 依法修證也라

논평은 다음과 같다.

청량소와 통현론에서 화엄경을 구분함에 있어 대의는 모두 같지만, 통현론에서는 오직 제9 '諸賢寄位' 1과에서 거듭 앞의 6위를 모두 거두어서 말하였다. 이상 6위의 모든 보살이 부처와 함께 이 세상에 나오신 것이다. 이는 "바다와 같은 자성의 큰 지혜 경계에서 방편으로 그 몸을 나타내어 지위에 따라 十信 등을 성취하여, 범부로 하여금 믿고 들어가 이를 따라 배우고 이러한 행적에 의하여 수행하는 일에 혼미함이 없도록 한 것"이라고 말하였다. 이는 청량소와 다른 부분이다.

나의 생각은 다음과 같다.

6위 법문은 삼세제불이 수행하여 도를 이루는 법이며, 또한 비로자나여래의 인지로 닦아 증득한 법문이다. 앞의 보리도량에서의 제1 법회에서 이미 성취한 과를 들어 말하였고, 제2 보광명전 이하 여러 법회에서 십신·십주·십행·십회향·십지 등의 지위를 밝혀 이에 인으로부터 과에 이르는 발자취를 보여주었고, 제38 이세

간품에서는 그 여러 지위의 행을 밝혀주었고, 제39 법계품에서는 선재동자 한 사람을 들어 여러 지위를 거치면서 일생에 한꺼번에 증득하여, 큰마음을 지닌 범부로 하여금 그처럼 훌륭한 사람을 보면 그와 똑같이 할 것을 생각하여 곧바로 받들고 법에 의하여 수행하고 증득하도록 한 것이다.

◉ 論 ◉

此一部之經에 總有五種因果偏周義니

이 하나의 화엄경에는 모두 5가지의 因果偏周의 뜻이 있다.

一은 示成正覺因果偏周니 卽世主妙嚴品 是오 通下五品經이 總是라

1. 정각 성취를 보여준 인과변주니 세주묘엄품이 바로 그것이고, 아래 5품의 경을 통함이 바로 그것이며,

二는 進修因果偏周니 從佛名號品已下로 十信·十住·十行·十廻向·十地位中히 共二十品經이 是오

2. 닦아 나아가는 인과변주니 제7 여래명호품 이하의 6품의 경으로부터 십주·십행·십회향·십지품까지 모두 20품의 경이 바로 그것이며,

三은 定體偏周니 卽十定·十通·十忍等品이 是오

3. 定體의 변주니 곧 십정·십통·십인품 등이 바로 그것이며,

四行海偏周니 卽普賢行品과 離世間品이 是오

4. 行海의 변주니 제36 보현행품과 제38 이세간품이 바로 그것이며,

五는 法界不思議大圓明智海徧周니 卽法界品이是라

5. 법계의 부사의한 大圓明智 바다의 변주니 제39 입법계품이 바로 그것이다.

以此一部之經이 五品之內에 品初 皆有爾時世尊在摩竭提國으로 以爲品首者는 明此五法이 是一時며 一法界며 一刹那際며 一體用이며 一切諸佛 一共同之法이라 如是之法이 不離十定之中刹那際일세 降神·入胎와 示現成佛과 入涅槃이 不離一刹那際오 更無移也라

이 화엄경이 5품이 있는 그 가운데, 품마다 첫 부분에다가 모두 "그때 세존께서 마갈제국에 계시면서…."로써 품의 첫머리를 삼은 것은 이 5가지의 법이 일시에 이뤄지며, 하나의 법계에 이뤄지며, 한 찰나의 즈음에 이뤄지며, 하나의 체용이며, 일체 모든 부처님이 하나의 똑같은 법임을 밝힌 것이다. 이와 같은 법이 십정 가운데 한 찰나의 즈음을 여의지 않기에, 降神·入胎, 그리고 성불을 보여줌과 열반에 드심이 한 찰나의 즈음을 여의지 않고 다시 옮김이 없다.

評曰 五周之義는 疏論稍殊로되 各有所主오 大旨 無乖니 讀者 詳之어다

논평은 다음과 같다.

5주의 뜻은 청량소와 통현론이 조금 다르지만 각기 주장한 바가 있고, 큰 뜻에는 어긋남이 없다. 이를 읽는 이는 이 점을 자세히 살펴보아야 할 것이다.

三 顯經之宗趣

제3. 경문의 종취를 밝히다

◉ 疏 ◉

語之所尚을 曰宗이오 宗之所歸를 曰趣라 一切諸經에 各自有宗이라 然楞伽에 云"一切法不生인댄 不應立是宗者라"하니 斯言遣滯하야 若無宗之宗이니 宗說兼暢이라 今此經者는 以法界理實緣起因果不思議로 爲宗이니 而法界等言은 諸經容有로되 未顯特異라 故以不思議로 貫之면 則法界等이 皆不思議일새 故爲經宗이라 所以로 龍樹는 指此經爲大不思議經이라하니 斯良證也라 淨名은 但明作用不思議解脫하니 蓋是一分之義오 未顯法界融通等不思議일새 故不同也라

말씀 속에 가장 높이는 바를 '宗旨'라 말하고, 종지의 귀결되는 바를 '歸趣'라 말한다. 일체 모든 경전에는 각기 그 나름대로의 종지가 있다.

그러나 능가경에 이르기를, "일체 법이 일어나지 않았다면 이러한 종지를 세울 수 없다."고 하니, 이 말은 막힌 부분을 없애버린 것으로 마치 종지가 없는 종지이다. 종지와 설법이 모두 통한다. 이 화엄경은 법계의 理實緣起 因果의 불가사의로 종지를 삼는다. 법계 등이란 말은 모든 경전에 간혹 있지만 특별하게 나타낸 것은 아니다. 그러므로 불가사의함으로 일관하면 법계 등이 모두 불가사의하기에 화엄경의 종지가 된다. 이 때문에 용수 보살은 이 화엄

경을 '大不思議經'이라고 말하였다. 이는 참으로 훌륭한 증거이다. 정명 보살은 다만 작용에 있어서의 불가사의 해탈만을 밝혔다. 이는 전체가 아닌 일부분의 뜻이며, 법계 융통 등의 불가사의함을 나타내지는 못한 것이기에 이와 같지 않다.

其中 釋義에 有四門하니 第一은 別開法界하야 以成因果니 謂普賢法界로 爲因이오 遮那法界로 爲果라 是故로 因果는 不離理實法界니라 第二는 會融因果하야 以同法界오 第三은 法界因果를 分明顯示오 第四는 法界因果 雙融俱離니 性相混然하야 無礙自在라 已上四門에 各有十義五對하야 互爲宗趣니 具如疏明이라 上之四門은 初一은 卽體之用이오 次一은 卽用之體이오 三은 卽體用雙顯이오 四는 卽體用鎔融이라 又初一은 卽因果緣起오 次一은 卽理實法界오 三은 卽雙明이오 後一은 卽不思議라 旣以第四로 融前이면 則四門 一揆니라

그 가운데 해석한 의의에는 4가지의 유가 있다.

제1은 별도로 법계를 열어 인과를 성취함이니 보현의 법계로 인을 삼고 비로자나의 법계로 과를 삼았다. 이 때문에 인과는 理實法界에서 떠나지 않는다.

제2는 인과를 하나로 융합하여 법계와 함께하였다.

제3은 법계의 인과를 분명하게 보여주었다.

제4는 법계의 인과를 모두 원융하게 다 여의었다. 자성과 형상이 혼연하여 걸림 없이 자재하였다.

이상 4가지의 유에 각기 열 가지의 뜻과 5가지의 상대가 있어 서로가 종취가 된다. 이에 대한 구체적인 설명은 청량소에서 밝힌

바와 같다.

위의 4가지의 유는 제1은 본체의 작용이요, 제2는 작용의 본체요, 제3은 본체와 작용을 모두 나타냄이요, 제4는 본체와 작용이 하나로 융합한 것이다.

또한 제1은 인과연기요, 제2는 이실법계요, 제3은 2가지 모두 밝힌 것이요, 제4는 불가사의이다. 이미 제4로 앞의 3가지를 융합하면 4가지의 유는 하나이다.

◉ 論 ◉

此經은 名毗盧遮那大智法界의 本眞自體 寂用圓滿하고 果德法報性相無礙한 佛自所乘으로 爲宗이니 法華에 云"乘此寶乘하고 直至道場이라"하시며 此經에 云有樂求佛果者에 說最勝乘·上乘·無上乘·不思議乘等이 是爲令初心者로 志樂廣大오 還得如來大智之果 與自智로 合一無二故라 此經宗趣는 甚深難信일세 若有信此經中 如來大智境界佛果法門하야 而自有之면 勝過承事十佛刹微塵數 諸佛을 經於一劫 所有功德이라 賢首品頌에 云"一切世界諸羣生이 少有欲求聲聞乘이라 求獨覺者轉復少하고 趣大乘者甚希有로다 趣大乘者는 猶爲易어니와 能信此法은 倍甚難이라"하시니 爲此經宗趣이니라

이 화엄경은 비로자나의 큰 지혜 법계의 本眞 자체가 안으로의 고요함과 밖으로의 작용이 원만하고, 과덕의 법보가 내면의 자성과 외면의 형상이 걸림이 없는, 부처님이 스스로 지니고 있는 바로 宗을 삼는다고 말한다. 법화경에서 이르기를, "이런 보배 수레를

타고서 곧바로 도량에 이른다."고 하였고, 또다시 법화경에서 이르기를, "佛果를 기꺼이 구하는 자에게 最勝乘과 上乘과 無上乘과 不思議乘을 말하여준다."는 등이 바로 그것이다. 이는 처음 발심한 자들에게 넓고도 큰 뜻과 즐거움이 되고, 또한 이와 같은 여래의 큰 지혜의 果가 자신의 지혜와 하나가 되어 둘이라는 차이가 없음을 얻도록 하기 위함이다.

이 화엄경의 宗趣는 너무 심오하여 믿기 어렵다. 만일 이 화엄경 가운데, '여래의 큰 지혜 경계인 佛果 법문'을 믿고서 스스로 이를 소유한다면, 열 부처님 세계의 작은 티끌 수와도 같은, 그지없이 많은 부처님을 1겁이 다하도록 받들어 섬기면서 얻은 공덕보다도 더 훌륭한 것이다. 賢首品 게송에서 이르기를, "일체 세계 수많은 중생이 성문승이라도 추구하고자 하는 이가 적다. 독각을 추구하는 자는 도리어 보다 적고, 대승에 나아가는 자는 매우 드물다. 그러나 대승에 나아가는 자는 그래도 쉽게 찾아볼 수 있지만, 이 법을 믿는다는 것은 곱절이나 매우 어렵다."고 한다. 이는 화엄경의 종취이기 때문이다.

說入佛果 不逾剎那로되 但隔迷悟하야 說無量劫이나 不移一時하고 說從凡夫地로 創見道時에 因果一時라 無前後際하야 不見未成佛時하고 不見成正覺時하며 不見煩惱斷하고 不見菩提證하야 畢竟不移毫念코 修習五十位滿하야 一切種智를 悉皆成就니 總別·同異·成壞 一時自在하야 皆非世情所見이니 是故難信也니라

이 화엄경에서 말하기를, "佛果에 들어가는 것은 한 찰나의 순

간에 지나지 않지만, 다만 혼미와 깨달음에 가로막혀 한량없는 겁을 윤회한다."고 한다. 하지만 이 모두가 '일시'라는 점은 바뀐 적이 없다. 이 때문에 범부 지위에서 처음 見道할 때에 인과가 일시에 이뤄지는 것이다. 앞이니 뒤이니 시간의 차이가 없어, 성불하지 못한 때를 찾아볼 수 없으며, 정각을 이룬 때도 찾아볼 수 없으며, 번뇌가 끊어진 때도 찾아볼 수 없으며, 보리가 증득된 때도 찾아볼 수 없다. 결국은 털끝만큼 작은 한 생각도 바뀐 적이 없이 50지위를 원만하게 닦아 일체종지를 모두 성취하니, 총체와 별개·같음과 다름·이뤄짐과 무너짐이 일시에 자재하다. 이런 경지는 모두 세간 사람들의 마음으로 볼 수 있는 대상이 아니다. 이 때문에 "너무 심오하여 믿기 어렵다."고 말한다.

其所信者는 如經下文에 十信之位 金色世界며 不動智佛이며 上首菩薩이 名文殊師利어든 此云妙德이니라 云金色者는 明白淨無垢니 卽法身之理오 不動智佛者는 卽理中智也니 一切凡聖에 等共有之라 故云"一切處 文殊師利며 一切處 金色世界며 一切處 不動智佛이라"하시니 今之信者는 當信自心無依住性의 妙慧解脫이 是自文殊오 於心無依住中에 無性妙理 有自在分別호되 無性可動이 名不動智佛이며 理智無二하야 妙用自在일세 是故로 一切諸佛이니 從此信生이라 故號文殊하야 爲十方諸佛之母하며 亦號文殊하야 爲童子菩薩은 爲皆以信爲初生故니라

그들이 믿을 수 있는 대상이라면 고작 아래의 경문에서 말한, "十信의 지위가 금색세계이며 부동지불이며, 상수보살의 이름은

문수사리"인데 중국에서는 이를 '妙德'이라고 말한다. 금색이라 말한 것은 결백하고 청정하여 때가 없음을 밝힘이니 곧 법신의 이치요, 부동지불이란 곧 이치 가운데 지혜니 일체 범인이나 성인이 평등하게 모두 지닌 것이다. 이 때문에 이르기를, "일체 모든 곳이 문수사리이며, 일체 모든 곳이 금색세계이며, 일체 모든 곳이 부동지불이다."고 한다.

이제 심오한 화엄경을 믿어야 할 것은, "내 마음에 의지하거나 머묾이 없는 자성의 미묘한 지혜 해탈이 바로 나의 문수사리요, 내 마음에 의지하거나 머묾이 없는 가운데 자성 자체가 없는 미묘한 이치가 자유자재로 분별함이 있으나 나의 자성이 조금도 움직임이 없는 것을 부동지불이라 명명한다. 이치와 지혜가 둘로 나뉨이 없어 미묘한 작용이 자유자재한 까닭에 문수사리, 즉 妙德보살이다."고 하는 점이다. 이 때문에 일체 모든 부처님이 이러한 믿음에 의해 나오는 것이다. 그러므로 문수사리를 시방제불의 어머니라고 부르며, 또한 문수사리를 동자보살이라고 부른 것은 그 모두가 신심으로부터 부처가 처음 나오기 때문이다.

信心成就에 卽以定慧觀智力으로 印之하야 一念相應이 名十住初心에 便成正覺이니 取能行行處하야 號曰普賢이오 取妙慧無依處하야 號曰妙德이오 取善能分別知根之智하야 號之爲不動智佛이오 且能信處를 號曰信心이오 自契相應이 名爲住心이니 爲住佛所住하야 妙慧解脫이 相盡無生法故라 若心外에 有佛이면 不名信心이니 名爲邪見人也라 一切諸佛이 皆同自心하며 一切衆生이 皆同自性하야 性無依故로

體無差別하야 以此同體妙慧로 知諸佛心과 及衆生心호되 應如是信解하야 不自欺誑이니라 是故로 此經宗趣는 爲大心衆生하사 入佛根本大智佛果하야 一念契眞에 理智同現이 卽名爲佛이니 爲法界道理 見則無初中後故니라

신심이 성취되면 곧 정혜의 觀智力으로 하나가 되어 한 생각이 서로 감응함을 명명하여 '十住初心에 문득 정각을 이뤘다.'고 말한다. 능히 행할 수 있는 주체로서 행하는 부분을 들어 '普賢', 의지하거나 머묾이 없는 미묘한 지혜를 들어 '妙德', 잘 분별하여 근본을 아는 지혜를 들어 '부동지불', 믿음의 주체를 '信心', 스스로 하나가 되어 서로 감응하는 것을 '住心'이라고 말한다. 이는 부처님이 머문 곳에 머물면서 미묘한 지혜로 해탈함이 相이 다한 無生法이 되기 때문이다.

만약 마음 밖에 부처가 있다면 '신심'이라 말할 수 없으니 그를 '사악한 견해를 지닌 사람'이라고 말해야 할 것이다. 일체 모든 부처님이 모두 나의 마음과 같으며, 일체 모든 중생이 다 자성이 똑같아서 자성이 의지한 바 없기에 본체가 차별이 없다. 이처럼 똑같은 본체인 미묘한 지혜로 모든 부처님의 마음과 중생의 마음을 알되 이처럼 믿고 이해하여 스스로 속이거나 속지 않아야 할 것이다.

이 때문에 화엄경의 심오한 宗趣는 마음이 큰 중생을 위해 부처의 근본 큰 지혜인 佛果에 들어가도록 하여, 한 생각에 眞性과 하나가 됨에 이치와 지혜가 한꺼번에 나타나는 것을 곧 '부처'라고 말한다. 이는 법계의 도리가 나타날 적에 처음이니 중간이니 뒤라

는 시간의 차이가 없기 때문이다.

是故로 法華經에 爲廻三乘劣解者하사 令龍女非器로 刹那成佛은 明信心廣大오 非權施設하야 所修實敎 不迂滯故니 言龍女 年始八歲者는 表今生始學이오 非舊學故며 言畜生女者는 明非過去積修니 乃此生所信法門이 理直無滯故로 法界體性이 非三世收라 一念應眞에 三世情盡하야 智無出沒이 卽佛果故니라 爲劣解衆生하사 興度八相等事라하니라 娑婆世界擧衆이 遙見龍女 卽往南方無垢世界成佛者는 解云 南方者는 爲明爲正이니 以主離故로 離爲明·爲日·爲虛無는 卽無垢也오 擧衆遙見者는 明三乘權學은 信而未自證이라 故言遙見이니 夫法界一眞이라 自他 相徹이니 若當自得인댄 焉得稱遙見이리오 此經에 卽令善財로 一生得佛은 解云一生者는 從凡夫地로 起信之後에 十住初心에 契無生也니 卽任法界智生이오 非業生也니 至文廣釋호리라 今且略明此經宗趣佛果法門 竟이니 博達君子는 可試思焉이어다

이 때문에 법화경에서 용렬한 견해를 지닌 삼승을 돌이키기 위하여, 五障[3]이 있어 성불하기 어려운 여인[非器]의 몸을 지닌 龍女로 하여금 한 찰나에 성불케 함은 信心의 광대함을 밝힌 것이며, 방편의 권도를 마련하여 닦아야 할 實敎에 동떨어지거나 막힘이 없는 것이 아니기 때문이다. 용녀의 나이 겨우 8세라 말함은 今生에 처음 배웠고 예전에 배운 것이 아님을 밝힌 것이며, 畜生女란 과거에

3 五障 : 여자에게 있는 5가지 장애. 이 때문에 범천, 제석, 마왕, 轉輪聖王, 佛身이 되지 못한다고 한다.

닦아 쌓아놓은 것이 아님을 밝힌 것이다. 이는 금생에 믿은 바의 법문이 이치가 곧아 막힘이 없기 때문에 法界體性이 삼세에 거쳐 거둬들인 것이 아니라, 한 생각이 眞性에 응하매 삼세의 情이 모두 사라져 지혜가 일어나고 사라짐이 없는 경계가 곧 불과임을 밝힌 것이다. 이 때문에 법화경에서 "용렬한 견해를 지닌 중생을 제도하기 위하여 八相 등의 일을 일으킨다."고 말하였다.

사바세계의 모든 대중이 멀리에서 용녀가 곧장 南方無垢世界에 가서 성불함을 본 것에 대해 해석하여 이르기를, "남방이란 밝은 곳이며, 바른 방위이다. 이는 離卦의 주된 방위이기 때문이다. 離卦는 卦德으로는 밝음이 되고 卦象으로는 태양이 되고 卦體로는 虛無이다. 이것이 곧 '무구세계'이다."고 하였다. 모든 대중이 멀리에서 보았다는 것은 三乘權學은 신심이 있으나 스스로 증득하지 못함을 밝힌 것이다. 이 때문에 '멀리에서 보았다.'고 말한다. 법계는 하나의 진리라, 자타에 서로 통하는 것이다. 만일 스스로 이를 얻었다면 어떻게 '멀리에서 보았다.'고 말할 수 있겠는가.

이 화엄경에서 선재동자로 하여금 '일생'에 부처를 얻게 함에 대해 해석하여 이르기를, "일생이라 말한 것은 凡夫地에서 신심을 일으킨 후에 十住의 초심에서 무생에 계합함이니 이는 곧 法界智에 맡겨 나온 것이지, 업에 의해 나온 것이 아니다."고 하였다. 이는 본문의 해당 부분에서 자세히 해석하고자 한다. 여기에서는 화엄경 宗趣, 불과 법문을 간단하게 밝힌 부분을 끝맺은 것이다. 해박하게 통달한 군자는 이 점을 잘 생각해야 한다.

評曰 此經宗趣는 疏는 折衷諸家하야 以法界理實緣起因果不思議로 爲宗이나 而論은 於法界之上에 加毗盧大智之言하고 而法界下에 加體用法報性相無礙等言하야 與疏法界緣起不思議之義로 其意大同이라 但疏中에 廣明法界緣起하야 義甚玄妙로되 而論은 令大心衆生으로 於此經中에 自信如來大智境界佛果法門이 本自有之라 金色世界는 明白淨無垢法身之理오 不動智佛은 卽理中智니 自心無依住妙慧는 是自文殊로 凡聖共有일세 故云"一切處 文殊師利오 一切處金色世界오 一切處 不動智佛이라"하니 意尤痛切이라 讀者 毋忽이어다

논평은 다음과 같다.

이 경의 종취에 대해 청량소에서는 여러 학설을 절충하여, '법계의 理實緣起 인과 불가사의'로 종을 삼았지만, 통현론에서는 법계의 위에다가 비로자나의 큰 지혜를 더 말하였고, 법계의 아래에다가 體用·法報·性相 無礙 등의 말을 더하여, 청량소의 '법계 연기 불가사의'라는 뜻과 그 의미가 크게는 같다. 단 청량소에서는 법계의 연기를 자세히 밝혀 그 뜻이 매우 현묘하지만 통현론에서는 대심의 중생으로 하여금 이 경전에 여래의 大智 경계 佛果 법문이 본래 고유한 것임을 스스로 믿도록 하는 것이다.

금색세계는 결백하고 청정하여 때가 없는 법신의 이치를 밝힌 것이며, 부동지불은 이치의 가운데 지혜이다. 나의 마음에 의지하거나 머묾이 없는 오묘한 지혜는 문수로부터 모든 성인이 다 함께 소유한 것이기에 "모든 곳이 문수사리요, 모든 곳이 금색세계요, 모든 곳이 부동지불이다."고 말하니 그 뜻이 더욱 간절하다. 이 글

을 읽는 자는 이 점을 가벼이 보아서는 안 될 것이다.

四判經屬圓教

제4. 경문의 科判

이는 원교에 속한다.

◉ 疏 ◉

以義分教면 教類 有五니 卽賢首所立이라 一은 小乘教오 二는 大乘始教오 三은 終教오 四는 頓教오 五는 圓教라

初는 卽天台藏教오

二 始教者도 亦名分教니 以深密第二第三時教로 同許定性無性이 俱不成佛이라 故今合之하야 總爲一教니 此旣未盡大乘法理라 故立爲初오 有不成佛일세 故名爲分이라

三 終教者도 亦名實教니 定性二乘과 無性闡提가 悉當成佛이라야 方盡大乘至極之說이라 故立爲終이오 以稱實理라 故名爲實이라

四 頓教者는 但一念不生이 卽名爲佛이라【鈔_ 達摩碑에 云"心有也일세 曠劫而滯凡夫로되 心無也일세 刹那而登正覺이라"하고 下經에 云"法性本空寂이라 無取亦無見이라 性空卽是佛일세 不可得思量이라"하니라】不依地位 漸次而說이라 故立爲頓이니 如思益에 云得諸法正性者는 不從一地로 至於一地면 不同於前하고 漸次修行이면 不同於後하야 圓融具德이라 故名爲頓이오 頓詮此理일세 故名頓教니 天台所以不

立者는 以四教中에 皆有一絕言故어늘 今乃開者는 頓顯絕言하야 別爲一類離念機故니 卽順禪宗이라【鈔_ 達摩 以心傳心은 正是斯教니 若不指一言以直說卽心是佛이면 心要를 何由可傳가 故寄無言之言하야 直詮絕言之理이면 教亦明矣라 是故로 禪宗은 不出頓教也라】五圓教者는 明一位 卽一切位오 一切位 卽一位라 是故로 十信滿心은 卽攝五位成正覺等이니 依普賢法界하야 帝網重重하야 主伴具足이라 故名圓教이니 如此經說이라【鈔_ 圓義는 分齊中廣明이라】

의의로 가르침을 구분한다면 가르침의 유에는 5가지가 있다. 이는 현수 보살이 세운 논지이다. ⑴ 소승교, ⑵ 대승시교, ⑶ 종교, ⑷ 돈교, ⑸ 원교이다.

⑴ 소승교는 천태장교이다.

⑵ 대승시교는 또한 分教라고도 말한다. 해심밀경 제2, 제3시의 가르침으로 定性과 無性이 모두 성불할 수 없음을 똑같이 인정한 것이다. 이 때문에 여기에서는 이를 합하여 모두 하나의 가르침으로 삼은 것이다. 이는 이미 대승의 법과 이치에 미진한 까닭에 初라 말하고, 성불할 수 없기에 分이라고 말한다.

⑶ 종교는 또한 實教라고도 말한다. 定性[4]의 二乘과 불성이 없는 闡提가 모두 성불할 수 있어야 만이 비로소 대승의 지극함을 다하였다고 말할 수 있다. 이 때문에 종교라 말하고, 이로써 實理에

4 定性 : 성문이나 연각, 보살이 될 만한 결정적 種子本性을 가진 이. 이와 반대로 두 가지나 세 가지 性을 가진 것을 不定性이라 한다.

칭합하기에 이를 '실교'라 말한다.

⑷ 돈교는 단 한 생각이 일어나지 않는 것을 곧 부처라고 말한다. 【초_ 달마비에 이르기를, "마음은 有이기에 아무리 오랜 세월이 흐른다 할지라도 범부에 머무르지만, 마음은 無이기에 찰나에 등각에 오를 수 있다."고 하였고, 아래의 경문에서 이르기를, "법성은 본래 공적한 터라, 잡을 수도 없고 또한 볼 수도 없다. 자성이 공하면 곧 부처이기에 이를 생각하거나 헤아릴 수 없다."고 하였다.】 지위와 점차에 의하지 않은 것으로 말하기에 이를 돈교라고 말한다. 사익경에 이르기를, "모든 법의 바른 자성을 얻은 자는 하나의 지위로부터 하나의 지위에 이르면 그 이전과 같지 않고, 차츰차츰 수행하면 뒤의 것과 같지 않아서 원융하게 덕을 갖추게 된다."라고 하였다. 이 때문에 이를 '頓'이라 말하고, 이 이치를 한꺼번에 말하였기에 이를 '돈교'라고 말한다. 천태종에서 이를 세우지 않은 것은 四敎 가운데 모두가 하나같이 언어가 끊어졌기 때문이다. 그런데 여기에서 이를 나누어 구분 짓는 것은 한꺼번에 언어가 끊어진 소식을 나타내어 별도로 하나의 '생각을 여읜 중생[離念機]'을 삼기 때문이다. 이는 선종을 따른 것이다. 【초_ 달마가 마음으로 마음을 전한 것은 바로 이러한 가르침이다. 만약 한마디의 말로 마음이 부처라고 말하지 않았다면 마음의 요체를 어떻게 전할 수 있었겠는가. 이 때문에 말이 없는 말에 기탁하여 말이 끊어진 이치를 곧바로 말하면 가르침 또한 분명한 것이다. 이 때문에 선종에서는 돈교를 내세우지 않는다.】

⑸ 원교는 하나의 지위가 곧 모든 지위이고, 모든 지위가 곧 하나의 지위임을 밝힌 것이다. 이 때문에 십신이 마음에 원만함은 5위를 받아들여 정각을 성취하는 등이다. 보현의 법계에 의하여 帝網(인다라망)이 거듭거듭 펼쳐 있어 주객이 모두 구족한 것이다. 이 때문에 '원교'라고 말하니 이 경에서 말한 바와 같다.【초_ '원' 자의 의의는 구분과 한계 중에서 자세히 밝히고 있다.】

◉ 論 ◉

中에 廣引東土西天諸家立教 訖하다 乃云通玄은 自參聖教하고 隨己管窺하야 以述意懷하야 用呈後哲호려하야 準其教旨하야 略立十種教하야 總該佛日出興한 始終教意호리니 何者이 爲十고

第一時엔 說小乘純有教오

第二時엔 說般若破有明空教오

第三時엔 說解深密經하사 和會空有하야 明不空不有教오

第四時엔 說楞伽經하사 明契假卽眞教오

第五時엔 說維摩經하사 卽俗恒眞教오

第六時엔 說法華經하사 明引權歸實教오

第七時엔 說涅槃經하사 令諸三乘으로 捨權向實教오

第八時엔 說華嚴經하사 於刹那際에 通攝十世하야 圓融無始終하야 前後通該教오

第九는 共不共教오【鈔_ 謂同聞異解라】

第十은 不共共教라【鈔_ 謂華嚴會上에 十方雲集하야 諸來菩薩과

及天龍八部等이 各各差殊로되 同得聞毗盧遮那果德法門하야 具同具別 圓融自在라】

如是十教는 總是如來이 於本法界一刹那際에 一時一聲으로 頓印如響이로대 隨諸衆生의 自分根力하야 漸頓이 不同일새 是故于今에 以圓數故로 略分十種教門하야 用彰進修解行差別이라

중간 부분에 널리 인용한 중국과 서축의 여러 학자들이 내세운 가르침을 끝마친다.

이에 이르기를, "나(통현 장자)는 부처님의 말씀을 참구하고 자신의 의견을 따라 생각을 서술하여 이를 후학에게 전하고자, 가르침의 종지에 준하여 간단하게 열 가지의 가르침을 내세워 부처님께서 이 세상에 나오시어 처음부터 끝까지 설법한 가르침의 뜻을 모두 총괄 지어 밝히고자 한다."고 하였다.

무엇이 열 가지의 가르침인가.

제1시엔 소승의 純有教를 말하였고,

제2시엔 반야의 有를 타파하여 空을 밝힌 가르침을 말하였고,

제3시엔 해심밀경을 설법하여 空과 有를 융화하여 空도 아니고 有도 아님을 밝힌 가르침이며,

제4시엔 능가경을 설법하여 假가 곧 眞임을 밝힌 가르침이며,

제5시엔 유마경을 설법하여 俗에 나아가 항상 眞임을 밝힌 가르침이며,

제6시엔 법화경을 설법하여 權으로 이끌어 實에 돌아가게 함을 밝힌 가르침이며,

제7시엔 열반경을 설법하여 모든 三乘으로 하여금 權을 버리고 實에 향하게 하는 가르침이며,

제8시엔 화엄경을 설법하여 찰나의 즈음에 十世를 모두 받아들여 원융함으로써 처음과 끝이 없어 전후를 모두 갖춘 가르침이며,

제9시는 같으면서도 같지 않은 가르침이며,【초_ 똑같이 법문을 들어도 근기에 따라 각기 이해가 다름을 말한다.】

제10시는 같지 않으면서도 같은 가르침이다.【초_ 화엄회상에 시방대중이 구름처럼 모여들어 모두 찾아온 보살과 천룡·팔부 등이 각기 다르지만, 다 함께 비로자나의 과덕 법문을 듣고서 모두가 함께하고 모두가 달리하면서도 원융자재한 것이다.】

이와 같은 열 가지의 가르침은 모두 여래가 本法界의 한 찰나 즈음에 일시에 한 음성으로 한꺼번에 도장을 찍은 것처럼 메아리와 같으나 모든 중생 자신의 根力을 따라서 漸悟와 頓悟가 똑같지 않다. 이 때문에 여기에 圓數(10수)를 따라서 간략하게 열 가지 가르침의 부분으로 나누어 이로써 進修와 解行의 차별을 드러낸 것이다.

評曰 論立十種教는 總依如來無三世智海하야 一刹那際에 一時頓說은 由根不同하야 差別自生이니 正是華嚴圓頓教旨라 雖別是一家之論이나 與諸古德所立으로 大旨無違라 今錄其條目于此하야 以備參考하니 廣釋如論이라

논평은 다음과 같다.

통현론에서 열 가지의 가르침을 세운 것은 모두 여래께서 삼세가 없는 지혜의 바다에 의하여 한 찰나의 즈음에 일시에 한꺼번에 말한 것은 근기가 똑같지 않은 데에서 절로 차별이 생겨난 때문이다. 이것이 바로 화엄경의 원돈교의 종지이다. 어느 一家의 논지와는 다르지만 많은 옛 스님이 말씀하신 바와 큰 뜻은 어긋나지 않는다. 여기에 그 조목을 기록하여 참고로 갖추어 놓은 바이다. 자세한 해석은 통현론에서 말한 바와 같다.

五 示圓義分齊

제5. 圓義에 대한 구분과 한계를 보이다

◉ 疏 ◉

已知此經이 總屬圓教어니와 未知케라 圓義分齊는 云何오 然此教海宏深하야 包含無外하니 色空交映이오 德用重重이라 語其橫收댄 全收五教와 乃至人天히 總無不包하야 方顯深廣이로다 其猶百川은 不攝大海어니와 大海는 必攝百川이니 雖攝百川이나 同一鹹味라 故隨一滴하야 迥異百川이니라

前之四教는 不攝于圓이어니와 圓必攝四하나니 雖攝于四나 圓以貫之라 故十善五戒도 亦圓教攝이니 尚非三四온 況初二耶아 斯則有其所通이오 無其所局이라 故此圓教 語廣인댄 明無量乘이오 語深인댄 唯顯

一乘이니라 一乘 有二하니 一은 同教一乘이니 同頓同實故오 二는 別教一乘이니 唯圓融具德故라 以別該同에 皆圓教攝이니라

앞서 화엄경이 원교에 속한다는 것은 알겠지만, 원교의 의의에 대한 구분과 한계는 무엇인지 알 수 없다. 그러나 이 가르침의 바다가 넓고 깊어서 모든 것을 포괄하여 밖이 없기에 색과 공이 서로 비추며 덕과 작용이 거듭거듭 얽혀 있다. 그 공간의 횡적으로 말한다면 五敎 내지 人天까지 모두 포함하지 않음이 없어 바야흐로 깊고 넓음을 나타낸 것이다.

그것은 마치 수많은 시냇물은 하나의 바다를 포괄하지 못하지만 하나의 바다는 수많은 시냇물을 모두 포괄하는 것과 같다. 바다는 아무리 수많은 시냇물을 포괄하고 있어도 짠맛은 하나같이 똑같다. 이 때문에 바닷물 한 방울이라 할지라도 수많은 시냇물과는 전혀 다른 것이다. 앞에서 말한 四敎는 원교를 받아들일 수 없으나 원교는 반드시 사교를 받아들일 수 있다. 비록 사교를 받아들이지만 원교는 이를 모두 관통하는 것이다.

이 때문에 十善 五戒 또한 원교에 포괄되어 오히려 3과 4도 아닌데, 하물며 初와 2는 오죽하겠는가. 이는 통하는 바가 있을 뿐, 그 국한된 바가 없다. 그러므로 이 원교는 너비로 말하면 한량없는 乘[無量乘]을 밝힌 것이며, 깊이로 말하면 오직 一乘만을 밝힌 것이다.

일승에는 2가지가 있다. 첫째는 같은 가르침의 일승[同教一乘]이니 頓이 같고 實이 같기 때문이며, 둘째는 다른 가르침의 일승[別教

一乘이니 오직 원융하여 덕을 구비한 때문이다. 別教로 同教를 함께하여 모두 원교에 포괄되는 것이다.

今明別教一乘인댄 略顯四門호리니 一은 明所依體事오【鈔_ 卽事法界라】二는 攝歸眞實이오【鈔_ 卽理法界라】三은 彰其無礙오【鈔_ 卽事理無礙法界라】四는 周徧含容이니【鈔_ 卽事事無礙法界라】各有十門하야 以顯無盡이니라

初中 十者는 一은 教義오【鈔_ 教는 卽能詮이니 卽前五教와 乃至香光等이라 義卽所詮이니 卽五教等이니 一切義理라】

二는 理事오【鈔_ 理는 卽生空所顯과 二空所顯과 無性眞如等理오 事는 卽色心身方等事라】

三은 境智오【鈔_ 卽五教所觀之境이니 能觀之智는 總收不出二諦·二智어니와 別卽小乘은 四諦涅槃爲境하고 無漏淨慧爲智와 及他心等十智오 始教도 亦通四諦二諦等爲境과 加行根本後得等智오 終教는 則是三諦等境과 權實無礙等智오 頓教는 則無境爲境과 絕智爲智오 圓教는 則無盡之境과 無盡之智니라】

四는 行位오【鈔_ 五教修行이 不同하고 得位差別이니 位通因果라】

五는 因果오【鈔_ 自互不通이니 如七方便等이 爲因이오 須陀洹等이 爲果오 等覺已下는 皆因이오 妙覺爲果等이라】

六은 依正이오【鈔_ 依는 卽國土오 正은 卽佛身等이라】

七은 體用이오【鈔_ 體는 卽法報等이오 用은 則應化等이라】

八은 人法이오【鈔_ 人은 則覺者等이오 法은 則菩提等이라】

九는 逆順이오【鈔_ 逆은 則婆須無厭等이오 順은 則觀音正趣等이라】

十은 應感이라【鈔_ 應은 卽赴感이니 佛菩薩等이오 感은 卽當機니 菩薩衆生等이라 各隨五教하야 以辨差別이라 已上十對는 總相該收인댄 爲十玄所依體事어니와 若以義取댄 隨一事上하야 卽有十對라 故下但約一塵이라도 卽具十對라 上明所依體事는 竟하다】

여기에서 別教一乘을 밝히려면 간단하게 4가지 부분을 밝혀야 한다.

제1, 의지하고 있는 대상의 자체와 일을 밝힘이며,【초_ 事法界. 色·心·時·處·身·方·教·義·行·位 十法.】

제2, 모든 것을 포괄하여 진실로 귀결함이며,【초_ 理法界】

제3, 걸림이 없음을 밝힘이며,【초_ 事理無礙法界】

제4, 두루 포함함이니【초_ 事事無礙法界】각기 열 가지 부분이 그지없음을 나타낸 것이다.

제1(明所依體事)의 열 가지는 아래와 같다.

⑴ 教와 義며,【초_ 教는 能詮이니 곧 앞에서 말한 五教 내지 光香 등이다. 義는 所詮이니 五教 등의 일체 의리이다.】

⑵ 理와 事며,【초_ 理는 곧 生空이 밝힌 바와 二空이 밝힌 바와 無性眞如 등의 이치며, 事는 곧 色·心·身·方 등의 일이다.】

⑶ 境과 智며,【초_ 五教에서 살펴야 할 경계이니 능히 觀할 수 있는 주체의 지혜는 모두 二諦·二智에서 벗어나지 않지만, 별도의 소승은 四諦와 열반으로 경계를 삼고 無漏淨慧로 지혜를 삼는 것과 他心 등 十智로 지혜를 삼으며, 始教 또한 통틀어 四諦二諦 등으로 경계를 삼고 加行智·根本智·後得智 등으로 지혜를 삼으며,

終教는 三諦 등으로 경계를 삼고 權實無礙 등으로 지혜를 삼으며, 頓教는 경계가 없는 것으로 경계를 삼고 지혜가 끊어진 것으로 지혜를 삼으며, 圓教는 無盡한 것을 경계로 삼고 무진한 것을 지혜로 삼는다.】

⑷ 行과 位며,【초_ 五教의 수행이 똑같지 않고 얻은 바의 지혜가 각기 다르니 그 지위는 인과에 통하는 것이다.】

⑸ 因과 果며,【초_ 스스로 서로 통하지 않는다. 예를 들면 七方便 등이 因이 되고 須陀洹 등이 果가 되며, 등각 이하는 모두 인이고, 묘각은 果가 된다는 등이다.】

⑹ 依報와 正報며,【초_ 의보는 국토이며, 정보는 佛身 등이다.】

⑺ 본체와 묘용이며,【초_ 본체는 법신·보신 등이며, 묘용은 응신·화신 등이다.】

⑻ 人과 法이며,【초_ 人은 覺者 등이며, 法은 보리 등이다.】

⑼ 逆과 順이며,【초_ 逆은 婆須無厭 등이며, 順은 觀音正趣 등이다.】

⑽ 應과 感이다.【초_ 應이란 달려가 응함이니 불보살 등이며, 感은 當機衆이니 보살 중생 등이다. 각기 오교에 따라 차이를 나눈 것이다. 이상의 十對는 총괄하여 모두 끝맺는다면 十玄에 의한 體事라 할 수 있지만 만약 뜻으로 취한다면 하나하나의 일에 따라 십대가 있다. 그러므로 아래에서는 단 하나의 티끌을 가지고서도 십대를 갖추고 있다. 위에서 '의지하고 있는 대상의 자체와 일

을 밝힘' 부분을 끝마치다.】

第二에 攝歸眞實者는 卽眞空絕相이니 經(**須彌頂上偈讚品**)에 云"法性이 本空寂하야 無取亦無見하니 性空이 卽是佛이라 不可得思量이라"하니라 亦有十義하니 如法界觀하니라【鈔_ 杜順和尙 法界觀中에 總有三觀하니 一은 眞空絕相觀이오 二는 事理無礙觀이오 三은 周徧含容觀이니 卽今疏엔 後之三門이라 攝歸眞實이 卽眞空絕相은 於中에 自有四句十門하니 一은 會色歸空觀이오 二는 明空卽色觀이오 三은 色空無礙觀이오 四는 泯絕無寄觀이니 此爲四句며 前二 各四라 故爲十門이니 具如法界觀이라 上攝歸眞實은 竟하다】

제2, 모든 것을 포괄하여 진실로 귀결한다는 것은 곧 眞空으로 형상이 끊어진 경계이다. 제14 승수미정상게찬품에 이르기를, "법성이 본래 공적하여 잡을 수도 없고 또한 볼 수도 없다. 자성이 공한 것이 곧 부처이다. 이를 생각하고 헤아릴 수 없다."고 하였다.

여기에도 또한 열 가지의 의의가 있으니 杜順和尙의 法界觀과 같다.【초_ 두순 화상의 법계관에는 모두 3가지 觀이 있다. ① 진공으로 형상이 끊어진 관법[眞空絕相觀], ② 사법계와 이법계에 걸림이 없는 관법[事理無礙觀], ③ 두루 포용하는 관법[周徧含容觀]이다. 이는 청량소의 뒷부분에서 말한 三門이다. "모든 것을 포괄하여 진실로 귀결한다."는 것은 곧 진공으로 형상이 끊어진 경계이다. 그 가운데에 스스로 4句 10門이 있다. ① 모든 색을 모아 진공으로 귀결짓는 관법[會色歸空觀], ② 공이 곧 색임을 밝히는 관법[明空卽色觀], ③ 색과 공에 걸림이 없는 관법[色空無礙觀], ④ 사라지고 끊어져 붙일 곳이 없는 관법[泯絕無寄觀]이다. 이것이 4句인데, 앞의 2가지(會色歸空觀·明空卽色觀)에 각기 4문이 있기에 이를 합하면 10門이 된다. 구체적인 설명은 법계관에서 말한 바와 같다. 위에서 말한 "모든 것을 포괄하여 진실로 귀결한다."는 부분은 여기에서 끝마치다.】

第三은 彰其無礙라 然上十對는 皆悉無礙어니와 今且約事理하야 以顯無礙호리니 亦有十門이라

一은 理徧於事門이오【鈔_ 謂無分限之理 全徧有分限事中일세 故一一纖塵에 理皆圓足하니라 理不全徧이면 則理可分이오 事不全攝이면 則事不卽理니 如一纖塵하야 事事皆爾라 正徧此時에 不妨餘徧故로 亦非餘處無理오 全此全彼나 亦非二理니라】

二는 事徧於理門이오【鈔_ 謂有分之事 全同無分之理일세 故一小塵이 卽徧法界니라 以事無別體하야 還如理故니 若不全同이면 則不如理라 然相徧二門은 超情難見이니 何者오 謂事旣有分하고 理卽無分이어니 如何得徧이리오 若塵徧法界인댄 塵應非小오 理徧同事댄 應如小塵이니라 今明由事與理 有非一非異義故니 以非異故로 全同이오 以非一故로 不壞라 分無分은 則事理兩分이 如海之波니 一波 全徧大海는 以同海故오 大海 全在小波는 以海無二故오 全在一波하고 亦全在諸波는 同一海故니라】

三은 依理成事門이오【鈔_ 事要因理成者는 以諸緣起 皆無自性故니 由無性理하야 事方成故라 故中論에 云"以有空義故로 一切法이 得成이라"하니라 又離眞心코 無別體故니라】

四는 事能顯理門이오【鈔_ 謂由事攬理成故로 事虛而理實이니라 以

事虛故로 能顯實理하나니 事若有實인댄 實理則隱이니라 以事虛故로 全事中之理 挺然顯露하나니 如波相虛하야 令水現也니라】

五는 以理奪事門이오【鈔_ 謂事旣全理인댄 則事盡無遺니 如水奪波에 波相全盡이라】

六은 事能隱理門이오【鈔_ 謂眞理 隨緣而成事하야 遂令事顯理不現也니 如水成波에 動顯靜隱이니라】

七은 眞理卽事門이오【鈔_ 謂凡是眞理 必非事外니 以是法無我理故며 空卽色故니 理卽是事라야 方爲眞理니라】

八은 事法卽理門이오【鈔_ 謂緣集이 必無自性하야 擧體卽眞故니라 上之二門은 正明二諦不相違義라】

九는 眞理非事門이오【鈔_ 謂卽妄之眞이 異于妄故니 如濕非動이니라】

十은 事法非理門이라【鈔_ 謂卽眞之妄이 異于眞故니 如動非濕이니라 上에 七八二門은 明事理非異오 九十 二門은 明事理非一이라 故爲無爲 非一非異니 第四廻向에 云於有爲界에 示無爲法호되 而不滅壞有爲之相하고 於無爲界에 示有爲法호되 而不分別無爲之性이라하니라】

上之十事는 同一緣起라 故云無礙니 約理望事인댄 有成【鈔_ 依理成事】有壞하고【鈔_ 以理奪事】有卽【鈔_ 眞理卽事】有離로되【鈔_ 眞理非事】事望于理인댄 有顯【鈔_ 事能顯理】有隱하고【鈔_ 事能隱理】有一【鈔_ 事法卽理】有異라【鈔_ 事法非理】逆【鈔_ 奪事非事】順【鈔_ 成事卽事】自在하며【鈔_ 欲成卽成

이오 欲壞卽壞라 】無障無礙하며【鈔_ 成不礙壞오 壞不礙成이오 顯不礙隱이오 隱不礙顯일세 故云無礙라 】同時【鈔_ 正當成時에 卽是壞等일세 故得同時라 】頓起니【鈔_ 四對 皆無前卻일세 故云頓起라 】深思하야 令觀明現하야 以成理事圓融無礙觀也니라

제3, 걸림이 없음을 밝힌 것이다. 그러나 위의 十對는 모두 다 걸림이 없는 경계이지만, 여기에서는 또한 현상계의 사물[事]과 진리를 들어 걸림이 없음을 밝히고자 한다. 이 또한 10門이 있다.

⑴ 진리가 현상계의 사물에 두루 한 법문[理徧於事門]【초_ 구분과 한계가 없는 진리가 모두 구분과 한계가 있는 현상계의 사물 속에 두루 존재하기 때문에 하나하나 가는 티끌 속까지도 진리가 모두 원만하고 구족하다. 진리가 두루 존재하지 못한다면 진리는 구분과 한계가 있으며, 현상계의 사물을 모두 받아들이지 못한다면 현상계의 사물이란 곧 진리가 아니다. 하나하나 가는 티끌 속까지도 진리가 모두 원만하고 구족한 것처럼 현상계의 모든 일이 다 그러하다. 바로 이처럼 두루 존재할 때에 그 나머지 두루 존재함도 방해되지 않는다. 이 때문에 또한 그 나머지 곳까지도 진리가 없는 것이 아니며, 여기에도 온전하고 저기에도 온전하면서도 또한 2가지의 진리가 있는 것이 아니다.】

⑵ 현상계의 사물이 진리에 두루 존재하는 법문[事徧於理門]【초_ 구분과 한계가 있는 현상계의 사물은 모두 구분이 없는 진리와 똑같다. 이 때문에 하나의 작은 티끌이 곧 법계에 두루 존재한 것이다. 현상계의 사물에 별개의 구분되는 자체가 없어 도리어 혼

연한 진리와 같기 때문이다. 만일 모두 똑같지 않다면 곧 진리와 똑같을 수 없다. 그러나 相이 두루 존재한 ① 理徧於事門, ② 事徧於理門이란 情識을 초월한 경지이기에 볼 수 없다. 무엇 때문일까? 현상계의 사물이란 이미 구분과 한계라는 차이가 있는가 하면, 이치란 구분과 한계가 없는 존재이기 때문이다. 따라서 현상계의 사물이 어떻게 두루 존재할 수 있겠는가. 만약 하나의 티끌이 법계에 두루 존재한다면 그 티끌은 정녕 작은 것이 아니며, 진리가 두루 모든 일과 같다면 그 진리는 정녕 작은 티끌과 같은 존재이다. 여기에서는 현상계의 사물과 진리는 하나도 아니요 다름도 아니라는 뜻이 있다는 점을 밝히려는 것이다. 다르지 않기 때문에 모두가 같은 것이며, 하나가 아니기 때문에 무너지지 않는다. 구분이 있다는 것과 구분이 없다는 것은 현상계의 사물과 진리가 2가지로 구분되는 것이 바다와 물결 같다. 한 방울의 물결이 모두 큰 바다에 두루 존재한다는 것은 큰 바다와 같기 때문이며, 큰 바다가 모두 작은 물결에 있다는 것은 바다는 둘이 없기 때문이며, 모두가 하나의 물결에 있고, 또한 모두가 수많은 물결에 있다는 것은 하나의 바다와 함께하기 때문이다.】

⑶ 진리에 의하여 현상계의 사물이 이뤄지는 법문[依理成事門]

【초_ 현상계의 사물이 진리로 인하여 이루어진다는 것은 "모든 緣起에 다 자성이 없기 때문이다. 자성이 없는 진리로 말미암아 현상계의 사물이 바야흐로 이루어지기 때문이다."고 말한다. 그러므로 중론에 이르기를, "空義가 있기에 모든 법이 이뤄진다."고 하였다.

또한 진심을 떠나서는 별개의 자체가 없기 때문이다.】

⑷ 현상계의 사물로써 진리를 밝히는 법문[事能顯理門]【초_ 현상계의 사물은 진리를 가지고서 이뤄진 때문에 현상계의 사물은 虛하고 진리는 實한 것이다. 현상계의 사물이 허한 때문에 실한 진리를 밝힐 수 있다. 만일 현상계의 사물이 실하다면 실한 진리는 숨겨져 보이지 않을 것이다. 현상계의 사물이 허하기에 현상계의 모든 일에 진리가 뚜렷이 나타나는 것이다. 물결이 모두 공허하여 물이 나타나게 하는 것과 같다.】

⑸ 진리로써 현상계의 사물을 빼앗는 법문[以理奪事門]【초_ 현상계의 사물이 이미 모두 진리라면 현상계의 사물이란 모두 하나도 빠뜨림이 없다. 이는 마치 물이 물결을 빼앗으면 물결의 모습이 모두 사라지는 것과 같다.】

⑹ 현상계의 사물이 진리를 숨겨버리는 법문[事能隱理門]【초_ 진리가 반연에 따라 현상계의 사물을 이뤄준 나머지, 현상계의 사물은 뚜렷이 나타나고 진리는 보이지 않는다. 이는 마치 물이 물결을 이뤄주면 출렁거릴 경우 물결이 보이지만, 잠잠해지면 물결이 보이지 않는 것과 같다.】

⑺ 진리가 곧 현상계의 사물이라는 법문[眞理卽事門]【초_ 모든 진리는 반드시 현상계의 사물 밖에 있는 것이 아니다. 법은 자아가 없는 진리이기 때문이며, 공이 곧 색이기 때문이다. 진리가 곧 현상계의 사물이어야 만이 바야흐로 진리라 할 수 있다.】

⑻ 현상계 사물의 법이 즉 진리인 법문[事法卽理門]【초_ 반연이

모이는 것이 반드시 자성이 없어서 전체가 곧 진리이기 때문이다. 위의 두 문은 바로 미묘한 진리와 세속의 이치가 서로 어긋날 수 없다는 뜻을 밝힌 것이다.】

⑼ 진리가 현상계의 사물이 아닌 법문[眞理非事門]【초_ 妄의 眞이 망과 다르기 때문이다. 습기는 움직이지 않는 것과 같다.】

⑽ 현상계의 사물과 법이 진리가 아닌 법문[事法非理門]【초_ 眞의 妄이 眞과 다르기 때문이다. 동하면 습이 아닌 것과 같다. 위의 ⑺眞理卽事門, ⑻事法卽理門 2門은 事와 理가 다르지 않음을 밝혔고, ⑼眞理非事門, ⑽事法非理門 2문은 현상계의 사물과 진리가 하나가 아님을 밝힌 것이다. 그러므로 작위가 있는 것과 작위가 없는 것은 같은 것도 아니요 다른 것도 아니다. 제4 회향에 이르기를, "有爲界에서 無爲法을 보여주되 유위의 모습을 없애지 않고, 無爲界에서 有爲法을 보여주되 무위의 자성과 분별하지 않는다."고 하였다.】

위의 열 가지 일은 똑같은 연기이다. 이 때문에 '걸림이 없다[無礙].'고 말한다. 진리를 가지고 현상계의 사물을 바라보면 成이 있고【초_ 진리에 의하여 현상계의 사물이 이뤄진 것이다.】 壞가 있고【초_ 진리로써 현상계의 사물을 빼앗은 것이다.】 卽이 있고【초_ 진리가 곧 현상계의 사물이다.】 離가 있지만,【초_ 진리가 현상계의 사물이 아니다.】 현상계의 사물을 가지고서 진리를 바라보면 顯이 있고【초_ 일은 진리를 나타내준다.】 隱이 있고【초_ 현상계의 사물은 진리를 숨겨준다.】 一이 있고【초_ 현상계의 사물과 법이 곧 진리이다.】 다름이 있고 【초_ 현상계의 사물과 법이 진리가 아니다.】 逆과 【초_ 현상계의 사물과 일이 아닌 것을 빼앗음이다.】 順이 【초_ 현상계의 사물이 이루어진 것이 곧 차별의 사물이다.】 자재하여 【초_ 이루고자 하면 이뤄지고 부수고자 하면 곧 부서지는 것이다.】 장애가 없으며 【초_ 이뤄져도 부서지는 데에 장애가 없고, 부서져도 이뤄지는 데에 장애가 없고, 나타나도 숨겨지는 데 장애가 없고, 숨겨져도 나타나는 데 장애가 없기 때문에 無礙라고 말한다.】 동시에 【초_ 바로 이뤄질 때가 곧 무너질 때이기에 동시에 얻어지는 것이다.】 한꺼번에 일어나니 【초_ 四對는 모두 전후가 없기에 '한꺼번에 일어난다.'고 말한다.】 깊이 생각하여 분명하게 나타난 것을 보고서 진리와 현상계의 사물이 원융하여 걸림이 없는 관법을 이루도록 마련한 것이다.

第四에 周徧含容은 卽事事無礙니 且依古德하야 顯十玄門호리라 於中에 文二니 先은 正辨玄門이오 二는 明其所以라

今初니 一은 同時具足相應門이오 【鈔_ 如海一滴에 味具百川은 以是總故니 冠於九門之初라 經에 云"一切法門無盡海 同會一法道場中이라"하며 又(華藏偈)云"華藏世界所有塵이여 一一塵中見法界라"하니 一塵도 旣爾어니 法法皆然이로다】

二는 廣狹自在無礙門이오 【鈔_ 別中에 先辨此者는 是別門之由니 由上事理無礙中에 事理相徧故로 生下諸門이오 且約事如理徧故로 廣이오 不壞事相故로 狹이라 故爲事事無礙之始니라 七十六經에 摩耶夫人이 云"善男子여 我身形量이 雖不踰本이나 然其實은 已超過世間

하니 量同虛空하야 悉能容受十方菩薩의 受生莊嚴宮殿이라"하니 此文은 卽廣狹自在也니 如一尺之鏡에 現千里之影이라】

三은 一多相容不同門이오【鈔_ 由廣狹無礙로 所偏有多하야 以已望多라 故有一多相容이니 相容則二體俱存이로되 但力用交徹耳라 如一微塵이 舒已면 偏入一切法中이니 卽攝一切하야 令入已內하야 舒攝同時에 無障無礙라 一塵도 旣爾어니 塵塵互攝이 亦復如是로다 華藏偈에 云"以一剎種入一切오 一切入一亦無餘라 體相이 如本無差別하니 無等無量悉周偏"等이 卽其文也니 如一室千燈이 光光涉入이라】

四는 諸法相卽自在門이오【鈔_ 由此容彼에 彼便卽此오 由此偏彼에 此便卽彼일세 故有相卽門이라 如一微塵이 廢己同他면 擧體全是彼一切法이로되 而恆攝他同己하야 令彼一切로 卽是己體니 一多相卽하야 混無障礙니 此約有體無體라 故言廢己니 廢己는 卽無己體也오 同他는 他有體也니 如金與金色이 不相捨離니라】

五는 秘密隱顯俱成門이오【鈔_ 由互相攝이면 則互有隱顯이니 謂攝他他可見일세 故有相入門이오 攝他他無體라 故有相卽門이오 攝他他雖存而不可見라 故有隱顯門이라 經에 云"東方入正受하고 西方從定起等이라"하니 東方入定을 爲顯이오 西方定起를 爲隱이니 以但見入定이오 不見起故일세니라 然此三門은 皆由相攝而有니 相入은 則如二鏡互照오 相卽은 則如波水相收이오 隱顯은 則如八日月이 隱顯同時라】

六은 微細相容安立門이오【鈔_ 由此攝他하야 一切齊攝이니 彼攝도 亦然이라 如琉璃甁에 盛多芥子면 隔甁頓見이라 故有微細相容門이라

十廻向에 云"一毛孔中에 悉明見 不思議數無量佛이여 一切毛孔皆如是하야 普禮一切世間燈이 卽其文也라】

七은 因陀羅網境界門이오【鈔_ 由互攝重重이라 故有帝網無盡이니 '如天帝殿에 珠網覆上이라 一明珠內에 萬像俱現하고 珠珠盡然이오 又互相現影하고 影復現影하야 重重無盡이라 故千光萬色이 雖重重交映이나 而歷歷區分이오' 亦如兩鏡互照에 重重涉入하야 傳曜相寫하야 遞出無窮이라】

八은 託事顯法生解門이오【鈔_ 由如帝網이 一卽一切라 故有託事顯法門이니 如見一花葉이 卽是見無盡法界라 非是託此하야 別有所表니 下에 云此花蓋等이 從無生法忍之所生起等이라 故擎拳豎指에 觸目皆道니라】

九는 十世隔法異成門이오【鈔_ 由上八은 皆是所依니 所依之法 旣融하야 次辨能依니 能依之時도 亦爾이라 十世者는 離世間品에 云"過去에 說過去하고 過去에 說現在하고 過去에 說未來하며 現在에 說過去하고 現在에 說平等하고 現在에 說未來하며 未來에 說過去하고 未來에 說現在하고 未來에 說無盡하며 九世 攝歸一念이라" 故云十世라하니 三世區分을 名爲隔法이나 而互相在 卽是異成이니 如一夕之夢에 經於數世等이라】

十은 主伴圓明具德門이라【鈔_ 由法法皆然이라 故隨擧其一이면 則便爲主오 連帶緣起면 便有主伴이니 以此圓教 理無孤起라 必攝眷屬이니 如現相品에 "佛眉間에 出勝音菩薩할세 與無量諸眷屬으로 俱出하니 卽人眷屬이오 佛 放眉間光明할세 無量百千億光明으로 以爲眷

屬이니 卽光明眷屬이오 又法界修多羅는 以佛刹微塵數修多羅로 以爲眷屬하니 卽法眷屬이라 故隨一一하야 皆有眷屬이라"하니 眷屬은 卽伴이라 故證主伴이니라 如長空明月에 列宿圍繞하고 萬器百川에 星月炳現이라】

此上十門은 同一緣起하야 無礙圓融하니 隨擧一門하야 卽具一切니라 【鈔_ 如一事塵에 具此十門이라 而具餘教等十門이니 則爲百門이라 事法이 旣爾어니 餘教義等도 亦然이라 則爲千門이며 若重重取之댄 亦至無盡이라 如一千錢이 共爲緣起에 一錢爲首면 則具一千하고 餘亦如是면 則有千千하고 千千之中에 隨取其一이면 亦具千千일세 故至無盡이니라 於此十門에 圓明顯了하면 則常入法界重重之境하리라】

제4, 두루 포함함이란 곧 모든 일에 걸림이 없는 것이다. 또한 옛 스님의 말을 따라 十玄門을 밝히고자 한다. 이 문장은 2부분이다. 먼저 십현문을 논변하였고, 둘째는 그 이유를 밝히고 있다.

이는 첫 부분 십현문이다.

(1) 동시에 구족하게 상응하는 법문[同時具足相應門] 【초_ 이는 마치 바다의 한 방울 물맛에 수많은 시냇물이 고루 맛을 갖춘 것은 수많은 시냇물을 총괄하였기 때문이다. 9門에 으뜸가는 첫 부분이다. 경에 이르기를 "그지없이 바다와 같은 일체 법문이 모두 한 법의 도량 속에 다 모여 있다."고 하며, 또 화장게에서 이르기를, "화장세계에 존재하는 티끌이여, 하나하나 티끌 속에 법계가 보인다."고 한다. 하나의 티끌도 이미 그와 같으니 모든 법이 다 그와 같다.】

⑵ 넓음과 좁음이 자재하여 걸림이 없는 법문[廣狹自在無礙門]【초_ 별개 가운데 먼저 이를 논변한 것은 別門의 유래이기 때문이다. 위의 事理無礙 가운데 事와 理가 서로 두루 하기 때문에 아래의 모든 문을 낳게 되고, 또한 事가 理와 같이 두루 존재하기 때문에 廣이라 하고, 事의 형상을 무너뜨리지 않기 때문에 狹이라고 말한다. 이 때문에 事事無礙의 시초가 되는 것이다. 76경에 의하면, 마야 부인이 말하기를 "선남자여, 나의 몸의 형상과 크기는 본체에서 벗어나지 않으나 그 실상은 이미 세간을 초월한 것이다. 나의 몸의 크기는 허공과 같아서 시방보살이 장엄궁전에 생을 받은 것을 모두 수용할 수 있다."고 하였다. 이 문장은 곧 넓고 좁은 데에 자재한 것이니 한 자의 거울에 천 리 거리 먼 그림자가 나타나는 것과 같다.】

⑶ 하나와 많음이 서로 용납하되 똑같지 않은 법문[一多相容不同門]【초_ 넓음과 좁음이 자재하여 걸림이 없음으로 말미암아 두루 존재하는 바가 많아서 자신이 바라보는 것이 많기 때문에 하나와 많은 것이 서로 용납되는 것이다. 이를 모두 서로 용납하면 2가지의 본체가 한꺼번에 존재하지만 단 힘을 써서 서로 통한 것이다. 예를 들면, 하나의 미세한 티끌이 그 자체를 펼치면 두루 하나의 법계 가운데에 들어간다. 이는 곧 일체를 포섭하여 자신의 몸속으로 넣어 동시에 펼치고 섭수함에 장애가 없는 것이다. 하나의 티끌도 이미 이와 같으니 티끌과 티끌이 서로 받아들이는 것 또한 이와 같다. 화장세계품의 게송에 이르기를, "한 세계의 종자가 일체

세계에 들어가고, 일체 세계는 하나에 들어오는 것 또한 남음이 없다. 체상이 본래 차별이 없으니 평등함도 없고 한량함도 없고 모두 두루 하다." 등이 바로 그런 문장이다. 이는 하나의 방에 수많은 등불이 불빛과 불빛을 서로 받아들이는 것과 같다.】

⑷ 모든 법이 서로 융합하는 자재 법문[諸法相卽自在門]【초_ 이것으로 저것을 용납하면 저것은 곧 이것이요, 이것으로 말미암아 저것에 두루 존재하면 이것은 곧 저것이다. 이 때문에 '서로 융합하는 법문[相卽門]'이 있다. 예를 들면, 하나의 미세한 티끌이 자신을 버리고 저것과 같이하면 온몸이 모두 그 일체 법과 같지만 항상 저것을 받아들여 나의 몸과 같이하여 그 일체로 하여금 곧 나의 몸이 되게 한다. 하나와 많은 것들이 서로 융합하여 함께하면서 혼연하여 장애가 없다. 이것은 자체가 있거나 자체가 없는 것으로 말한다. 그러므로 자신을 버린 것이라고 말하니 자신을 버린다는 것은 자신 자체가 없는 것이며, 저것과 같다는 것은 그 자체가 있는 것이다. 이는 금과 금색이 서로 떠날 수 없는 것과 같다.】

⑸ 비밀스럽게 숨겨지거나 나타나 동시에 존재하는 법문[秘密隱顯俱成門]【초_ 서로가 서로를 받아들이면 서로에게 보이지 않는 것과 나타나는 것이 있다. 그것을 받아들여 그것을 볼 수 있기 때문에 '서로 받아들이는 법문[相入門]'이 있고, 그것을 받아들여도 그것 자체가 없기에 '서로 융합하는 법문[相卽門]'이 있고, 그것을 받아들여 그것이 비록 존재하지만 볼 수 없기에 '숨겨지거나 나타나는 법문[隱顯門]'이 있다. 경에 이르기를, "동방에서 正受에 들어가고, 서

방에서 禪定에서 일어난다." 등이라고 하였다. 동방에서 선정에 들어가는 것을 '나타남[顯]'이라 하고, 서방에서 선정에서 일어나는 것을 '숨겨짐[隱]'이라고 말한다. 이는 선정에 들어가는 것만을 볼 수 있고, 선정에서 일어나는 것을 볼 수 없기 때문이다. 그러나 相入門·相卽門·隱顯門 3문은 모두 서로 받아들이는 데에 있다. 상입문은 두 개의 거울이 서로 비치는 것과 같고, 상즉문은 물결과 물이 서로 하나가 되는 것과 같고, 은현문은 8개의 태양과 달이 동시에 보이고 보이지 않는 것과 같다.】

⑹ 미세한 가운데 서로 용납하여 안립한 법문[微細相容安立門]【초_ 이것이 저것을 받아들임으로 말미암아 일체 모든 것을 한꺼번에 받아들이는 것인바, 저것이 이것을 받아들임 또한 그와 같다. 마치 유리병에 수많은 겨자씨를 담으면 병 사이로 한꺼번에 보이는 것과 같다. 이 때문에 미세한 가운데 서로 용납한 법문이 있다. 十廻向에 이르기를, "하나의 털구멍 속에 불가사의의 숫자, 한량없는 부처님이 모두 분명하게 보인다. 모든 털구멍이 모두 이와 같아서, 일체 세간 등에 널리 예배를 올린다."고 말함이 바로 그런 문장이다.】

⑺ 인다라망의 경계 법문[因陀羅網境界門]【초_ 서로 받아들임이 거듭거듭 한 때문에 제석천왕의 그물이 그지없다. 이는 제석천왕의 궁전을 구슬 그물이 그 위를 덮고 있는 것과 같다. 하나의 구슬 속에 삼라만상이 한꺼번에 나타나고 모든 구슬마다 다 그러하며, 또한 서로 그림자가 비치고, 그림자는 다시 그림자가 나타나 거듭

거듭 그지없다. 이 때문에 천만 가지의 광명과 색깔이 아무리 거듭 거듭 서로 비치지만 또렷하게 구분이 있는 것과 같다. 또한 두 개의 거울을 서로 비춤에 거듭거듭 서로 받아들여서 밝음을 전하여 서로 보여줌으로써 번갈아 끝이 없이 보여주는 것과 같다.】

⑻ 현상계의 사물에 가탁하여 법을 나타내고 깨달음을 내주는 법문[託事顯法生解門]【초_ 제석천왕 궁전의 구슬 그물과 같이 하나가 곧 일체이므로 하나에 가탁하여 법을 나타내는 법문이 있다. 이는 마치 하나의 꽃잎을 보면 곧 끝없는 법계를 보는 것과 같다. 이것이 저것을 가탁하여 별도로 나타낸 바가 있는 것이 아니다. 아래의 경문에서 이르기를, "이 花蓋 등이 無生法忍으로부터 일어난 것이다."고 말하였다. 이 때문에 주먹을 불끈 쥐어 세우고 손가락을 곧추세움에 보이는 모든 것이 道이다.】

⑼ 10세의 격한 법이 다르게 성취하는 법문[十世隔法異成門]【초_ 위의 8가지 법문은 모두 의지할 대상이다. 의지할 대상의 법이 이미 원융하여 차례로 의지할 주체[能依]를 논변한 것인바, 의지할 주체 또한 그와 같다. 十世라 하는 것은 제38 이세간품에 이르기를, "과거에서 과거를, 과거에서 현재를, 과거에서 미래를 말하며, 현재에서 과거를, 현재에서 평등을, 현재에서 미래를 말하며, 미래에서 과거를, 미래에서 현재를, 미래에서 무진을 말하며, 9세를 모두 一念으로 귀결 지은 것이다."고 하였다. 이 때문에 십세라 말한다. 삼세의 구분을 隔法이라고 말하지만 서로가 존재하는 것이 곧 異成이다. 이는 하룻밤의 꿈에 여러 세상을 경험하는 것과 같다.】

(10) 주와 객이 원융하여 덕이 구족한 법문[主伴圓明具德門]【초_ 법과 법이 모두 그와 같다. 이 때문에 그 하나를 따라 들면 곧 주가 되고, 연이어 연기를 가지고 있으면 곧 주객이다. 이 원교는 외롭게 독자적으로 일어나는 법이 없다. 반드시 권속을 받아들이고 있다. 제2 여래현상품에 의하면, "부처님의 눈썹 사이에서 승음보살이 나올 적에 한량없는 많은 권속들이 한꺼번에 나오니 이는 곧 사람의 권속이요, 부처님은 미간에서 광명을 쏟아낼 적에 한량없는 백천억 광명으로 권속을 삼으니 이는 광명권속이요, 또한 법계 수다라(sūtra)는 불세계 미세한 티끌의 수효와도 같은 수다라로 권속을 삼으니 이는 법권속이다. 그러므로 하나하나를 따라 모두 권속이 있다."고 하였다. '권속'이란 곧 伴, 객을 말한다. 이 때문에 이로써 主伴을 증명한 것이다. 허공의 밝은 달 주위를 별들이 에워싸고, 수많은 세계의 시냇물에 별과 달이 밝게 나타나는 것과 같다.】

위의 열 가지 법문은 연기가 똑같아서 걸림이 없고 원융하니 하나의 법문을 듦에 따라 일체를 갖추고 있다.【초_ 하나의 현상계의 사물과 티끌에는 열 가지의 법문을 갖추고 있고, 그 밖에 教 등의 열 가지의 법문을 갖추고 있으니 백 가지의 법문이 된다. 현상계의 사물과 법(진리)이 이미 그러하니 그 밖에 教義 등 또한 그러하여 곧 일천 법문이 되며, 이를 거듭거듭 취하면 또한 끝이 없는 데에 이르게 된다. 예를 들면 1천 냥의 돈이 다 함께 연기가 되는데, 한 냥이 첫자리에 있으면 1천 냥을 갖추게 되고, 나머지 또한 이와 같으면 천에 천이 있고, 천에 천 가운데에 그 하나를 따라 취하면 또한 천에 천을 갖추기 때문에 끝이 없는 데에 이르게 된다. 이 열 가지의 법문을 원만하고 명백하게 깨달으면 항상 法界의 거듭거듭 된 경계에 들어갈 수 있다.】

二는 明德用所以라 問호되 有何因緣하야 令此諸法으로 得有如是混融無礙오 答호되 因廣難陳이어니와 略提十類호리라 一은 唯心所現故오 二는 法無定性故오 三緣起相由故오【鈔_ 有十門이라】四法性融通故오【鈔_ 亦俱十門이라】五如幻夢故오 六은 如影像故오 七因無限故오【鈔_ 謂諸佛菩薩因中에 常修緣起無性觀일세 今所起果에 具斯無礙라】八佛證窮故오【鈔_ 由冥眞性하야 得如性用이라】九深定用故오【鈔_ 海印三昧라】十神通解脫故라【鈔_ 由十通及不思議解脫이라】由上十因하야 令前教義等十對로 具上同時等十門하야 以爲別教一乘義之分齊라

둘째는 德用의 이유를 밝힌 것이다. "무슨 인연으로 이 모든 법을 이와 같이 혼융하여 걸림이 없게 할 수 있는가." 너무 광대하기에 이를 다 말하기는 어렵지만, 간단하게 열 가지 유를 들어 말하겠다.

(1) 오직 마음으로 나타나기 때문이며, (2) 법은 일정한 자성이 없기 때문이며, (3) 연기가 서로 말미암은 때문이며,【초_ 열 가지의 법문이 있다.】(4) 법성이 융통하기 때문이며,【초_ 이 또한 열 가지의 법문이 있다.】(5) 환몽과 같기 때문이며, (6) 영상과 같기 때문이며, (7) 무한으로 인한 때문이며,【초_ 제불보살의 因 가운데에 항상 緣起無性觀을 닦았기에 이제 일어난 果에 이러한 無礙를 갖

출 수 있었다.】 ⑻ 부처의 증득이 다한 때문이며, 【초_ 眞性과 하나가 됨으로 말미암아 여여한 자성의 묘용을 얻은 것이다.】 ⑼ 깊은 선정의 묘용 때문이며, 【초_ 해인삼매이다.】 ⑽ 신통 해탈 때문이다. 【초_ 十通과 불가사의 해탈에 의한 것이다.】

위의 열 가지 因에 의하여 앞서 말한 教義 등 十對로 위의 同時 등 열 가지 법문을 갖추어서 別教 一乘義의 구분과 한계가 되는 것이다.

十地論에 云一切所說十句中에 皆有六種差別相門하야 以顯緣起圓融之法이니 勿以陰界入等事相으로 執取니라 言六相者는 總相. 別相. 同相. 異相. 成相. 壞相이라 一總相者는 謂一含多德故오 二別相者는 多德非一故오 三同相者는 多義不相違故오 四異相者는 多義不相似故오 五成相者는 由此諸義 緣起成故오 六壞相者는 諸緣이 各住自性하야 不動移故니라 亦如梁等이 共成一舍니 總則一舍오 別則諸緣이니 同則互不相違오 異則諸緣各別오 成則諸緣辦果오 壞則各住自法이니 餘一切十句는 皆應隨義類知니라

십지론에 이르기를, "일체 말한바 10구 가운데 모두 6가지의 差別相 법문이 있어 연기의 원융한 법을 나타냄이니, 陰界에 들어간다 등등의 현상계 사물의 형상에 집착하지 말아야 할 것이다.

六相이란 總相, 別相, 同相, 異相, 成相, 壞相이다.

⑴ 총상이란 하나가 많은 덕을 포함한 때문이며,

⑵ 별상이란 많은 덕이 하나가 아니기 때문이며,

⑶ 동상이란 많은 의의가 서로 어긋나지 않기 때문이며,

⑷ 이상이란 많은 의의가 서로 똑같지 않기 때문이며,

⑸ 성상이란 모든 의의로 말미암아 연기가 이뤄지기 때문이며,

⑹ 괴상이란 모든 인연이 각기 자성에 머물러 움직이거나 옮겨감이 없기 때문이다.

또한 기둥 따위를 합하여 하나의 집을 완성하는 것과 같다. 총괄[總相]하여 보면 하나의 집이며, 별개[別相]로 보면 많은 인연이며, 같은 점[同相]에서 보면 서로가 어긋남이 없으며, 다른 점[異相]에서 보면 모든 인연이 각기 다른 것이며, 이뤄진 점[成相]에서 보면 모든 인연이 과를 갖추고 있으며, 무너진 면[壞相]에서 보면 각기 자체의 법에 머무는 것이다. 나머지 일체 10구는 모두 그 의의에 따라 유추하여 알아야 할 것이다."고 하였다.

評曰 緣起之法은 不起則已어니와 起則圓融이라 十玄六相이 其義一揆니라 其舍喻는 詳如賢首教義分齊所解니 見初地하다

논평은 다음과 같다.

연기의 법은 일어나지 않으면 더 이상 말할 게 없거니와 연기의 법이 일어난다면 그것은 원융하다. 십현문과 6상은 그 뜻이 하나이다. 사람이 사는 집으로 비유를 든 것은 賢首의 教義에 대한 구분과 한계의 부분에서 해석한바 자세하다. 初地에 보인다.

◉ 論 ◉

教義差別에 亦有十門이니 一은 佛日出興教主 別이오 二는 光明表法

現相 別이오 三은 問答所詮主伴 別이오 四는 所示因圓果滿 別이오 五는 地位所行行相 別이오 六은 重令善財證法 別이오 七은 明六位菩薩來衆 別이오 八은 明所施法門理事 別이오 九는 與諸三乘得果 別이오 十은 所付法藏流通 別이니 具如論廣釋이라

교의의 차별 또한 열 가지 부분이 있다.

⑴ 부처의 태양이 떠오른 교주가 다르다.

⑵ 광명으로 법을 나타내는 현상이 다르다.

⑶ 문답으로 말한 주객이 다르다.

⑷ 보여준바 인과의 원만이 다르다.

⑸ 지위에 따라 행할 바의 행상이 다르다.

⑹ 거듭 선재동자로 하여금 법을 증득케 함이 다르다.

⑺ 六位 보살의 법회에 찾아온 대중을 밝힘이 다르다.

⑻ 베풀어야 할 법문의 理事를 밝힘이 다르다.

⑼ 모든 삼승이 果를 얻음이 다르다.

⑽ 부촉한 法藏의 유통이 다르다.

구체적인 설명은 통현론에서 자세히 해석한 부분과 같다.

評曰 疏·論에 發明經中圓義 最爲詳盡이나 不能具引이니 有志入斯廣大法門者는 宜博覽深思焉이어다

논평은 다음과 같다.

청량소와 통현론에서 경문에서 말한 圓義를 밝힌 바가 가장 자세하고 극진하지만, 모두 인용할 수 없다. 이처럼 광대한 법문에 들

어오려고 뜻을 둔 자라면 널리 살펴보고 깊이 생각해야 할 것이다.

六所被之機

제6. 가피를 받을 수 있는 대상의 근기

◉ 疏 ◉

夫教因機顯이라 離機無言이니 上說義理宏深이라 未委被何根器오 若明能應者인댄 十身圓音이어니와 今直彰所被라 通有十類하니 前五는 揀非器오 後五는 彰所爲니라

가르침은 근기로 인하여 나타난다. 근기를 떠나서는 말이 없다. 위에서 의리가 크고 심오함을 말하였다. 알 수 없다, 어떤 근기가 가피를 입을 수 있을지. 만약 밝게 응할 수 있는 자라면 十身의 圓音이 되지만 여기에서는 곧장 가피를 입을 수 있는 대상을 밝힌 것이다. 통틀어 열 무리가 있다. 앞의 다섯은 성불할 수 있는 그릇이 아님을 가려낸 것이며, 뒤의 다섯 무리는 해야 할 바를 밝힌 것이다.

前中에 一은 無信非器니 以聞生誹謗하야 墮惡道故오 二는 違眞非器니 依傍此經하야 以求名利하고 不淨說法하야 集邪善故오 三은 乖實非器니 謂如言取文에 超情至理 不入心故니라 上三은 皆是凡愚라 故下文에 云"此經은 不入餘衆生手라"하니라 四는 狹劣非器니 謂一切二乘이라 出現品에 云"一切二乘은 不聞此經이온 何況受持아 故雖在座나 如

聾如瞽라"하니라 五는 守權非器니 謂三乘共敎의 諸菩薩等이 隨宗所修行布行位하야 不信圓融具德之法이라 故下經에 云"設有菩薩이 無量億那由他劫에 行六波羅蜜이라도 不聞此經이어나 或時聞已코도 不信不解하며 不順不入이면 不得名爲眞實菩薩故라"하니라

앞에서 ⑴ 믿음이 없으면 성불할 수 있는 그릇이 아니다. 이는 중생의 비방을 듣고서 악도에 떨어지기 때문이다.

⑵ 진리에 어긋나면 성불할 그릇이 아니다. 이 화엄경에 의하여 명리를 추구하고 청정하지 않은 설법으로 사악한 선을 쌓아가기 때문이다.

⑶ 진실을 어긋난 것은 성불할 수 있는 그릇이 아니다. 말에 따라 그 뜻만 취하면 情識을 초월한 지극한 진리가 마음에 들어오지 않기 때문이다.

위의 3가지는 모두 범인의 어리석음을 말한다. 이 때문에 아래의 문장에서 이르기를, "이 화엄경은 그 나머지 중생의 손에 들어가서는 안 된다."고 하였다.

⑷ 도량이 좁고 용렬한 이는 성불할 그릇이 아니다. 이는 일체 二乘을 말한다. 제37 여래출현품에 이르기를, "일체 이승은 이 화엄경을 들을 수조차 없는데, 어떻게 하물며 이를 받아 지닐 수 있겠는가. 그러므로 아무리 법좌에 앉아 있다 할지라도 귀머거리와 같고 봉사와 같다."고 하였다.

⑸ 權敎만을 지키는 것은 성불할 그릇이 아니다. 三乘 共敎의 모든 보살 등이 수행해야 할 항렬[行布]의 行位만을 宗으로 따라 원

융하여 구족한 공덕의 법을 믿지 않는다. 이 때문에 아래의 경문에서 이르기를, "설사 보살이 한량없는 억 나유타겁에 6바라밀을 행한다 할지라도 이 화엄경을 듣지 못했거나 혹 때로 들었을지라도 믿지 않거나 이해하지 못하며, 따르지 않거나 들어가지 못한다면 진실보살이라고 이름 붙일 수 없기 때문이다."고 하였다.

後五 '顯所爲'中에 一은 正爲니 謂是一乘圓機故니라 出現品에 云"此經은 不爲餘衆生說이라"하니 卽通指前五오 "唯爲大乘不思議乘菩薩說이라"하니 卽正爲之機라 謂一運一切運하는 圓融行位는 卽深不思議오 又能徧達諸教는 卽廣不思議라 故文에 云"非餘境界之所知오 普賢行人이라야 方得入"等이라하니라 二는 兼爲니 謂卽時에 雖未能悟入이나 而能信向成種이니 如出現品에 食金剛喩라 故地獄天子 十地頓超하고 大海劫火 不能爲障이라 約未悟入일세 故名爲兼이라하니라【鈔_ 十地品偈에 云"雖在海水劫火中이라도 堪受此法必得聞이라"하니 是也라】三은 引爲니 卽前權教菩薩은 不受圓融之法이라 故十地之中에 寄位顯勝하야 借其三乘行布之名일세 彼謂同于我法이라가 後因熏習하야 方信入圓融하나니 以離此普法코 無所歸故며 權教極果는 無實事故니라 四者는 權爲니 卽是二乘이라 謂旣不聞이어든 況于受持아 故諸菩薩이 權示聲聞하나니 或在法會而盲聾일세 彰其絕分하며 或示在道而啓悟하야 知可廻心하니라 五는 遠爲니 謂諸凡夫·外道·闡提 悉有佛性이라 今雖不信이나 後必當入이니라 故出現品에 云"如來智慧大藥王樹 唯除二處에 不能爲作生長利益하나니 所謂二乘이 墮無爲坑과 及壞善根非器衆生이 溺大邪見貪愛之水니라 然亦于彼에 曾無厭

捨라"하니 前三非器는 是溺邪見이오 第四非器는 是墮深坑이라 故皆揀之어니와 今四及五는 明佛無厭捨라 故示而誘之하야 熏其成種이니라

뒤의 5가지 '해야 할 바를 밝힌' 가운데 ⑴ 正爲이다. 이는 一乘圓機를 말한 때문이다. 제37 여래출현품에 이르기를, "이 경은 그 나머지 중생을 위해 설법할 수 없다."고 하니 앞의 다섯 무리를 통틀어 가리킨 것이며, "오직 대승 不思議乘 보살만을 위해 설법할 수 있다."고 하니 곧 正爲의 근기이다. 하나의 운전으로 일체를 운전하는 원융한 行位는 심오하여 불가사의한 것이며, 또한 두루 여러 가르침에 도달할 수 있는 것은 곧 광대하여 불가사의하다. 이 때문에 경문에 이르기를, "그 나머지의 경계로서는 알 수 있는 바가 아니며, 보현행을 닦은 사람만이 비로소 들어갈 수 있다." 등이라고 말하였다.

⑵ 兼爲이다. 즉시 깨닫지 못한다 할지라도 믿고서 지향하여 종자를 이룬 것이다. 제37 여래출현품에서 말한 '금강을 먹은 비유'와 같다. 이 때문에 지옥천자가 십지에서 단번에 벗어나고, 큰 바다의 겁화일지라도 그에게 장애가 될 수 없다. 깨닫지 못한 것을 들어 말하였기에 '兼'이라고 말한다.【초_ 제26 십지품에 이르기를, "비록 바다의 겁화 속에 있을지라도 이러한 법을 받아들여 반드시 들을 수 있다."는 것이 바로 이것이다.】

⑶ 引爲이다. 앞에서 말한 權教보살은 원융한 법을 받아들이지 않는다. 이 때문에 十地 가운데 기탁한 지위가 빛나고 훌륭하여 그 삼승 항렬의 이름을 빌리고 있기에 그들은 우리의 법과 같다고

말하다가, 후에 훈습으로 인해 비로소 원융함을 믿고 들어갈 수 있다. 이 보편적인 법을 떠나서는 돌아갈 바가 없기 때문이며, 권교의 極果는 實事가 없기 때문이다.

⑷ 權爲이다. 이는 二乘이다. 앞서 듣지도 못했는데 하물며 받아 지닐 수 있겠는가. 이 때문에 많은 보살이 방편으로 성문에게 보여준다. 혹 법회에 있으면서도 귀머거리와 같기에 그 絕分을 밝혀주며, 혹은 도에 있는 이에게 보여주어 깨우쳐줌으로써 마음을 회향할 줄 아는 것이다.

⑸ 遠爲이다. 모든 범부·외도·천제들에게도 모두 불성이 있다. 지금은 믿지 않지만 훗날 반드시 들어올 수 있다. 이 때문에 제37 여래출현품에서 이르기를, "여래의 지혜 大藥王樹는 오직 두 곳을 제외하고는 낳아주고 길러주는 이익을 주지 않는다. 이른바 이승이 無爲坑에 떨어진 것과, 선근이 파괴되어 성불할 수 없는 근기의 중생이 大邪見貪愛의 물에 빠진 것을 말한다. 그러나 그들 또한 일찍이 싫어하거나 버림이 없다."고 하였다.

앞에서 말한 3가지의 성불할 수 없는 그릇[無信非器, 違眞非器, 乖實非器]은 邪見에 빠진 자이며, 네 번째의 성불할 수 없는 그릇[狹劣非器]은 깊은 無爲坑에 빠진 자이다. 이 때문에 모두 이를 따로 말했지만, 여기에서 ⑷ 權爲와 ⑸ 遠爲는 부처님께서 싫어하거나 버림이 없음을 말한다. 이 때문에 이를 보여주어 그들을 이끌어 그 종자를 이루도록 훈습시켜주는 것이다.

又彼品中에 明不信毁謗도 亦種善根이니 謂謗雖墮惡이나 由聞歷耳

하야 終醒悟故니라 又云如日이 亦與生盲 作利益故니라 又如大海潛流喩中에 明無不具有如來智慧故며 又破塵出經卷喩中에 若除妄想이면 皆見佛智故니라 此皆明有自性이니 住性은 卽是所爲온 況法性圓融하며 感應交徹하야 無有一法而非所被니라

또한 그 품 가운데에는 불법을 믿지 않고 훼방하는 자 또한 선근을 심을 수 있음을 밝혀준 것이다. 비록 불법을 훼방하여 악도에 떨어질지라도 귀에 들었던 바 있었기에 끝내 깨달음을 얻을 수 있기 때문이다. 또 이르기를, "태양이 또한 生盲에게도 도움을 주는 것과 같기 때문이다."고 하였다.

또한 큰 바다 속에 보이지 않게 흐르는 물과 같다는 비유 가운데에는 여래의 지혜를 갖추고 있지 않은 자 없음을 밝혀준 때문이며, 또한 破塵出經卷의 비유 가운데에 만약 망상만 없앤다면 모두 부처님의 지혜를 볼 수 있음을 말하였기 때문이다.

이는 모두 자성이 있음을 밝힌 것이다. 자성에 머문다는 것은 곧 행하여야 할 바인데, 하물며 법성이 원융하며 감응하여 서로 통하는데 그 어떤 하나의 법이라도 가피를 입지 않은 바 없다.

◉ 論 ◉

此經法門은 付囑何人者는 謂付囑大心凡夫니 如來出現品에 云佛子여 此經珍寶는 不入一切餘衆生手오 唯除如來法王眞子 生如來家하야 種如來相 諸善根者니라 佛子여 若無此等佛之眞子면 如是法門은 不久散滅이니라 何以故오 一切二乘으로도 不聞此經이온 何況受

持·讀誦·書寫하야 分別解說가 唯諸菩薩라야 乃能如是니라

"이 경의 법문을 그 누구에게 부촉할까?"라는 것은 마음이 큰 범부에게 부촉함을 말한다. 제37 여래출현품에서 말하였다.

"불자여, 이 경의 귀중한 보배는 일체 다른 중생의 손에 들어가서는 안 된다. 오직 여래법왕의 참 아들이 여래의 집안에 태어나 여래의 모습의 모든 선근을 심은 자여야 만이 받을 수 있다. 불자여, 만일 이와 같은 여래법왕의 참 아들이 없다면 이와 같은 법문은 머지않아 사라질 것이다. 무엇 때문일까? 일체 이승으로서도 이 경을 들을 수 없는데, 어떻게 하물며 이 경을 받아 지니며 읽고 외우며 베껴 써서 분별하고 해설할 수 있겠는가. 오직 여러 보살만이 이처럼 할 수 있다."

解云'生如來家'者는 自覺自身法身根本智 與佛眞性으로 性相平等하야 同無性味라 混然法界에 自他情盡하고 唯佛智慧 明徹十方하야 無性無依하야 無生死性이 名爲生在佛家니 以自體無作平等悲智力故로 紹隆正法하야 統治衆生호되 隨所應作하야 以法調伏하야 令諸衆生으로 差生死業하고 所有一切安樂之法을 皆悉樂之니 是則名爲持佛家法이라

'여래의 집안에 태어난다.'는 것에 대한 해석은 다음과 같다.

자신의 법신 근본지가 부처의 眞性과 그 自性이며, 형상이 평등하여 똑같이 그 자체가 없다. 혼연한 법계에 자타의 情이 다하고 오직 부처의 지혜만이 시방에 밝고 통하여 그 자체도 없고 의지함도 없어서 죽고 나는 자체가 없다. 이를 스스로 깨달음을 '여래의

집안에 태어난다.'고 말한다.

그것은 자체의 조작이 없는 평등한 大悲·大智의 힘 때문에 바른 법을 받들어 높여서 중생을 이끌고 다스리되 마땅히 해야 할 일을 따라 법으로 조복하여 모든 중생으로 하여금 생사의 일을 떨쳐버리고, 그들이 지닌 일체 안락한 법을 모두 믿고 즐겁게 누릴 수 있도록 하는 것이다. 이를 곧 '여래 집안의 법'을 지녔다고 말한다.

又云'種如來相諸善根'者는 解云證佛法身이 性同法界하야 同佛悲智하야 如是信修면 理事不殊하며 性相平等이라 如是學者 種如來相하야 同佛善根이니 不同權教하야 付囑三乘聲聞菩薩이라

또한 '여래의 모습의 모든 선근을 심은 자'에 대한 해석은 다음과 같다.

부처의 법신은 그 자성이 법계와 같고 부처의 대비·대지와 같음을 깨달아, 이와 같이 믿고 닦으면 이법계와 사법계가 다르지 않으며 자성과 모습이 평등하다. 이와 같이 배우는 자를 '여래의 모습과 부처의 선근을 심은 자'라고 한다. 이는 權敎에서 삼승과 성문과 보살에게 부촉한 것과는 같지 않다.

又三乘之教는 多付囑諸聖과 及未生佛家諸凡夫어니와 此經은 付囑最上大心凡夫 唯求如來不思議하야 乘生佛家者이니 若無大心凡夫 此經當滅이라 何以故오 爲此經難信일세 設有聖說이라도 凡夫不信不證이면 此經當滅이니 若聖位菩薩은 有一切佛世界微塵數니 如來何慮此經散滅이리오 當知如來意者는 令諸大心凡夫而起信修하야 得生佛家오 不念已齊佛位諸菩薩衆이니 諸有行者는 應如是知니라

또한 삼승의 가르침은 여러 성인과 여래의 집안에서 태어나지 않은 여러 범부에게 부촉했지만, 화엄경은 큰마음을 지닌 최상의 범부가 오직 여래의 불가사의를 추구하여 여래의 집안에서 태어난 자에게만 부촉하는 것이다. 만일 마음이 큰 범부가 이런 법문을 구하여 여래의 집안에서 태어난 이가 없다면 화엄경은 사라지게 될 것이다.

무엇 때문일까? 화엄경은 믿기 어려운 까닭에 설령 성인의 말씀이라 할지라도 범부가 믿지 않거나 깨닫지 못한다면 이 경은 사라지게 될 것이다. 聖位의 보살이 일체 세계의 작은 티끌의 수효만큼 많음에도 불구하고 어찌하여 여래께서 화엄경이 사라질까 염려하신 것일까? 이에 대해 알아야 할 것이 있다. 여래의 생각은 큰마음을 지닌 모든 범부로 하여금 신심을 일으켜 수행하여 여래의 집안에 태어나게 하는 데에 있을 뿐, 이미 부처의 지위와 같은 많은 보살대중을 염려하지 않으셨다. 모든 수행자는 이와 같음을 알아야 할 것이다.

評曰 疏明所被之機 十類에 前五는 揀非器오 後五는 彰所爲로되 而'所爲'之中에 其引爲·權爲·遠爲는 皆前之所揀이니 一切收盡하야 更無遺餘니 可見此法門은 無一人而非其所被라 廣大無盡不可思議니라 論中에 則謂"此經은 不付囑入聖位諸菩薩이오 唯付囑最上大心凡夫 求如來不思議乘 生佛家者라 若無大心凡夫면 此經當滅이라"하니 此言은 尤爲痛切이라 有志入圓頓法門者는 應如是知니 如是擔

荷오 不然이면 則雖終日讀誦이라도 與在座聾瞽者와 何以異乎아

논평은 다음과 같다.

청량소에서 가피를 입을 수 있는 근기의 중생 열 가지 무리 가운데, 앞의 5가지는 도저히 성불할 수 없는 인물을 들어 말하였고, 뒤의 5가지는 해야 할 공부를 밝힌 것이지만 '해야 할 공부' 가운데 引爲·權爲·遠爲는 모두 앞에서 구분하여 논변한 바 있다. 일체 모두 수용하여 다시는 하나도 빠뜨려놓은 사람이 없다. 이 법문은 어느 한 사람이라도 부처님의 가피를 입을 대상이 아닌 자가 없음을 볼 수 있다. 그러기에 광대하여 무진하고 불가사의임을 밝힌 것이다.

통현론에서 "이 경은 이미 성인의 지위에 오른 모든 보살에게 부촉한 것이 아니다. 오직 큰마음을 지닌 최상의 범부에게 부촉한 것이다. 여래의 부사의로서 부처님의 집안에 태어나기를 추구한 자들을 대상으로 말한다. 만약 큰마음을 지닌 범부가 아니라면 이 화엄경은 당연히 사라졌을 것이다."고 하니 이 말은 더욱 통절하다.

圓頓의 법문에 들어가려는 큰 뜻을 가진 자라면 응당 이러한 점을 알아야 하고, 이와 같이 짊어져야 할 것이다. 그렇지 않으면 아무리 진종일 독송한다 할지라도 법회의 자리에 앉아 있는 귀머거리와 봉사와 그 무엇이 다르겠는가.

經題品目(二)

先解經題

경제품목 (2)

먼저 경의 명제를 해석하다

大·方·廣·佛·華·嚴·經

대·방·광·불·화·엄·경

◉ 疏 ◉

釋此經題에 先略後廣이니 略中에 此七字는 有六對라 一은 經字 是教오 上六은 是義니 卽教義一對오 二는 嚴字 是總이오 上五는 是別이니 卽總別一對오 三은 華爲能嚴이오 上四는 皆所嚴이니 卽能所一對오 四는 佛是所嚴所成之人이오 上三은 皆所嚴之法이니 卽人法一對오 五는 廣者 是用이오 上二는 皆體니 卽體用一對오 六은 方者 是相이오 大者 是性이니 卽性相一對라 故此七字는 卽七大性이니 大者는 體大오 方者는 相大오 廣者는 用大오 佛者는 果大오 華者는 因大오 嚴者는 智大오 經者는 教大니 則七字皆大오 七字皆相等이니 今各以二義로 釋之니라

이 경의 명제를 해석함에 있어 앞에서는 간단히 해석하고 뒤에서는 자세히 해석할 것이다.

간단하게 해석하면, '대·방·광·불·화·엄·경' 7자에는 6가지의 상대[六對]가 있다.

⑴ 經 자가 가르침이라면 위의 6글자(대·방·광·불·화·엄)는 의미이다. 이는 教와 義라는 하나의 상대이다.

⑵ 嚴 자가 총체라면 위의 5글자(대·방·광·불·화)는 별개이다. 이는 總과 別이라는 하나의 상대이다.

⑶ 華가 장엄의 주체[能嚴]라면 위의 4글자(대·방·광·불)는 모두 장엄의 대상이다. 이는 能과 所라는 하나의 상대이다.

⑷ 부처님이 장엄한 대상이고 성취한 대상의 사람이라면 위의 3글자(대·방·광)는 모두 장엄해야 할 대상의 법이다. 이는 人과 法이라는 하나의 상대이다.

⑸ 廣이 작용이라면 위의 2글자(대·방)는 모두 본체이다. 이는 모두 體와 用이라는 하나의 상대이다.

⑹ 方이 相이라면 大는 性이다. 이는 性과 相이라는 하나의 상대이다.

이 때문에 '대·방·광·불·화·엄·경' 7글자는 곧 七大性이다. 大는 體大, 方은 相大, 廣은 用大, 佛은 果大, 華는 因大, 嚴은 智大, 經은 教大이다. 이 7글자가 모두 大이고, 7글자가 모두 대등하다. 여기에서는 각기 2가지의 뜻으로 해석한 것이다.

一大字體大者는 具'常·徧'二義라 偏者는 涅槃에 云"所言大者는 其性이 廣博하야 猶如虛空이라"하니 下經에 云"法性偏在一切處와 一切衆生及國土여 三世悉在無有餘로되 亦無形相而可得이라"하니라 常者는 涅槃에 云"所言大者는 名之爲常이라"하니 下經에 云"法性無作無變易이여 猶如虛空本淸淨이라 諸佛境界亦如是하니 體性非性離有無이라"하

니라 然淵府는 不可以擬其深妙일세 故寄大以目之나 實則言思斯絕이라 故下經에 云"法性不在於言論이라 無說離說恆寂滅이로다 諸佛境界不可量이나 爲悟衆生今略說이라"하니라

⑴ '大는 體大이다.'고 말한 것은 '常·偏' 2가지의 뜻을 갖추고 있다.

偏이란 열반경에서 이르기를, "大라고 말한 것은 그 체성이 넓고 넓어서 허공과 같다."고 하니, 아래의 경문에서 이르기를, "법성이 두루 모든 곳, 모든 중생과 국토에 존재함이여, 삼세에 모두 존재하여 남음이 없지만, 또한 형상으로 볼 수 없다."고 하였다.

常이란 열반경에 이르기를, "大라고 말한 것은 이를 이름 붙여 常이라고 한다."고 하니, 아래의 경문에서 이르기를, "법성이 작위도 없고 변역도 없음이여, 허공이 본래 청정한 것과 같다. 모든 부처의 경계 또한 이와 같아, 체성이 性이 아니요 有無를 떠났다."고 하였다.

그러나 연못처럼 깊은 창고는 그 깊이와 미묘함을 헤아릴 수 없기 때문에 大 자라는 이름을 붙여 말했지만 실제로는 언어나 생각이 끊어진 경계이다. 이 때문에 아래의 경문에서 말하기를, "법성이란 말과 의론에 있지 않다. 말이 없고 언설을 떠나 항상 적멸하다. 모든 부처의 경계를 헤아릴 수 없으나 중생의 깨달음을 위해 여기에 간략히 말하였다."고 하였다.

二方字相大者는 體上恆沙性德이 卽是相大라 具正·法二義니 並無偏僞일세 故稱爲正이오 皆可軌持를 目之爲法이라 故下經에 云"凡夫

無覺解일세 佛令住正法로다 諸法無所住니 悟此면 見自身이라"하다

⑵ '方은 相大이다.'고 말한 것은 본체에 항하의 모래처럼 수많은 성품의 덕이 곧 相大이다. '正·法' 2가지의 뜻을 갖추고 있다. 아울러 어느 한쪽에 치우치거나 거짓이 없기 때문에 正이라 말하고, 모두 궤범으로 지닐 수 있는 것을 가리켜 法이라고 말한다. 이 때문에 아래의 경문에서 이르기를, "범부는 깨달음과 이해가 없기에 부처님께서 바른 법에 머물게 하셨다. 모든 법은 머문 바가 없다. 이를 깨달으면 자신을 볼 수 있다."고 하였다.

三廣字用大者는 用如體故로 無不周徧이라 然亦二義하니 由體有二義故일세니라 一者는 能包오 二者는 能徧이라 故下經에 云"譬如虛空이 具含衆像하야 於諸境界에 無所分別이오 又如虛空이 普徧一切하야 於諸國土에 平等隨入이라"하니 今用稱體에 一은 稱體之包니 則一塵에 受世界之無邊이오 二는 稱體之遍이니 則刹那에 彌法界而無盡이라 上之三字는 卽體·相·用이니 無有障礙 爲所證之法界也라

⑶ '廣은 用大이다.'고 말한 것은 작용이 본체와 같기 때문에 두루 하지 않음이 없다. 그러나 또한 2가지의 뜻이 있다. 본체에 2가지의 뜻이 있기 때문이다.

첫째는 能包이고, 둘째는 能徧이다. 이 때문에 아래의 경문에서 이르기를, "비유하면 허공이 수많은 형상을 갖추고서 모든 경계에 분별한 바가 없고, 또한 허공이 널리 일체에 두루 하여 모든 국토에 평등하게 따라 들어간다."고 하였다. 여기에서 작용이 본체와 하나가 되는 데에는 첫째는 본체와 하나가 되는 포괄[包]이니 하나

의 티끌 속에 그지없는 세계를 받아들임이며, 둘째는 본체와 하나가 되는 두루 함[徧]이니 하나의 찰나 사이, 법계에 가득하여 그지없음이다.

위의 3글자(대·방·광)는 곧 體·相·用이다. 걸림이 없는 것이 증득해야 할 대상의 법계이다.

四佛字果大者도 亦有二義하니 一者는 能覺이니 佛陀는 梵言이오 此云覺者故라 二者는 所覺이니 卽大方廣이라 若別說者댄 覺上用者는 覺世諦也오 覺上體者는 覺眞諦也오 覺上相者는 覺中道也라 三諦相融하고 三覺無礙 爲妙覺也니라

⑷ '佛은 果大이다.'고 말한 것 또한 2가지의 뜻이 있다.

첫째는 깨달음의 주체[能覺]이다. 불타(buddha)는 범어이고, 중국에서는 깨달은 분[覺者]이라 말하기 때문이다.

둘째는 깨달음의 대상[所覺]이니 곧 大·方·廣이다.

별개로 말한다면 깨달음의 用은 世諦를 깨달음이며, 깨달음의 體는 미묘한 진리를 깨달음이며, 깨달음의 相은 中道를 깨달음이다. 三諦가 서로 하나가 되고, 三覺에 걸림이 없는 것이 妙覺이다.

五華字因大者도 亦有二義니 一은 感果華니 喩於萬行이라 成佛果故니 或與果俱오 或不與俱니 俱如蓮華는 表因果交徹故오 不俱如桃李華는 不壞先因後果故라 二는 嚴身華니 喩於神通衆相等이니 必與位果俱故일세니라 故下經에 云"若見花開면 當願衆生 神通等法이 如花開敷오 若見樹花면 當願衆生 衆相如華라"하니 具三十二하다

⑸ '華는 因大이다.'고 말한 것 또한 2가지의 뜻이 있다.

첫째는 果에 감응한 꽃이니 萬行을 비유한 것이다. 佛果를 이루기 때문이니 혹 果와 함께하거나 혹은 果와 함께하지 않는다. 모두 연꽃과 같다는 것은 인과가 서로 통함을 나타내기 때문이며, 복사꽃과 오얏꽃과 같지 않다는 것은 앞의 因, 뒤의 果가 무너지지 않기 때문이다.

둘째는 몸을 장엄한 꽃이다. 神通衆相 등을 비유한 것이니 반드시 位果와 함께한 때문이다. 이 때문에 아래의 경문에서 이르기를, "만약 꽃이 피는 것을 보면 중생의 신통 등의 법이 꽃처럼 피어나기를 원하고, 나무의 꽃을 보면 중생의 衆相이 꽃과 같기를 원한다."고 하니 이에 대해 32경에서 구체적으로 설명하고 있다.

六嚴字智大者도 亦二義니 一은 以萬行으로 飾其本體니 卽嚴上大方廣이라 如瑩明鏡이니 鏡雖本淨이나 非瑩不明이니라 二는 以萬行功德으로 成佛果之人은 若琢玉成像이오 又飾本體는 如鑄金成像이오 以行成人은 如巧匠成像이라

⑹ '嚴은 智大이다.'고 말한 것 또한 2가지의 뜻이 있다.

첫째는 萬行으로써 그 본체를 꾸밈이니 곧 嚴 자 위에 大·方·廣 3글자의 의미이다. 옥처럼 빛나는 밝은 거울과도 같다. 거울이란 본래 깨끗하지만 옥처럼 맑지 않으면 밝지 못하다.

둘째는 만행공덕으로 불과를 이룬 사람은 옥을 다듬어 형상을 만드는 것과 같고, 또한 본체를 꾸미는 것은 금을 주조하여 형상을 만드는 것과 같고, 행으로 사람을 이루는 것은 뛰어난 기술자가 형

상을 만드는 것과 같다.

七經字教大者도 亦二義니 謂貫與攝이라 貫者는 貫華嚴之妙義오 攝者는 攝法界之海衆也라(上 略釋은 竟하다)

⑺ '經은 教大이다.'고 말한 것 또한 2가지의 뜻이 있다. 貫과 攝이다.

貫은 화엄의 미묘한 뜻을 관통하는 것이며, 攝이란 법계의 바다와도 같은 대중을 받아들이는 것이다.(위의 간략한 해석을 끝마치다.)

次廣釋者는 總有十門이로되 今唯擧第三具彰義類一門하야 以解題中大等七字니 謂大等七字는 義皆無量이니 並略以十義로 釋之니라 然古人 亦各十義로 釋其七字니 不知以七字로 更互相釋하야 今明大義면 則七字皆大오 方則七字皆方이오 廣則七字皆廣이오 佛則七字皆佛等이라

다음 자세히 해석함에 있어서 모두 열 가지의 주제[十門]가 있지만, 여기에서는 오직 제3의 '의의의 유를 구체적으로 밝힌 주제[具彰義類門]' 하나만을 들어 경의 명제 가운데 '대방광불화엄경' 7글자를 해석한 것이다. '대방광불화엄경' 7글자의 뜻은 모두 한량이 없기에, 아울러 간략하게 열 가지 뜻으로 이를 해석하고자 한다. 그러나 옛사람 또한 각기 열 가지의 의의로써 '대방광불화엄경' 7글자를 해석하고 있다. 알 수 없지만, 7글자로 서로서로 해석하여 여기에 대의를 밝힌다면 7글자가 모두 大요, 方은 7글자가 모두 方이요, 廣은 7글자가 모두 廣이요, 佛은 7글자가 모두 佛 등등이 된다.

初明大十義者는 一은 體大니 謂若相若用이 皆同眞性而常徧故니 卽是大字니라 涅槃에 云"所言大者는 名之爲常이라"하니 此는 明體不變易이오 又云"大者는 其性廣博하야 猶如虛空이라"하니 此는 明體徧이니라

二는 相大니 謂恆沙性德이 無不具故니 互相卽入과 微細重重等과 具十玄門이 皆其相故라 卽經方字니 方者는 法也니라

三은 用大니 謂業用이 普周하야 如體徧故니 卽經廣字라 涅槃에 云又大者는 能建大義라하니 卽是約用이니라

四는 果大니 謂智斷依正이 普周法界故니 卽經佛字니라

五는 因大니 謂發菩提心하며 起解行願證하야 精勤匪懈하야 成諸位故니 卽經華字니라

六은 智大니 謂大智爲主하야 運諸萬行하야 徧嚴一切하야 無所遺故니 卽經嚴字니라

七者는 教大니 謂一文一句는 無不結通하야 徧於一切十方三際하야 重重無盡故니 卽是經字니라

八者는 義大니 謂所詮法이 盡窮法界하며 乃至帝網하야 無所遺故니 卽總是六字니라

九者는 境大니 以上法門이 普以無盡衆生으로 爲化境故니라

十者는 業大니 謂盡三際時와 窮法界處에 常將此法하야 利益衆生하야 無休息故니라

제1, 처음 '大' 자의 열 가지 의의를 밝히면, (1) 體大이다. 相과 用이 모두 진성과 똑같이 항상 두루 하기 때문이니 이것이 곧 '大' 자이다. 열반경에서 이르기를, "大라고 말한 것은 常이라고 말한다."고

하니 이는 본체란 바뀔 수 없음을 말한다. 또한 "大란 그 자성이 넓고 넓어서 허공과 같다."고 하니 이는 본체의 두루 함을 밝힌 것이다.

⑵ 相大이다. 항하의 모래와도 같은 불성의 덕이 구족하지 않음이 없기 때문이다. 서로서로 들어가는 것과 미세하게 거듭거듭 하는 등과 十玄門을 갖추는 것이 모두 그 상이기 때문이다. 곧 경의 '方' 자이다. 方이란 법이다.

⑶ 用大이다. 業의 用이 널리 두루 하여 본체의 두루 함과 같기 때문이니 곧 경의 '廣' 자이다. 열반경에서 이르기를, "또한 大란 큰 의의를 세운다."고 하니 이는 用을 가지고 말한 것이다.

⑷ 果大이다. 지혜로 의보와 정보를 끊는 것이 아울러 법계에 두루 하기 때문이니 곧 경의 '佛' 자이다.

⑸ 因大이다. 보리심을 일으키며 解行願證을 일으켜 정근으로 게으름이 없이 모든 일을 이루기 때문이니 곧 경의 '華' 자이다.

⑹ 智大이다. 大智를 주로 하여 모든 만행을 운전하여 두루 일체를 장엄하여 빠뜨린 바가 없기 때문이니 곧 경의 '嚴' 자이다.

⑺ 教大이다. 하나의 문장 하나의 구절이 끝맺고 통하지 않음이 없어서 일체 시방 三際에 두루 하여 거듭거듭 다함이 없기 때문이니 곧 '經' 자이다.

⑻ 義大이다. 설한 법이 법계를 모두 다하며 이에 제망에까지 빠뜨린 바가 없기 때문이니 이는 6글자를 총괄한 것이다.

⑼ 境大이다. 이상의 법문이 널리 무진한 중생으로 교화의 경계를 삼기 때문이다.

(10) 業大이다. 三際의 시간을 다하고 法界의 공간 끝까지 항상 이 법을 가지고서 중생에게 이익을 주어 잠시도 그침이 없기 때문이다.

二에 方十義者는 方者는 法也라 卽前十大를 皆名爲法이니 謂體法·相法等이니라

제2, '方' 자의 열 가지 의의라 하는 것은 方이란 법을 말한다. 곧 앞의 十大를 모두 법이라고 말하니 體法·相法 등을 말한다.

三에 廣十義者는 廣者는 多也니 用多繁興하야 包無不盡故니라 則前十이 皆多니 卽明一徧一切를 名之爲大오 一攝一切를 名之爲廣이니 亦可反此니라

제3, '廣' 자의 열 가지 의의라 하는 것은 廣이란 많음을 말한다. 작용이 많아서 번거롭게 일어나 포괄하여 다하지 않음이 없기 때문이다. 앞의 열 가지는 모두 많음을 말하니 곧 하나가 일체에 두루 한 것을 大라 말하고, 하나가 일체를 받아들이는 것을 廣이라고 말하니 또한 이를 반조하면 알 수 있다.

四에 佛十義者는 卽是十佛이니 大는 卽法界佛이오 方은 卽本性佛이오 廣은 卽涅槃佛과 及隨樂佛이오 佛은 卽成正覺佛이오 華는 卽願佛과 及三昧佛이오 嚴은 卽業報佛이오 經은 卽住持佛이라 總不離心하니 七字皆是心佛이니라 釋十佛義는 如八地中과 及離世間品에 辨하니라

제4, '佛' 자의 열 가지 의의라 하는 것은 곧 十佛을 말한다. 大는 법계불, 方은 본성불, 廣은 열반불과 수락불, 佛은 정각을 성취한 부처, 華는 원불과 삼매불, 嚴은 업보불, 經은 주지불이다.

십불은 모두 마음에서 벗어나지 않는다. '대·방·광·불·화·엄·경' 7글자는 모두 '마음 부처[心佛]'를 말한다. '십불'의 의의에 관해서는 八地와 제38 이세간품에서 논변하고 있다.

五에 釋華十義者는 一은 含實義니 表於法界含性德故오 二는 光淨義니 本智明顯故오 三은 微妙義니 一一諸行이 同法界故오 四는 適悅義니 順物機故오 五는 引果義니 行爲生因하야 起正覺故오 六은 端正義니 行與願俱하야 無所缺故오 七은 無染義니 一一行門에 三昧俱故오 八은 巧成義니 所修德業을 善巧成故오 九는 芬馥義니 衆德住持하야 流馨彌遠故오 十은 開敷義니 衆行敷榮하야 令心開覺故니라 然華有二種하니 一은 草木華니 喻萬行因이라 然或與果俱하며 或不與俱니라 二는 嚴身華니 通金玉等이라 喻於神通衆相等이 唯與果俱니라 前十義中에 一·五·九·十은 局於草木하고 餘通二華하니라

제5, '華' 자의 열 가지 의의를 해석하면 다음과 같다.

⑴ 열매를 함축한 뜻이니 법계가 性德을 포함함을 나타낸 때문이며,

⑵ 빛나고 청정한 뜻이니 근본 지혜가 밝고 뚜렷한 때문이며,

⑶ 미묘한 뜻이니 하나하나 모든 행실이 법계와 같기 때문이며,

⑷ 기쁨의 뜻이니 중생의 근기를 따르는 때문이며,

⑸ 果를 이끌어주는 뜻이니 행이 생의 因이 되어 정각을 일으키기 때문이며,

⑹ 단정하다는 뜻이니 행이 願과 함께하여 부족한 바 없기 때문이며,

⑺ 더러움에 물듦이 없다는 뜻이니 하나하나의 행문에 삼매가 갖춰져 있기 때문이며,

⑻ 정교하게 이룬 뜻이니 닦아야 할 덕업을 아주 잘 성취한 때문이며,

⑼ 향기롭다의 뜻이니 많은 덕을 지녀서 향기가 멀리 전해지기 때문이며,

⑽ 피어나다의 뜻이니 많은 행이 꽃처럼 피어나 마음에 깨달음을 열어주기 때문이다.

그러나 꽃에는 2가지가 있다. 첫째는 초목의 꽃이니 만행의 因을 비유한 것이다. 그러나 果와 함께하거나 혹은 果와 함께하지 않는다. 둘째는 몸을 장엄해주는 꽃이니 금옥과 통하는 등등이다. 神通衆相 등이 오직 果와 함께함을 비유한 것이다. 앞의 열 가지 의의 가운데에 ⑴ 含實義, ⑸ 引果義, ⑼ 芬馥義, ⑽ 開敷義는 초목에 국한되고, 그 나머지는 2가지의 꽃에 공통되는 것이다.

六에 釋嚴者는 卽上十華로 同嚴一佛이니 爲嚴이 不同이나 亦是十義니라【鈔_ '爲嚴不同'者는 如以十寶로 嚴一金佛이니 一은 眞珠嚴이오 二는 珊瑚嚴等이니라 一佛十嚴을 歷於十佛인댄 便成百嚴이니 約圓融修故니라】又上十華를 如次嚴前十佛이면 卽是十義니 而總別이 無礙하니라【鈔_ '如次'者는 義同一度로 成一佛故니라 '總別無礙'者는 總融上二니 行布圓融이 二無礙故니라】

제6, '엄' 자를 해석하는 것은 위에서 말한 열 가지의 꽃으로 하나의 부처님을 장엄한 것이다. 장엄한 것이 똑같지 않지만 이 또한

열 가지의 뜻이다.【초_ "장엄한 것이 똑같지 않다."는 것은 열 가지의 보배로 하나의 金佛을 장엄한 것이니 ① 진주 장엄, ② 산호 장엄 등이다. 한 부처님에게 열 가지의 장엄을 하는 것으로 열 부처님을 거쳐 보면 곧 백 가지의 장엄이 이뤄진다. 원융하게 닦은 것으로 말한 때문이다.】또한 위의 열 가지의 꽃을 차례대로 앞의 열 부처님을 장엄하면 곧 열 가지의 뜻이니 총체와 별개에 장애가 없다.【초_ '차례대로[如次]'라고 말한 것은 한 차례씩 하나의 부처님을 이룬다는 뜻과 같다. "총체와 별개에 장애가 없다."는 것은 위의 2가지를 총괄하여 융합함이니 항포가 원융하여 2가지 모두 걸림이 없기 때문이다.】

更有十義하니 一은 用因嚴果하야 以成人이니 是華嚴佛이 由因得果故오

二는 以果嚴因하야 以顯勝이니 成果之後에 令一一因行으로 皆無際故오

三은 以人嚴法하야 而顯用이니 謂佛曠劫修因하야 方顯法之體用故오

四는 以法嚴人하야 以顯圓이니 若不得法之體用이면 因果不能圓妙故오

五는 以體嚴用하야 以令周니 謂用不得體면 不周徧故오

六은 以用嚴體하야 而知本이니 若無大用이면 不顯體本之廣大故오

七은 以體嚴相하야 而知妙이니 謂相若有體면 便卽入重重故오

八은 以相嚴體하야 以明玄이니 體若無相이면 不顯體深玄故오

九는 以義嚴教하야 超言念이니 由所詮難思하야 能詮言離故오

十은 諸因互嚴하야 以融攝이니 如禪非智면 無以窮其寂이며 智非禪이면 無以深其照等이니라【鈔_ 如上十種釋名之義를 若約相融인댄 皆持業釋이오 若約當相인댄 皆依主釋也라 如第一用因嚴果는 是華嚴之佛故오 二는 卽佛之華嚴故오 三은 卽佛華嚴之大方廣이오 四는 卽大方廣之佛華嚴이오 五는 卽大之方廣이오 六은 卽方廣之大오 七은 卽大之方이오 八은 卽方之大오 九는 卽大方廣佛華嚴之經이오 十은 卽諸因互嚴이라 乃含多義하니 謂施之戒·戒之施와 定之慧·慧之定等이니라 前四는 成對오 後一은 非對니 但可大等嚴經이언정 不可以經嚴大等이라 故不成對오 又爲欲顯因互嚴故니라 '如禪非智無以窮其寂'者는 擧一爲式이니 餘可類取니라 謂禪無智면 但是事定이니 若得智慧하야 觀於心性이면 爲上定故니라 智不得禪이면 乃爲散善分別慧故니라 慧若有定이면 如密室燈이 寂而能照하야 離動分別하야 成實慧故니라 所言等者는 等餘萬行이니 如施不得戒면 非是眞施니 破戒行檀이 非眞福故오 戒不得施도 亦非眞戒니 慳貪不息이 非眞戒故며 不捨財法이 正犯戒故니라 餘並可知니라】

또한 열 가지의 의의가 있다.

(1) 因으로 果를 장엄하여 사람을 이루는 것이니 이는 화엄불이 因으로 말미암아 果를 얻었기 때문이며,

(2) 果로써 因을 장엄하여 훌륭함을 나타낸 것이니 果를 이룬 후에 하나하나의 因行으로 모두 끝이 없도록 한 때문이며,

(3) 사람으로 법을 장엄하여 작용을 나타낸 것이니 부처님께서 광겁의 因을 닦아 바야흐로 법의 체용을 밝혔기 때문이며,

⑷ 법으로써 사람을 장엄하여 원융함을 나타낸 것이니 만약 법의 본체와 작용을 얻지 못하였다면 인과는 원융하고 미묘하지 못하기 때문이며,

⑸ 본체로써 작용을 장엄하여 두루 하도록 함이니 작용이 본체를 얻지 못하면 두루 하지 못하기 때문이며,

⑹ 작용으로써 본체를 장엄하여 근본을 아는 것이니 만약 大用이 없다면 본체의 본래 광대함이 나타나지 못하기 때문이며,

⑺ 본체로써 相을 장엄하여 미묘함을 아는 것이니 相에 만약 본체가 있다면 곧 거듭거듭 된 경계에 들어갈 수 있기 때문이며,

⑻ 相으로 본체를 장엄하여 현묘함을 나타낸 것이니 본체에 만약 상이 없다면 본체의 심오하고 현묘함을 나타낼 수 없기 때문이며,

⑼ 義로써 가르침을 장엄하여 말과 생각을 초월함이니 말해야 할 법문은 생각하기 어렵고 설법할 주체의 진리는 언어를 여의었기 때문이며,

⑽ 모든 因이 서로 장엄하여 원융하게 받아들임이니 예컨대 禪은 지혜가 아니면 그 寂靜을 다할 수 없고, 지혜는 선이 아니면 그 觀照가 심오할 수 없다는 등등이다.【초_ 위에서 말한 열 가지의 의의로 경의 명제를 해석한 뜻을 서로 종합하여 원융한 부분으로 말하면 모두 업을 가지고 해석한 것이며, 해당 부분의 모습으로 말하면 모두 부처님에게 의지하여 해석한 것이다. 예를 들면, ① 因으로 果를 장엄한 것은 화엄불이기 때문이요, ② 부처님의 화

엄이기 때문이요, ③ 부처님과 화엄의 大方廣이요, ④ 대방광의 부처님과 화엄이요, ⑤ 大의 方廣이요, ⑥ 方廣의 大요, ⑦ 大의 方이요, ⑧ 方의 大요, ⑨ 대방광불화엄의 經이요, ⑩ 모든 因이 서로 장엄함이다. 여기에는 많은 뜻을 담고 있다. 보시의 持戒, 지계의 보시, 定의 慧, 慧의 定 등을 말한다.

앞의 4가지는 대칭을 이루었고, 뒤의 한 가지는 대칭이 아니다. 단 '大' 등은 經을 장엄할 수 있을지언정 경으로 '대' 등을 장엄할 수 없기 때문이다. 그러므로 대칭을 이루지 못한 것이다. 또한 因하여 서로 장엄함을 나타내고자 한 때문이다.

"선은 지혜가 아니면 그 적정을 다할 수 없다."는 것은 하나를 들어 준칙을 삼은 것이니 나머지는 모두 유추하여 알 수 있다. 선정에 지혜가 없다면 다만 현상계의 사물[事]의 定일 뿐이다. 만약 지혜를 얻어 심성을 관하면 가장 훌륭한 선정이 되기 때문이다. 지혜가 선정을 얻지 못하면 그것은 散善, 분별의 지혜가 되기 때문이다. 지혜에 선정이 있다면 밀실의 등불이 고요하면서도 밝게 비춰주기에 動의 차별을 떠나서 진실한 지혜를 이룰 수 있기 때문이다. 等이라 말한 것은 나머지 萬行 등을 말한다. 만약 보시를 하면서도 계율을 지키지 못한다면 이는 참다운 보시가 아니다. 파계를 하고서 보시를 행한다는 것은 참다운 복이 아니기 때문이며, 계율을 지킨다 할지라도 보시하지 않는 것 또한 참다운 계율이 아니다. 인색하고 탐욕의 마음이 사라지지 않는 것은 참다운 계율이 아니기 때문이며, 재물의 보시와 법의 보시를 하지 않는 것은 바로 계율을

범한 때문이다. 나머지는 모두 말하지 않아도 알 수 있다.】

七은 釋經十義니 一은 涌泉이오【鈔_ 義味無盡이라】二는 出生이오【鈔_ 出生諸義라】三은 顯示오【鈔_ 顯示諸義라】四는 繩墨이오【鈔_ 辨諸邪正이라】五는 結鬘이오【鈔_ 貫穿諸法이라】六은 攝持오【鈔_ 攝持所化라】七은 常이오【鈔_ 常恆之說이라】八은 法이오【鈔_ 軌生物解하야 任持有性이라】九는 徑이오【鈔_ 衆生徑路라】十은 典이라【鈔_ 令見聞正故라】

제7, '經' 자의 열 가지 의의로 해석한다.

⑴ 솟아나는 물줄기와 같다.【초_ 의미가 샘물처럼 끝이 없기 때문이다.】

⑵ 나오는 것이다.【초_ 수많은 뜻이 나오는 것이다.】

⑶ 밝혀 보여줌이다.【초_ 수많은 뜻을 밝혀 보여줌이다.】

⑷ 먹줄과 같다.【초_ 모든 邪正을 분별해주는 것이다.】

⑸ 結鬘이다.【초_ 모든 법을 관통하기 때문이다.】

⑹ 받아들임이다.【초_ 교화할 대상을 받아들이는 것이다.】

⑺ 떳떳함이다.【초_ 일상의 떳떳한 말이다.】

⑻ 법이다.【초_ 중생의 법이 되어 중생이 이해하는 대로 그들이 소유한 자성에 맡겨두는 것이다.】

⑼ 길이다.【초_ 중생이 가야 할 길이다.】

⑽ 典이다.【초_ 견문을 바르게 만들어주기 때문이다.】

評 國師以十門으로 解釋經題로되 而具彰義類一門에 大方廣等七字

를 各以十義로 更互釋之하야 傾無餘蘊矣라 故余錄之하야 以便好略之機오 更前後九門은 是乃縱無盡之智辨이오 窮法界之詮旨하야 至于攝歸一心하고 泯同平等이면 則至矣盡矣라 所謂唯證相應을 名佛華嚴이니 智力有餘者는 不可不博覽而深究之니 蓋一經之玄極이 盡在是也니라

논평은 다음과 같다.

청량 국사는 열 가지의 주제로 경의 명제를 해석하였으나, '의의 유를 구체적으로 밝힌 주제'에서 '대방광불화엄경' 7글자에 대해 각기 열 가지의 뜻으로 해석하여 조금도 남김없이 밝혔다. 이 때문에 나는 이를 기록하여 아주 간략하게 독자의 편의를 제공하였고, 다시 전후 9주제[九門]에서는 끝없는 지혜의 논변을 맘껏 펼쳤고, 법계의 요지를 밝혔지만 하나의 마음으로 귀결되고 사라져 평등한 데에 이르게 되면 지극하고 극진한 것이다. 이른바 오직 증득에 상응한 것을 佛華嚴이라고 말한다. 智力이 넉넉한 자는 널리 보고 깊이 탐구하지 않을 수 없다. 화엄경의 현묘한 극치는 모두 여기에 있다.

次釋品目

다음은 품목을 해석하다

世主妙嚴品 第一

제1 세주묘엄품

◉ 疏 ◉

世者는 時也니 卽是世間에 有三이라 一은 器世間이니 卽是化處오 二는 衆生世間이니 卽所化機오 三은 智正覺世間이니 卽能化主라 主者는 君也니 卽佛及諸王과 地神·水神·林神·山神은 卽器世間主오 天王·龍王·夜叉王等은 卽衆生世間主오 如來는 是智正覺世間主오 亦總化上二오 偏統前三이라 故並稱世主니라 妙는 謂法門體用이 深廣難思니 卽主之所得이라 嚴은 謂嚴飾이니 乃有多義라 一은 器世間嚴이니 謂其地堅固等이오 二는 衆生世間嚴이니 謂衆海 各具法門威德故오 三은 智正覺世間嚴이니 謂於一切法에 成最正覺하야 三業普周오 法門無盡故라 所以로 長行諸王之嚴偈頌讚德은 皆顯嚴佛이라 衆生不嚴이면 不感佛興이오 正覺不嚴이면 不能爲主오 器界不嚴이면 非眞佛處이오 復由佛嚴으로 顯遇者有德이오 衆生嚴으로 顯輔佛超勝이니 如是互嚴이 亦爲妙嚴이라 諸經은 無此廣嚴이오 但初名序品이어늘 今唯明序이오 已兼正故로 廣讚諸嚴하야 以爲華嚴之由序라**(已上은 疏釋經題品目 竟하다)**

世란 시간을 말한다. 세간에는 3가지가 있다. 첫째는 器世間이다. 이는 교화의 장소이다. 둘째는 중생세간이다. 이는 교화해야 할 중생이다. 셋째는 智正覺世間이다. 교화하는 법주이다.

主는 임금이니 곧 부처와 제왕과 주지신·주수신·주림신·주산신은 기세간의 법주이며, 천왕·용왕·야차왕 등은 중생세간의 법주이며, 여래는 지정각세간의 법주요 또한 교화상의 2가지를 총괄하고, 앞의 3가지를 두루 총괄한다. 이 때문에 이를 모두 아울러 世主라고 말한다.

妙는 법문의 본체와 작용이 깊고 넓어서 생각하기 어려운 것으로, 이는 법주만이 얻을 수 있다.

嚴은 장엄하게 꾸미는 것이다. 여기에는 많은 뜻을 가지고 있다.

⑴ 기세간의 장엄이다. 그 땅이 견고함 등등을 말한다.

⑵ 중생세간의 장엄이다. 바다와 같은 수많은 대중이 각기 법문의 위엄과 덕을 갖추고 있기 때문임을 말한다.

⑶ 지정각세간의 장엄이다. 일체 법에 最正覺을 성취하여 三業이 널리 두루 하고 법문이 다함이 없기 때문임을 말한다.

수많은 왕들이 덕을 찬탄한 장항(長行)의 산문은 모두 부처의 장엄을 나타낸 것이다. 중생의 장엄이 아니면 부처의 일어남에 감응할 수 없고, 정각이 장엄하지 않으면 법주가 될 수 없으며, 기세계의 장엄이 아니면 진불의 처소가 아니다. 또한 부처의 장엄으로 말미암아 만나는 자마다 덕이 있음을 나타냈고, 중생의 장엄으로

輔佛의 초월을 나타내고 있다. 이와 같이 서로의 장엄이 또한 미묘한 장엄이 되는 것이다. 모든 경은 이처럼 널리 장엄함이 없고, 단 첫 부분을 序品이라고 명명했을 뿐이다. 여기에서는 오직 序에서 장엄을 밝혔고, 이미 정도를 겸하고 있기 때문에 널리 모든 장엄을 찬탄하여 화엄경의 첫머리[由序]를 삼은 것이다.**(위는 청량소에서 경의 명제와 품목을 해석한 부분을 끝마치다.)**

◉ 論 ◉

釋經題品目者는 何故로 名爲大方廣佛華嚴經 世主妙嚴品第一오 解云大者는 無方義오 方者는 法則義오 廣者는 理智徧周義오 佛者는 智體無依住義며 智自在義오 華者는 徧法界無盡行義니 以行能開敷自他果故로 華是感果義며 開敷 義오 嚴은 是莊飾義니 明初發心住位에 以十信中有作行華로 開敷十住位中妙理智慧果故며 復生無作十種行華하야 常以法行互嚴하야 用淨自利利他之道故로 行爲嚴飾義라 世主妙嚴者는 以此初品에 有諸神天八部之衆이 皆爲世間主하야 各將十佛世界微塵數隨身部從과 或但云無量하고 來嚴道場일세 此爲依衆成名也라 故云世主妙嚴이라하니라

경의 제목을 해석해 보건대, 무슨 까닭에 그 이름을 '대방광불화엄경 세주묘엄품 제1'이라고 말했을까? 이에 대해 다음과 같이 해석하였다.

'大'란 일정한 곳이 없다는 뜻이다. '方'이란 법칙이라는 뜻이다. '廣'이란 이치와 지혜가 두루 하다는 뜻이다. '佛'이란 지혜의 본체

가 의지하거나 집착이 없다는 뜻이며 지혜가 자재하다는 뜻이다. '華'란 법계에 가득한 그지없는 행이라는 뜻이니, 이러한 행이 자타의 果를 맺어주고 피어나기 때문에 華는 '果를 얻게 하다'의 뜻이며 '피어나다'의 뜻이다. '嚴'이란 '장엄하게 꾸미다'의 뜻이니, 初發心住位에 十信 가운데 行을 만들어주는 꽃으로 十住位 가운데 '미묘한 이치 지혜 열매[妙理智慧果]'를 맺어주고 피어주기 때문이다. 또한 다시 작위가 없는 열 가지 행의 꽃을 피워 항상 법과 행이 서로 장엄하여 자리이타의 도를 청정하게 만들어주는 까닭에 行이 장엄하게 꾸며주는 뜻이 됨을 밝힌 것이다.

'세주묘엄'이란 화엄경의 첫째 품에 모든 神·天·八部의 대중이 모두 세간의 주인이 되어서 각각 열 부처의 세계 작은 티끌 수효만큼 많은, 부처님을 따르는 무리, 從徒와 혹은 한량없는 대중을 거느리고서 도량을 찾아와 장엄하기에, 이는 대중에 의해 '세주묘엄'이라고 말한다.

又佛及菩薩이 皆爲世間主故로 以能主導衆生하야 總爲世間主로 亦此初品에 總標一部어니와 一部都擧인댄 總有二百二十八衆의 形狀不同이어든 各各部類를 或言一佛世界微塵이며 或十佛刹微塵이며 或言無量이니 以嚴海會일세 故言世主妙嚴이오 或以佛福報境界로 妙嚴依正일세 亦得稱爲世主妙嚴이니 爲如來 亦爲世間主하사 主導衆生故로 此爲依主得名이니라

또 부처 및 보살이 모두 세간의 주인이 되기에 중생을 주도하여 모두 '세간의 주인이 된다.'는 것으로 또한 처음 제1품에 화엄경

의 전체를 총괄하여 표하였지만, 화엄경 전체를 들어 말한다면 모두 228대중의 모습이 똑같지 않다. 각기 다른 무리의 수효를 말할 적에 '한 부처의 세계 작은 티끌과도 같은 수'라 하기도 하고, 혹은 '열 부처의 세계 작은 티끌과도 같은 수'라 하기도 하고, 혹은 '한량없는 수'를 들어 대중의 법회를 장엄한 까닭에 '세주묘엄'이라 말한다. 혹은 부처님의 福報의 경계로 依報와 正報를 미묘하게 장엄한 까닭에 또한 '세주묘엄'이라고 말하기도 한다. 여래 또한 세간의 주인이 되어 중생을 이끌어주기에 이는 '세주'에 의해 품의 이름을 붙인 것이다.

品者는 均別義이니 明五位及信心의 同異差降과 意類別敘와 進修生熟이 各有條貫하야 次第分明하야 令後學者로 自識本行하야 進修不惑이라 故爲品類均別義也오 第一者는 非是次第前後之第一이니 爲法界門中에 無前頭在後之次第라 皆是一時 無二念으로 同時顯著諸品之第一이며 一多緣起同時之第一이니 是名同時具足相應門이오 一多相容不同門이라 以十玄門과 及六相義로 通融하면 品名도 亦如是可知니 不可如情所計일세 故名第一이니라**(已上은 論釋經題品目 竟하다)**

'品'이란 똑같은 것끼리 구별하는 뜻이다. 五位와 신심의 같고 다른 차이와, 생각하는 무리가 다름에 따라 각기 달리 서술함과, 닦아 나아가는 조예의 깊고 얕음에 따라 각기 다른 조목으로 그 차례가 분명하여, 후학으로 하여금 스스로 本行을 알아서 닦아나가는 데에 의혹이 없도록 하였다. 이 때문에 품류에 따라 똑같은 것끼리 구별하는 뜻이다. '第一'이란 전후의 차례에 의한 첫 번째를 말한 것이 아니다. 법계의 문에는 앞이니 뒤이니 하는 차례가 없기 때문이다. 이는 모두 '一時'에 이뤄지는 것이라 둘이 없는 생각으로 동시에 나타나는 모든 품에서 첫째인 것이며, 하나와 많음의 연기가 동시에 일어나는 가운데 첫째이기에 이를 '동시에 구족하게 상응하는 문'이라 하고, 하나와 많음이 서로 용납하되 똑같지 않은 문이라고 말한다. 十玄門과 六相義를 통하여 보면 품명 또한 이와 같음을 알 수 있다. 이는 情識으로 헤아릴 수 있는 경계가 아니기에 '제일'이라고 말한다.**(위는 경의 명제와 품목을 해석한 부분을 끝마치다.)**

화엄경소론찬요 제1권 華嚴經疏論纂要 卷第一

화엄경소론찬요 제2권
華嚴經疏論纂要 卷第二

◉

세주묘엄품 제1-1
世主妙嚴品 第一之一

◉ 疏 ◉

大科 分二라 初는 解經題品目이오 二는 正釋經文이라 經題品目은 具如前釋이오 今은 正釋經文이니 準常三分이니 謂初品은 爲序오 '現相'下는 正宗이오 法界品內 '爾時 文殊師利 從善住樓閣出'下는 明流通이라

큰 科判은 둘로 나뉜다. 첫 부분은 경의 명제와 품목을 해석하였고, 둘째는 경문을 해석하였다.

경의 명제와 품목은 구체적으로 앞에서 해석한 바와 같다. 여기는 경문을 해석한 부분이다. 상례에 준하여 3가지로 구분하니 첫 품은 序分이고, '現相' 이하는 正宗分이며, 제39 입법계품 내에 '爾時 文殊師利 從善住樓閣出' 이하는 流通分임을 밝힌 것이다.

序中就文 分二니 初는 此土序오 二는 結通十方無盡世界序라 初中에 復二니 初는 證信序오 後 '爾時如來道場'下는 發起序라【鈔_ 二結通者는 文在第五卷末이오 彼文 有三이니 初結此界오 次結華藏內오 後結華藏外라】然此二序는 廣如常解로되 今但略陳이라 初證信者는 若原其所由컨대 則阿難請問이어늘 如來令置는 如智度論이라【鈔_ 阿難請問者는 智論第二에 云"佛涅槃時에 於拘尸那國 娑羅雙樹間에 北首而臥하사 一心으로 欲入涅槃이러니 阿難은 親屬이라 愛心未除하야 未離欲心이오 心沒憂海하야 不能自出이라 爾時에 長老 阿泥樓豆 語阿難言호되 汝是守佛法藏人이니 不應同凡人 自沒憂海니라 一切有爲法은 是無常相이니 汝莫憂愁하라 又佛이 首付汝法이어늘 汝今愁悶은 失所付事라 汝當問佛호되 佛 涅槃後에 我等云何行道오 誰當作

師오 惡性車匿과 云何共住오 佛經之首에 作何等語오 如是種種未來要事를 應當問佛이니라 阿難이 聞是事已에 心悶少醒하야 得念道力하야 助於佛末後所臥床邊하야 以是事로 問佛이러니 佛 告阿難하사되 若今現在와 若我過去에 依止念處오 莫依止餘며 乃至廣說身受心法하야 除世間貪愛하라"하시고 又云 "從今日後로 解脫戒經은 是汝大師니라 如解脫戒經說히 身口意業을 應如是行이니라 又車匿比丘는 如梵天法治라 若心軟後에 應教迦旃延經이면 卽可得道니라 復次 是我三阿僧祇劫所集法寶藏은 是藏初首에 應作如是說言이니라 '如是我聞호니 一時에 佛在某方某國土 某處樹林中이라'하라 是我法門初首에 應作如是說이니라 何以故오 三世諸佛法 經首에 皆稱是語니라 今我經初에도 亦應稱此如是我聞一時等語하라" 】

서분의 문장은 둘로 구분된다. 첫째는 이 국토에 관한 서분이며, 둘째는 시방무진세계를 통틀어 끝맺은 서분이다.

첫째, 이 국토에 관한 서분은 다시 둘로 구분된다. ⑴ 證信의 서분이며, ⑵ '이시여래도량' 이하부터는 發起의 서분이다. 【초_ "둘째, 시방무진세계를 통틀어 끝맺다."라는 문장은 제5권 끝부분에 있다. 그 문장에서는 3부분으로 끝맺었다. 첫째는 이 세계를, 다음은 화장세계의 안을, 맨 뒤는 화장세계의 밖을 끝맺고 있다.】

그러나 이 2가지의 서분은 크게 보면 일반적인 해석과 같지만, 여기에서는 이를 간략히 말하고자 한다. 첫 부분의 '증신의 서분'이란 그 유래를 구명하여 보면, 아난 존자가 질문하자, 여래의 대답이 대지도론에서 말한 바와 같다. 【초_ '아난 존자의 질문'이란 대지도론 제2에서 다음과 같이 말하였다.

부처님께서 열반하실 적에 구시나국 사라쌍수 사이에서 머리를 북쪽으로 향해 누우시고 흔들림 없는 마음으로 열반에 드시려고 하자, 아난 존자는 친척인 터라, 애틋한 마음을 떨쳐버리지 못하여 욕심을 여의지 못하고, 그의 마음은 근심바다에 빠져 벗어나지 못하였다. 그때 장로 아니루두가 아난에게 말하였다.

"그대는 부처님의 법보 창고를 수호해야 할 사람이니, 여느 사람들처럼 근심에 잠겨 있어서는 안 된다. 현상계의 모든 유위법은 덧없는 모습이다. 그대는 걱정하지 마라. 또한 부처님께서 가장 먼저 그대에게 불법을 부촉하셨는데, 지금 그대가 걱정만 한다는 것은 부처님께서 부촉하신 일을 잃게 될 것이다. 그대는 부처님께 이처럼 여쭈도록 하라.

부처님께서 열반하신 뒤에, 우리들은 어떻게 도를 닦아야 하며, 누구를 스승으로 모셔야 하며, 말버릇이 사나운 악성 차닉(車匿)[5]들과 어떻게 함께 살아야 하며, 불경의 첫머리에는 어떤 말을 써야 할지 말이다.

이와 같이 미래에 중요한 갖가지 일들을 부처님께 꼭 여쭈어야 한다."

아난이 이런 일에 대해 듣고서 근심하던 마음에서 조금 깨어나

5 차닉(車匿) : Chandaka. 闡鐸迦라고도 음역. 실달 태자가 성을 넘어서 고행의 첫길을 떠날 때에 백마 건척을 끌던 마부의 이름. 뒤에 출가하여 부처님 제자가 되었으나, 말버릇이 나쁜 성미는 고치지 못하여 악구 차닉·악성 차닉이라 불렸다.

도를 생각하는 힘을 얻어, 부처님께서 누워 계신 최후의 침상 곁으로 다가가 이런 일들에 대해 여쭈었다.

부처님이 아난에게 말씀하셨다.

"지금 현재나 과거에도 나는 四念處를 의지했을 뿐, 그 밖의 다른 것에는 의지하지 않았다. … 몸으로 心法을 받아 세간의 탐심과 애욕을 버리라."고 자세히 일러주셨다.

또 말씀하셨다.

"오늘 이후로부터 해탈계경은 너희의 큰 스승이다. 해탈계경에서 말한 것처럼 신·구·의 삼업을 행하여야 할 것이다. 또한 차닉비구는 범천의 법에 따라 다스려야 한다. 그들의 마음이 부드러워진 뒤에 가전연경을 가르치면 그들도 도를 얻을 수 있다. 또 다음으로 3아승지겁에 걸쳐 결집한 나의 법보 창고[法寶藏]는 경문의 첫머리에 반드시 이렇게 써야 한다.

'이러한 말씀을 내가 들었나니 어느 때에 부처님께서 어느 지방, 어느 나라, 어느 곳, 어느 숲에 계셨다.'

이처럼 나의 법문 첫머리에 반드시 이와 같이 써야 할 것이다. 무엇 때문인가. 삼세의 모든 부처님 경전의 첫머리에 모두 이처럼 말하고 있다. 이제 나의 경전에도 반드시 이 '如是我聞 一時' 등의 말을 써야 할 것이다."】

若覈其所以면 意有六焉이라 一은 爲異外道故니 外道 經首에 皆立阿優하야 以爲吉故로 此約如是라 二는 爲息諍論故니 智度論에 云"若不推從佛聞이오 言自制作이면 則諍論起故로 今廢我從聞이오 聞從佛來

라 故經傳은 歷代로 妙軌不輟이라"하니 此局我聞이라 三은 爲離增減過故니 佛地論에 云應知說此如是我聞은 意避增減異分過失이니 謂如是法을 我親從佛聞이라하면 文義決定이오 非謂傳聞有增減失니라 四는 爲斷衆疑故니 眞諦 引律云 結集法時에 阿難이 升座하야 變身如佛이러니 衆起三疑라 一은 疑大師涅槃重起오 二는 疑他方佛來오 三은 疑阿難이 轉身成佛이어늘 說此如是我聞에 三疑頓斷이라 旣言我聞이면 卽非佛 明矣라 上二義는 通約信聞이라 五는 爲生信故니 智論에 云說時·方·人하야 令生信故니 此局後四라 六은 爲順同三世佛故니 此通六種이라 然信聞二事는 文局初首나 義通九會오 時主二種은 文義俱通이오 處衆二事는 文義俱局이니 隨相則爾로되 約實互融이라【鈔_ '然信聞二事'下는 料揀通局이니 謂如是我聞은 唯經 初有로되 而九會經에 如是法義를 我皆得聞이라 '時主[二種 文義]俱通'者는 會會之初에 皆云'爾時世尊'等이오 '處衆[二事 文義]俱局'者는 摩竭非忉利天等은 處局이오 十佛刹菩薩은 列名異故며 新舊菩薩도 亦不同故로 衆局이오 '約實互融'者는 一會가 卽一切會니 何有衆等而不通耶아】

그 이유를 파헤쳐보면 6가지의 의의가 있다.

⑴ 외도와 달리하기 위함이다. 외도의 경전 첫머리에는 모두 '阿優'[6]라는 단어를 내세워서 길하다고 여겼기 때문에 여기에서는 '如是'를 가지고 말한 것이다.

---

6 阿優 : 阿는 범어에서 無를, 優는 有를 말한 것으로, 모든 법이 갖가지로 다르지만 유무에서 벗어나지 않음을 말한다.

⑵ 논쟁을 없애기 위함이다. 지도론에 이르기를, "만일 부처님에게 직접 들었다 미루지 않고 스스로 내가 한 것이라고 말한다면 논쟁이 일어나기 때문이다. 이제 내가 한 말이라는 점을 그만두고 부처님에게 들은 것이다. 이 때문에 경전은 역대로 전해져 미묘한 준칙이 되어 그치지 않는다."고 하니 여기에서는 '여시아문'으로 국한 지은 것이다.

⑶ 가감의 잘못을 없애기 위함이다. 불지론에 이르기를, "이처럼 여시아문이라 말한 의도는 가감하거나 다르게 구분하는 잘못을 피하기 위함인 줄 알아야 한다. '이러한 법문을 내가 친히 부처님에게 들었다.'고 하면 문장과 의미가 결정될 것이며, 전해 들은 데에서 가감하는 잘못이 있다고 말하지 않을 것이다."고 하였다.

⑷ 많은 사람들의 의심을 끊기 위함이다. 진제 삼장이 계율을 인용하여 말하기를, "법장을 결집할 때에 아난 존자가 법좌에 올라 부처님처럼 변신하자, 대중이 3가지의 의심을 하였다. 첫째, 부처님께서 열반에서 다시 일어나셨나 의심하였고, 둘째, 다른 지방의 부처님이 오셨는가 의심하였고, 셋째, 아난 존자가 범부의 몸에서 벗어나 성불을 했는가 의심하였다. 그러나 이처럼 '여시아문'이라고 말함에 3가지의 의심이 한꺼번에 끊어졌다."고 하였다. 이미 '내가 들었다.'고 하면 자신이 곧 부처님이 아님이 분명해진다. 위의 2가지 뜻(가감의 잘못, 많은 이들의 의심)은 믿음과 들음[信聞]을 통틀어 말한 것이다.

⑸ 신심을 내기 위함이다. 지도론에 이르기를, "어느 때·어느

지방·어느 사람들을 말하여 신심을 내도록 하기 위한 때문이다.” 고 하였다. 이는 뒤의 4가지(제2 爲息諍論부터 여기까지)에 국한한다.

⑹ 삼세제불과 함께 순응하기 위함이다. 이는 6가지에 모두 통한다.

그러나 믿음과 들음[信聞] 2가지는 제1회에 국한되는 듯하지만 그 뜻은 九會에 모두 통하고, 어느 때·어느 법주[時主] 2가지는 문장과 의의가 모두 통하고, 어느 곳과 대중[處衆] 2가지는 문장과 의의가 모두 국한된다. 현상을 따르면 그와 같지만, 실상을 가지고 말하면 서로 융통한다.【초_ “그러나 믿음과 들음 2가지” 이하는 융통과 국한을 구별하는 것이다. ‘여시아문’은 오직 경전에 처음 있는 것이지만 아홉 법회의 경전에 이와 같은 법의 의의를 내가 모두 부처님께 들었다는 것이다. “어느 때·어느 법주는 모두 통한다.”는 것은 모든 법회의 처음에 모두 ‘그때 세존께서[爾時世尊]’ 등을 말한다. “어느 곳과 대중은 모두 국한된다.”는 것은, 마갈제국 아란야법 보리도량이면 그곳은 도리천이 아니다 등은 ‘어느 곳’에 대한 국한이며, 열 부처 세계의 보살은 이름을 나열함이 다르고, 신구 보살 또한 똑같지 않기 때문에 ‘어느 대중’에 대한 국한이다. “실상을 가지고 말하면 서로 융통한다.”는 것은 하나의 법회가 곧 일체의 법회이니, 어찌 ‘어느 대중’ 등으로 통하지 않음이 있을 수 있겠는가.】

上來는 略依三分二序라 然此經 體勢는 少異니 今爲四分이라 初는 擧果勸樂生信分이오 二는 修因契果生解分이오 三은 託法進修成行分이오 四는 依人證入成德分이라

就第一擧果分中에 或科爲十이니 一은 教起因緣分이니 卽初一品이오 二는 大衆同請分이오 三은 面光集衆分이오 四는 毫光示法分이오 五는 眉間出衆分이니 已上은 在第二品內며 六은 普賢三昧分이오 七은 諸佛同加分이오 八은 法主起定分 九는 大衆重請分이니 已上은 在第三品內며 十은 正陳法海分이니 在後三品內라

若以義從文이면 且分爲三이니 一은 教起因緣分이오 二'現相'下는 說法儀式分이오 三'世界成就'下는 正陳所說分이라 就初分中에 亦分爲十이니 一은 總顯已聞이오 二'一時'下는 標主時處오 三'始成正覺'은 別明時分이오 四'其地'下는 別顯處嚴이오 五'爾時世尊'下는 教主難思오 六'有十佛世界'下는 衆海雲集이오 七'從爾時如來道場'下는 稱揚讚德이오 八'爾時 如來師子座'下는 座內衆流오 九'爾時華藏'下는 天地徵祥이오 十'如此世界'下는 結通無盡이라

위에서는 간단하게 3부분(서분, 정종분, 유통분)과 2서분(證信序, 發起序)을 따라 말하였다. 그러나 화엄경의 체제와 문맥은 조금 다르다. 여기에 4가지로 구분한다.

(1) 부처님의 불가사의한 依報와 正報의 極果를 들어, 대중을 권면하여 청정한 신심을 내게 하는 '信分'이며,

(2) 十信·十住·十行·十廻向·十地·十定 6位의 원만한 인을 닦아 十身의 妙果를 증득하여 수승한 이해를 내도록 하는 '解分'이며,

(3) 차별 인과의 법에 의탁하여 닦아 나아가 6위의 행을 성취하게 하는 '行分'이며,

(4) 선지식에 의해 증득하여 덕을 성취하는 '證分'이다.

제1, 擧果의 '信分'(**제1 법회 총 6품: 世主妙嚴品·如來現相品·普賢三昧品·世界成就品·華藏世界品·毗盧遮那品**)에 대해 혹 열 가지의 과목으로 나눈다.

⑴ 가르침이 시작된 인연분이니 곧 제1 세주묘엄품이며,

⑵ 대중이 함께 청하는 분이며,

⑶ 얼굴에서의 放光으로 대중이 모이는 분이며,

⑷ 백호광으로 법을 보이는 분이며,

⑸ 부처님의 미간에서 대중이 출현하는 분이다. 위의 2~5는 제2 여래현상품 안에 있다.

⑹ 보현보살의 삼매분이며,

⑺ 제불이 함께 가피하는 분이며,

⑻ 비로자나 설법주가 삼매에서 일어나는 분이며,

⑼ 대중이 거듭 청하는 분이다. 위의 6~9는 제3 보현삼매품 안에 있다.

⑽ 바다와 같은 법계를 바르게 말한 분이다. 뒤의 제4 세계성취품, 제5 화장세계품, 제6 비로자나품 3품 안에 있다.

만일 뜻으로 문장을 따른다면 또한 3부분으로 구분된다.

⑴ 가르침이 시작된 인연분이며,

⑵ 제2 여래현상품 이하는 설법의 의식분이며,

⑶ 제4 세계성취품 이하는 설법하려는 바를 바르게 말하는 분이다.

⑴ 가르침이 시작된 인연분 또한 열 가지로 구분된다.

① 총괄하여 여시아문을 밝힘이며,

② 一時 이하는 교주·어느 때·어느 곳을 밝힘이며,

③ 처음으로 정각을 이루었다는 것은 時分을 별도로 밝힘이며,

④ 其地 이하는 별도로 설법 도량의 장엄을 밝힘이며,

⑤ 爾時世尊 이하는 세존의 불가사의한 덕이며,

⑥ 有十佛世界 이하는 바다와 같은 대중이 운집함이며,

⑦ 從爾時如來道場 이하는 찬양하고 덕을 찬탄함이며,

⑧ 爾時如來師子座 이하는 사자좌 내의 대중의 무리이며,

⑨ 爾時華藏 이하는 천지에 상서의 조짐이 보임이며,

⑩ 如此世界 이하는 무진법계를 통틀어 끝맺음이다.

今은 初라

제1. 가르침이 시작된 인연

經

如是我聞하사오니

이와 같은 말씀을 내가 들었나니,

◉ 疏 ◉

'如是我聞'者는 謂如是一部經義를 我昔親從佛聞이라 故佛地論에 云"謂傳佛教者가 言如是之事를 我昔曾聞이라"하니 此上은 總合信聞

이라 若離釋者댄 先釋如是는 信成就也라 智論에 云"佛法大海는 信爲能入이오 智爲能度라 信者는 言是事如是오 不信者는 言是事不如是라" 故肇公 云"如是者는 信順之辭也라 信則所言之理 順이오 順則師資之道 成이라 經無豐約이나 非信이면 不階일세 故稱如是라"하다 有云"聖人說法은 但爲顯如니 唯如爲是일세 故稱如是라"하니 此는 唯約所詮之理며 次는 眞諦三藏 云"眞不違俗을 名之爲如오 俗順於眞을 稱之爲是오 眞俗無二일세 故稱如是라"하니 此約所詮理事라 若華嚴宗인댄 以無障礙法界曰如오 唯此無非를 爲是라하다

'여시아문'이란 이와 같은 경전의 뜻을 내가 예전에 부처님으로부터 몸소 들었음을 말한다. 이 때문에 불지론에 이르기를, "부처님의 가르침을 전하는 사람이 이러한 일을 내가 예전에 일찍이 들었다고 말하였다."고 하니 이상의 문장은 '믿음과 들음[信聞]'을 총괄하여 종합한 것이다.

만일 이를 분리하여 해석할 경우, 첫째, '如是'를 해석한다면 믿음의 성취[信成就]이다. 지도론에서 말하였다.

"불법의 큰 바다는 믿음만이 들어갈 수 있으며 지혜만이 건너갈 수 있다. 믿는 자는 이 일이 이와 같다고 말하고, 믿지 않는 자는 이 일이 이와 같지 않다고 말한다."

이 때문에 僧肇 법사가 말하였다.

"如是란 믿고 순종하는 말이다. 믿으면 말씀하신 바의 진리에 순종하고, 순종하면 스승과 제자의 도가 이뤄진다. 경에는 넉넉하고 간략함이 없으나 믿음이 아니면 오르지 못하기에 '如是'라 말한

것이다.”

어떤 이는 말하기를, “성인의 설법이 다만 如如함을 나타내기 위함이다. 오직 여여만이 옳기 때문에 ‘여시’라 한다.”고 하니 이는 오직 ‘말씀하신 진리’만을 들어 말한 것이다.

다음으로 眞諦 삼장은 말하기를, “미묘한 진리가 세속의 이치를 어기지 않는 것을 ‘如’라 말하고, 속제가 진제를 따르는 것을 ‘是’라 말하고, 진제와 속제가 둘이 없기에 ‘여시’라 한다.”고 하였다. 이는 ‘말씀하신 진리와 현상의 사물’을 함께 들어 말한 것이다.

화엄종의 경우는 걸림 없는 법계를 ‘如’라 말하고, 오직 이에 그릇됨이 없는 것을 ‘是’라고 한다.

二‘我聞’者는 聞成就也라 將欲傳之於未聞이니 若有言而不傳은 便是徒設이니 不在能說이오 貴在能傳이라 故次明‘我聞’이니라 我는 卽阿難이오 聞은 謂親自聽聞이라 云何稱我오 卽諸蘊假者니라 雖因耳處나 廢別從總이라 故稱我聞이라하고 法雖無我나 言語便故로 隨順世間일세 故稱我聞이라하니 非邪慢心而有所說이라 若依無相인댄 我旣無我어니 聞亦無聞이라 從緣空故로되 而不壞假名은 卽不聞聞耳라【鈔_ 無相宗은 含於三教니 謂始教·頓教·實教라 謂若但云‘我旣無我오 聞亦無聞’은 卽大乘初門이 爲始教意라 若云‘能所雙寂하야 無聞·不聞이오 亦無我·不我하야 離念頓顯’은 卽頓教意라 其‘從緣空故’는 有二니 一者는 向上이니 成前二教無我所以오 二者는 向下니 ‘不壞假名卽不聞之聞’이 爲實教意라 謂事理無礙故로 聞은 卽不聞이니 無二義故니라】

둘째, 我聞이란 들음의 성취[聞成就]이다. 장차 듣지 못한 것을 전하고자 함이다. 만일 부처님의 말씀이 있음에도 전하지 않는다면 그것은 곧 헛일[徒設]뿐이다. 말을 잘하는 것이 좋은 것이 아니라, 잘 전하는 것을 귀중히 생각하는 것이다. 이 때문에 '如是' 다음에 '我聞'을 밝힌 것이다. 我는 곧 아난이며, 聞은 몸소 스스로 부처님에게 들었음을 말한다.

무엇을 我라고 말하는가. 곧 五蘊을 빌린 몸이다. 비록 귀라는 기관으로 인하여 들었지만, 별개의 자아 기관(귀)을 버리고 총체의 자아(진리)를 따른 것이기에 '아문'이라 말하고, 법이란 비록 無我이지만 언어로 표현하는 것이 편리하므로 세간중생을 따른 것이기에 '아문'이라 말하니 삿된 아만심으로 말한 바가 없다.

만일 無相宗(大乘의 始敎, 頓敎, 實敎)에 의하여 말한다면, 我가 이미 我가 없는 것인바, 聞 또한 들음이 없다. 인연에 따라 공한 것이지만 假名을 버리지 않은 것은 듣지 않음으로써 듣는 것일 뿐이다. 【초_ 無相宗은 3교를 포괄하니 始教·頓教·實教를 말한다. 만약 단지 "我가 이미 我가 없는 것인바, 聞 또한 들음이 없다."는 것은 곧 대승의 첫 관문이니 始教의 뜻이다. 만일 여기에서 한 걸음 더 나아가 "주관과 객관이 모두 사라져 들음도 듣지 않음마저도 없고, 또한 我도 我가 아닌 것마저도 없어서 생각을 떠나서 갑자기 나타난다."는 것은 곧 頓教의 뜻이다. 그 "인연에 따라 공하다."는 데에는 2가지가 있다. 하나는 向上이니 앞의 始教·頓教에 無我의 所以를 이룬 것이며, 또 다른 하나는 向下이니, "假名을 버리지 않은 것은 듣지 않음으로써 듣는 것이다."는 곧 實教의 뜻이다. 사법계와 이법계에 걸림이 없기 때문에 들은 것은 곧 듣지 않음이니 2가지의 뜻이 없기 때문이다.】

若約法性인댄 此經旨趣는 傳法菩薩이 以我無我 不二之眞我로 根境이 非一異之妙耳로 聞無礙法界之法門也라【鈔_ 約法性宗辨이로되 而但明圓教中意라 言'以我無我不二之眞我'者는 含兩經意니 一者는 淨名(維摩詰所說經)에 云"於我無我而不二는 是無我義라"하고 二者는 涅槃云"無我法中에 有眞我여 是故로 敬禮無上尊이로다"하니 正當今意라 卽口順世間이나 心造眞境이니 眞自在我라 '根境非一異之妙耳'者는 以根與境이 共爲緣起하야 因根說境이오 因境說根하야 互相融卽이라 故曰非異라하고 兩相歷然이라 故曰非一이라하니 斯爲妙耳어니 何所不聞가】

만일 法性宗으로 말한다면 이 경의 종지는 법을 전한 아난 존자가 我와 無我가 둘이 아닌 眞我, 그리고 六根과 六境이 하나도 다른 것도 아닌 미묘한 귀[妙耳]로써 무애법계의 법문을 들었음을 말한다.【초_ 법성종으로 논변한 것이지만 단 圓教의 뜻을 밝혔을 뿐이다. "我와 無我가 둘이 아닌 眞我"라는 것은 두 경전의 뜻을 포함한다. 첫째는 유마 거사의 정명경에 이르기를, "아와 무아가 둘이 아니라는 것은 無我의 뜻이다."고 하였고, 둘째는 열반경에 이르기를, "무아의 법 가운데 眞我가 있음이여, 이 때문에 무상지존에게 예배를 올린다."고 하니 바로 이러한 뜻이다. 입으로는 세간 중생을 따르지만 마음은 眞境으로 나아감이니 참다운 자재의 자아이다. “六根과 六境이 하나도 다른 것도 아닌 미묘한 귀”라는 것은 육근과 육경이 모두 연기가 되어 육근으로 인하여 경계를 말하고, 경계로 인하여 육근을 말하여 서로 하나로 융합한 것이다. 이 때문에 ‘다르지 않다.’고 말하며, 두 존재의 모습이 뚜렷하기에 ‘하나가 아니다.’고 말한다. 이것이 미묘한 귀이니 그 무엇을 듣지 못한 바가 있겠는가.】

然이나 阿難 所不聞經을 或云展轉傳聞이라하고 或云如來重說이라하고 或云得深深三昧하야 自然能通이라하니【鈔_ ‘阿難’下는 釋不聞難이라 謂有問言호되 阿難은 是佛 得道夜 生하야 年滿二十에 方始出家하고 年至三十에 如來 方命以爲侍者라 自三十年前의 如來所說을 阿難 不聞이어늘 何以經初에 皆言我聞고 故爲此答이라】上皆就迹而說이라 實是大權菩薩로 影響弘傳이니 如不思議境界經이 斯爲良證이로되 但隨機教別일세 故見聞不同이니라【鈔_ ‘如不思議者는 彼經에 云 “爾時에 復有千億菩薩이 現聲聞形하고 亦來會坐하니 其名曰 舍利弗·目犍連이오” 乃至云“阿難·提婆達多·跋難陀等으로 而爲上首라”하니 皆已久修六波羅密하야 近佛菩提라 爲化衆生하야 於雜染土에 現聲聞形하다】

그러나 이는 아난이 일찍이 듣지 못했던 경이라는 의문에 대해서 혹자는 말하기를, “전전하여 전해 들은 것이다.”고 하며, 또 다른 혹자는 “여래께서 거듭 설하신 것이다.”고 하며, 또 다른 혹자는 “깊은 삼매 속에서 절로 통달한 것이다.”고 말하였다.【초_ ‘아난’ 이하의 문장은 아난이 듣지 못한 부분이라는 논란에 대해 해석한 것이다. 어떤 사람이 "아난은 부처님께서 득도하던 밤에 태어나 만 20세가 되어서야 처음 출가하였고 30세가 되었을 적에 여래께서 비로소 시자로 명하셨다. 여래께서 30년 전에 설법하신 경을 아난으로서는 도저히 들을 수 없었던 일인데, 어떻게 경전의 첫 부분에다가 모두 '내가 들었다.'고 말할 수 있겠는가?"라는 물음을 던졌기에 이에 대해 대답한 것이다.】

위에서 말한 혹자의 말들은 모두 현상계의 자취에 의해 말한 것들이다. 실제 大權菩薩로서 그림자와 메아리처럼 널리 전하였다. 그 부사의경계경과 같은 것으로 좋은 증거가 된다. 단 중생의 근기에 따라 부처님의 가르침은 다르기에 중생이 보고 들은 바는 똑같지 않다.【초_ '如不思議'는 그 부사의경계경에 이르기를, "그때 천억 보살이 웅성거리며 형체를 드러내고서 또한 찾아와 법좌에 모이니 그들의 이름은 사리불·목건련이다."고 하며, 내지 "아난·제바달다·발난타 등으로 상수를 삼았다."고 한다. 그들 모두가 이미 육바라밀을 닦은 지 오래되어 부처님을 가까이에서 모신 것이다. 중생의 교화를 위해 잡염토에 소리를 나타내고 형체를 드러낸 것이다.】

第二 標主時處

제2. 설법주·설법 시기·설법 도량

一時에 **佛**이 **在摩竭提國 阿蘭若法菩提場中**하사

한때에 부처님께서 마갈제국 아란야법 보리도량에 계시면서

◉ 疏 ◉

主·時·處者는 卽三成就니 言一時者는 時成就也라 時者는 亦隨世假立時分이오 一者는 揀異餘時니 如來說經에 時有無量하니 不能別擧오 一言略周일새 故云一時라하니 如涅槃云"一時에 佛在恆河岸"等이니 卽法王啓運에 嘉會之時也오 亦可機教一時라 謂上言如是는 言雖當理나 若不會時면 亦爲虛唱이라 今明物機感聖이오 聖能垂應하사 凡聖道交하야 不失良機일새 故云一時라하니라

설법주·설법 시기·설법 도량은 3가지의 성취이다.

'한때'라 말한 것은 설법 시기의 성취이다. 時란 또한 세상에서 사용하는 가설의 시간을 따른 것이며, '一'이란 나머지의 시기와 다름을 구별하는 것이다. 여래께서 경전을 설하신 때가 한량없으니 별도로 어느 때라고 들어 말할 게 없다. '一'이란 짧은 週期를 말하기에 '一時'라고 말한다. 이는 열반경에 이르기를, "한때에 부처님께서 항하 언덕에 계시면서"라는 등과 같으니 곧 법왕이 성불하여 거룩한 법회를 열 때이며, 또한 중생의 근기와 부처님의 가르침이 一時이다.

위에서 말한 '如是'는 말이 비록 이치에 맞을지라도 만일 때를 만나지 못하면 또한 헛된 외침일 뿐이다. 여기에서는 중생의 근기가 성인을 감동시키고 성인이 이에 가르침을 내려주어 범부와 성인의 도가 교감하여 좋은 기회를 잃지 않음을 밝혔다. 이 때문에 '일시'라고 말한다.

佛者는 主成就也니 具云勃陀오 此云覺者니 謂自他覺滿之者니 雖具十號나 佛義에 包含이라 故偏明之니 義見題中하다【鈔_ '佛者'下는 若言菩提니 但稱爲覺이라 若云佛陀는 此云覺者라 然覺에 有三하니 一은 自覺이니 謂雙覺事理하야 如睡夢覺오 如蓮華開니 此揀凡夫오 二者는 覺他니 揀異二乘이오 三者는 覺滿이니 揀異菩薩이라 故云自他覺滿之者라하니라 若禪觀說인댄 亦云離心을 名自覺이오 離色을 名覺他오 色心俱離를 爲覺滿이오 以依起信인댄 心體離念을 名本覺故로 題中에 有此義釋之라】

佛이란 설법주의 성취이다. 구체적으로 말하면 '勃陀(佛陀, Buddha)'이며, 중국에서는 '깨달은 분'이다. 자신의 깨달음과 남을 깨우침과 깨달음이 원만하신 분이다. 비록 열 가지 명호를 가지고 있으나 佛 자의 의의에 모두 포함되기에 覺이라는 일부분의 뜻만을 밝힌 것이다. 그 의의는 앞의 명제에 보인다.【초_ '佛者' 이하는 '보리'라는 말과 같다. 단 깨달음이라고 말한다. 佛陀라 말한 것은 중국에서는 '깨달은 분'을 말한다. 그러나 깨달음에는 3가지의 뜻이 있다.

첫째, 자신의 깨달음이다. 사법계와 이법계를 모두 깨달아 마치 꿈속에서 잠을 깬 것과 같고 연꽃이 피어난 것과 같다. 이는 범부와는 다르다.

둘째, 남을 깨우쳐줌이다. 이는 이승과는 다르다.

셋째, 깨달음이 원만함이다. 이는 보살과는 다르다.

이 때문에 "자신의 깨달음과 남을 깨우침과 깨달음이 원만하신 분"이라고 말한다. 禪觀으로 말하면 또한 마음을 여읜 것을 自覺이라 말하고, 色을 여읜 것을 覺他라 말하고, 색과 마음을 모두 여읜 것을 覺滿이라고 한다. 기신론에 의하면, 마음의 본체에 생각을 여읜 것을 本覺이라 말한 까닭에 명제에서 이런 뜻으로 해석하였다.】

'在摩竭'下는 處成就也라 眞身은 無在而無不在일세 故次辯之라【鈔_ '眞身無在下는 總顯大意니 言無在者는 體相寂寥하야 離能所故오 無不在者는 體圓徧故일세 故下經에 云"譬如虛空이 徧至一切色非色處호대 非至 非不至니 何以故오 虛空은 無身故인달하야 如來도 亦爾라 徧一切法하며 徧一切衆生하며 徧一切國土호대 非至非不至니 何以故오 如來身은 無身故니 爲衆生故로 示現其身이니라" 又無在는 卽體오 無不在는 卽用이니 體用 無礙라 故爲眞身이라하니라】

'재마갈제국' 이하는 설법 장소의 성취이다. 眞身은 존재하지 않으나 존재하지 않음이 없는 까닭에 다음으로 이를 말하였다. 【초_ '眞身無在' 이하는 총괄하여 대의를 밝힌 것이다. "존재하지 않는다."고 함은 형체의 모습이 고요하여 주관과 객관을 여의었기 때문이며, "존재하지 않음이 없다."는 것은 형체의 모습이 원만하고 두루 한 까닭에 아래의 경문에서 말하기를, "비유하면 허공이 일체의 색과 색이 아닌 곳까지 이르지만 이르는 것도 아니요, 이르지 않은 것도 아니다. 무엇 때문인가. 허공은 자체가 없는 것처럼 여래의 몸 또한 그러하다. 일체 모든 곳에 두루 하며, 일체중생에게 두루 하며, 일체 국토에 두루 하지만 이른 것도 아니요, 이르지 않은 것도 아니다. 무엇 때문인가. 여래의 몸은 몸이 없기 때문이다. 중생을 위한 까닭에 그 몸을 나타낸 것이다."고 하였다. 또한 "존재하지 않는다."고 함은 곧 본체요, "존재하지 않음이 없다."는 것은 곧 작용이다. 본체와 작용에 걸림이 없기에 眞身이라고 말한다.】

'摩竭提國'者는 通擧說處니 此云無毒害이라 以國法無刑戮故니 表能化法이라 或云徧聰慧이니 聰慧之人이 徧其國故니 表所化機라 '阿蘭若法'者는 別擧說場也라 阿蘭若者는 此云無諠諍이니 卽事靜也오 法者는 所證眞理니 二障業苦諠雜이 斯盡也라 事理俱寂일세 故加'法'言이라 '菩提場'者는 菩提는 云覺이니 卽能證大智圓明究竟也오 場者는 證菩提之處也라 然事處는 卽天地之中 王舍城之西 二百里 金剛座上이어니와 約法인댄 則萬行이 皆是道場이라 理智相會之所故니 爲表所說 如所證이라 故不移其處코 說 之니라【鈔_ '爲表所說'下는 釋處所以니 表自心中所證이오 非是隨宜라 故不移證處니라】

마갈제국이란 설법 도량을 통틀어 말한 것이다. 중국에서는 이를 '毒害가 없는 나라'라고 말한다. 그 나라에 혹독한 형벌과 사형의 법이 없기 때문이다. 이는 교화의 주체가 되는 법을 나타낸 것이다. 혹자는 이를 '총명하고 지혜로운 사람이 꽉 찬 나라'라고 말한다. 총명하고 지혜로운 사람들이 그 나라에 많기 때문이다. 이는 교화할 대상의 중생 근기를 나타냄이다.

阿蘭若法이란 별도로 설법 도량을 들어 말한 것이다. 아란야는 중국에서는 '시끄러움이 없는 것'으로 번역하니 현상계의 사물이 고요함이며, '法'이란 증득한 진리이니 煩惱障과 所知障의 業과 고통의 혼잡이 이에 다한 것이다. 현상계의 사물과 진리가 모두 고요한 까닭에 '법'이란 말을 더하였다.

菩提場이란 보리는 깨달음을 말하니 곧 大智圓明의 究竟을 증득함이며, 場이란 깨달음을 증득한 곳이다. 그러나 실제의 장소는 천지 한가운데, 왕사성 서쪽 2백 리에 있는 금강보좌이다. 그러나 법으로 말하면 만행이 모두 도량이다. 진리와 지혜가 함께 모인 곳이기 때문이다. 이는 설법한 것이 증득한 바와 같음을 나타낸 까닭에 그 장소를 바꾸지 않고 이처럼 말하였다.【초_ '爲表所說' 이하는 증득한 장소가 되는 이유를 해석함이니, 자신의 마음속에서 증득한 바이지, 편의를 따름이 아님을 나타낸 것이다. 이 때문에 증득한 장소를 바꾸지 않았다.】

第三 別明時分

제3. 설법 시기를 별도로 밝히다

始成正覺하시니라

비로소 정각을 이루셨다.

◉ 疏 ◉

前標一時로되 未知何時일세 故今別顯이니 是는 初成佛時오 亦彰大師出現時也니 此教勝故며 衆教本故로 在於初時니라 初言尙總이라하니 幾日之初아 九會之文이 同此初不아 略爲三解호리라

一은 約不壞前後相說인댄 纔成初七에 說前五會오 第二七日에 說十地等이오 第九一會는 乃在後時니 以祇園身子 皆後時故일세니라 常恆之說은 不妨後時니 雖能頓說이나 有所表故니라 初五는 信解行願이 最在初故라 故皆云不離道樹오 第六會 因地證位는 居其次深이라 故無不起菩提樹言이오 法界極證은 最在於後故며 亦顯二乘 絕見聞故로 雖異處別時나 亦不相離니 爲寄穢土로 以顯淨故로 須前後耳라 若爾댄 世親이 那云初七不說이오 但思惟行·因緣行耶아 世親纔見十地에 卽爲論釋이어나 或則未窮廣文이오 或則知見有異하야 未全尅定이니 菩提流支 意大同此하다【鈔_ '若爾世親'下는 會論文이오 言'思惟行·因緣行'者는 因은 謂自所得法이오 緣은 謂所化之器니 欲將已所證法으로 爲衆生說을 名爲行因緣行이라 故法華經에 云"我所得智慧는 微妙最第一이언만 衆生諸根鈍하야 著樂癡所盲이라 如斯之等類를 云何而可度가"等이 是也라 彼思不得一乘機어늘 今思卽得一乘機로 爲異耳라】

二는 順論釋이니 九會는 皆在二七日後니 二七 非久일세 亦名始成이라

三은 約實圓融釋이면 皆在初成이라 一念之中에 一音으로 頓演七處九會無盡之文이니 海印定中에 一時印現이라【鈔_ '約實圓融'은 卽賢首國師意라】

앞서 一時라 내세워 말했지만 어느 때인 줄 알 수 없기에 여기에서 별도로 밝힌 것이다. 이는 처음 성불하셨을 때이며, 또한 부처님이 출현하신 때임을 밝힌 것이다. 이는 가르침이 훌륭한 때문이며, 많은 가르침의 근본이기에 '初時'에 두었다. 初란 오히려 총체적으로 말한 것인바, 어느 날의 처음을 말한 것일까? 九會의 경문이 모두 이 처음과 같은 것일까? 간단하게 3가지로 해석하겠다.

(1) 전후 시간을 무너뜨리지 않은 양상으로 말한다면 처음 성도 후 7일[初七日]에 앞의 5회(세주묘엄품~십회향품)를 설법하였고, 다음 7일에 십지 등(십지품~이세간품)의 설법을 하였고, 제9회의 입법계품은 이후의 시기에 해당된다. 기원정사와 身子(사리불)가 모두 이후의 시기에 있었기 때문이다. 으레 하는 설법이기에 後時라 말해도 나쁘지 않다. 비록 단번에 설했으나 나타내는 바가 있기 때문이다. 앞의 5회는 信·解의 行願이 가장 처음에 있기 때문이다. 그러기에 모두 "보리수를 여의지 않았다."고 말한 것이며, 제6회는 십지를 因하여 증득한 果位가 차례로 깊어져 가기에 보리수에서 일어나지 않음이 없다고 말하였다. 법계의 極果를 증득함은 가장 맨 뒤에 있기 때문이며, 또한 二乘의 견문이 끊어졌음을 밝혔다. 이 때문에 비록 장소가 다르고 때가 다르지만 또한 시간과 공간을 여의지 않는다. 穢土를 의지하여 淨土를 나타내기 위한 까닭에 전후를 필요로 한 것이다.

만일 그렇다면 세친이 어찌하여 첫 7일에 대해 말하지 않고, 단지 사유행과 인연행만을 하였을까? 세친이 十地를 보자마자 곧

장 論釋을 했거나 아니면 널리 문장을 탐구하지 않았거나 아니면 견해가 달라서 완전히 확정할 수 없었기 때문이다. 보리유지의 생각도 대체로 이와 같다.【초_ "만일 그렇다면 세친" 이하는 會論의 문장이다. '思惟行·因緣行'이라 말한 것은 因은 스스로 얻은 법이며, 緣은 교화하는 그릇이다. 장차 자신이 증득한 법을 가지고서 중생을 위하여 설법한 것을 因緣行을 행한 것이라고 말한다. 그러므로 법화경에 이르기를, "내가 얻은 지혜는 미묘하여 가장 으뜸이지만 중생의 모든 근기는 우둔하여 쾌락에 집착하고 혼미한 까닭에 어리석음을 범하였다. 이와 같은 무리들을 어떻게 하면 제도할 수 있을까?" 하는 등이 바로 이것이다. 그들의 생각은 一乘의 기틀을 얻을 수 없다고 여긴다. 그러나 여기에서의 생각은 곧 一乘의 기틀을 얻을 수 있다고 여기는 것과는 다르다.】

⑵ 論釋에 따름이니 9회는 모두 두 번째 7일 뒤에 있다. 두 번째 7일은 오랜 시간이 아니기에 또한 '始成'이라 말한다.

⑶ 實相을 가지고 원융하게 해석하면 모두 '初成'에 있다. 찰나의 사이에 하나의 음성으로 단번에 '일곱 도량의 아홉 법회'의 끝없는 경문을 연설하였다. 이는 해인삼매 가운데 일시에 도장을 찍은 것처럼 나타난 것이다.【초_ "실상을 가지고 원융하게 해석했다."는 것은 賢首 國師가 말한 뜻이다.】

以應機出世하시니 機感卽應이오 應卽有說이니 無非時[之]失이라 故祇園身子는 蓋是九世相收오 重會之言은 亦猶燈光涉入이라【鈔_ 故祇園身子'下는 通妨難이니 謂有問言호되 若初成頓說인댄 初成未度

身子等衆은 何處에 得有五百羅漢가 故今答云九世相收라하니 次有難云祇園身子等은 縱許九世相融이라도 一念一時에 何有重會오 前時後時라야 方有重故니라 故今通云'重會之言 亦猶燈光涉入'이라하니 如點燈盞에 似有後有前로되 發光之後엔 光無前後而相涉入이라 今重會義는 但似燈光이니 一時之中에 不妨兩會니 法則有重이나 時不重也니라 】故法界放光이 亦見菩薩徧坐道場에 成正覺故니라【鈔_法界品內는 見坐道場이오 初成正覺은 明知法界同初會時라】

중생의 근기에 맞추어 출현하니 중생이 부르면 곧바로 응하고, 응하면 곧장 설법을 하니 적절한 시기를 놓친 실수가 없다. 이 때문에 기원정사와 사리불은 9世에 서로 받아들이는 것이며, 重會라는 말 또한 등불의 빛이 서로 받아들이는 것과 같다.【초_ '故祇園身子' 이하는 비난하고 논란한 부분을 통틀어 답한 것이다. 어떤 사람이 "만약 처음 돈오를 이룬 것으로 말한다면 처음 정각을 이뤘을 적에 사리불 등의 대중을 제도하지 않은 상태였다. 어느 곳에서 5백 나한을 얻을 수 있었겠는가?"를 물었기에 이에 대해 "9世에 서로 받아들였다."고 답하자, 그 다음 다시 논란하여 말하기를, "기원정사와 사리불 등은 비록 9세에 서로 융합한다 할지라도 한 생각, 한때에 어떻게 거듭 법회를 열 수 있겠는가? 전후의 시간이 있어야 만이 비로소 거듭 법회를 열 수 있기 때문이다."고 하기에, 이에 대해 통틀어 말하기를, "거듭된 법회라는 말은 또한 등불의 빛이 서로 받아들이는 것과 같다."고 하였다. 등잔에 불을 붙일 적에 전후의 차이야 있겠지만 등불의 빛에는 전후의 차이가 없이 서로 받아들이는 것과 같다. 여기에 거듭된 법회라는 뜻은 단 등불의 빛과 같으니 일시의 가운데 두 차례의 법회가 방해가 되지 않는다. 법회에는 거듭됨이 있으나 시간에는 거듭됨이 없기 때문이다.】그러므로 입법계품의 방광 또한 보살이 두루 도량에 앉아 정각 이룬 것을 볼 수 있기 때문이다.【초_ 입법계품 내는 도량에 앉아 있음을 보여줌이며, "처음 정각을 이루었다."는 것은 입법계품이 첫 법회 때와 같음을 명백히 알 수 있다.】

約佛赴機댄 無時不說이어니와 望器無感이면 未曾有說이라 登地에 恆見常說一味之經이로되 就佛而言이면 無說不說이오 若攝方便인댄 皆一乘之印現差別耳니 無涯之說은 不應局執이라【鈔_ 上顯時分이라】

부처님이 중생의 근기에 감응한 것으로 말한다면 어느 때이든 설법하지 않은 적이 없지만, 근기를 살펴도 중생의 감응이 없으면 일찍이 설하지 않는다. 十地에 올라서는 항상 一乘의 經을 설하였음을 볼 수 있다. 그러나 부처님의 입장에서 말하면 설하심도 설하지 않으심도 없지만 방편으로 말하면 모두 일승의 法印에 차별이 나타났을 뿐이다. 끝없는 설법은 당연히 국한되지 않는다.【초_ 위에서 時分을 밝혀주었다.】

次釋成正覺義니 約教不同인댄 小乘이 三十四心으로 斷結[習]하야 五分法身이 初圓이면 名成正覺이라하니 是實이오 非化며【鈔_ '小乘已下는 別明五教니 一 '小乘三十四心'者는 如婆沙八十二說이니 俱舍根品에 云"傳說菩薩三十四心으로 便成佛故라"하니 言三十四心者는 見道一十六心니 謂八忍·八智오 離有頂貪에 有十八念하니 謂斷有頂

惑에 有九無間·九解脫道니 如是十八로 足前十六이면 成三十四라 一切菩薩이 決定코 先於無所有處에 已得離貪이라야 方入見道오 不復須斷下地煩惱코 唯斷有頂一地之惑이니 但三十四心으로 一坐成佛이라 '五分法身 初圓'者는 卽戒·定·慧·解脫·解脫知見이니 如十藏品이라 '是實 非化'者는 揀異大乘이라】

다음은 '成正覺'의 의의를 해석하였다. 가르침이 똑같지 않은 것으로 말하면, 소승의 '34가지 마음'으로 뿌리 깊은 習을 끊어 五分 법신이 처음 원만한 것을 '성정각'이라고 말하니 이는 실법이지, 化現이 아니다. 【초_ '小乘' 이하는 별도로 五敎를 밝힌 것이다. ① 소승의 '34가지 마음'이란 바사론 권82에서 말한 바와 같다. 구사론 根品에 이르기를, "전하는 말에 보살이 34가지 마음으로 곧 성불하기 때문이다."고 한다. 34가지 마음이란 見道分의 16가지 마음, 즉 八忍·八智, 그리고 有頂天(色究竟天)의 탐심을 여읜 18가지 생각[十八念]이 있다. 유정천의 惑을 끊은[7] 九無間道와 九解脫道를 18가지의 생각이라고 말한다. 이러한 18가지 생각을 앞의 16가지 마음에 덧붙이면 34가지 마음이 된다. 모든 보살이 반드시 먼저 무소유처에서 이미 탐심을 여의어야 비로소 見道位에 들어가게 된다. 그렇게 되면 다시는 굳이 아래 지위의 번뇌를 끊을 필요가 없고, 오직 有頂天, 즉 色究竟天의 한 지위의 번뇌만 끊어야 한다. 다

7 유정천의 惑을 끊은 : 소승에서는 阿羅漢果를 얻기 전에 有頂地의 제9품 惑을 끊는 것을 말하고, 대승에서는 마지막으로 남은 俱生所知障과 저절로 일어나는 煩惱障을 한꺼번에 끊어버리고 佛地에 들어가기 위하여 드는 선정을 말한다.

만 34가지 마음으로 한자리에서 성불하는 것이다. "五分 법신이 처음 원만하다."는 것은 계·정·혜·해탈·해탈지견이니 十無盡藏品에서 말한 바와 같다. "이는 실법이지, 화현이 아니다."는 것은 대승과 다른 점을 구별하기 위함이다.】

大乘之中에 約化댄 八相示成이오 約報댄 十地行滿이라 四智創圓을 名曰始成正覺이라하다【鈔_ 第二 始教也라】

대승 가운데 化身으로 말하면 8가지 모습[8]으로 성취함을 보인 것이고, 報身으로 말하면 十地의 수행이 구족하여 '4가지 지혜'[9] 가 처음 원만한 것을 '처음 정각을 이루었다.'고 말한다.【초_ 제2 시교이다.】

據實인댄 卽古今情亡하야 心無初相을 名之曰始오 無念而照를 目之爲正이오 見心常住를 稱之曰覺이오 始本無二를 目之爲成이니라【鈔_ 第三 終教라】

實法에 근거하여 말하면 곧 과거와 현재라는 情識이 사라져 마음속에 처음 모습이 없는 것을 始라 말하고, 무념으로 관조하는 것

....

8 8가지 모습 : 불보살이 이 세상에 출현하여 중생을 제도하려고, 일생 동안에 나타내어 보이는 여덟 가지 모습. 여러 학설이 있다. ⑴ 降兜率相·託胎相·出生相·出家相·降魔相·成道相·轉法輪相·入涅槃相. ⑵ 강도솔상·入胎相·住胎相·出胎相·출가상·성도상·전법륜상·입열반상. ⑶ 受胎相·降生相·處宮相·출가상·성불상·항마상·설법상·열반상. ⑷ 在天相·處胎相·初生相·출가상·坐道場相·성도상·전법륜상·입열반상. ⑸ 生天相·처도솔천상·下天託胎相·출태상·출가상·항마상·전법륜상·입열반상. ⑹ 주태상·嬰孩相·愛欲相·樂苦行相·항마상·성도상·전법륜상·入滅相.

9 4가지 지혜 : 부처님이 갖춘 4가지 원만한 깨달음의 지혜. 大圓鏡智, 平等性智, 妙觀察智, 成所作智.

을 正이라 말하고, 진심의 상주를 본 것을 깨달음이라 말하고, 始覺과 本覺이 둘이 없음을 成이라고 말한다.【초_ 제3 종교이다.】

約法身인댄 自覺聖智는 無成·無不成이니라【鈔_ 第四 頓教意라 言'無成·無不成'者는 經에 云"譬如世界에 有成壞로되 而其虛空 不增減일세 一切諸佛成菩提에 成與不成無差別이라"하니 旣無有成이어니 何有不成이리오 又體湛寂일세 故曰無成이오 不礙隨緣일세 故無不成이라하니 卽成頓教意라】

법신으로 말하면 自覺聖智는 이룰 것도 없고 이루지 못할 것도 없다.【초_ 제4 頓教의 뜻이다. "이룰 것도 없고 이루지 못할 것도 없다."는 것은 경에 이르기를, "비유하건대 세계에는 이뤄짐과 무너짐이 있으나 허공은 더하지도 줄어들지도 않는 것과 같다. 모든 부처님이 보리를 이루심에 이루었거나 이루지 못함이 다르지 않다."고 하였다. 이미 이뤄진 게 없는데 무엇을 이루지 못함이 있겠는가. 또 본체가 담담하고 적막한 까닭에 "이뤄진 게 없다."고 말하고, 반연을 따라 걸림이 없는 까닭에 "이루지 못할 것도 없다."고 말한 것이다. 이는 돈교의 뜻이다.】

若依此經인댄 以十佛法界之身雲으로 徧因陀羅網 無盡之時處하야 念念初初에 爲物而現할세 具足主伴하고 攝三世間이라 此初는 卽攝無量劫之初와 無際之初이니 一成에 一切成이로되 無成·無不成이오 一覺에 一切覺이로되 無覺·無不覺이오 言窮慮寂이나 不壞假名일세 故云始成正覺이라하니 如出現品과 及不思議法品에 廣顯이오 攝前諸說이면 皆一乘之所現也라【鈔_ 第五 圓教라 言'以十佛法界之身雲'者는

卽成正覺等 十佛이니 義並如前이오 言'念念初初 爲物而現'者는 卽體之應이니 應無盡時하야 生感卽成이오 念念機感하야 念念成矣며 成旣不已일세 故曰初初라하니라 '一成一切成'者는 事事無礙故라 故出現品에 云"如來 成正覺時에 於其身中에 普見一切衆生成正覺이라" 故如來成이 卽衆生成矣온 況佛佛平等하야 一切成佛가 又於一處成이면 卽一切處 成이라 故十地中 第十願에 云"願於一切世界에 成阿耨多羅三藐三菩提호되 不離一毛端處오 於一切毛端處에 皆悉示現"等이라하고 又云"如於此處見佛坐여 一切塵中에 亦如是로다 佛身無去亦無來여 所有國土皆明現"等이라하다】

만약 이 경으로 말한다면, 十佛法界의 身雲으로 인다라망의 끝없는 시간과 공간을 두루 하여 모든 생각에 가장 먼저[念念初初] 중생을 위해 출현하실 적에 主와 伴을 갖추었고 삼세간을 한꺼번에 받아들였다. 여기에서 말한 '처음[念念初初의 初]'이란 한량없는 세월의 처음과 끝없는 공간의 처음을 모두 받아들임을 말한다.

하나를 이룸에 모든 것을 이루었지만 이룬 것도 없고 이루지 못한 것도 없으며, 하나를 깨달음에 모든 것을 깨달았지만 깨달음도 없고 깨닫지 못함도 없으며, 말이 다하고 생각이 고요하지만 가탁의 이름을 버리지 않는 까닭에 '始成正覺'이라고 말하였다. 이는 제37 여래출현품과 제33 부사의법품에서 자세히 밝힌 바와 같다. 앞의 모든 말을 받아들이면 모두 一乘을 밝힌 것이다.【초_ 제5 圓敎이다. '십불법계의 身雲'이라 말한 것은 成正覺 등 十佛을 말하니 그 의의는 모두 앞에서 말한 바와 같다.

“모든 생각에 가장 먼저 중생을 위해 출현한다.”는 것은 본체와 하나가 된 應現이니 끝없는 시간에 응하여 감응이 있으면 곧 이뤄지고, 모든 생각이 중생의 근기에 따라 감응하여 모든 생각이 이뤄진 것이다. 이뤄짐이 이미 끝이 없기에 가장 먼저[初初]라고 말한다.

“하나를 이룸에 모든 것을 이루었다.”는 것은 현상계의 일과 일이 그지없는 까닭에 제37 여래출현품에 이르기를, “여래께서 정각을 이루실 때에 그 몸에서 모든 중생이 정각을 이루는 것을 널리 보았다.”고 하였다. 이 때문에 여래의 성불이 곧 중생의 성불이다. 하물며 부처와 부처는 평등하여 일체불이 성불함이야 오죽하겠는가.

또한 한 공간에서 이뤄지면 곧 모든 공간에서 이뤄진 까닭에 제26 십지품의 제10 서원에 이르기를, “모든 세계에 無上正等正覺을 이루되 한 털끝에서도 여의지 않고, 모든 털끝에 모두 다 나타나기를 원한다.” 등이라 하였고, 또 이르기를, “이곳에서 부처님이 앉아 계심을 보는 것처럼 온갖 티끌 같은 세계에서도 또한 이와 같다. 부처님의 몸은 오고 감이 없으나 모든 국토에 다 밝게 나타나신다.” 등이라 하였다.】

◉ 論 ◉

從如是我聞下로 至如是無量功德히 於中에 有七十一行經이어늘 長科爲四分하다

‘여시아문’ 이하로부터 ‘여시무량공덕이래’ 구절까지 그 가운데에는 71항의 경문이 있는데, 이에 대해 큰 단락[長科]을 4부분(**1. 斷**

疑成言分, 2. 莊嚴道場分, 3. 自在無邊分, 4. 大衆圍繞分)으로 정리한다.

一從如是我聞으로 至始成正覺은 總明斷疑成信分이니 如是·我聞·一時·佛·在菩提場·始成正覺은 總爲六句라

1. '여시아문'부터 '시성정각' 구절까지는 모두 수많은 의심을 끊고서 믿음을 이뤄줌을 밝힌 부분이다. '여시'·'아문'·'일시'·'불'·'재보리장'·'시성정각'은 모두 6구이다.

今言如是者는 如는 卽如佛所言이오 是者는 是佛所說이니 簡非異說이라 兩名 相順하야 契信不殊니 明眞是佛說이오 非阿難自說이며 亦非魔梵所說이라 又我聞一句는 是阿難이 從佛所聞이오 非轉轉傳聞故며 亦非是非人所制故며 又非如外道經書에 靑鳥銜來와 石崖崩得故로 此是斷疑成信이니라

여기에서 말한 '如是'의 '如'는 부처님께서 말씀하신 바와 같음을 말하고, '是'는 이 부처님께서 말씀하신 것이지, 이단의 말이 아님을 구별하였다. 두 분의 이름이 서로 거슬리지 않고 하나로 계합하여 다르지 않으니 이는 진정 부처님의 말씀이지, 아난이 스스로 말한 것이 아니며, 또한 마왕이나 범왕이 말한 바가 아님을 밝혔다.

또 '我聞' 1구는 아난이 부처님에게 직접 들은 것이지, 남들에게 전전하여 전해 들은 바가 아니기 때문이며, 또한 이는 사람이 아닌 異生이 지은 바도 아니기 때문이며, 또한 외도의 경서처럼 파랑새가 물고 왔다느니, 바위 언덕이 무너지면서 그 속에서 나왔다느니 따위의 기적과는 다르기에, 이는 '수많은 의심을 끊고서 믿음

을 이뤄주는 부분'이라고 한다.

又一切法이 如也니 以法體如일세 所說法者와 及法도 亦如며 以法界智 是所聞之智일세 智亦如故라 故言如是니 心境이 不二라야 方聞佛所說經이어니와 若心境 有差면 不可聞佛所說이며 亦復不能信順領受故니라

我聞者는 是法界智之眞我 還見法界智之眞佛하고 還聞法界智之眞經이니 總法界智之眞人이 互爲主伴하사 還化法界之眞衆生하야 悟入法界智之眞性일세 故言如是我聞이니라

또한 일체 모든 법이 如如하다. 법의 본체가 여여하기에 법을 설한 자와 법 또한 여여하며, 法界智가 이 所聞의 지혜이기에 지혜 또한 여여하기 때문이다. 그러기에 如是라고 말하니 마음과 경계가 차이가 있으면 부처님이 말씀하신 바를 듣지 못하며, 또한 다시 믿고 순종하고 깨달아 받아들일 수 없기 때문이다.

'我聞'이란 법계지의 眞我 또한 법계지의 眞佛을 보고, 또한 법계지의 眞經을 들을 수 있다. 총괄하여 법계지의 眞人이 서로 주와 객이 되어 또한 법계지의 眞衆을 교화하여 법계지의 眞性에 깨달아 들어갈 수 있기 때문이다. 그러므로 이를 '여시아문'이라고 말한다.

一時者는 依諸古人說건대 正說法華經時와 說金剛經時에 非是說餘經時를 名爲一時니 取正說當部經時하야 名爲一時어니와 今此說華嚴經時는 卽不爾니라 卽是以法界體로 寄言一刹那際에 出世及涅槃하사 以一言音으로 一時徧周十方國土하야 轉法輪時 名爲一時니 非

如上說一時之義니라

'일시'란 여러 옛사람의 설에 의하면, 바로 법화경을 설할 때와 금강반야경을 설할 때에는 그 나머지 경을 설할 때가 아님을 '일시'라고 말하니 바로 해당 경전을 설한 그 당시를 들어 '일시'라고 말한다. 그러나 여기에서 말한 대방광불화엄경을 설한 '時'는 곧 위에서 말한 바와 같지 않다. 법계의 본체에 준하여 말한다면 한 찰나의 즈음에 출세하고 열반하여 한 음성으로 일시에 시방국토에 두루 법문을 펼치는 때를 명명하여 '일시'라 하니 위에서 말한 '일시'의 뜻과는 다르다.

佛者는 覺也니 覺有二義하니 一은 始覺이오 二는 本覺이어니와 此佛者는 覺無始終하야 三世障盡을 名之爲佛이니 不如權教에 有出世涅槃하며 有始終故니라 又佛者는 大智度論中에 有四義하니 一은 名有德이니 謂婆伽名德이며 婆名有故오 二는 名巧分別이니 婆伽名分別이며 婆名巧故오 三은 名有名聲이니 婆伽名名聲이며 婆名有故오 四는 名能破婬怒癡이니 婆伽名破며 婆名婬怒癡故니라 又佛地論에 說有六義하니 頌云'自在熾盛與端嚴과 名稱吉祥及尊貴'라하니 如是六種義差別일새 是故로 總號婆伽婆라하니라

'佛'이란 깨달음이다. 깨달음에는 2가지의 뜻이 있다. ⑴ 始覺이고, ⑵ 本覺이지만 여기에서 말한 '불'은 처음과 끝이 없음을 깨달아 삼세의 장애가 다한 이를 '불'이라고 말한다. 權敎에 출세와 열반이 있으며 처음과 끝이 있는 것과는 다르기 때문이다.

또 '불'이란 대지도론에서는 4가지의 뜻으로 말하였다.

⑴ 有德이다. '婆伽'는 덕을, '婆'는 有를 말한 때문이다.

⑵ 巧分別이다. '바가'는 분별을, '바'는 巧를 말한 때문이다.

⑶ 有名聲이다. '바가'는 명성을, '바'는 有를 말한 때문이다.

⑷ 能破婬怒癡이다. '바가'는 타파를, '바'는 婬怒癡를 말한 때문이다.

또한 불지론에서는 6가지의 뜻으로 설명하였다. 게송에 이르기를, "자재·熾盛, 그리고 端嚴, 명칭·吉祥 및 존귀"라 하니 이와 같이 6가지 뜻으로 구별한 까닭에 이를 총괄하여 '바가바'라 부른다고 하였다.

在者는 在何處所니 在有二義하니 一은 指事오 二는 擧法이라 指事者는 在摩竭提國은 且指其國이오 二擧法者는 在何處오 在法界니 卽事卽法界 無二故며 爲法界 無中邊大小彼此故니라

'在'란 어느 장소에 계셨는가를 말한다. '在' 자에는 2가지의 뜻이 있다. ⑴ 事(현상의 세계)를 가리킴이며, ⑵ 법(진리의 세계)을 들어 말한다.

⑴ 指事에서 마갈제국에 계셨다는 것은 그 나라를 가리킴이다.

⑵ 擧法이란 어느 곳에 계셨는가로, 법계에 계셨음을 말한다.

현상세계의 事와 진리세계의 법계는 둘이 아니기 때문이며, 법계에는 중앙이니 四邊이니 크니 작으니 저것이니 이것이니 따위의 차별이 없기 때문이다.

又摩竭提者는 此云不害國이라 摩者는 云無오 竭提者는 云害니 總云無害國이며 又云摩者는 不也오 竭提者는 至也니 言其此國이 將謀兵

勇하야 鄰國이 不能侵이며 又摩者는 徧也오 竭提는 云聰慧니 此國에 爲多有聰慧人이 徧其國內故며 又云摩者는 大也오 竭提者는 體也니 謂五印土中에 此國이 最大하야 統攝諸國일세 故云大體也며 又此國王이 不行刑戮하야 其有罪者는 送置寒林中하니 爲明佛大悲일세 以處表德故니라

또한 '摩竭提'란 중국에서는 不害國이라 말한다. '摩'란 無를, '竭提'는 해로움을 말하니 이를 총괄하여 해로움이 없는 나라 즉 '무해국'이라 한다.

또한 '마'란 없음을, 갈제란 이르러 옴을 말한다. 그 나라의 장수는 지혜가 뛰어나고 병사들은 용맹스러워 이웃 나라에서 침범하지 못함을 말한다.

또한 '마'란 두루 함을, 갈제란 총명하고 지혜로움을 말한다. 그 나라에 총명하고 지혜로운 사람이 많아서 나라에 온통 그런 인물이 가득하기 때문이다.

또한 '마'란 큼을, 갈제란 體를 말한다. 5인도 가운데 그 나라가 가장 광대하여 나머지 나라를 통솔하기 때문에 大體(大國)라 말한다.

또한 그 나라의 왕이 형벌을 쓰지 아니하여 죄를 범한 자는 차가운 숲으로 보내니 부처님의 대자비를 밝히는 것이기에 그 장소를 들어 부처님의 자비의 덕을 나타낸 때문이다.

阿蘭若法은 此云寂靜處니 寂靜 有二義하니 一은 事오 二는 理라 一事者는 在摩伽陀國尼連河側漚樓頻螺聚落中 去人間五里 一牛吼地하야 得阿耨多羅三藐三菩提니 此處에 有一萬道場神이 常在其處

하며 一切諸佛이 示成正覺하사 總在其中은 表如來萬行圓滿하사 中道無偏故니 此處 是閻浮提之中心故오 二理者는 卽一切法이 自體靜故니 卽動而常靜故니라

'아란야법'은 중국에서는 고요한 장소를 말한다. 고요함에는 2가지의 뜻이 있다. ⑴ 事法界를, ⑵ 理法界를 말한다.

⑴ 사법계란 현상세계의 니련하 곁 구루빈라취락 가운데 세속과의 거리가 5리인 一牛吼地(五馬場)에 계시면서 아뇩다라삼먁삼보리를 얻으신 것이다. 이곳에 1만 도량신이 있어 항상 그곳에 머물렀고, 일체 모든 부처가 정각을 성취하여 모두 그 가운데에 있었다. 이는 여래의 만행이 원만하여 그 어디에도 치우치지 않는 중도를 보여준 때문이다. 그곳은 염부제의 중심이기 때문이다.

⑵ 이법계는 곧 모든 법이 자체가 고요하기에 움직이는 곳에서도 항상 고요하기 때문이다.

菩提道場者는 有二義故니 一은 事오 二는 理라 一事者는 如前尼連河邊이오 二理者는 徧法界也라 法界無邊일세 道場亦無邊이니 於一切刹에 皆示成佛故라 如世間場은 簡穢故며 法場은 治惑故니 示現成佛하사 治衆生惑故라 此場은 依主釋이니 爲佛在其中하사 現成道故로 依主得名하야 爲覺場也니라

보리도량에는 2가지의 뜻이 있다. ⑴ 현상계의 사물을, ⑵ 진리를 말한다.

⑴ 현상계의 사물이란 앞서 말한 바와 같이 현상세계의 니련하 곁을 말한다.

⑵ 진리란 법계에 두루 함을 말한다.

법계는 끝이 없기에 도량 또한 끝이 없다. 이는 모든 세계에다가 모두 성불하였음을 보여주기 때문이다. 이는 세간의 도량이 더러운 땅이 아님을 구별하려는 것이다. 법계의 도량은 미혹을 다스리기 위함이며, 성불하셨음을 보여주어 중생의 미혹을 다스리기 위함이다.

이 도량은 설법주 부처님에 의한 해석이다. 설법주 부처님께서 그곳에 계시면서 성불을 보여주었기에 부처님에 의해 그 이름을 얻어 깨달음의 도량, 즉 보리도량이라는 이름이 붙여지게 되었다.

始成正覺者는 古今情盡을 名之爲始오 心無所依를 名之爲正이오 理智相應을 名之爲覺이오 得如是法을 名之爲成이며 又自覺覺他를 名之爲覺이니라**(論四分中에 第一釋疑成信分은 竟하다)**

'시성정각'이란 고금의 정이 다한 것을 始라 말하고, 마음이 그 어디에 의지한 바 없는 것을 正이라 말하고, 이치와 지혜가 상응한 것을 覺이라 말하고, 이와 같은 법을 얻은 것을 成이라 말하고, 또한 스스로 깨닫고 남을 깨닫게 함을 覺이라고 말한다.**(통현론의 큰 4단락 가운데 첫째 수많은 의심을 끊고서 믿음을 이뤄주는 부분을 끝마치다.)**

第四는 別顯處嚴者라 然此下의 處·主·及衆이 卽三世間嚴이라 三中에 前二는 卽如來依正이오 衆은 卽淨土 輔翼不空이라【鈔_ '第四別顯處嚴'中에 '卽如來依正'者는 別顯處嚴은 是依오 教主難思는 是正

이오 衆海雲集은 是衆이라 '輔翼不空'者는 菩薩이 卽十八圓滿中에 輔翼圓滿이오 不空은 卽眷屬圓滿이니 謂淨土中에 無有四趣龍鬼等衆이니 是는 佛欲示淨土不空故라】

제4는 별도로 설법 도량의 장엄을 밝힌 것이다. 그러나 이 아래의 설법 도량·설법주 및 대중이 곧 삼세간의 장엄이다. 셋 가운데 앞의 둘(설법 도량·설법주)은 곧 여래의 依報와 正報이며, 마지막의 대중은 곧 정토와 보좌하여 도우는 대중이 헛되지 않음을 말한다.【초_ 제4 별도로 설법 도량의 장엄을 밝힌 가운데, 여래의 의보와 정보란 별도로 도량의 장엄을 밝힌 것은 의보이고, 교주의 불가사의함은 정보이며, 바다와 같은 대중이 운집함은 대중이다. "보좌하여 도우는 대중이 헛되지 않다."는 것은 보살이 18가지 원만함 가운데 하나인 보좌하여 도움이 원만함[補益圓滿]이며, '헛되지 않다[不空]'라 한 것은 권속이 원만함이니 정토 가운데에 四生(四趣: 胎卵濕化)의 용과 귀신 등의 대중이 없음을 말한다. 이는 부처님께서 정토가 헛되지 않음을 보여주고자 함이다.】

今初 器界嚴者는 卽廣於前場之嚴이니 顯成前覺之妙 異於餘經之處라 於中에 四事는 各十種嚴으로 明卽染顯淨이 卽爲四別이라 第一은 地嚴이오 第二는 樹嚴이오 第三은 宮殿嚴이오 第四는 師子座嚴이라 然此諸嚴에 各具三釋이니 一은 約事니 可知오 二는 表法이니 謂地는 表心地法身이오 樹는 表菩提오 宮殿은 表無住涅槃이오 座는 表法空等이오 三은 就因行이니 謂一은 以窮心地法身之因으로 報得增上金剛之地오 二는 以般若로 爲因이오 三은 以悲智相導로 爲因이오 四는 亦以法空

으로 爲因이라 然或一因行으로 成一切嚴이오 或一切行으로 成一嚴이오 或一行으로 成一嚴이오 或一切行으로 成一切嚴하야 以通融別로 純雜無礙어늘 今但明一行一嚴은 顯所表故라 然各攝無盡之德일세 故四事에 皆有十句니라

이 첫 부분에서 말한 '器世界의 장엄'이란 앞에서 말한 도량의 장엄보다 자세히 말한 것이다. 앞에서 말한 정각을 성취한 미묘함이 나머지 다른 경전의 부분과 다름을 밝혀주었다. 그 가운데 4가지 일은 각각 열 가지의 장엄으로 현상 속에서 청정함을 나타냄이 곧 4가지로 구별함을 밝힌 것이다.

⑴ 도량(정각을 이룬 곳)의 장엄.

⑵ 보리수의 장엄.

⑶ 궁전의 장엄.

⑷ 사자좌의 장엄이다.

그러나 이 모든 장엄이 각각 3가지의 해석을 갖추고 있다.

⑴ 현상계의 사물을 들어 말했는바, 설명하지 않아도 알 수 있다.

⑵ 진리의 법으로 표현하였다. 땅(도량)은 마음[心地]의 법신을, 나무는 깨달음[菩提]을, 궁전은 머무름 없는 열반을, 사자좌는 법의 공함을 표현한 등등이다.

⑶ 因行으로 말하였다. ① 마음의 법신의 因을 다함으로써 뛰어난 금강의 땅을 보답으로 얻음이며, ② 반야로 인을 삼음이며, ③ 자비와 지혜로 서로 인도하는 것으로 인을 삼음이며, ④ 또한 法空으로 인을 삼았다.

그러나 혹은 하나의 인행으로 일체 장엄을 이루고, 혹은 일체 인행으로 하나의 장엄을 이루고, 혹은 하나의 인행으로 하나의 장엄을 이루고, 혹은 일체 인행으로 일체 장엄을 이루기도 한다. 전체의 총괄로 개별을 융화하여 純과 雜에 걸림이 없는데, 여기에서 다만 하나의 인행과 하나의 장엄만을 밝힌 것은 표현할 대상을 나타내기 위함이다. 그러나 각각 끝없는 덕을 받아들이고 있기에 위의 4가지 일에 모두 10구절씩이 있다.

今初地嚴

제1. 도량의 장엄

經

其地堅固하야 **金剛所成**이어든 **上妙寶輪**과 **及衆寶華**와 **清淨摩尼**로 **以爲嚴飾**하고 **諸色相海**가 **無邊顯現**하며 **摩尼爲幢**하야 **常放光明**하고 **恆出妙音**하며 **衆寶羅網**과 **妙香華纓**이 **周帀垂布**하며 **摩尼寶王**이 **變現自在**하며 **雨無盡寶**와 **及衆妙華**하야 **分散於地**하니라 **寶樹行列**하야 **枝葉光茂**어든 **佛神力故**로 **令此道場一切莊嚴**으로 **於中影現**하니라

정각을 이루신 그곳의 땅이 견고하여 금강석으로 이뤄졌는데, 가장 오묘하여 불가사의한 보륜과, 수많은 구슬 목걸이의 보배 꽃과, 해맑고 영롱한 마니보배 구슬로 장엄하여 꾸미고, 수많은 색상이 바다처럼 끝없이 나타났다. 마니보배 구슬로 만든 깃대에 항상

찬란한 광명이 쏟아지고 언제나 미묘한 소리가 울려 나오며, 온갖 보배로 짜놓은 그물과 미묘한 향기가 어린 꽃다발이 사방으로 두루 드리워져 있으며, 온갖 보배 그물 가운데 가장 큰 왕과 같은 마니보배 구슬은 마음대로 변화하여 나타나는 모습이 자유자재하며, 한량없는 보배와 온갖 미묘한 꽃들이 뿌려져 도량의 모든 곳을 뒤덮어주었다. 그리고 보배로 이뤄진 나무가 줄지어 서 있고, 황금 줄기와 마뇌의 가지, 온갖 구슬로 만들어진 잎들은 찬란하게 빛나고 무성하였다.

이는 부처님의 신통력으로 이 도량의 모든 장엄을 그 가운데에 그림자처럼 나타나게 하셨다.

◉ 疏 ◉

初心地十句는 分四라

첫 心地에 관한 10구절은 4단락으로 나뉜다.

初一은 總顯地體니 標以堅固하고 釋以金剛이라 諸教에 或云木樹草座라하고 多云座是金剛이라하나 今全地金剛이니 則權實斯顯하야 徹華藏故니 廣如彼品이라【鈔_ '徹華藏者는 以華嚴世界 大蓮華地가 金剛所成故일세니라】

제1**(其地堅固金剛所成)**은 총괄하여 도량의 땅 자체를 나타낸 것이다. 견고함을 표방하였고, 금강으로 해석하였다. 여러 教宗에서 혹자는 나무나 풀로 만든 자리라 하고, 대부분의 사람은 "법좌가 금강이다."고 하였다. 그러나 여기에서는 도량의 땅 전체가 금강이니 방편의 權道와 불변의 실상이 이에 나타나 화장세계에 통하기 때문이다. 자세한 설명은 그 품에서 말한 바와 같다.【초_ "화장세계에 통한다."는 것은 화엄세계의 대연화의 땅이 금강으로 이루어진 때문이다.】

次'上妙'下는 地相具德이라 約因釋者는 一'寶輪'者는 一攝一切하야 圓行致故오 二'及衆寶華'는 開覺悅他故오 三'淸淨摩尼'는 圓淨明徹故니 以上三行(圓行·開覺·圓淨)으로 用嚴心地라 故結云'以爲嚴飾'이라하니 上皆形色이어니와 四는 卽顯色이니 謂靑黃等殊를 名'諸色相'이오 種種重疊하야 深廣如'海'오 互相映發이 等彼波瀾하야 或諸色俱生하고 或更相攝入하야 含虛瑩徹하야 現勢多端을 名'無邊顯現'이라하니' 此는 由隱顯自在하고 定散無礙하야 隨機利行之所致也라

제2, '上妙' 이하(**上妙寶輪… 無邊顯現**)는 도량의 모양이 덕을 갖춤이다. 因을 가지고 해석한다면, ⑴ '寶輪'이란 하나로 일체를 받아들여 원만한 수행에 이른 때문이며, ⑵ '수많은 보배 꽃'이란 깨달음의 꽃이 피어나 그들을 즐겁게 한 때문이며, ⑶ '청정 마니'는 원만하고 청정하여 밝고 투명한 때문이다.

이상의 3가지 행(圓行·開覺·圓淨)으로 마음을 장엄한 것이다. 이 때문에 결론지어 이르기를, "이로써 장엄하여 꾸민다."고 하였다. 위는 모두 형상과 색깔로 말했는데, 제4구(諸色相海)는 색깔만을 나타낸 것이다. 푸른색·노란색 등등의 다른 것을 '諸色相'이라 말하였고, 갖가지 색깔들이 거듭 겹쳐 깊고 드넓음이 바다[諸色相'海']와 같고, 서로 비추고 퍼져나가는 것이 마치 물결과 같아서 혹은 서로

가 서로를 받아들이고 속으로 들어가 공허하고 훤히 밝아서 여러 색깔로 나타나는 것을 "끝없이 나타난다."고 말한 것이다. 이는 보이지 않음과 나타남이 자재하고 禪定과 散亂에 걸림 없이 중생의 근기를 따르는 利他行의 소치에서 유래한 것이다.

三'摩尼'下는 明地上具嚴이니 一'寶幢'은 曲有五句하니 一은 摩尼로 爲體오 二三은 光·音으로 明用이오 四五는 網·纓으로 辨飾이라 就因行者는 降魔伏外로 爲幢이니 智光常照하고 慈音外悅하고 願行交羅하고 戒香芬馥하고 四攝周垂故니라 二'摩尼雨寶'는 表神通如意하며 隨機變現하야 雨法寶故오 三'妙華散地'는 亦多因行으로 徧嚴心故오 四'寶樹行列'者는 德行建立故니라

제3, 摩尼 이하(**摩尼爲幢常放光明… 寶樹行列枝葉光茂**)는 도량의 장엄을 밝힌 것이다.

⑴ 寶幢에는 자세히 5구절이 있다. 제1구는 마니주로 본체를 삼고, 제2, 3구는 광명과 음성으로 작용을 밝혔으며, 제4, 5구는 보배 그물과 꽃다발로 장식하였다. 因行의 측면에서 말하면, 마군과 외도를 항복받는 것으로 깃대[寶幢]를 삼는다. 지혜광명으로 항상 밝게 비추고, 자비 음성으로 대중을 기쁘게 하고, 願行으로 서로 나열하고, 戒香으로 향기를 풍기고, 四攝法[10]으로 두루 베푼 때문이다.

10 四攝法 : 중생을 제도하기 위해 중생과 함께하는 보살은 항상 그들의 곁에서 그들이 즐거운 마음으로 따를 수 있도록 받아들이는 법이다. 중생 제도의 한 방편을 사섭법이라고 말한다. 이는 布施攝·愛語攝·利行攝·同事攝이다.

⑵ 마니와 보배를 도량에 뿌리는 것은 신통이 자재하여 중생의 근기에 따라 부처님의 모습이 변하여 나타나서 법보를 내려주기 때문이다.

⑶ 미묘한 꽃을 땅에 흩뿌리는 것 역시 많은 인행으로 두루 마음을 장엄한 때문이다.

⑷ 보배 나무가 줄지어 서 있음은 덕행이 세워져 있기 때문이다.

四'佛神力'下는 擧因結用이라 '佛力'者는 出所因也라 嚴具多門하야 別說難盡일세 故總云'一切'라하다 '影現'者는 或於樹中現이오 或於上諸嚴具와 及地中現이니 明一一行中이 皆道場故니라

제4, 佛神力 이하**(佛神力故… 於中影現)**는 因을 들어 用을 끝맺은 것이다. 부처님의 신통력이란 因에서 나온 것이다. 장엄의 도구가 여러 가지여서 낱낱이 설명하기 어렵기에 이를 총괄하여 '일체'라 말한다. "그림자처럼 나타나게 하였다."는 것은 혹은 나무에 나타나고, 혹은 위의 모든 장엄 도구와 땅속에서 나타난 것이다. 이는 하나하나 행 가운데 모두 도량 장엄임을 밝힌 때문이다.

第二 樹嚴

제2. 보리수의 장엄

其菩提樹 高顯殊特하야 **金剛爲身**하며 **瑠璃爲幹**하며 **衆雜**

妙寶로 以爲枝條하며 寶葉扶疎하야 垂蔭如雲하며 寶華雜色으로 分枝布影하며 復以摩尼로 而爲其果하야 含暉發燄하야 與華間列하며 其樹周圓에 咸放光明하며 於光明中에 雨摩尼寶하며 摩尼寶內에 有諸菩薩호대 其衆如雲하야 俱時出現하며 又以如來威神力故로 其菩提樹가 恆出妙音하야 說種種法호대 無有盡極하니라

부처님께서 보리수 아래에서 성불하셨던 까닭에 그 보리수는 여느 나무와 달리 아주 드높고 돋보였다.

금강으로 몸통을, 유리로 줄기를 이루었고, 온갖 미묘한 보배로 이뤄진 가지들이 쭉쭉 뻗어 있었고, 보배 잎이 무성[扶疏]하여 드리워진 그 그늘은 마치 구름과도 같았으며, 보배 꽃의 갖가지 색깔로 가지가지마다 영롱한 그림자를 드리웠다. 또 마니주로 그 열매를 맺었는데, 해맑은 구슬 덩이에서 눈부신 빛이 쏟아져 꽃송이 사이사이에 주렁주렁 열려 있었다.

보리수 주위에는 모두 찬란한 광명이 쏟아져 나오고, 그 광명 속에서 마니보배가 비 오듯이 쏟아졌는데, 마니보배마다 그 속에는 수많은 보살들이 계셨고, 그 수많은 보살대중이 구름처럼 한꺼번에 나타나셨다.

또한 여래의 헤아릴 수 없는 영묘하고도 불가사의한 힘으로 그 보리수에서 항상 미묘한 음성이 울려 나와 갖가지 법문을 연설하여 끝이 없었다.

◉ 疏 ◉

覺樹嚴者는 卽大智因感이니 有十一句니 分四라

初一은 總顯高勝이니 長聳·迴露·圓妙·獨出故니라 約因인댄 卽智超數表를 爲高오 本性不昧를 爲顯이오 成物具德을 曰殊오 更無二眞을 爲特이어니와 約果댄 樹는 卽菩提니라【鈔_ 按西域記에 長一百尺이라하니 卽畢鉢羅樹라】

보리수의 장엄이란 곧 大智의 因에 의한 감응이다. 이는 11구절이니 4단락으로 나뉜다.

제1**(其菩提樹高顯殊特)**, 총괄하여 보리수의 드높고 훌륭함을 밝히고 있다. 보리수가 높이 솟고 훤칠하게 드러나고 圓妙하고 특출한 때문이다. 因行의 측면에서 말하면, 지혜가 일정한 수치를 뛰어넘음을 '高'라 하고, 본성이 혼미하지 않음을 '顯'이라 하고, 개체가 완성되어 덕이 구족함을 '殊'라 하고, 다시는 제2의 진짜가 없음을 '特'이라고 한다. 그러나 果行의 측면에서 말하면, 나무는 곧 보리이다.【초_ 서역기를 살펴보면 나무의 길이가 1백 척이라 하니 곧 필발라수이다.】

二'金剛'下六句는 明體攝衆德이니 一'身'은 是金剛이니 金剛三昧는 本智因故로 正行成立으로 爲樹身也라 二'幹'은 是琉璃니 本智發解하야 內外明徹故며 三'雜寶枝條'는 解隨境差故며 四는 條假葉以爲嚴이오 智資定而深照라 寶葉雖異나 共成一蔭이오 百千定門이 同歸一寂하야 自蔭蔭他也라 五'寶華異色'은 在樹分枝나 承光則色同하야 於地布影이니 表神通等法이 依定有差로되 俱承智光하야 影現心地라【鈔

_ 表神通等法者는 卽淨行品에 "若見花開인댄 當願衆生의 神通等法이 如華開敷라"하니라 】六은 華雖不同이나 果皆如意오 無邊行海 同趣菩提라 若自利果成인댄 內則含輝오 若身心湛寂이면 外便發談하야 若觸境斯明이어니와 若利他果立이 未熟이면 則含輝에 解生佛相이오 已熟이면 則發談에 還流教光이라 體如之行所成이며 果無異因之果일세 故與華間列이라 故下經에 云"菩薩妙法樹여 生於直心地"等이라하니라【鈔_ 故下經云菩薩妙法"等者는 等取下文인댄 云"信種慈悲根이오 智慧以爲身이며 方便爲枝幹이오 五度爲繁密이라 定葉神通華여 一切智爲果로다 最上力爲鳥하야 垂陰覆三界라"하다 釋曰 此는 五十九經이니 所以引者는 意明表法이 皆有文據오 非是臆說이라 】

제2, 金剛 이하 6구절(**金剛爲身瑠璃爲幹… 含暉發談與華間列**)은 본체에 여러 가지의 덕을 지녔음을 밝힌 것이다.

(1) 나무의 몸통은 금강이다. '금강삼매'는 근본지의 원인인 까닭에 바른 수행이 성립된 것으로 나무의 몸통을 삼는다.

(2) 나무의 줄기는 유리이다. 근본지에서 견해를 내어 안팎이 밝기 때문이다.

(3) 온갖 보배의 가지는 견해가 경계를 따라 차별이 있기 때문이다.

(4) 나뭇가지는 보배 잎을 빌려 장엄을 삼고, 지혜는 선정을 빌려 깊이 비추었다. 보배 잎이 다르지만 다 함께 하나의 그늘을 만들고, 백천 가지의 선정 법문이 있으나 모두 하나의 적멸에 귀결되어 자신을 덮어주고 남을 덮어주는 것이다.

⑸ 색깔이 다른 보배 꽃은 나무에 있을 적엔 피어나는 나뭇가지가 다르지만 햇살을 받으면 똑같은 색깔로 땅바닥에 그림자가 펼쳐진다. 이는 부처님의 신통력 등의 법이 선정삼매에 의해 차이는 있지만 모두 지혜광명을 받아 마음에 그림자처럼 나타남을 상징한 것이다. 【초_ "부처님의 신통력 등의 법"이란 정행품에 이르기를, "꽃이 피어나는 것을 보면 마땅히 중생들의 신통법 따위가 마치 꽃피는 것과 같기를 원한다."고 하였다.】

⑹ 꽃이 비록 다르지만 열매는 모두 똑같고, 끝없는 행은 모두 보리로 나아가는 것이다. 만일 自利의 果가 성취되면 내면으로 빛나고, 몸과 마음이 담담하고 고요하면 밖으로 빛이 발산하여 경계에 닿으면 바로 밝아진다. 利他果의 성립이 성숙하지 못할 경우, 그래도 일찍이 자리의 과에 의한 내면의 빛남이 있었기에 그러한 견해로써 '부처님의 상호'를 만들어내고, 이미 성숙했을 경우, 일찍이 자리의 과에 의한 외적인 빛의 발산이 있었기에 또한 '교화의 광명'을 펼칠 수 있다. 본체가 如如한 행을 성취한 바이며, 果가 因과 다르지 않은 果德이기에 꽃송이 사이사이에 열매가 주렁주렁 열려 있다. 아래 제38 이세간품의 게송에 이르기를, "보살의 미묘한 법의 나무여, 바른 마음의 땅에서 돋아났다."고 하였다. 【초_ "아래 제38 이세간품의 게송에 이르기를, 보살의 미묘한 법" 등이란 똑같이 아래의 문장을 들어 말한다면, "믿음의 종자, 자비의 뿌리요 지혜로 몸통을 삼으며, 방편으로 가지와 줄기 삼고 五度(施·戒·忍·進·禪)로 무성한 잎을 삼는다. 선정의 잎, 신통의 꽃이여, 一切

智는 果도다. 최상의 힘으로 새를 삼아 그늘을 드리워 삼계를 덮어 주도다."라고 하였다. 이를 해석하여 말하기를, "이는 59경의 경문이다. 여기에 인용한 뜻은 법을 상징한 부분에는 모두 문장의 근거가 있는 것이지, 억측의 말이 아님을 밝히기 위함이다."고 하였다.】

三'其樹'下 三句는 明妙用自在하야 展轉成益이라 初는 依菩提智하야 放教智光이오 次는 依智光하야 雨圓明法寶오 後는 教成悲智니 卽菩薩現前하야 無心行成이라 故如雲[俱時]出[現]이라

제3, '其樹' 이하 3구절(**其樹周圓咸放光明… 其衆如雲俱時出現**)은 미묘한 작용이 자재하여 갈수록 도움이 됨을 밝힌 것이다. 첫 구절은 菩提智에 의하여 지혜광명을 쏟아내게 하고, 둘째 구절은 지혜광명에 의하여 원만한 밝음의 법보를 내려줌이며, 뒤 구절은 교화로 자비와 지혜를 이룸이니 곧 보살들이 출현하여 無心行을 성취하였다. 이 때문에 구름처럼 출현한 것이다.

四'又以'下 一句는 擧因結用이니 謂佛方爲因하사 流音演法하사되 以如如力이시니 則智演法音에 音還如性일세 故無盡極이니 廣多故로 無盡이오 豎長故로 無極이오 無間故로 稱恆[出妙音]也라

제4, '又以' 이하 1구(**又以如來威神力故… 說種種法無有盡極**)는 因을 들어 用으로 끝맺음이니 부처님이 인이 되어 음성으로 법을 연설하시되 如如한 힘으로 하셨다. 지혜로 법음을 연설함에 음성이 또한 본성과 같은 까닭에 끝이 없는[無盡極] 것이다. 공간이 크기에 '無盡'이며, 시간이 장구하기에 '無極'이며, 잠시도 끊임이 없기에 "항상 미묘한 음성이 울려 나온다[恆出妙音]."고 말하였다.

第三 宮殿嚴

제3. 궁전의 장엄

經

如來所處宮殿樓閣이 廣博嚴麗하야 充徧十方이어든 衆色摩尼之所集成이라 種種寶華로 以爲莊嚴하며 諸莊嚴具 流光如雲하야 從宮殿間으로 萃影成幢하며 無邊菩薩과 道場衆會가 咸集其所하야 以能出現諸佛光明과 不思議音하는 摩尼寶王으로 而爲其網하며 如來自在神通之力으로 所有境界가 皆從中出하며 一切衆生의 居處屋宅이 皆於此中에 現其影像하며 又以諸佛神力所加로 一念之間에 悉包法界하니라

여래께서 거처하신 궁전과 누각은 매우 드넓고 장엄하고 아름답게 시방세계에 널리 가득 차 있었다.

가지각색의 마니보배를 모아 완성한 터라, 갖가지 보배 꽃으로 장엄하였고, 모든 장엄에서는 광명이 구름처럼 피어나 궁전 사이로 그 그림자들이 모여서 깃대를 이루었다. 한량없는 보살들과 도량에 모인 대중들이 모두 그곳에 모여, 여러 부처님의 광명과 불가사의한 음성이 울려 나오는 마니보왕으로 그물을 삼았으며, 여래의 자재하신 신통력으로 모든 경계가 다 그 속에서 나왔으며, 일체중생의 거처하는 집들이 모두 그 가운데에 영상처럼 나타났으며, 또한 모든 부처님의 신통력의 가피로 한 생각 일어나는 사이에 온

법계를 두루 감쌌다.

◉ 疏 ◉

佛宮殿嚴이라 十句는 分四라

부처님이 거처하신 궁전의 장엄이다. 10구는 4단락으로 나뉜다.

初一은 總明分量이라 宮可覆育이니 即是慈悲오 殿可朝宗이니 所謂圓寂이오 悲智相導는 若樓閣相依라 廣者는 無邊이니 法無外故오 博者는 不隘니 法內空故오 嚴者는 莊飾이니 具衆相故오 麗者는 華美니 法義備故오 充十方者는 稱法性故니라

제1(**如來所處宮殿樓閣 廣博嚴麗 充徧十方**)은 총괄하여 分量을 밝힌 것이다.

宮이란 사람을 덮어주고 길러주는 곳이다. 이는 곧 자비이다. 殿이란 신하들의 朝宗(**朝會, 봄의 조회는 朝, 여름의 조회는 宗이다.**)을 받는 곳이니 이른바 圓寂이다. 자비와 지혜가 서로 인도함은 누각들이 서로 의지하는 것과 같다. 廣이란 끝이 없음이니 법이란 워낙 커서 밖이 없기 때문이며, 博이란 협소하지 않음이니 법이란 지극히 은미하여 안이 없기 때문이다. 嚴이란 장엄하게 꾸밈이니 온갖 형상을 모두 갖춘 때문이며, 麗란 화려하고 아름다움이니 법과 義를 두루 갖춘 때문이다. 시방세계에 가득함은 法性과 똑같기 때문이다.

二'衆色'下 二句는 體相圓備라 一은 體是摩尼니 積德鎔融之所成故오 二는 相嚴多種이니 神通等法으로 悲寂用故니라

제2, '衆色' 이하 2구(**衆色摩尼之所集成 種種寶華以爲莊嚴**)는 본체와

형상이 두루 갖춰짐을 말한다.

⑴ 본체는 마니이다. 많은 덕을 쌓아 하나로 녹아내려 이뤄진 산물이기 때문이다.

⑵ 형상의 장엄이 여러 가지이다. 신통력 등의 법으로 자비와 寂靜을 사용하였기 때문이다.

三'諸莊嚴'下 六句는 妙用自在이다 一은 衆行發光하야 灑法如雲이라 雲更多義니 至下當辨이라 二는 光幢獨出이니 萃者는 聚也니 卽承光聚影而成이니 謂悲寂交際하고 承智起應하야 降魔超出故오 三은 內容衆海니 無邊菩薩은 卽道場外者도 亦在其中이라 卽依中有正이오 亦果中有因이니 卽明涅槃 衆聖冥會라【鈔_ '卽明涅槃'等者는 無有一聖이 不證涅槃이니 猶如百川이 皆歸大海라 故肇公云"恬焉而夷하고 泊焉而泰하야 九流 於是乎交歸하고 衆聖이 於是乎冥會矣라"하다】四는 聲光寶網이니 網者는 爲防禽穢하야 以益殿嚴이니 猶大教網이 外防惡見하고 內益悲寂하야 教皆圓妙하야 以寶而成이라 故能出佛智光하야 圓音妙說이니라 言'不思議音'은 略有四義니 一은 音聲繁廣이오 二는 所說難量이오 三은 聲卽無聲이오 四는 一具一切오 五는 出生果用이니 卽正報大用이 在此依中하야 依正混融하야 參而不雜이니 明依大涅槃하야 能建大義라 故曰出生이라하다 六은 無染現染이니 衆生은 是正이오 居處는 是依라 染違性淨일세 不言出生이오 妄無自體일세 還依眞現이라

제3, '諸莊嚴' 이하 6구(**諸莊嚴具… 皆於此中現其影像**)는 妙用이 자재함을 말한다.

⑴ (**諸莊嚴具 流光如雲**) 모든 행에 광명이 쏟아져 청정한 법이 구

름과도 같다. 구름에는 여러 가지의 뜻이 있으니 아랫부분에서 논변하겠다.

⑵ **(從宮殿間 萃影成幢)** 광명의 그림자로 만들어진 깃대가 특출함이다. 萃란 모여듦이니 광명을 받아 그림자가 모여들어 이뤄졌다. 자비와 적정이 서로 함께하고 지혜를 받들어 감응을 일으켜 마군을 항복시킴이 뛰어나기 때문이다.

⑶ **(無邊菩薩… 咸集其所)** 수많은 대중을 포용함이다. '한량없는 보살[無邊菩薩]'이란 도량 밖에 있는 대중 또한 그 가운데에 있다. 곧 依報 가운데 正報가 있고, 또한 果 가운데 因이 있음이니 열반이란 수많은 보살성중의 깨달음의 대상임을 밝힌 것이다.【초_ '卽明涅槃 衆聖冥會'란 어느 부처도 열반을 증득하지 않은 이가 없음을 말한다. 이는 마치 수많은 시냇물이 모두 바다로 흘러가는 것과 같다. 이 때문에 僧肇 법사는 다음과 같이 말했다. "편안하게 平夷하며 담박하게 태평하여, 九流가 모두 이곳으로 모여들고, 수많은 부처가 이것을 깨닫는 것이다."】

⑷ **(以能出現諸佛光明… 而爲其網)** 음성과 광명의 보배 그물을 말한다. 그물[網]은 새들이 똥 따위로 더럽히는 것을 막아 부처님 궁전의 장엄을 더해주는 것이다. 이는 큰 가르침의 그물이 밖으로는 사악한 견해를 막고, 안으로는 자비와 寂靜을 더해주는 것과 같다. 不思議音이란 대략 4가지의 뜻이 있다. ① 음성이 우렁참이며, ② 말씀하신 뜻을 헤아리기 어려움이며, ③ 음성이 있지만 곧 음성이 없으며, ④ 하나에 모든 일체가 갖춰져 있다.

⑸ **(如來自在神通之力… 皆從中出)** 果의 작용을 낳아주는 것이다. 이는 곧 正報의 큰 작용이 依報의 가운데 있으면서 의보와 정보가 혼융하게 하나가 되어 함께하면서도 뒤섞이지 않은 것을 말한다. 대열반에 의지하여 大義를 세웠음을 밝힌 것이기에 이를 '낳아주었다[出生]'고 말한다.

⑹ **(一切衆生… 現其影像)** 現染에 물들지 않음을 말한다. 중생은 정보요, 거처는 의보이다. 오염이란 청정한 본성을 벗어난 것이기에 '나온다[出生]'고 말하지 않고, 妄이란 그 자체가 없기에 또한 眞性에 의지하여 나타난 것이다.

四'又以'下는 擧因顯廣이니 謂德廣難陳일세 故今總結이라 由佛力故로 一念에 頓包事理·染淨 一切法界온 况多念耶아 然上'充徧十方'은 卽通局無礙오 集菩薩衆과 出佛神通은 卽攝入無礙오 現生舍宅은 卽染淨無礙오 悉包法界는 廣狹無礙오 一念卽能은 延促無礙오 又集菩薩은 因果無礙오 出佛神通은 依正無礙니 十種宮殿을 此應說之니라【鈔_ 十種宮殿者는 亦約表法之宮殿耳니 亦同上文妙法樹矣니 卽五十四經이라】

제4, '又以' 이하**(又以諸佛神力… 悉包法界)**는 因을 들어 덕의 드넓음을 나타낸 것이다. 덕이 워낙 드넓어서 말하기 어렵기 때문에 여기에서 총괄하여 끝맺음이다.

부처님의 신통력에 의해 한 생각의 찰나에 事·理와 染·淨의 일체 법계를 한꺼번에 모두 포괄할 수 있는데, 하물며 많은 생각이야 오죽하겠는가.

그러나 위에서 말한 "시방세계에 널리 가득 차 있다."는 것은 通局無礙, 본체와 현상에 걸림이 없으며,

보살대중의 모임과 부처님의 신통력은 攝入무애, 즉 하나의 법에 모든 것을 받아들이는 데에 걸림이 없으며,

중생이 머무는 집까지 나타냄은 染淨무애, 즉 중생과 부처에 걸림이 없으며,

모든 법계를 포괄함은 廣狹무애, 즉 공간의 넓고 좁은 데에 걸림이 없으며,

한 생각의 찰나에 이뤄낸 것은 延促무애, 즉 시간의 길고 짧음에 걸림이 없는 것이다.

또한 수많은 보살이 모여든 것은 인과에 걸림이 없는 것이며, 부처님의 신통력은 의보와 정보에 걸림이 없는 것이다. '열 가지의 궁전'에 대해 자세히 설명할 것이다.【초_ '열 가지의 궁전'이란 법으로 비유하여 말한 궁전이다. 이 또한 위의 경문에서 말한 미묘한 법의 보리수와 같다. 이는 팔십화엄경의 제54경에서 말한 것이다.】

第四 師子座嚴

제4. 사자좌의 장엄

其師子座 高廣 妙好어든 **摩尼爲臺**하며 **蓮華爲網**하며 **淸淨**

妙寶로 以爲其輪하며 衆色雜華로 而作瓔珞하며 堂榭樓閣과 階砌戶牖의 凡諸物像이 備體莊嚴하며 寶樹枝果 周廻間列하며 摩尼光雲이 互相照曜하며 十方諸佛이 化現珠王에 一切菩薩의 髻中妙寶가 悉放光明하야 而來瑩燭하며 復以諸佛威神所持로 演說如來廣大境界하시니 妙音이 遐暢하야 無處不及이러라

부처님께서 앉으신 사자좌는 대단히 높고 넓으며 미묘하고 훌륭하다.

마니보배로 만들어진 좌대며, 연꽃으로 만들어진 그물이며, 청정하고 미묘한 보배로 만들어진 바퀴며, 온갖 색깔의 꽃들을 꿰어 만들어진 꽃다발[瓔珞]이며, 전당과 누각, 섬돌과 창문 등 모든 물건들이 하나하나의 물체마다 장엄하게 잘 갖춰져 있었으며, 보배나무의 가지와 열매들이 사자좌의 주위를 빙 둘러 사이사이 줄지어 서 있었다.

그리고 마니보배에서 쏟아내는 광명이 서로서로 밝게 비치면서 사자좌를 장엄하였고, 시방에서 모여든 수많은 부처가 나타내는 구슬이며, 일체 보살의 상투에 있는 미묘한 보배에서도 모두 광명을 놓아 부처님의 도량을 찬란하게 비추었다.

또한 모든 부처가 지닌 헤아릴 수 없는 영묘하고도 불가사의한 힘으로 여래의 광대한 경계를 연설하니 미묘한 음성이 멀리멀리 울려 그 음성이 들리지 않는 데가 없었다.

◉ 疏 ◉

師子座嚴이라 十句는 分四라

사자좌의 장엄이다. 10구절은 4단락으로 나뉜다.

初一은 總顯形勝이라 '師子座'者는 人中師子處之오 又說無畏之法故라 得法空者 何所畏哉아 空은 乃高而無上이라 深不可測이오 廣而無外라 邊不可窮이며 妙는 乃卽事而眞이오 好는 謂具德無缺이라

제1(其師子座高廣妙好)은 통틀어 사자좌 모습의 훌륭함을 나타낸 것이다. '사자좌'란 사람 가운데 사자와도 같은 분이 앉는 자리이며, 또 두려움이 없는 법을 설하기 때문이다. 법이 空함을 깨달은 이는 어찌 두려워할 바가 있겠는가. 空이란 높아서 위가 없고 깊어서 헤아릴 수 없으며 드넓어서 밖이 없고 끝을 찾을 수 없다. 妙는 곧 현상계의 사물과 하나가 되어 참다운 것이며, 好는 덕을 구족하여 모자람이 없음을 말한다.

二'摩尼'下 六句는 體德圓備라 一臺座摩尼는 卽處正中이니 正可依處라 摩尼는 隨映有差오 法空은 隨緣成異하나니 中道妙理 正是可依니라 二周座華網은 卽外相無染하야 交映本空이라 三淨寶爲輪은 輪은 謂臺之處中이니 周匝輪圍는 卽具德周徧이라 四華纓周垂는 諸覺·諸通이 垂化周攝이라【鈔_ 諸覺諸通者는 淨名에 云"覺意 淨妙華라"하고 淨行品에 云"神通等法이 如華開敷라"하다】五寶嚴塡飾은 '堂'等은 略擧오 '凡諸'는 總包니 無處不嚴이라 故云'備體'라하니 顯於法空에 全收萬像하야 無事非理故니라 六寶樹間飾은 間上物像也니 卽菩薩妙法樹 隨化分枝하고 隨因感果호되 並依無相(法空)일세 義曰'周廻'라하고 凡

聖相資일세 名爲間列이라하다

제2, '摩尼' 이하 6구(**摩尼爲臺蓮華爲網… 寶樹枝果周廻間列**)는 본체의 덕이 원만하게 갖춰짐을 말한다.

(1) '마니보배로 만들어진 좌대'는 곧 正中의 자리에 거처함을 말하니 바로 의지할 곳이다. 마니는 비치는 대상에 따라 차이가 있듯이 법공은 반연을 따라 달라지는 것이기에, 중도의 미묘한 진리가 바로 의지할 곳이다.

(2) 좌대를 둘러싼 '연꽃으로 만들어진 그물'은 바깥의 형상에 물듦이 없어 本空에 서로 비치는 것을 말한다.

(3) '청정하고 미묘한 보배로 만들어진 바퀴'는 그 바퀴가 좌대의 한가운데 있음을 말한다. 두루 둘러친 윤곽은 구족한 덕이 두루함을 말한다.

(4) '온갖 색깔의 꽃들을 꿰어 만들어진 꽃다발'로 두루 드리운 것은 모든 이의 깨달음[諸覺]과 모든 이의 통달[諸通]이 부처님께서 드리운 덕화로 두루 받아들인 데에서 이뤄짐을 말한다.【초_ '모든 이의 깨달음과 모든 이의 통달'이란 정명경에 이르기를, "깨달음의 뜻이 청정하고 미묘한 꽃이다."고 하였고, 정행품에 이르기를, "신통 등의 법이 마치 꽃송이가 피어난 것과 같다."고 하였다.】

(5) 보배 장엄으로 모든 것을 꾸민 것에서 '전당' 등(**堂榭樓閣 階砌戶牖**)이란 간략하게 들어 말하였고, 凡諸物像이란 총괄하여 말하였다. 그 어느 곳 하나 장엄하지 않음이 없기 때문에 '備體' 즉 "모든 물건들이 하나하나의 물체마다"라고 말한 것이다. 법공이 삼라만

상을 모두 거두어들여 모든 현상계의 사물이 진리 아닌 것이 없음을 밝혀주었다.

⑹ '보배 나무가 사이사이 줄지어 서 있었다.'는 것은 사이사이에 있는 물체의 모습이다. 곧 보살들의 미묘한 법의 나무들이 부처님의 교화를 따라 나뭇가지가 나뉘게 되고, 因을 따라 果를 얻으면서도 아울러 無相(法空)에 의지한 까닭에 그런 의의를 '周廻'라 말하고, 범인과 성인이 서로 힘을 입기에 이를 '間列'이라고 말한다.

三'摩尼光'下 二句는 妙用廣大라 一은 淨寶出光이 如雲涉入이니 法空도 亦爾라 一一智(**權智·實智等**)中에 知一切法이며 一一法體(**一塵·一境等**)에 顯一切智하야 爲互照也라【鈔_ 一一智中者는 如一實智로 知徧法界理며 如一權智로 窮事無邊하야 法界別事를 無不知也라 一一法體者는 如於一塵에 能顯實智·權智·中道智·證智·教智·無邊智門이라】二는 主伴寶用이 互相發揮니 謂佛化摩尼하사 能作佛事니 智論에 云"輪王 寶珠는 但隨人意하야 能雨寶物이오 天寶는 堪能隨天使令하고 佛寶는 十方에 能作佛事하고 菩薩寶珠도 亦能分作이라"하다 如"文殊師利冠中의 毗楞伽寶珠에 十方諸佛이 於中顯現이라"하니 今菩薩髻珠는 卽是其類며 下文 雲集菩薩의 髻珠도 亦爾니라 用此嚴座者는 凡初成佛에 皆一切諸佛이 現形灌頂하고 一切菩薩이 親授敬養이라 故因果寶珠 俱來瑩燭이라 如來는 從果起用일세 故云'化現'이라하고 理圓解滿일세 義曰'珠王'이라하고 菩薩心頂에 智照圓淨일세 故曰'髻中妙寶'라하고 寂照(**如來**)와 照寂(**菩薩**)이 皆瑩淨照燭이라【鈔_ 用此嚴座下는 出嚴所以오 言'寂照照寂'者는 準纓絡經컨대 "妙覺을 方稱寂照오 等覺은 照

寂이라"하니 今菩薩寶는 義同照寂이니 如來寶珠는 卽當寂照니라】

제3, '摩尼光' 이하 2구(摩尼光雲互相照曜… 悉放光明而來瑩燭)는 오묘한 작용이 광대함을 말한다.

⑴ '청정한 마니보배에서 쏟아내는 광명이 구름처럼 서로 받아들임'을 말하니 법공 또한 그와 같다. 하나하나의 지혜 가운데에서 모든 법을 알며, 하나하나의 법체에 일체 지혜가 나타나 서로 비춰주는 것이다.【초_ "하나하나의 지혜 가운데"란 예컨대 하나의 眞實智로 법계에 두루 한 이치를 아는 것이며, 하나의 方便智로 그지없는 사물들을 다하여 법계의 별개의 일들을 모르는 것이 없다. '하나하나의 법체'란 예컨대 하나의 티끌에 實智·權智·中道智·證智·教智·無邊智門이 나타남을 말한다.】

⑵ 主伴(주인과 권속)의 보배와 같은 작용이 서로 발휘하는, 오묘한 작용의 광대함을 말한다. 부처님께서 마니보배를 나타내어 불사를 지음을 말하니, 지도론에 이르기를, "보륜왕의 보배 구슬은 오직 사람들의 마음에 따라서 보물을 비 내리듯 한다. 天寶는 하늘이 명하는 대로 따르고, 佛寶는 시방에 불사를 지으며, 보살의 보배 구슬 또한 본분에 따라 불사를 짓는다."고 하였다. 또 문수사리관에 이르기를, "문수의 의관 가운데 박혀 있는 비릉가보주에 시방세계 모든 부처가 나타난다."고 하였다.

여기에서 말한 '일체 보살의 상투에 있는 미묘한 보배'는 곧 이런 유이며, 아래의 경문에서 말한 '구름처럼 모여든 보살의 상투에 있는 미묘한 보배' 또한 그와 같다. 이러한 보살들의 보배로 부처님의 사자좌를 장엄하는 것은 부처님이 처음 성불할 적에 일체 모든 부처가 그 모습을 나타내어 灌頂을 하고, 모든 보살이 몸소 친히 존경하고 받드는 것이다. 이 때문에 因果 보배 구슬이 모두 찾아와 광명을 놓아 부처님의 도량을 찬란하게 비춰주었다.

여래는 果에서 작용을 일으킨 까닭에 '化現'이라 말하고, 이치와 견해가 원만하기에 그 의의를 '珠王'이라 말하고, 보살의 마음에 智照가 원만 청정하기에 '보살의 상투에 있는 미묘한 보배'라고 말한다. 여래의 寂照와 보살의 照寂이 모두 찬란하고 청정하게 비치는 것이다. 【초_ '用此嚴座' 이하는 장엄을 내오게 된 이유이다. 寂照照寂은 영락경에 의하면, "妙覺은 바야흐로 적조라 하고, 等覺은 照寂이라고 한다."고 하니 여기에서 말한 보살의 보배는 照寂과 같고, 여래의 寶珠는 곧 寂照에 해당한다.】

四復以下 一句는 佛加廣演이라 佛境如空이라 故云廣大라하니 有感斯至하사 爲無不及이니 顯教皆從法空所流라 是故로 所流 還周法界오 非智면 不顯일세 故云佛力이라하다(已上은 顯處嚴 竟하다)

제4, '復以' 이하 1구(復以諸佛威神所持… 無處不及)는 부처님의 가피가 널리 펼쳐짐이다. 부처님의 경계가 허공과 같기에 廣大라고 말한다. 중생이 부르면 이에 응하여 미치지 않는 곳이 없다. 언어와 문자로 교의를 천명하는 가르침은 모두 法空에서 흘러나왔다. 이 때문에 유출된 바는 다시 法界에 두루 하고, 지혜가 아니면 언어와 문자로 가르침을 나타내지 못한 까닭에 '부처님의 힘'이라고 말하였다.**(위는 부처님이 머무신 도량의 장엄 부분을 끝마치다.)**

◉ 論 ◉

二는 從其地堅固下로 至妙音遐暢無處不及히 是莊嚴道場分이니 此一段文中에 明如來本性中에 行四種因하야 感四種果報라 何者爲四오

2. '其地堅固' 이하로부터 '妙音遐暢 無處不及' 구절까지는 도량의 장엄에 대한 부분이다. 이 단락의 문장에는 여래의 본성 가운데 4종의 因을 행하시어 4종의 과보를 얻게 된 데에 대해 밝힌 것이다. 무엇이 4종의 인과인가.

第一은 明法身因으로 報得金剛地果니 經에 云'其地堅固'者 是也라 其地上에 有十種莊嚴은 卽以十波羅蜜로 以成依報하고 金剛地로 爲正報라

첫째는 법신의 因으로 금강지의 果를 얻게 됨을 밝힌 것이다. 경문에 이르기를, "정각을 이루신 그곳의 땅이 견고하다."는 것이 바로 그것이다. 그곳의 땅에 열 가지의 장엄이 있는 것은 곧 십바라밀로 인하여 의보를 이루고 금강지로 정보를 삼은 때문이다.

第二 明萬行因果者는 其如來自行普賢行으로 爲因일세 所招寶樹行列이 莊嚴金地하야 周徧十方으로 爲依果故니 經에 云令此道場一切嚴具로 樹中現像者는 明覺行相徹하야 體用徹故니 此는 總陳樹上莊嚴이오 後에 別擧菩提樹一箇하야 用明衆樹도 亦爾라 其菩提樹에 有十種依果者는 常以金剛地로 爲正報하고 其上莊嚴으로 爲依報하며 又如來身으로 爲正報하고 金剛地와 及地上一切莊嚴으로 爲依報어니와 今樹者는 以如來行으로 爲因하야 因行招報일세 樹爲依報며 又樹上에

其樹이 金剛爲身일세 金剛이 爲正報요 幹枝條葉華果이 爲依니 明以行樹法華智果慈悲之葉이 以十波羅蜜로 爲枝幹하고 法身으로 以爲其莖하야 而隨十行之上하야 報得十種依果莊嚴이라 其十種依果莊嚴은 如經하다

둘째, 만행의 인과를 밝힌다는 것은 그 여래께서 스스로 행하신 보현행으로 인을 삼은 데에서 보배 나무가 줄지어 금강지를 장엄하여 시방에 두루 하는 의보의 결과를 초래하였기 때문이다. 경문에 이르기를, "이 도량의 모든 장엄의 도구가 보배 나무의 가운데 그 영상이 보였다."는 것은 부처님의 깨달음과 만행이 서로 통하여 본체와 묘용이 하나로 통하였음을 밝힌 때문이다. 이는 모두 보배 나무의 장엄함을 말한 것이며, 뒤에서는 별개로 보리수 하나만을 들어 말했지만 수많은 보배 나무 또한 똑같음을 밝힌 것이다.

그 보리수에 열 가지 의보의 결과가 있다는 것은 언제나 금강지로 정보를 삼고 그 위에 장엄하는 것으로 의보를 삼으며, 또한 여래의 몸으로 정보를 삼고 금강지 및 금강지 위에서 보이는 모든 장엄으로 의보를 삼는다. 하지만 여기에서 말한 보배 나무는 여래행으로 因을 삼아 그 여래행을 因하여 그와 같은 과보를 불러왔기에 보배 나무는 의보가 되며, 또한 그 보배 나무가 금강으로 몸통이 만들어졌기에 금강이 정보가 되고 줄기·가지·잎·꽃·열매는 의보가 된다.

이는 만행의 나무, 법의 꽃, 지혜의 열매, 자비의 잎이 십바라밀로 가지와 줄기를 삼고 법신으로 그 몸통을 삼아, 십바라밀 행

을 따라 열 가지 의보의 과에 의한 장엄을 얻게 되었음을 밝힌 것이다. 그 '열 가지 의보의 과에 의한 장엄'은 경문에서 말한 바와 같다.

第三은 明大悲因果者는 以如來大悲로 爲因하고 如來所處宮殿으로 爲依果일세 此中에 有五種德하야 而共成之니 一은 如來大悲含育德으로 以成其宮이오 二는 以正智利衆生德으로 以成其殿이오 三은 以智觀照利自他德으로 能成其樓오 四는 以大智知根設敎益生德으로 能成其閣이오 五는 以大悲弘願周徧利生德으로 報得宮殿樓閣이 周徧十方이니라 以十波羅蜜行이 隨大悲生하야 復成十種依果니 何者爲十고 以隨法身·隨萬行·隨大悲·隨大智의 所招依果이 各自區分하야 不相障礙 猶如大地이 生諸卉木에 地唯是一이로대 萬像不同하야 如水資生喩하니 思之면 可見이라 但十波羅蜜은 理唯一性이로대 隨其法身萬行大悲大智하야 報自差殊故로 如法身大願大悲大智와 十波羅蜜이 廢一不可하야 至八地已來라도 其功이 未熟이니 若廢一이면 卽一切不成이라 欲學佛菩提者는 如此通融하야 不修一行이니 若偏修理면 卽滯寂이며 偏修智면 卽無悲며 偏修悲면 卽染習便增이며 若但修大願이면 卽有爲情起니 菩薩이 於此衆行에 不去不留하야 以法性으로 均融得所하야사 卽得이니 以定慧力으로 善觀察之오 不可懸情斟酌하야 長諸癡愛니라 其十種行으로 爲十種依果莊嚴者는 如經이니라

셋째, 大悲의 인과를 밝힌다는 것은 여래의 대비로 인을 삼고 여래께서 거처하신 궁전으로 의보의 과를 삼기에 그 가운데 5가지의 덕이 있어 똑같이 성취한 것이다.

(1) 대자비로 길러주신 여래의 덕으로 그 궁을 이룸이며,

(2) 바른 지혜의 중생에게 도움을 주는 여래의 덕으로 인하여 그 전을 이룸이며,

(3) 지혜로 관조하여 자타 모두에게 도움을 주는 여래의 덕으로 그 누대를 이룸이며,

(4) 큰 지혜로 각기 다른 근기를 알아 가르침을 베풀어 중생에게 도움을 주는 여래의 덕으로 그 각을 이룸이며,

(5) 대자비의 큰 誓願으로 두루 중생에게 도움을 주는 여래의 덕으로 궁전누각이 시방에 가득한 報를 얻음이다.

또한 십바라밀 행이 대자비를 따라 일어나 다시 열 가지의 의과를 이루는 것이다. 무엇이 열 가지의 의과인가. 법신을 따르고 만행을 따르고 대비를 따르고 대지를 따른 데에서 얻어지는 의과가 각각 구분이 있어 서로 장애가 되지 않는다. 이는 마치 땅이 모든 초목을 낳아줄 적에 땅은 오직 하나이지만 각기 다른 삼라만상이 있는 것처럼, 또한 하나의 물이 수많은 생명을 길러주는 것처럼 똑같다는 비유이다. 이렇게 생각해보면 그 뜻을 찾아볼 수 있다.

단 십바라밀의 이치가 오직 하나이지만 그 법신과 만행과 대비와 대지를 따른 데에서 얻어지는 報가 각기 다르기 때문에 법신과 대원과 대비와 대지와 십바라밀 가운데 그 어느 하나라도 버린다면 그것은 옳지 못하다. 八地 이후에 이르렀을지라도 그 공부가 純熟하지 못하기에 만일 그 어느 하나라도 버린다면 그 모든 것을 성취할 수 없다.

부처의 보리를 배우고자 하는 자는 이와 같이 모두 융합하여야 하는 것이지, 하나의 행만 닦아서는 안 된다. 만일 어느 한쪽에 치우쳐 理만을 닦는다면 寂에 막히게 되고, 智만을 닦는 데에 치우치면 자비가 없고, 자비만 닦는 데에 치우치면 染習이 더해지고, 大願만을 닦는 데에 치우치면 有爲의 정이 일어나게 된다.

보살이 이처럼 수많은 행을 버려서도 안 되고 집착해서도 안 된다. 법성으로 고루 융합하여 중도의 제자리를 얻어야 만이 옳은 일이다. 정혜의 힘으로써 잘 관찰해야 할 일이지, 거리가 먼 情識으로 계교, 思量하여 숱한 어리석음과 애욕을 키워서는 안 될 것이다.

그 10종 바라밀의 행으로 10종 依果莊嚴을 삼은 것은 경문에서 말한 바와 같다.

第四 明如來大智隨萬行因果者는 卽智通萬行이니 出現世間하사 示成正覺이 爲正因也오 師子座이 爲依果라 從其師子座一段文中으로 義分爲三호리니 一은 釋座名이오 二는 陳座高廣이오 三은 明座上莊嚴因果니라

一은 釋座名은 師子者는 依主釋이니 如來이 於大衆中에 得無畏故오 非於座上에 有師子莊嚴이니 設有者라도 但名依報故니라

二는 陳座高廣者는 經에 但言高廣하고 不言量數어니와 今以例比之컨댄 如下十住位中帝釋天宮佛座는 高 十千層級이오 十行位中夜摩天宮佛座는 高 百萬層級이오 十迴向位中兜率天宮佛座는 高 百萬億層級이라 高廣이 隨位하야 各各相稱하니 以次類之컨댄 十地之位他

化天宮엔 其座高 億萬億層級이니 彼天宮은 已超化樂故오 第三禪中에 說十一地하시니 又超二天하야 倍倍更高라 十地品엔 不言佛座層級高廣之量也로대 但以次類之컨댄 此之四位佛座高下層級이 不同者는 以明隨十住十行十廻向十地進修階降하야 隨位所見이 高下不同이어니와 以實而論컨댄 佛座高廣은 無有決定大小高下可得이니 爲如來心量이 盡所繫故로 無有量也며 所招依果도 亦不可以量度故로 如無邊身菩薩이 量佛身際不可得故니 已出情際心數量故라 以此義故로 住毛孔中하사대 而身不小하시며 居法界中하사대 而身不大시니 爲情量이 盡故라 身若隨類인댄 及座高廣니 座亦隨類니 若以如來自報體而言컨댄 以法界로 爲座體니 因既如是에 依果도 亦然이라 故亦非可量이니 如法界品中에 等于法界座量爲定이라

三은 明座上莊嚴因果者는 略有十種하니 皆以如來이 智隨萬行하사 一切處示成正覺으로 爲因이오 一切處十種莊嚴으로 爲依果故라 十種은 如經이니라**(第二 釋莊嚴道場分은 竟하다)**

넷째, 여래의 大智로 만행을 따르는 인과를 밝힌다는 것은 곧 여래의 대지가 만행에 통함을 말한다. 부처님께서 세간에 출현하여 정각을 이룸을 보여준 것이 정보의 인이 되고, 사자좌는 의보의 과이다. 그 '사자좌' 단락의 문자에는 그 의의를 3가지로 구분한다.

⑴ 사자좌의 이름에 대한 해석.

⑵ 사자좌의 높이와 너비에 대한 말씀.

⑶ 사자좌의 장엄인과를 밝힌 것이다.

'⑴ 사자좌의 이름에 대한 해석'에서 '사자'란 설법주에 의한 해

석이다. 여래께서 대중 가운데에 두려워하심이 없는 마음을 얻었기 때문이지, 법좌의 위에 계신 부처님에게 사자와 같은 장엄이 있음을 말한 것은 아니다. 설령 사자의 장엄이 있을지라도 다만 의보를 말한 것이기 때문이다.

'(2) 사자좌의 높이와 너비에 대한 말씀'은 경문에서 오직 높이와 너비만을 말했을 뿐, 그 수량에 대해서는 말하지 않았다. 하지만 여기에서 궁전의 예에 의해 비교해보면 아래 십주위 가운데 제석천궁의 부처님 좌대는 높이가 십천 층이요, 10행위 가운데 야마천궁의 부처님 좌대는 높이가 백만 층이요, 십회향위 가운데 도솔천궁의 부처님 좌대는 높이가 백만억 층이다. 좌대의 높이와 너비는 그 지위에 따라서 각기 그 지위에 걸맞게 마련되어 있다.

지위의 차례에 따라 유로 미뤄보건대 십지의 지위인 타화천궁에서는 부처님 좌대는 높이가 억만억 층이다. 타화천궁은 이미 화락천의 지위를 초월한 때문이다. 第三禪 가운데 十一地를 말씀하시니 이 또한 위의 二天의 지위를 뛰어넘어 곱에 곱으로 더 높아질 것이다. 제26 십지품에서는 부처님 좌대의 층과 높이와 너비의 수효를 말하지 않았지만 다만 지위의 차례에 따라 類로 비교한다면 네 지위에 따른 부처님 좌대의 높낮이와 층수가 똑같지 않은 것은 십주·십행·십회향·십지의 수행 단계에 따라 그 지위의 소견 높낮이가 똑같지 않음을 밝힌 것이다.

하지만 실제로 논한다면 부처님 좌대의 높이와 너비는 확정된 大小와 높낮이가 없다. 여래의 마음 도량이 얽매인 바가 없기에 한량이 없으며, 얻어지는 의보의 과 또한 헤아릴 수 없다. 이 때문에 무변신보살이 부처님 몸의 크기를 헤아리려고 해도 가늠할 수 없었다. 이는 이미 사람의 생각으로 가늠할 수 있는 마음의 도량에서 벗어났기 때문이다.

이런 의의 때문에 작은 모공 속에 머물지라도 그 몸은 작지 않으며, 법계에 머물지라도 그 몸은 크지 않다. 이는 생각으로 헤아릴 수 있는 한계를 다한 때문이다. 만일 부처님의 몸이 그 지위의 유를 따른다면 부처님의 좌대 또한 그 지위의 유를 따를 것이다. 만일 여래 자신의 報體로 말한다면 법계로써 좌대의 본체를 삼는다. 因이 이미 이와 같기에 의보의 결과 또한 그와 같은 것이다. 그러므로 또한 헤아릴 수 있는 대상이 아니다. 제39 입법계품에서 "법계와 같이 좌대의 크기를 정한다."는 말과 같다.

'(3) 사자좌의 장엄인과를 밝힘'이란 간략하게 말하면 열 가지가 있다. 모두가 여래께서 큰 지혜로 만행을 따라 모든 곳에 正覺의 성취를 보인 것으로 因을 삼고, 모든 곳에 열 가지의 장엄으로 의보의 과를 삼기 때문이다. 열 가지는 경문에서 말한 바와 같다.**(제2 도량의 장엄을 해석한 부분을 끝마치다.)**

세주묘엄품 제1-1 世主妙嚴品 第一之一

화엄경소론찬요 제2권 華嚴經疏論纂要 卷第二

화엄경소론찬요 제3권
華嚴經疏論纂要 卷第三

◉

세주묘엄품 제1-2
世主妙嚴品 第一之二

第五 明教主難思

제5. 세존의 불가사의

經

爾時에 **世尊**이 **處于此座**하사 **於一切法**에 **成最正覺**하시니

그때, 세존께서 이 사자좌에 계시면서 일체 법에 최상의 바른 깨달음을 성취하셨다.

◉ 疏 ◉

教主難思者는 前但云佛이오 未顯是何身佛이며 又但云始成正覺이오 未知成相云何일세 故今顯之라 謂具十種深廣功德이니 卽是遮那十種無盡法界身雲이 徧於法界하야 成正覺也오 非權應身이라

文分爲二니 先總이오 後別이라 今初는 總辨이니 卽菩提身이 具無盡德하야 爲世所尊이라 座相現時는 身卽安處오 智處諸法에 無前後故로 於一切法에 示所覺境하니 卽二諦·三諦 無盡法也라 成最正覺은 示能覺智니 開悟稱覺이오 離倒爲正이오 至極名最오 獲得名成이니 此當相解어니와 若揀別者댄 凡夫倒惑이오 佛覺重昏이라 二乘은 雖覺이나 不名爲正이니 但知法有오 未知法空이며 但悟我空이오 未知我有하야 有厭生死하고 空該涅槃하야 顚倒未除어니 豈得稱正이리오 設許稱正이라도 亦未名最오 菩薩雖正이나 有上有修하야 不得稱最오 設位極稱最라도 亦未得名成이오 我佛獨能일세 故云成最正覺이라하니 謂如量如理하

고 了了究竟하야 已出微細所知障故니라【鈔_ 如量은 覺俗이오 如理는 覺眞이라 故涅槃 云十住菩薩은 見不了了오 唯佛世尊이라야 名爲了了라 故闍王 云了了見佛性이 猶如文殊等이라하다 已出微細下는 釋上了了究竟之言이라 障有三種하니 一現行이오 二種子오 三習氣니 習氣種子를 名爲微細는 佛已盡故일세니라】

敎主難思란 앞에서는 '佛'이라고만 했을 뿐, 어떤 부처님인지에 대해서는 밝히지 않았고, 또한 처음으로 정각을 이루셨다고만 말했을 뿐, 정각을 이룬 모습이 어떠했는지에 대해서는 알 수 없었기에 여기에서 이를 밝힌 것이다. 부처님께서 열 가지의 깊고도 넓은 공덕을 갖추었음을 말한다. 이는 비로자나불의 열 가지 끝없는 법계에 구름 같은 몸이 법계에 두루 하여 정각을 이룬 것이지, 방편으로 보이신 應身이 아니다.

경문은 2단락으로 나뉜다. 앞은 총체로, 뒤는 별개로 해석한 것이다.

이 앞부분은 총체로 논변함이다. 깨달음을 얻으신 부처님은 끝없는 공덕을 갖추어 세상에서 존경의 대상이 되었다. 법좌에 모습을 나타낼 적에는 몸이 곧 도량에 편안하시고, 지혜는 모든 법에 대하여 전후의 차이가 없는 까닭에 모든 법에 깨달은 바의 경계를 보여주었다. 이는 곧 二諦, 三諦의 끝없는 진리이다.

'成最正覺'은 깨달음을 얻은 분의 지혜[能覺智]를 보여준 것이다. 깨달음을 '覺'이라 하고, 전도된 경계를 여읨을 正, 지극한 것을 最, 얻음을 成이라고 말한다. 이는 해당 현상으로 해석한 것이다. 하지만 범부·이승·보살·부처님의 차이점을 말한다면 범부는 전도되어 미혹되고, 부처님은 두꺼운 혼미를 깨달음이며, 二乘은 깨달았지만 正이라고 이름 붙일 수 없다. 단 法의 有만을 알았을 뿐 法의 空함을 알지 못하고, 我空을 깨달았을 뿐 我有를 알지 못한 까닭에, 法有에 의해 생사를 싫어하고 我空에 의해 열반을 갖추어 전도망상을 없애지 못했는바, 어떻게 이를 바른 깨달음[正覺]이라 말할 수 있겠는가. 설령 正覺이라 말할지라도 또한 최상[最]이라고는 말할 수 없다. 보살은 비록 정각을 얻었다 할지라도 최상의 경지와 닦아야 할 부분이 남아 있기에 최상[最]의 경지라 말할 수 없고, 설령 지위가 지극하여 최상이라 할지라도 또한 성취[成]했다고 말할 수 없다. 부처님만이 유독 이처럼 할 수 있기에 '成最正覺'이라고 말한다. 이는 如量智와 如理智로 究竟의 경지를 밝게 깨달아, 이미 미세한 所知障까지 벗어났기 때문이다.【**초_** 如量智는 세속의 이치를, 如理智는 미묘한 진리를 깨달음이다. 그러므로 열반경에 이르기를, "十住 지위의 보살은 도를 보았을지라도 밝게 깨닫지는 못하였고, 오직 부처님 세존만은 밝게 깨달으셨다고 말할 수 있다."고 하였다. 이 때문에 闍王이 말하기를, "밝게 불성을 깨달음이 문수보살과 같다." 등등으로 말하였다.

"이미 미세한 소지장까지 벗어났다."는 것은 위의 "구경의 경지를 밝게 깨달았다."는 부분을 해석한 것이다. 장애에는 3가지가 있다. ① 現行, ② 種子, ③ 習氣이다. 습기와 종자를 미세한 장애라 말한 것은 부처님 지위에 올라서야 모두 없앨 수 있기 때문이다.】

經

智入三世하야 **悉皆平等**하시며 **其身**이 **充滿一切世間**하시며 **其音**이 **普順十方國土**하사

부처님의 지혜는 삼세에 들어가 모두 평등하여지고,

부처님의 몸은 일체 세간에 충만하시며,

부처님의 음성은 시방국토에 널리 들리셨다.

◉ **疏** ◉

後智入下에 第二別中에 即約十德하야 別顯十身이니 文即分十이라 一은 三業普周오 二는 威勢超勝이오 三은 福德深廣이오 四는 隨意受生이오 五는 相好周圓이오 六은 願身演法이오 七은 化身自在오 八은 法身彌綸이오 九는 智身窮性相之源이오 十은 力持身이 持自他依正이라

뒷부분에 해당되는 '智入' 이하는 제2의 별개로 해석한 가운데 열 가지의 공덕을 가지고서 별개로 열 가지의 부처님 몸을 밝힌 것인바, 경문 또한 열 가지로 나뉜다.

(1) 身·語·智 삼업이 널리 가득하였다.

(2) 위엄을 갖춘 법신이 뛰어나다.

(3) 복덕이 깊고 광대한 몸이다.

(4) 마음먹은 대로 태어난 몸이다.

(5) 상호가 두루 원만한 몸이다.

(6) 원력의 몸으로 법을 연설함이다.

(7) 화신이 자재함이다.

⑻ 법신이 두루 펼쳐 있다.

⑼ 智身이 性相의 본원을 모두 깨달음이다.

⑽ 力持身이 자타의 의보와 정보를 지녔다.

今初는 卽別顯菩提身之相也라 以成菩提時에 得無量淸淨三輪故라 文中에 分二니 先法이오 後喩라 法中에 三은 先意·次身·後語라【鈔_一 三業普周者는 十中에 後五는 全十身名이오 前五는 無有身言이로되 而義具之라 一은 卽菩提身이니 前總中에 已示오 二는 卽威勢身이오 三은 福德身이오 四는 意生身이오 五는 相好莊嚴身이라】

이 첫 부분은 별개로 부처님의 몸을 밝힌 것이다. 깨달음을 이루셨을 적에 한량없는 청정한 三輪을 얻었기 때문이다. 이 경문은 2부분으로 나뉘는데, 앞에서는 법으로, 뒤에서는 비유로 말하였다.

법에는 3가지가 있다. 첫째는 意業, 둘째는 身業, 셋째는 語業이다.【초_ "⑴ 身·語·智 삼업이 널리 가득하였다."는 것은 열 가지 가운데, 뒤의 5가지는 전체가 十身의 이름이며, 앞의 5가지는 몸이란 말은 없으나 그 의의는 모두 갖추었다. 첫째는 菩提身, 앞의 총체를 말한 단락에서 이미 말하였다. 둘째는 威勢身, 셋째는 福德身, 넷째는 意生身, 다섯째는 相好莊嚴身이다.】

今初意業은 卽釋上成正覺이라 前云 於一切法이라하고 此云三世는 乃橫竪影略耳라 智入平等은 是正覺 成也라 智는 卽二智·三智·四智·無障礙智라 二智者는 卽如理如量也라 此復有二하니 一은 以如量智達俗을 名入三世오 以如理智證眞을 名悉平等이라 言三智者는 卽俗智·眞智·中道智也라 言四智者는 卽圓鏡等四智也라 言平等者

는 鏡智離分別故로 依持平等이라【鈔_ 論云此智心品은 離諸分別이니 所緣行相이 微細難知일세 故云離諸分別이라하고 又云純淨圓德이오 現種依持라 故云依持平等이라하니 意云雖言現行功德之依와 種子功德之持나 由無分別이라 故得平等이라】
平等性智는 證平等性故오 妙觀察智는 觀察平等이오 成所作智는 普利平等이라 四智圓融하야 無二性故며 修生과 本有는 非一異故로 不失經宗이니라【鈔_ 四智圓融下는 解妨이라 謂有難云四智菩提는 有爲無漏니 非我經宗이어늘 何得參雜하야 釋此玄旨오 故今通云四智菩提는 性相二宗에 皆具有之로되 但義小異耳라 用之無爽이 謂圓融無二니 是其一義故로 彼宗說四나 不得相雜이오 今明一智 便具四智라 故下出現하야 以四寶珠로 喩其四智니라】然上能覺은 卽成上菩提니 就其所覺인댄 卽法身也라 理智無二 爲眞法身이라【鈔_ 然上能覺下는 總結이니 所以結者는 欲明一菩提身에 已具法報二身이온 況具下九아】

여기에서 처음 말한 意業은 위에서 말한 '成正覺'을 해석한 것이다. 앞에서는 '일체 법에'라고 말하고 여기에서 '三世'라 말한 것은 종(시간: 삼세)과 횡(공간: 일체 법)으로 비추어 상호 보완[影略][11]했을 뿐이다. "지혜는 삼세에 들어가 모두 평등하다."는 것은 정각이 성취됨을 말한다.

11 影略 : 影略互顯. 약칭 影略이다. 2가지 유관 사건을 설명할 적에 이쪽에서 생략했던 것을 다른 곳에서 밝히고, 저쪽에서 생략했던 것을 이곳에서 밝힌 것이다. 이와 같이 상호 보충하여 설명하는 방식을 影略互顯이라고 말한다.

지혜는 二智·三智·四智·無障礙智이다.

二智란 如理智와 如量智이다. 여기에는 또한 2가지가 있다. 첫째는 '분별로 아는 지혜[如量智]'로 세속의 진리를 통달함을 '삼세에 들어간다.'고 말하고, 둘째는 '진리대로 아는 지혜[如理智]'로 진리를 증득함을 '모두 평등하다.'고 말한다.

三智란 俗智·眞智·中道智이며, 四智란 大圓鏡智 등 4가지 지혜이다. '평등'이라 말한 것은 대원경지는 분별을 여의었음으로 依와 持가 평등한 것이다.【초_ 이 지혜의 心品은 모든 분별을 여읨이니 반연(인식)의 대상과 인식 작용이 미세하여 알기 어렵기에 "모든 분별을 여의었다."고 말하였다. 또 이르기를, "순수하고 청정하며 원만한 덕이 있고, 현행과 종자의 의지처이다."고 하였고, 이 때문에 "의지가 평등하다."고 말하였다. 그 뜻은 현행공덕의 依와 종자공덕의 持를 말하지만 분별이 없기 때문에 평등하다.】

平等性智는 평등한 본성 즉 眞如를 증득한 때문이며, 妙觀察智는 관찰함이 평등한 것이며, 成所作智는 널리 이롭게 함이 평등한 것이다. 4가지 지혜가 원융하여 성품이 둘이 없기 때문이며, 수행으로 얻어진 修生(新熏)과 본래 타고난 것[本有: 本覺]은 하나도 아니요, 다른 것도 아니다. 이 때문에 경문의 종지를 잃지 않았다.【초_ "4가지 지혜가 원융하다." 이하의 구절은 혹자의 논란에 대한 해석이다. 어떤 이가 따져 물었다. "四智의 깨달음은 有爲의 무루이므로 화엄경의 종지가 아님에도 어찌하여 뒤섞어서 玄旨를 해석하는가?" 이 때문에 여기에 통틀어 대답하였다. "四智의 깨달음은 性宗

과 相宗에 모두 다 있는데 그 의미가 조금 다를 뿐이다. 이를 쓸지라도 어긋남이 없는 것을 원융하여 둘이 없다고 말한다. 이처럼 그 의미가 한 가지이기에 저 相宗에서 四智를 설하였을지라도 서로 뒤섞이지 않고, 여기에서 하나의 지혜를 밝혔을지라도 四智가 모두 구족한 것이다. 이 때문에 아래 제37 여래출현품에서 4가지의 보배 구슬로 四智를 비유하였다.】

그러나 위의 "깨달음을 얻은 분[能覺]"이란 곧 최상의 정각을 성취하신 부처님이다. 그 깨달음의 대상이 되는 법[所覺]으로 말한다면 그것은 곧 법신이다. 진리와 지혜가 둘이 없는 것이 참다운 법신이다.【초_ "그러나 위의 깨달음을 얻은 분" 이하의 문장은 총괄하여 끝맺음이다. 끝맺은 바는 하나의 깨달음의 몸에 이미 法身과 報身 두 몸을 갖추고 있음을 밝히려는 것인데, 하물며 아래의 아홉 가지의 몸을 모두 갖춤이야!】

二'其身'下는 身業也라 通三世間일세 故云一切니 此正覺身이 以是十身之總故니라 此其身이 通於三身十身하야 無不充滿이오 法身普徧은 世所同依故며 智身證理는 如理徧故며 色身無礙는 亦同理徧이니 並是圓徧而非分徧이니 謂一切世間 一一纖塵等處에 佛皆圓滿이라 總看 亦現이오 別看 亦現이니라【鈔_ 總看亦現者는 徧法界內 唯一佛이니 佛身이 充滿於法界故오 別看亦現者는 則向一一國土와 一一塵中에 皆見全身이라 故下經云"如於此處見佛坐오 一切塵中亦如是라 佛身無去亦無來여 所有國土皆明現이라"하니 是也라 又總別看者는 總則一身이니 處處皆有오 別則支分이니 眼耳鼻等이 各徧法界라 故

現相品云"佛眼云何無有量가 耳鼻舌身도 亦復然이라"하니라 】

又國土等은 卽是我身이니 土等은 體外에 無別我故오 我卽土等은 我之體外에 無土等故라 餘一一身 互望融攝이 猶多燈光이 各互相徧이라【鈔_ 前은 明能徧三身은 非所徧土어니와 今은 明能徧이 卽是所徧이니 能所互融故며 又明一一身相이 融和雜徧故오 又上約佛身上十身하야 謂菩提願化力莊嚴等이어니와 今明三世間無礙之十身하야 謂國土衆生等이라 故十身相作이 於何不融고 故云猶如燈光이라하니 經云"譬如冥室百千燈이 一一燈光徧室內니 諸佛身智亦復然이라" 】

둘째 단락의 '부처님의 몸[其身]' 이하의 문장은 身業이다. 삼세간에 통하기 때문에 '일체'라고 말한다. 이는 정각의 몸이 十身의 총체이기 때문이다. 이는 그 正覺身이 三身과 十身에 통하여 충만하지 않음이 없음이다. 법신이 두루 함은 세간이 함께 의지하기 때문이며, 智身이 이치를 증득함은 이치와 같이 두루 한 때문이며, 色身이 걸림이 없음 또한 이치와 같이 두루 함이다. 아울러 이는 원만하게 두루 한 것이지, 각기 구분 지어 두루 함이 아니다. 일체 세간의 하나하나 미세한 티끌 등에도 부처님이 모두 원만하기에 총체로 보아도 또한 나타나고, 구분 지어 보아도 또한 나타나는 것이다.【초_ "총체로 보아도 또한 나타난다."는 것은 법계 안에 두루 가득한 존재란 오직 부처님이시니, 부처님의 몸이 법계에 가득한 때문이다. "구분 지어 보아도 또한 나타난다."는 것은 하나하나의 국토와 하나하나의 티끌 속에 모두 부처님의 全身을 볼 수 있음을 말한다. 그러므로 아래 경문에 이르기를, "이곳에서 부처님이 앉아 계심을 보는 것처럼 모든 티끌 속에도 또한 이와 같다. 부처님의 몸은 가는 것도 없고 또한 오는 것도 없다. 모든 국토에 다 분명하게 나타난다."는 것이 바로 그것이다.

또한 총체로, 별개로 볼 수 있다는 것은 총체로는 몸 전체를 말하니 모든 곳에 다 계시고, 별개로는 支分이니 눈·코·귀 등이 각기 법계에 두루 함을 말한다. 이 때문에 제2 여래현상품에 이르기를, "부처님의 눈이 어찌하여 한량이 없는가. 귀·코·혀·몸 또한 그러하다."고 하였다.】

또한 국토 등은 곧 나의 몸이다. 국토 등은 몸 이외에 별개로 자아가 없기 때문이며, 내가 곧 국토라는 등은 나의 몸 밖에 국토 등이 없기 때문이다. 그 나머지 하나하나의 몸이 서로 바라보면서 융화하고 받아들임이 마치 수많은 등불의 광명이 각각 서로 두루 비춰주는 것과 같다.【초_ 앞에서는 三身에 두루 하는 주체는 두루 할 대상의 국토가 아님을 밝혔지만, 여기에서는 두루 하는 주체가 곧 두루 할 대상의 국토임을 밝힌 것이다. 이는 能所가 서로 원융하기 때문이다. 또한 위에서는 부처님의 신상에 十身을 가지고서, 菩提身·願身·化身·力持身·相好莊嚴身 등이라고 말했는데, 여기에서는 삼세간에 걸림이 없는 十身을 밝혀 國土身·衆生身 등이라고 말했다. 이 때문에 十身의 모습을 지니심이 그 어떤 것에 융화하지 못하겠는가. 그러기에 등불의 광명과 같다고 말한 것이다. 경문에 이르기를, "비유하면 어두운 방에 백천 개 등불의 하나하나 불빛이 방 안에 두루 하듯이 제불의 몸과 지혜 또한 그러하다."고

하였다.】

三'其音'下는 語業也라 順有三義하니 一은 順異類言音이니 經云"一切衆生語言法이여 一言演說에 盡無餘"故며 二는 順所宜說法이니 "如來於一語言中에 演說無邊契經海"故며 三은 則順徧이니 "佛以一妙音으로 周聞十方國"故니라

셋째 단락의 '부처님의 음성[其音]' 이하의 문장은 語業이다.

普順의 順 자에는 3가지 뜻이 있다.

(1) 異類의 말과 음성을 따르는 것이다. 경에 이르기를, "모든 중생의 각기 다른 언어를, 부처님 한마디 말씀으로 모조리 남김없이 연설"하신 때문이다.

(2) 시의적절한 설법을 따르는 것이다. "부처님의 한마디 말씀 속에 그지없는, 바다와도 같은 경전의 의미를 연설"하신 때문이다.

(3) 시방을 두루 따르는 것이다. "부처님은 하나의 미묘한 음성으로 시방국토에 두루 들려주시기" 때문이다.

經

譬如虛空이 **具含衆像**호대 **於諸境界**에 **無所分別**하고 **又如虛空**이 **普徧一切**호대 **於諸國土**에 **平等隨入**하시니라

부처님의 법신은 마치 허공이 모든 만상(萬像)을 다 포괄하면서도 모든 경계에 피차의 분별이 없는 것과 같고, 또한 마치 허공이 일체처에 두루 하면서도 크고 작은 모든 국토에 따라서 평등하게 크고 작은 허공이 있는 것과 같다.

◉ 疏 ◉

二 譬如下는 喩顯이니 通喩三業이라 然佛三業은 非喩能喩라 唯虛空眞如라야 略可顯示이오 更以餘喩는 便爲謗佛이니라【鈔_ 然佛三業非喩能喩者는 八十卷末에 云"三界有無一切法이여 不能與佛爲譬喩니라 譬如山林鳥獸等은 無有依空而住者라 虛空眞如及實際와 涅槃法性寂滅等은 唯有如是眞實法이라야 可以顯示於如來라"하니 卽其文也라 又佛地論 第四에 云"如契經言으로 乃至所有施設譬喩히 喩諸如來所有功德은 一切皆是謗諸如來로되 唯除一喩니 所謂虛空은 可喩如來니 戒等 無量功德이 同虛空故니라"】然虛空喩는 有同不同이라 故下經에 云"解如來身이 非如虛空이라 一切妙法 所圓滿"等이라하니 此顯不同이어늘 今分에 取同義라 同義多種하니 如下十忍品이라

둘째, '譬如' 이하의 문장은 비유로 나타냄이니 三業을 통틀어 비유하였다. 그러나 부처님의 삼업은 그 어떠한 비유로도 비유할 수 없다. 오직 虛空眞如만이 간략하게나마 나타내 보여줄 수 있을 뿐, 또 다른 그 나머지의 비유는 곧 부처님을 비방하는 일이다.【초_ "그러나 부처님의 삼업은 그 어떠한 비유로도 비유할 수 없다."는 것은 본경 80권 말미에 이르기를, "三界의 유무 일체 법으로도 부처님을 비유할 수 없다. 비유하면 산림과 조수 등은 허공을 의지하여 살지 않는 게 없다. 허공과 진여 및 실제, 그리고 열반의 법성과 寂滅 등은 오직 이와 같은 진실한 법이어야 여래를 나타내 보일 수 있다."고 하니 곧 그와 같은 문장이다.

또 불지론 제4에 이르기를, "경에서 말한 바로부터 내지 비유

를 든 것까지 여래가 소유한 공덕을 비유함은 그 모두가 여래를 비방한 것이지만, 단 한 가지 비유만은 제외된다. 이른바 허공은 여래를 비유할 수 있다. 戒 등의 한량없는 공덕이 허공과 같기 때문이다."고 하였다. 】

그러나 허공의 비유는 부처님의 공덕과 같은 면도 있고 다른 면도 있다. 이 때문에 아래 경에서 이르기를, "여래의 몸이 허공과 같지 않음을 알아야 한다. 일체 미묘한 법이 원만한 바이다." 등등이라 하니, 이는 같지 않음을 나타낸 것이다. 그러나 여기에서 같다는 뜻을 취하였다. 허공과 같다는 뜻은 여러 가지이다. 아래 십인품에서 말한 바와 같다.

今有二喩에 開成四義니 一 含攝喩니 兼無分別義오 二 普徧喩니 兼徧入義라 以此四喩로 喩意業者는 下經에 云'佛智廣大同虛空'故니 此는 總喩也라 量智는 包含而普徧이오 理智는 無分別而證入이며 又大圓鏡智는 純淨圓德으로 現種依持하야 能現能生身土智影하나니 卽含攝義니 下經에 云"菩提智는 普現一切衆生心念根欲等이나 而無所現이라"하니 無所現은 言無有分別이며 "平等性智는 觀一切法과 自他有情이 悉皆平等이오 亦無分別이라"하니 無分別은 言顯無差別이라 故下經에 云'於一切義에 無所觀察'等일세 是以로 太虛는 含衆像이나 衆像은 不能含太虛며 太虛는 不分別衆像이나 衆像은 乃差別太虛니 以況我法은 不能容佛智나 佛智는 乃能容我法이라 有我法者는 分別如來오 是如來者는 不分別我法이니라

이 2가지 비유는 4가지 뜻으로 구분된다.

⑴ 포함하여 받아들인 비유[含攝喩]이니 분별이 없다는 뜻을 겸한다.

⑵ 두루 하다의 비유[普徧喩]이니 두루 들어간다는 뜻을 겸한다.

이 4가지의 비유로 '여래의 意業'을 비유한 것은 아래 경문에서 말한 "부처님의 지혜가 광대하여 허공과 같기" 때문이다. 이는 총체로 비유한 것이다. 如量智는 모든 것을 포괄하여 널리 두루 함이고, 如理智는 분별함이 없이 증득하여 들어감이며, 또한 大圓鏡智는 순수하고 청정하며 원만한 덕으로 현행과 종자를 의지하여 신체와 국토와 지혜의 영상을 나타내고 생겨나게 하니 곧 포괄하여 섭수하는 뜻이다. 아래 경문에 이르기를, "보리의 지혜는 널리 모든 중생의 마음, 근성, 욕락 등에 나타나지만 나타나는 바가 없다."고 하니 "나타나는 바가 없다."는 것은 분별이 없음을 말한다. 平等性智는 일체의 법과 자타의 有情이 모두 평등하고 또한 분별이 없음을 볼 수 있다. 분별이 없다는 것은 차별이 없음을 나타낸 말이다.

이 때문에 아래 경문에서 이르기를, "일체 뜻에 관찰할 바가 없다." 등이라고 하였다. 이런 까닭에 허공은 수많은 물상을 포함하지만 수많은 물상은 허공을 포함하지 못하고, 허공은 수많은 물상을 분별하지 않지만 수많은 물상은 허공과 차별이 있다. 이로써 我와 法은 부처님의 平等性智를 포용하지 못하지만 평등성지는 아와 법을 포용할 수 있음과 같다는 점을 비유한 것이다. 아와 법이 있다 함은 여래와 분별이 있는 것이지만 여래란 아와 법을 분별하지 않는다.

二 普徧喻中에 妙觀察智는 無不徧知니 卽普徧義오 成所作智는 曲成無遺니 卽隨入義라 又下經에 云"佛智廣大同虛空이라 普徧一切衆生心이라"하니 此卽智體徧이오 '悉了世間諸妄想'은 此約智用徧이오 又云得一切法界量等心은 此約證徧이며 '智性이 全同於色性故'는 此約理徧이라 云何徧入고 不壞能所하고 有證知故니라 故下經에 云"世間諸國土 一切皆隨入이라 智身無有色일세 非彼所能見이라"하니라【鈔_ 故下經云下는 引證이니 卽問明品 佛境甚深中에 答佛境入文이라 然彼中意는 入有二義니 一者는 色身入이오 二者는 智身入이어늘 今取智入이나 身入可見이니 智入은 唯智能知라 故云非彼所能見이라하니라】

'(2) 두루 하다의 비유[普徧喻]' 가운데 妙觀察智는 두루 알지 못함이 없는 것인바, 이것이 곧 普의 뜻이며, 成所作智는 하나하나 모두 이루어 빠뜨림이 없는 것인바, 이것이 곧 모든 곳에 들어간다[隨入]의 뜻이다. 또 아래의 경문에 이르기를, "부처님의 지혜가 광대하여 허공 같기에 모든 중생의 마음에 널리 두루 하다."고 하니 이는 '지혜의 본체'가 두루 함이며, "세간의 모든 망상을 안다."고 하니 이는 '지혜의 작용'이 두루 함을 가지고 말함이다. 또 이르기를, "일체 법계의 분량과 같은 마음을 얻었다."는 것은 증득의 두루 함을 가지고 말함이며, "지혜의 성품이 색신의 성품과 완전히 같은 까닭이다."는 것은 이치가 두루 함을 가지고 말한 것이다.

어떻게 모든 곳에 두루 들어가는가. 주관과 객관을 무너뜨리지 않고 증득한 앎이 있기 때문이다. 이 때문에 아래의 경문에 이르기를, "세간의 모든 국토, 일체 모든 곳에 모두 따라 들어가지만, 지혜의 몸에는 색이 없기에 그들이 볼 수 없다."고 하였다. 【초_ "이 때문에 아래의 경문에 이르기를[故下經云]" 이하의 문장은 인증이다. 제10 보살문명품의 "부처님의 매우 심오한 경계[佛境甚深]" 가운데, 부처님의 경계에 들어감에 대해 답한 문장이다. 그러나 제10 보살문명품에서 말한 '入' 자에는 2가지의 뜻이 있다. 첫째는 色身으로 들어감이며, 둘째는 智身으로 들어감이다. 여기에서 智身으로 들어감을 들어 말했으나 색신으로 들어감을 볼 수 있다. 지혜로 들어가는 것은 오직 지혜로만 알 수 있다. 따라서 "저들이 볼 수 있는 바가 아니다."고 말한 것이다.】

由隨於如로 卽入無所入이라 故云平等이라【鈔_ '由隨於如'下는 釋平等入言이니 此乃義引淨名目連章 云法隨는 於如에 無所隨故니 謂若有所隨면 所隨則在能隨之外오 能隨之法은 乃在所隨如外며 所隨之如는 不徧能隨니 由無所隨면 當體如矣니라 若約觀行이면 隨如之心 不生이 眞順如矣니라 問明 亦云"如來深境界는 其量等虛空이라 一切衆生에 入이로되 而實無所入이라"하니 卽其義也라】

진여를 따름으로 말미암아 곧 들어가되 들어간 바 없다. 이 때문에 '평등하다'고 말한다. 【초_ "진여를 따름으로 말미암다." 이하의 문장은 평등하게 따라 들어간다는 말을 해석한 것이다. 이 뜻은 정명경 목련장을 인용하여 말하기를, "法隨는 진여에 따른 바가 없기 때문이다. 만약 따른 바가 있다면 따르는 대상은 能隨의 밖에 있으며, 能隨의 법은 곧 따르는 대상의 진여 밖에 있고, 따르는 대상의 진여는 能隨의 법에 두루 하지 못한 것이다. 따르는 대상이 없다면 當體가 여여한 것이다. 만약 觀行을 가지고 말한다면 진여를 따르는 마음이 일어나지 않는 것이 참으로 진여를 따른 것이다."고 하였다. 제10 보살문명품에서 또한 말하기를, "여래의 깊은 경계는 그 도량이 허공과 같다. 일체중생에 들어갈 수 있지만, 실로 들어간 바가 없다."고 하니 곧 그러한 뜻이다.】

是以로 虛空은 徧入國土어니와 國土는 不徧入虛空이라 有國土處에 必有虛空어니와 有虛空處에 或無國土니 虛空之於國土는 平等隨入이오 國土之於虛空에 自有彼此니라 虛空은 可喩佛智오 國土는 可喩三世니 三世有處에 佛智必在其中이어니와 佛智知處에 三世或無其體라 佛智之於三世에 平等隨入이나 三世之於佛智엔 自有始終이니 此猶約不二而二說耳라 若二而不二는 國土虛空과 三世佛智는 同一性故로 皆互相入하야 擧一全收하나니 普徧도 亦然이오【鈔_ 上但佛智徧三世오 今明三世도 亦徧佛智라】三世間圓融이면 則言思道斷이라 故名佛智爲不思議也라하니라【鈔_ 三世間者는 兼結上來包含之義와 及無分別이 悉皆圓融일세 故云不可思議라하니라】

이런 까닭에 허공은 국토에 두루 들어가지만 국토는 허공에 두루 들어가지 못한다. 국토가 있는 곳에는 반드시 허공이 있지만, 허공이 있는 곳에는 간혹 국토가 없기도 하다. 허공은 국토에 평등하게 따라 들어가지만, 국토는 허공에 자연히 피차의 차별이 있다.

허공은 부처님의 지혜에 비유되고, 국토는 삼세에 비유된다. 삼세가 있는 곳에는 부처님의 지혜가 반드시 그 가운데에 있지만,

부처님의 지혜로 아는 곳에는 삼세가 혹 그 본체가 없다. 부처님의 지혜는 삼세에 평등하게 들어가지만, 삼세는 부처님의 지혜에 자연히 시작과 끝이 있다. 이 때문에 오히려 "둘이 아니면서도 둘이다."고 말한 것이다. 만일 "둘이면서도 둘이 아닌 것"으로 말하면 국토와 허공과 삼세와 불지는 하나의 法性과 똑같은 까닭에 모두 서로서로 들어가서 하나를 들면 전체를 거둬들이니 普偏 또한 그와 같으며, 【초_ 위에서는 단 부처님의 지혜가 삼세에 두루 함을 말했고, 여기에서는 삼세 또한 부처님 지혜에 두루 함을 밝힌 것이다.】 삼세간이 원융하면 말과 생각의 길이 끊어진 것이다. 이 때문에 부처님의 지혜는 불가사의하다고 말하였다. 【초_ 삼세간이란 위에서 말한 '포함'의 뜻과 분별이 없다는 것이 모두 다 원융함을 아울러 결론지은 까닭에 불가사의하다고 말하였다.】

次以二喩로 喩身業者는 一毛에도 尙容法界어니 全分은 必含衆像이라 【鈔_ 世界成就品에 云"一毛孔內難思刹이 等微塵數種種住라 一一皆有偏照尊하니 在衆會中宣妙法이라"하고 出現品에 云"如人持尺量虛空이오 復有隨行計共數라 虛空邊際不可得이오 佛一毛孔無涯限이라"하다 次下文에 云"一一毛端에 悉能含受一切世界로되 而無障礙"는 皆毛含法界義也라】

出現身業 第二喩에 云"譬如虛空이 寬廣非色이로대 而能顯現一切諸色이나 而彼虛空은 無有分別하며 亦無戱論이라" 合云'如來身도 亦復如是라 一切衆生 諸善根業을 皆得成就'는 卽含攝義오 '而如來身 無有分別'은 卽第二義오 '佛身 充滿於法界'는 卽普偏義오 又云"譬

如虛空이 偏至一切色非色處호되 非至非不至니 如來身도 亦復如是니라 偏一切法과 一切國土"等은 卽普偏義오 亦'非至非不至'는 卽平等隨入義라【鈔_ 亦非至非不至等者는 謂無身故로 非至니 非至는 卽平等이오 非不至는 卽不礙至니 是隨入義라】

다음 2가지의 비유로 身業을 비유한 것은 하나의 털끝에도 오히려 법계를 포용하니 전체는 반드시 수많은 물상을 포함하는 것이다.【초_ 제4 세계성취품에 이르기를, "한 털구멍 속에 생각하기 어려운 수많은 세계가 미진수와 같이 갖가지로 머무는 것과 같다. 하나하나에 두루 비추는 존귀한 분이 계시는데 수많은 법회도량에서 미묘한 법문을 펴신다."고 하였다. 제37 여래출현품에 이르기를, "사람이 자를 들고 허공을 재는 것과 같고, 또한 발길을 따라 발걸음의 수효를 모두 계산하는 것과 같지만, 허공의 끝을 알 수 없듯이 부처님의 한 털구멍은 끝이 없다."고 하였다. 다음으로 아래의 경문에 이르기를, "하나하나의 털끝에 일체 세계를 모두 포함하여 받아들이지만 걸림이 없다."는 것은 모두 "하나의 털끝에 법계를 포함한다."는 뜻이다.】

제37 여래출현품의 身業에 관한 두 번째 비유에 이르기를, "비유하면 허공이 넓고 형상이 없으나 모든 형상이 나타나는 것과 같다. 그러나 저 허공은 분별도 없고 장난말도 없다."고 하였다. 이를 결론지어 이르기를, "여래의 몸 또한 그와 같다. 일체중생으로 하여금 모든 선근의 업을 성취하게 한다."고 하였다. 이는 곧 포괄하고 받아들인다는 뜻이며, "여래의 몸은 분별이 없다."는 것은 곧

'둘째, 분별이 없다.'는 뜻이며, "부처님의 몸이 법계에 가득하다." 함은 곧 普偏의 뜻이다. 또 이르기를, "비유하면 허공이 모든 형상과 형상이 아닌 곳까지 두루 이르되 이르는 것도 아니고 이르지 않는 것도 아니듯이 여래의 몸도 그와 같다. 모든 법과 모든 국토에 두루 하다." 등은 곧 普偏의 뜻이며, "또한 이르는 것도 아니고 이르지 않는 것도 아님"은 곧 평등하게 따라 들어간다는 뜻이다. 【초_ "또한 이르는 것도 아니고 이르지 않는 것도 아님"은 몸이 없기 때문에 이르는 것도 아니다. 이르는 것도 아님이란 곧 平等이다. 이르지 않는 것도 아님이란 곧 이름에 걸림이 없음이니 일체에 따라 들어간다는 뜻이다.】

次以四義로 喻語業者는 如來 於一語言中에 具一切語言故오 舍支天鼓 無心出故며【鈔_ 舍支天鼓者는 卽證第二無分別義니 此有二喻라 一 舍支者는 卽十忍品如響忍에 云"如帝釋夫人인 阿修羅女를 名曰舍支라 於一音中에 出百千種音호대 亦不心念하고 令如是出인달하야 菩薩摩訶薩도 亦復如是하야 入無分別界하야 成就善巧隨類之音하야 於無邊世界中에 恆轉法輪이니라" 二는 天鼓니 卽出現語業이니 第三天鼓覺悟喻이니 結云"佛子여 彼天鼓音이 無主無作하며 無起無滅호대 而能利益無量衆生이라"하고 下法合竟하고 結云"而如來音은 不住方所오 無有言說이라"하니 卽無心出義오 又如隨好品에 天鼓 爲諸地獄天子說法하야 云"諸天子 如我說我호대 而不著我하며 不著我所인달하야 一切諸佛도 亦復如是하야 自說是佛호대 不著於我하며 不著我所"는 卽無心義라 故諸論에 皆云"佛身은 如摩尼珠라 無心現色이오 佛

口는 如天鼓라 無心出聲"은 皆無分別義라】如來音聲이 無不至故니라【鈔_ 如來音聲下는 亦出現語業第一相에 云"應知如來音聲偏至는 普偏無量諸音聲故라"하니 此證第三普偏義라】
應知하라 如來音聲 無斷絕하야 普入法界故오 又云'如來音聲 無邪曲'은 卽平等義며 '隨其信解하야 令歡喜故'는 卽隨入義라 以空一喻로 偏喻三業이라 故云'正覺으로 得無量淸淨三輪이라'하니 明文昭然이오 非是穿鑿이니라 菩提身 竟하다

다음 4가지의 뜻으로 語業을 비유한 것은 여래의 한마디 말씀 속에 모든 말씀을 갖추었기 때문이며, 舍支와 하늘 북이 무심에서 나오기 때문이며,【초_ 舍支와 하늘 북이란 곧 '둘째, 분별이 없다.'는 뜻을 증명한 대목이다. 여기에 2가지의 비유가 있다.

① 舍支란 十忍品의 如響忍에 이르기를, "제석천왕의 부인인 아수라의 딸 이름을 舍支라고 한다. 하나의 음성으로 백천 가지의 소리를 내지만 또한 마음으로 생각하지 않고 그와 같이 자연스럽게 소리를 낸다. 이처럼 보살마하살도 그와 같아서 분별이 없는 경계에 들어가 교묘하게 중생의 무리를 따르는 음성을 성취하여 그지없는 세계에서 항상 법륜을 굴린다."고 하였다.

② 하늘 북은 곧 제37 여래출현품에서 말한 語業이니 제3天의 북이 지옥천자를 위해 설법하여 깨닫게 하는 비유[第三天鼓覺悟喻]이다. 이 결론에서 말하기를, "불자여, 저 하늘 북의 소리에는 주재도 없고 작위도 없으며 일어남도 멸함도 없지만 한량없는 중생에게 이익을 준다."고 하였다. 아래의 법문에서 이를 종합하여 결론지어

이르기를, "그러나 여래의 음성은 어느 한곳에 머무르지 않으며 말이 없다."고 하니 이는 무심으로 말한다는 뜻이다.

또한 제35 여래수호광명공덕품에 하늘 북이 많은 지옥천자를 위해 설법하여 말하기를, "여러 천자여, 내가 나라고 말하여도 나에게 집착하지도 않고 내 것에 집착하지도 않는 것처럼, 모든 부처님도 그와 같다. 스스로 부처라 말하여도 나에게 집착하지도 않고 내 것에 집착하지도 않는다."는 것은 곧 무심의 뜻이다. 그러므로 여러 스님의 논에서 모두 "부처님의 몸은 마니주가 무심으로 색을 나타내듯이 부처님의 입은 하늘 북처럼 무심으로 음성을 내는 것이다."는 것은 모두 분별이 없다는 뜻이다.】 여래의 음성이 이르지 않음이 없기 때문이다.【초_ '여래의 음성' 이하의 문장은 또한 제37 여래출현품에서 말한 語業의 첫째 양상에서 이르기를, "여래의 음성이 두루 이름은 그지없는 음성에 두루 능하기 때문임을 알아야 한다."고 하니 이는 '셋째, 普徧'의 뜻을 증명한 것이다.】

마땅히 알아야 할 것은 여래의 음성이란 단절이 없어 널리 법계에 들어가기 때문이다. 또 말하기를, "여래의 음성이 삿되거나 왜곡이 없다."는 것은 평등의 뜻이며, "그들이 믿고 아는 바에 따라서 기쁨을 주기 때문이다."는 것은 일체에 따라 들어간다는 뜻이다. "허공이라는 하나의 비유로 두루 3가지의 업을 비유하므로 정각을 성취함에 한량없는 청정한 三輪을 얻는다."고 하였다. 이처럼 명백한 문장이 분명하니 이는 천착이 아니다.

보리 법신에 대한 부분을 끝마치다.

經

身恒徧坐一切道場하사 **菩薩衆中**에 **威光赫奕**이 **如日輪出**하야 **照明世界**하시니라

부처님의 법신은 항상 일체 도량에 두루 앉아서 수없는 보살 가운데 위엄의 광명이 빛나고 빛나 마치 태양이 하늘에 높이 떠서 온 세계를 밝게 비춰주는 것과 같았다.

◉ 疏 ◉

第二身恒下는 威勢身 超勝이니 謂隨諸有情所樂示現하야 受用身土影像差別이 無不周徧이라 言一切道場者는 略有十種하니

一은 智身이니 徧坐法性道場이오

二는 法身이니 非坐而坐道場이오

三은 法門身이니 安坐萬行道場이오

四는 幻化身이니 安坐水月道場이니 此四義便故來라

若正約威勢身하야 略辨六類道場인댄

一은 徧一切同類世界道場이니 如名號品等說이오

二는 一切異類世界니 謂樹形等이 如世界成就品이오

三은 一切世界種中이오

四는 一切世界海中이니 並如華藏品說이오

五는 一切微塵中이니 文云如於此會見佛坐오 一切塵中亦如是等이오

六은 刹塵帝網無盡道場이니 並前十種이라 故云一切라

言菩薩衆中에 威光赫奕者는 正顯威勢超勝하야 勝於勝者라 故獨

言菩薩 非不超餘니라 '如日輪出 照明世界'는 約喻以顯이니 映山出沒하야 無隱顯故오 處處全現하야 無異體故니 喻徧坐道場이라【鈔_言菩薩衆中等者는 卽以此文으로 顯是威勢身也니 映蔽菩薩故라 映山出沒者는 謂映山出沒이 如化身 坐道場이오 無隱顯者는 卽法身坐道場이오 處處全現下는 卽報身坐道場이니 以卽應卽眞故로 隨處卽全이라 皆無異體니라】

제2 "부처님의 법신은 항상…" 이하의 문장은 威勢身이 뛰어남이니 모든 유정이 좋아하는 바를 따라서 受用身과 受用土의 각기 다른 모습을 두루 나타내지 않음이 없음을 말한다.

'일체 도량'이란 간략히 말하면 열 가지가 있다.

⑴ 智身, 두루 법성도량에 앉으심.

⑵ 法身, 앉음이 없으나 도량에 앉으심.

⑶ 法門身, 萬行道場에 앉으심.

⑷ 幻化身, 水月道場에 앉으심.

위의 4가지는 이치의 편의에 의해 온 것이다.

만일 威勢身을 들어 간단하게 말하면 6가지의 도량이 있다.

⑴ 일체 같은 무리의 세계에 두루 한 도량이니 제7 여래명호품 등에서 말한 바와 같다.

⑵ 일체 다른 세계로 나무 모양 세계 등을 말하니 제4 세계성취품에서 말한 바와 같다.

⑶ 일체 세계 종류의 도량이다.

⑷ 일체 세계 바다의 도량이니 모두 제5 화장세계품에서 말한

바와 같다.

⑸ 일체 미진수 세계의 도량이니 경문에 이르기를, "이 법회에 부처님이 앉아 계심을 보는 것처럼 일체 微塵의 세계 또한 이와 같다." 등이라고 하였다.

⑹ 刹塵數 인다라망의 끝없는 도량이니 앞에서 말한 열 가지 도량(유마 거사의 열 가지 도량)과 모두 같기에 이를 '일체 도량'이라고 하였다.

"보살 가운데 위엄의 광명이 빛나고 빛나다."는 것은 바로 위엄이 훌륭하여 훌륭한 가운데 훌륭함을 밝힌 것이다. 이 때문에 유독 보살이 나머지에 비해 뛰어나지 않음이 없다고 말한 것이다.

"마치 태양이 하늘에 높이 떠서 온 세계를 밝게 비춰주는 것과 같았다."는 것은 비유를 들어 밝힌 것이다. 태양이 높이 뜨면 높은 산등성이와 깊은 골짜기를 모두 비춰주어 어둑하거나 밝은 차별이 없기 때문이며, 모든 곳에 모두 출현하여 다른 몸이 없으니 도량에 두루 앉음을 비유한 것이다.【초_ "보살 가운데 위엄…" 등이란 이 문장으로 위세신을 밝힘이니 보살을 가리키기 때문이다. "높은 산등성이와 깊은 골짜기를 모두 비춰준다."는 것은 산의 등성이와 계곡을 비춰줌이 마치 化身이 도량에 앉아 있는 것과 같고, "어둑하거나 밝은 차별이 없다[無隱顯]."는 것은 法身이 도량에 앉은 것이며, "모든 곳에 모두 출현하여[處處全現]…" 이하의 문장은 곧 報身이 도량에 앉음이니 應身이 곧 眞身인 까닭에 모든 곳에 곧 全身이다. 모두 다른 몸이 아니다.】

大明流空에 餘輝掩曜오 赫日之照 難究其涯니 喩彼威光이 超映菩薩일세 菩薩이 不能測也라 旣云照世어니 則終益生盲이로되 先照高山일세 獨言菩薩이니라

태양의 허공에 비춤에 나머지 빛은 가리고, 찬란한 태양이 어디까지 밝게 비추는지 그 끝을 헤아리기 어렵다. 그 위엄의 광명이 여느 보살들보다 뛰어나기에 보살들이 이를 헤아릴 수 없다. 이미 "온 세계를 비춰준다."고 말했으니 끝내 生盲들에게도 도움이 되겠지만, 햇살은 가장 먼저 높은 산을 비추기에 보살만을 말하였다.

經

三世所行衆福大海가 悉已清淨하시며

삼세에 수행하여 얻으신, 바다와도 같은 온갖 복덕이 모두 청정하시며,

◉ **疏** ◉

第三福德身深廣이니 三世佛德을 昔皆偏學이오 今三際已斷하야 垢習斯亡일세 故衆福皆淨이라

제3은 복덕의 몸이 깊고 광대함이다. 三世 부처님의 덕을 옛적에 모두 두루 배웠고, 이제는 과거 현재 미래 三際가 벌써 끊어져 번뇌와 습기마저 없어졌기에 온갖 복덕이 모두 청정한 것이다.

而恒示生諸佛國土하시며

보살 당시 시방제불의 국토에 항상 수많은 화신으로 보여주셨으며,

◉ **疏** ◉

第四隨意受生이니 一隨他意하야 處處受生이오 二隨自意하야 能無不生이니 謂慈悲般若 恒共相應하야 感而遂通하야 窮未來際니라【鈔_ 四는 卽意生身이라 然意生에 有二義니 一者는 是喩니 猶如意去에 速疾無礙故오 二者는 是法이니 自有二義니 一은 隨自意오 二는 隨他意니 總謂隨意速疾而成故니라】

제4는 마음먹은 대로 태어난 몸이다.

⑴ 타인의 생각에 따라 곳곳에 태어남이며,

⑵ 자신의 의지에 따라 태어나지 않음이 없으니 자비와 반야로 항상 함께 상응하고 감촉에 따라 마침내 통하여 미래의 세월에 끝이 없음을 말한다.【초_ 제4는 마음먹은 대로 태어난 몸이다. 그러나 마음먹은 대로 태어난 몸에는 2가지 뜻이 있다. 첫째는 비유이다. 마음먹은 대로 빠르게 찾아감에 걸림이 없기 때문이다. 둘째는 법인데 여기에는 2가지의 뜻이 있다. 하나는 자신의 의지를 따름이며, 또 다른 하나는 남의 뜻을 따르는 것이다. 이는 뜻에 따라 신속하게 이루어지기 때문임을 총괄하여 말한 것이다.】

無邊色相과 **圓滿光明**이 **徧周法界**하사대 **等無差別**하시니라

끝없는 빛과 상호의 장엄, 그리고 원만한 광명이 일체 법계를 널리 비춰주시되 그 어떤 차별도 없이 평등하셨다.

◉ 疏 ◉

第五 相好莊嚴身이니 色無盡故로 名色無邊이오 十蓮華藏 微塵數相을 名相無邊이나 而皆稱眞이니 則一一無邊하야 諸相이 隨好放光하고 常光이 皆稱法界일세 故云圓滿이오 廣處狹處에 皆圓現일세 故名無差別이라

제5는 상호가 장엄한 몸이다. 색이 그지없는 까닭에 '色無邊'이라 말하고, 십련화장세계 미세한 티끌 수효[微塵數]만큼의 모양을 지니고 있기에 '相無邊'이라고 말한다. 하지만 모두 眞身에 부합하니 곧 하나하나 끝없이 수많은 모양이 상호에 따라 빛이 쏟아지고 언제나 광명이 모두 법계에 걸맞은 까닭에 이를 '원만'이라 말하고, 넓은 곳이나 좁은 곳에 모두 원만하게 나타나기에 '차별이 없다.'고 말한다.

經

演一切法하사대 **如布大雲**하시며

일체 미묘한 법을 연설하시되 마치 큰 구름이 펼쳐지는 듯하셨으며,

◉ 疏 ◉

第六 卽願身演法이니 謂雨大法雨로 斷一切疑故라 下經에 云"毗盧遮那佛이여 願力周法界라 一切國土中에 恒轉無上輪이로다" 然經二句는 上法下喩니 文含多意라 一雲을 喩於身인댄 雨爲說法이니 法喩影略이라 又先興慈雲하고 後霔法雨는 一雲一雨 所潤不同이오 亦隨物機宜에 雲雨各異오 掩塵蔽日이오 普覆無心等이라

제6은 원력의 몸으로 법을 연설함이다. 큰 법의 비를 내려서 모든 의심을 끊어주기 때문임을 말한다. 아래의 경문에 이르기를, "비로자나불이여, 원력이 법계에 가득하여, 모든 세계의 나라에 더할 수 없는 법륜을 항상 굴리셨다."고 하였다.

그러나 경문의 2구절 가운데 위의 演一切法은 법으로, 아래의 如布大雲은 비유를 들어 말한 것이다. 이 문장에는 많은 뜻을 담고 있다. 하나의 구름을 몸에 비유하면 비는 설법을 말한다. 이는 법과 비유를 상호 보완[影略][12]하여 설명한 것이다. 또한 먼저 자비의 구름을 일으키고 뒤에 법의 비를 쏟아 부은 것은 구름과 비의 적셔주는 바가 똑같지 않다. 또한 물상의 적절한 근기에 따라 구름과 비가 각각 다르며, 티끌을 적셔주고 뜨거운 태양을 가려주며, 널리 무심으로 덮어주는 등등이다.

12 影略 : 影略互顯. 약칭 影略이다. 나머지 해당 〈鈔〉의 해석을 참고하기 바란다.

一一毛端에 **悉能容受一切世界**하사대 **而無障礙**하야 **各現無量神通之力**하사 **教化調伏一切衆生**하시니라

하나하나 털끝에 일체 세계를 모두 수용하시되 아무런 장애가 없어, 보살이 각각 한량없는 신통력을 나타내어 일체중생을 교화하고 조복하셨으며,

◉ 疏 ◉

第七 化身自在니 謂於大衆會에 能現無邊作用差別이 皆自在故라 文中에 二니 先은 明廣容無礙니 謂於如來身 一一毛頭에 容一切刹而無障礙니 無礙에 有二義라 一은 以一小毛로 現多大刹이니 則一多大小無礙오 二는 此毛多刹과 與彼毛多刹이 參而不雜이니 則隱顯無礙니라【鈔_ 廣容無礙者는 謂法界如空에 有其二義니 一은 廣容이오 二는 普徧이니 今一塵이 如法界之包含故니 卽是廣容이라】

제7은 화신이 자재함이다. 대중의 법회에 그지없는 작용의 차별을 나타냄이 모두 자재한 때문임을 말한다. 경문은 2단락이니 앞 단락은 널리 포용하여 걸림이 없음을 밝혔다. 여래의 몸, 하나하나 털끝에 일체 세계를 포용하면서도 걸림이 없음을 말한다. 걸림이 없다는 데에는 2가지의 뜻이 있다.

⑴ 하나의 작은 털로 많고 큰 세계를 나타냄이니 하나와 많음, 크고 작은 데에 걸림이 없다.

⑵ 이쪽 털끝의 많은 세계와 저쪽 털끝의 많은 세계가 함께하

면서도 뒤섞임이 없으니 곧 보이지 않는 것과 보이는 것에 걸림이 없다.【초_ "널리 포용하여 걸림이 없다."는 것은 법계가 허공과 같다는 데에 2가지의 뜻이 있다. ① 널리 포용함이며, ② 널리 두루함이다. 여기에서 말한 하나의 티끌이 법계에서 포용하는 것과 같기 때문이다. 이는 곧 널리 포용함이다.】
後'各現'下는 普徧이니 以廣容不礙普徧故로 還於前毛內刹中에 神力調生이니 若廣徧十方하야 示現種種變化三業하야 成所作事 居然易了니라【鈔_ 以廣容下는 出毛內調生所以니 謂廣容은 則收法界入於一毛오 普徧은 則展一毛 徧於法界라 今毛 正容無邊刹時에 卽普徧故로 便徧所容刹內라 若廣徧下는 二擧況釋이니 謂尚徧毛內온 何況外耶아 疏文은 卽是成所作智之妙用也라】

뒤 단락의 "각각 한량없는 신통력을 나타내어…" 이하의 문장은 널리 두루 함을 말한다. 널리 포용하여 널리 두루 함에 걸림이 없기 때문에 도리어 앞의 털끝 속의 세계 가운데에서 신통력으로 중생을 조복하는 것이다. 마치 널리 시방에 두루 하여 갖가지 변화신의 三業을 나타내어 하는 일마다 성취하는 지혜의 妙用으로 편안히 쉽게 아는 것과 같다.【초_ "널리 포용하여…" 이하의 문장은 털끝 속의 세계 가운데에서 신통력으로 중생을 조복하는 원인을 나타낸 것이다. 널리 포용함은 법계를 거두어 하나의 털끝 속으로 넣어둠이며, 널리 두루 함은 하나의 털끝 세계를 펼쳐서 법계에 두루 한 것이다. 여기에서의 털끝 세계가 그지없는 세계를 포용할 때 곧 두루 널리 가득한 까닭에 곧 포용한 세계 속에 두루 하는 것이다.

"마치 널리 시방에 두루 하여…" 이하의 문장은 2가지로 비유를 들어 해석한 것이다. 오히려 털끝 속에서도 두루 하거늘 하물며 밖이야! 청량소에서 말한 바는 곧 하는 일마다 성취하는 지혜의 妙用을 말한다.】

經

身徧十方하사대 **而無來往**하시며

제불의 몸이 시방에 가득하면서도 가는 것도 오는 것도 없었으며,

◉ **疏** ◉

第八 法身彌綸이니 以法爲身하야 本來湛徧이라 故無來往이며【鈔_ 彌綸은 卽周徧包羅之義니 以法爲身等者는 先明法性身이 徧無來往이라】依法現色은 還如法身이니 在此는 卽是在彼니 亦不待往來니라【鈔_ 依法現色下는 約應化法身하야 明無來往이라 所以用此釋者는 由下以三身收之니 以此로 屬化身故라】

제8은 법신이 두루 펼쳐 있음을 말한다. 법으로 몸을 삼아 본래 담담하고 두루 하기에 오고 감이 없으며,【초_ 彌綸은 곧 두루 감싼다는 뜻이다. "법으로 몸을 삼는다."는 것은 먼저 법성의 몸이 두루 하여 오고 감이 없음을 밝혔다.】법에 의하여 색상을 나타냄은 또한 법신과 같기에 이곳에 계시는 것은 곧 저곳에 계심이니 또한 오고 감을 필요로 하지 않는다.【초_ "법에 의하여 색상을 나타

냄” 이하의 문장은 응신·화신·법신을 가지고서 오고 감이 없음을 밝혔다. 이를 들어 해석한 바는 아래에서 법신·보신·화신으로 끝을 맺었기 때문이다. 이는 化身에 속하기 때문이다.】

經

智入諸相하사 **了法空寂**하시며

지혜는 모든 형상을 따라 들어가 법이 본래 공하고 고요한 것임을 깨달으셨으며,

◉ 疏 ◉

第九 智身이니 窮性相之源이라 相別曰諸라 性皆空寂이니 性靜故로 寂이오 相無故로 空이라

제9는 지혜의 몸이다. 내면의 체성과 외면의 형상의 근원을 궁구한 것이다. 형상이 각기 다르기에 '諸相'이라고 말한다. 본성이 모두 공적하니 본성이 고요하기에 '寂'이요, 형상이 없기에 '空'이라 한다.

經

三世諸佛의 **所有神變**을 **於光明中**에 **靡不咸覩**하사 **一切佛土不思議劫**의 **所有莊嚴**을 **悉令顯現**케하시니라

삼세 일체 모든 부처가 지닌 신통변화를 원만한 광명 속에서 모두 보셨으며, 일체 불국토의 도저히 생각할 수 없는 과거의 겁에

삼세 모든 부처가 지닌 장엄을 모두 다 나타나게 하셨다.

◉ 疏 ◉

第十 力持身이니 能持自他依正니 於中에 先持正報라 神은 謂妙智오 變은 謂現身이니 轉變變現을 俱名爲變이라 皆能持之하야 尙持於他온 況於自事아 後段도 亦然이라【鈔_ 力持等者는 疏文에 有二니 先은 正釋力持오 後는 以三身으로 收束이라 前中에 又二니 初는 正報오 二는 依報니 今은 卽初也라】

제10은 力持身이다. 자타의 의보와 정보를 지님이다. 그 가운데 앞에서는 정보를 지님이다. 神變의 神은 미묘한 지혜를, 變은 몸을 나타냄을 말한다. 다른 모습으로 변하거나 변화신으로 나타냄을 모두 變이라고 말한다. 모두 이를 잘 간직하여 오히려 남들까지도 간직하는 것인데 하물며 자신의 일이야! 뒤 단락 또한 그와 같다.【초_ 力持 등등에 대해 청량소에서는 2가지의 뜻으로 해석하였다. 앞에서는 바로 力持를 해석하였고, 뒤에서는 법신·보신·화신으로 끝을 맺었다. 앞부분은 또한 둘로 나뉘니 첫째는 正報이고, 둘째는 依報이다. 여기에서는 곧 첫째, 정보를 말한다.】

後'一切佛土'下는 能持依報니 橫盡諸土하고 竪窮諸劫히 所有嚴事를 常持令現이라 上約十身이니 若約三身者는 則初三段 皆名報身이오 '而恆'下는 化身이오 '身徧十方'下는 法身이라 就報身中에 前一은 自受用報오 後二는 卽他受用報라 故云處菩薩衆이오 以諸敎中에 說三身四身하야 成說等別이로되 今皆圓融하야 於一始成에 無不頓具라【鈔

_ 出收束所以니 謂有問言호되 "何用更以三身으로 收束十身가" 故今釋에 云"以諸教三四 迢然不同이어늘 今明圓融하야 一身具三이니 則權實有別이라" 言三身成異者는 法身無成이니 出障爲成이오 報身四智 創圓爲成이오 化身八相 菩提樹下 爲成이라 三身說異者는 法身無說이오 報身 佛佛相見이나 亦無有說이오 化身有說이로되 若攝末歸本인댄 應化 非眞佛이오 亦非說法者라 卽報身說이니 報同所證일세 是法身說이라 言四身成說異者는 於報身中에 開自他受用이니 自受用은 徧法界成이니 則無所說이어니와 他受用은 爲十地成이오 爲十地說이라】

뒤 단락의 '일체 불국토' 이하의 문장은 의보를 잘 간직함이다. 공간으로 모든 국토를 다하고, 시간으로 수많은 세월을 다할 때까지 소유한 장엄의 일을 항상 간직하여 보여준 것이다.

위에서 十身을 들어 말하였는바, 여기에서는 법신·보신·화신으로 말하였다. 처음 3단락(**智入三世悉皆平等… 三世所行衆福大海悉已清淨**)은 모두 報身을, '而恆' 아래(**而恆示生諸佛國土… 教化調伏一切衆生**)는 化身을, '身徧十方' 아래(**身徧十方而無來往… 所有莊嚴悉令顯現**)는 법신을 말한다.

다시 報身 가운데 앞의 하나(**三業普周: 菩提身**)는 自受用報身이며, 뒤의 둘(**威勢超勝: 威勢身·福德深廣: 福德身**)은 곧 他受用報身이다. 이 때문에 "보살대중 속에 계신다."고 하였다.

여러 教宗에서 三身과 四身을 말하여 똑같고 다른 점을 말하였지만, 여기에서는 모두 원융하여 하나가 처음 이뤄졌을 적에 단번에 갖추지 않음이 없다.【초_ 끝맺은 까닭을 밝힌 것이다. 어떤 이가 "어찌하여 다시 법신·보신·화신으로 十身을 끝맺은 것일까?"라고 물은 까닭에 여기에서 해석하여 말하기를, "여러 교종에서 말한 三身과 四身은 전혀 다른 것인데, 여기에서 원융하게 하나의 몸이 삼신을 갖추었음을 밝혔다. 이는 권과 실의 차이가 있기 때문이다."고 하였다.

三身에 관한 말이 다르다는 것은 법신이란 성취할 필요 그 자체가 없다. 단 장애에서 벗어남을 '성취'라 말하고, 보신은 4가지 지혜가 처음 원만함을 '성취'라 말하고, 화신은 8가지 모습으로 보리수 아래에 있는 것을 '성취'라 말한다.

三身에 관한 말이 다르다는 것은 법신은 설법이 없고, 보신은 부처님과 부처님만이 서로 볼 수 있지만 그 역시 설법이 없고, 화신은 설법이 있다. 그러나 만일 枝末을 거두어 근본으로 돌아가면 응신과 화신은 진불이 아니며, 또한 설법한 자도 아니다. 곧 보신이 설법하니 보신은 증득한 바와 같기에 이는 법신의 설법이다.

四身이 설법이 다르다는 것은 보신 중에 자수용과 타수용으로 구분되어 자수용의 보신은 법계에 두루 이룸이니 곧 설법할 바가 없거니와, 타수용의 보신은 十地位에서 이루었고 십지에서 설법하는 것이다.】

十身爲正이오 三四는 義兼이라 又毛內調生과 光中持刹과 如空普徧等은 亦卽國土等十身이며 三世間 圓融이어니 豈報化之云別가【鈔_四 融國土等 十身은 毛內調生에 則有衆生身 聲聞身 緣覺身 菩薩

身과 及業報身이오 光中持刹은 是國土身이오 如空普徧은 是虛空身이오 菩薩衆中에 亦菩薩身이오 如來居然可見이라 三世間下는 謂十身中에 衆生業報는 卽衆生世間이오 國土虛空은 卽器世間이오 餘는 是智正覺世間이니 此三은 情非情이 異오 染非染이 異로되 尙得爲一이온 豈一如來身上而分報化之殊리오 明知權說隔歷을 難可比此圓融이라】是知略以十德은 歎於教主니 其一一德 無不圓融이니 當去情思之矣라(已上 教主難思는 竟하다)

十身은 正報이고 三身과 四身은 그 뜻을 겸하고 있다. 또 털끝 속에서 중생을 조복하고, 광명 속에 세계를 가지며, 허공처럼 널리 두루 하다 등등은 또한 국토 등 십신이며, 삼세간에 원융하니 어찌 보신과 화신을 다르다 말할 수 있겠는가.【초_ 제4 "국토 등에 원융한 十身"은 "털끝 속에서 중생을 조복"함에 중생신·성문신·연각신·보살신·업보신이 있다. 광명 속에 세계를 가지는 것은 국토신이며, 허공처럼 널리 두루 함은 허공신이며, 보살대중 속에 들어감은 또한 보살신이며, 여래신은 쉽게 볼 수 있다. '三世間' 이하의 문장은 十身 가운데 중생신과 업보신은 곧 중생의 세간이며, 국토신과 허공신은 器世間이며, 나머지는 智正覺世間이다. 이 3가지는 유정과 무정이 다르고 오염과 청정이 다르지만 오히려 하나가 될 수 있는데, 어찌 한 여래의 몸에 보신과 화신이 다르다 나눌 수 있겠는가. 방편으로 말한 현격한 차이를 이 원융과 비할 수는 없음이 명백하다.】

이로써 간략하게 열 가지의 덕은 부처님에 대한 찬탄임을 알 수 있다. 그 하나하나의 덕이 원융하지 않음이 없으니 情識을 버리고 이를 생각해야 할 것이다.**(위는 세존의 불가사의에 대한 부분을 끝마치다.)**

◉ 論 ◉

第三 '爾時世尊處于此座'已下로 至'所有莊嚴悉令顯現'히 明歎佛成道와 修行果滿과 依正報得과 悲智攝生이 自在無邊分이라 總明如來處座成佛과 身語智等三業自在와 眷屬莊嚴과 利生自在라 如來所坐之座는 以法界로 爲座體오 以如來一切萬行報得으로 爲依果莊嚴이니 如來是大智之身으로 緣座上所有莊嚴은 皆是如來大智隨行하사 任運報得이 如龍遊雲起하고 虎嘯風生이니 報感之應然이요 非物能與爲也니라

3. '爾時世尊處于此座' 이하로부터 '所有莊嚴悉令顯現' 구절까지는 부처님의 성도, 수행의 果滿, 의보와 정보, 大悲大智로 중생을 받아들임이 그지없이 자재함에 대해 찬탄하였음을 밝힌 부분이다. 이는 여래께서 법좌에 계시며 성불하심과 身·語·智 등 삼업이 자재함과 권속의 장엄과 중생 제도의 자재함을 총괄하여 밝힌 것이다.

여래께서 앉으신 법좌는 법계로 법좌의 본체를 삼고 여래의 일체 만행의 報로 依果의 장엄을 삼는다. 여래는 大智의 몸으로 법좌 위에 계시는 장엄의 인연이 있게 된 것은 모두 여래의 大智로 모든 行을 따라 생각하는 대로 報를 얻은 때문이다. 이는 마치 용이 날면 구름이 피어나고 범이 달리면 바람이 일어나는 것과 같다. 報의

감응이 당연히 그렇게 되는 것이지, 그 어떤 존재가 관여할 수 있는 것이 아니다.

‘成最正覺’者는 爲簡非聲聞緣覺이니 於權教中에 木樹草座로 厭俗出纏은 令劣解衆生으로 起三乘種하야 且拔分段苦오 非究竟覺之正覺이니 簡非如是覺故라 故言成最正覺이니 此正覺者는 不忻不厭하며 不出不没하야 染淨情盡이라 以大圓鏡智로 稱法界性하야 自在教化하나니 盡一切衆生의 世界刹海이 皆非限劑며 所有報境도 身國相徹하야 圓滿十方하야 諸佛衆生이 自他同處라 互相參入하야 影現重重일세 不云報滿三千大千之刹하며 不云淨土이 在於他方하고 略說大相이 有九十七種大人之相과 隨好無盡하야 頂著華冠하며 項著瓔絡하며 手著環釧하시니 非同三乘의 厭俗出家와 勸諸菩薩하야 生於他方佛國淨土라 簡非如是일세 故言成最正覺이요 號毗盧遮那는 此云光明徧照佛이니 以其大智教光으로 依根破障故라 如經에 一一自有其文이니라

“최상의 바른 깨달음을 성취하셨다.”는 것은 성문·연각의 깨달음이 아님을 구별하기 위함이다. 권교 가운데 큰 나무 아래에 풀을 깔고 앉아 세속을 싫어하여 구속에서 벗어난 것은 용렬한 견해를 지닌 중생으로 하여금 삼승의 種姓을 일으켜 생과 사가 서로 떨어진 分段의 고통에서 벗어나게 함이지, 究竟覺의 正覺은 아니다. 이와 같은 깨달음이 아니라는 것을 구별하기 위해 ‘최상의 바른 깨달음을 성취하셨다.’고 말한다.

여기에서 말한 ‘바른 깨달음[正覺]’이란 기뻐하지도 않고 싫어하지도 않으며 나지도 않고 사라지지도 아니하여 染淨의 정이 다

한 터라, 대원경지로써 법계의 자성에 하나가 되어 자유자재로 교화한다. 모든 일체중생의 세계 수많은 국토는 모두 한계가 없으며, 소유한 報境도 몸과 나라가 서로 통하여 시방에 원만하기에 제불과 중생, 자타가 함께 거처하니 서로서로 함께하여 그림자가 거듭거듭 난다. '報가 삼천대천의 세계에 충만하다.'고 말하지 않고, '정토가 다른 곳에 있다.'고 말하지 않고, 간단하게 '大相이 97종 대인의 모습과 그지없는 好相으로 이마엔 화관을 쓰고 목엔 영락을 걸고 손엔 팔찌를 꼈다.'고 말하니 삼승의 세속을 싫어하여 출가한 것과 모든 보살을 권하여 다른 불국정토에 나도록 한 것과는 똑같지 않다. 이처럼 똑같지 않다는 점을 구별하기 위해 '최상의 바른 깨달음을 성취하셨다.'고 말한 것이다.

'비로자나'는 중국에서는 '광명이 두루 비치는 부처님'임을 말한다. 그 大智의 가르침이 광명으로 근기에 따라 장애를 타파해주기 때문이다. 경문에 하나하나 그 나름대로의 문장이 있다.

'智入三世하야 悉皆平等'者는 明智能隨俗일세 言入三世오 卽俗體本眞일세 故言平等이니 以總·別·同·異·成·壞六相義로 該括하면 卽總而全別이오 卽別而全總이며 卽同而俱異오 卽異而恒同이며 卽成而俱壞오 卽壞而俱成이라 皆非情計一·異·俱·不俱·有·無·非有無·常·無常의 生滅相故로 如是皆是如來理智體用으로 依正이 悉自在故니 以自體無念力大智로 照之면 可見이라 此一段十三行經은 總明如來身語智三業依正이 隨用自在니 經文自具일세 不煩更釋이라**(第三明歎佛成道 依正報得 悲智攝生은 竟하다)**

"부처님의 지혜는 삼세에 들어가 모두 평등하다."는 것은 부처님의 지혜가 세속을 따름을 밝힌 까닭에 '삼세에 들어간다.'고 말하고, 곧 세속 자체가 본래 미묘한 진리이기에 '평등'이라고 말한다. 總·別·同·異·成·壞 6가지 형상의 뜻으로 모두 총괄하면 총체이면서도 모두 별개이고, 별개이면서도 모두 총체이고, 같으면서도 모두 다르고, 다르면서도 모두 같고, 이뤄지면서도 모두 무너지고, 무너지면서도 모두 이뤄짐이다.

모두 情識으로 헤아리는 一과 異, 俱와 不俱, 有와 無, 有無가 아닌 것, 常과 無常의 생멸 형상이 아닌 까닭에 이와 같이 모두 여래의 理智 體用으로 의보와 정보가 모두 자재한 때문이다. 그 자체의 無念力인 큰 지혜로 비춰 보면 이를 볼 수 있다.

이 한 단락의 13줄 경문은 여래의 身·語·智 삼업의 의보와 정보가 妙用에 따라 자재함을 총괄하여 밝힌 것이다. 경문에 갖춰져 있기에 번거롭게 다시 해석하지 않는다.**(제3 부처님의 成道를 찬탄하고, 의보와 정보를 얻고, 大悲와 大智로 중생을 받아들임을 밝힌 데 대한 부분을 끝마치다.)**

세주묘엄품 제1-2 世主妙嚴品 第一之二

화엄경소론찬요 제3권 華嚴經疏論纂要 卷第三

화엄경소론찬요 제4권
華嚴經疏論纂要 卷第四

◉

세주묘엄품 제1-3
世主妙嚴品 第一之三

第六은 明衆海雲集이라 衆雖深廣難測이나 略啓十門하노라 一集意오 二集因이오 三辨類오 四定數오 五權實이오 六地位오 七前後오 八有無오 九聞不聞이오 十釋文이라

제6은 바다와 같은 대중이 운집함을 밝힌 것이다. 대중이 워낙 심오하고 광범위하게 모여들어 헤아릴 수 없지만 간략히 열 가지 주제로 정리하고자 한다.

⑴ 모임의 의미, ⑵ 모임의 원인, ⑶ 대중의 무리를 분별함, ⑷ 대중의 수효를 정함, ⑸ 방편대중과 실법대중, ⑹ 대중의 지위, ⑺ 대중의 선후 순서, ⑻ 대중의 있고 없음, ⑼ 들음과 듣지 못함, ⑽ 경문의 해석이다.

今은 初라

제1. 모임의 의미

◉ 疏 ◉

初來至佛所者는 何所爲耶아 有十義故일세니라

一爲影響이니 爲主伴故니라

二爲作輔翼이니 得圓滿故니 如普賢等 常隨之衆이라

三爲守護如來니 如執金剛等이 諸佛住處에 常勤護故니라

四爲莊嚴이니 如道場神等이 常爲嚴淨佛宮殿故니라

五爲供養이니 如偈讚은 卽正行供養이오 華幢等은 卽財供養故니라

六爲發起此經이니 諸請難者는 卽其事故니라

七爲聞法獲益이니 當機領悟 卽其類故니라

八爲表法이니 諸首諸林이 表信行等은 皆同名故오 及座出菩薩等은 顯奇特故오 亦通表萬行俱成佛故니라

九爲順證이니 佛菩薩等이 證說不虛故니라

十爲翻顯이니 卽聲聞不聞은 顯法不共故니라 爲斯多意일세 所以衆海雲集이니 非唯證信而已也라【鈔_ 一爲影響者는 此集意中十意皆暗取下經이라 此는 初義引이니 卽諸大菩薩과 及下證法如來 皆互爲主伴이 若影之隨形하고 響之應聲이니 餘可知라】

처음 부처님이 계신 곳에 찾아온 것은 무엇을 위함인가. 열 가지의 뜻이 있기 때문이다.

⑴ 영향을 위한 대중이니 '설법주와 동반대중'이 되기 때문이다.

⑵ 보필하는 대중이니 원융함을 얻기 위한 때문이다. 보현보살 등처럼 항상 부처님을 따르는 대중이다.

⑶ 여래를 수호하기 위한 대중이니 집금강신 등처럼 여러 부처님이 계시는 곳이면 항상 찾아가 부지런히 보호하기 위한 때문이다.

⑷ 장엄을 위한 대중이니 도량신 등처럼 항상 부처님의 궁전을 청정하게 꾸미기 위한 때문이다.

⑸ 공양을 올리기 위한 대중이니 게송의 찬탄은 바른 행동으로 공양을 올림이며, 화려한 깃발 등은 재물로 공양을 올리기 위한 때문이다.

⑹ 이 경전을 일으키기 위한 대중이니 많은 이들이 법문을 청하고 여쭈는 것은 곧 경전을 마련하는 일이기 때문이다.

⑺ 법문을 듣고 이익을 얻기 위한 대중이니 當機衆, 즉 부처님의 설법을 듣고 깨달음을 얻은 무리가 곧 그런 무리이기 때문이다.

⑻ 법을 나타내기 위한 대중이니 많은 상수보살과 많은 권속들이 신심과 萬行 등을 나타낸 것은 모두 그 명칭과 같기 때문이며, 사자좌에서 출현한 보살 등은 특별함을 나타내기 때문이며, 또 통틀어 만행으로 모두 성불함을 나타내기 위한 때문이다.

⑼ 순리로 증명하기 위한 대중이니 불보살 등의 證果와 설법이 헛되지 않게 하기 위한 때문이다.

⑽ 뒤집어 반대로 나타내기 위한 대중이니 곧 성문승이 이 경전을 들을 수 없다는 것은 심오하고 광대한 법을 함께할 수 없음을 밝혀주기 위한 때문이다.

이처럼 여러 가지의 뜻이 있기에 수많은 대중이 구름처럼 모인 것인바, 유독 증명[證信]만을 위해 부처님이 계신 곳을 찾아온 것은 아니다. 【초_ '⑴ 영향을 위한 대중'이란 법회에 모인 의미 가운데 열 가지 의미가 모두 은연중 아래 경전의 의의를 들어 말한 것이다. 이는 '제1. 모임의 의미'를 인용한 것이다. 많은 대보살과 아래의 법을 증득한 여래가 모두 서로 설법주와 동반대중이 되고 있다. 이는 마치 그림자가 형체를 따르고, 메아리가 소리에 응하는 것과 같다. 나머지는 설명하지 않아도 이로 미루어 알 수

있다.】

第二 集因

제2. 모임의 원인

◉ 疏 ◉

集因 有十하니

一 曾與毗盧遮那如來로 同集善根故오

二 蒙佛四攝하야 曾攝受故오

三 往在生死에 聞圓法故오

四 曾發大心하야 護一切故오

五 往發大願하야 願事佛故오

六 隨逐如來하야 無厭足故오

七 樂聞正法하야 心無倦故오

八 善能散滅我慢心故오

九 福智已淨하야 身周徧故오

十 同一法性善根大海之所生故니라 爲此多義하야 得與斯會라 中有集因도 亦通集意와 及隨諸衆 各有別因하니 可以思準이라【鈔_ 及隨諸衆各有別因者는 卽下經文에 隨名歎德이라】

모임의 원인 또한 열 가지가 있다.

⑴ 일찍이 전생에 비로자나여래와 함께 선근공덕을 쌓았기 때

문이다.

⑵ 부처님의 四攝法[13] 가피를 입어 일찍이 부처님에게 섭수를 받은 때문이다.

⑶ 지난날 생사를 거듭하면서 원융한 법문을 들었기 때문이다.

⑷ 일찍이 큰마음을 일으켜 일체중생을 보호하였기 때문이다.

⑸ 예전에 큰 서원을 일으켜 부처님 섬기기를 서원한 때문이다.

⑹ 여래를 따라 모시면서 싫어하지 않았기 때문이다.

⑺ 바른 법을 즐겨 들어 권태의 마음이 없었기 때문이다.

⑻ 아만의 마음을 잘 없앴기 때문이다.

⑼ 복과 지혜가 청정하여 몸이 두루 하기 때문이다.

⑽ 동일한 법성과 선근의 바다에서 태어났기 때문이다.

이러한 여러 가지 의의 때문에 이 법회에 참여하게 된 것이다. 그 가운데 모임의 원인 또한 '제1. 모임의 의미'와 통하고, 많은 대중을 따라 각기 별도의 원인이 있으니 이에 준하여 생각하면 알 수 있다.【초_ 많은 대중을 따라 각기 별도의 원인이 있다는 것은 곧 아래 경문에서 말한 명호를 따라 찬탄한 덕을 말한다.】

....

13 四攝法 : 고통 세계의 중생을 구제하려는 보살이, 중생을 불도에 이끌어 들이기 위한 4가지 방법. ⑴ 布施攝. 상대편이 좋아하는 재물이나 법을 보시하여 친절한 정의를 감동케 하여 이끌어 들임. ⑵ 愛語攝. 부드럽고 온화한 말을 하여 친해서 이끌어 들임. ⑶ 利行攝. 동작·언어·意念에 선행으로 중생에게 이익을 주어 이끌어 들임. ⑷ 同事攝. 상대의 근성을 따라 변신하여 친하며, 행동을 같이하여 이끌어 들임을 말한다.

第三 辨類

제3. 대중의 무리를 분별함

◉ 疏 ◉

辨類는 卽上集意로 便成十類니 一 影響衆이오 二 常隨衆이오 三 守護衆이오 四 嚴會衆이오 五 供養衆이오 六 發起衆이오 七 當機衆이오 八 表法衆이오 九 證法衆이오 十 顯法衆이니 準前可知라

대중의 무리를 분별함은 위에서 말한 '제1. 모임의 의미'와 같이 열 가지 무리로 형성되어 있다.

(1) 그림자나 메아리와 같은 대중.

(2) 항상 부처님을 따르는 대중.

(3) 부처님을 수호하는 대중.

(4) 법회를 장엄하는 대중.

(5) 부처님에게 공양을 올리는 대중.

(6) 경전을 일으키는 대중.

(7) 부처님의 설법을 듣고 깨달음을 얻은 대중.

(8) 법을 나타내는 대중.

(9) 법을 증명하는 대중.

(10) 법을 밝히는 대중이다.

앞의 '제1. 모임의 의미'에 준하면 이를 알 수 있다.

第四 定數

제4. 대중의 수효를 정함

◉ 疏 ◉

定數者는 稱法界衆을 焉能數知리오 卽文而言컨대 九會都數는 總有一百七十五衆이오 都序之中에 有四十一衆이니 謂同生 有一이오 異生 三十九오 師子座中 一이라 若兼取前菩提樹中所流와 及宮殿中無邊菩薩인댄 總四十三衆이라 此四十三은 徧於九會라

第一會中에 有二衆하니 謂新集十方衆과 佛眉間衆이니 添成四十五라

第二會에 有新舊二衆이오

第三·四會에 各有四衆하니 謂新舊及證法衆 天衆이라

第五會에 一百一十一衆이니 謂新舊衆과 昇天品內 供養衆에 有一百七이오 幷天衆 證法衆이라

第六會에 四衆이니 謂天衆·同生·異生·證法衆이라

七·八 兩會에 各唯一衆이니 謂普賢等 舊衆이라

第九會에 三衆이니 謂菩薩·聲聞과 及天王等 舊衆이라 舊衆이 雖重이나 隨會別故로 並皆取之니라 然此諸衆을 或總爲一은 一乘衆故오 或分爲二는 以有實衆과 及化衆故오 或可爲三은 人·天·神故오 或爲四는 佛·菩薩·人·非人故오 或五는 非人開天神故오 或六은 加畜生故오 或七은 天分欲色故오 或八은 菩薩에 有此界他界故오 或九는 他方에 有主伴故오 或十은 加聲聞故오 或一百七十五는 如前說故오 或無

量無邊은 義類多方故며 一一 或以刹塵數等으로 爲量故며 又如新集菩薩과 毛光出衆은 例上皆爾라 故一一衆이 皆無分齊어늘 此猶約相別이라 若融攝인댄 一一會中에 皆具一百七十五衆이니 以稱法界緣起之會 互相在故니라 上은 且約一界어니와 若通十方과 及異類댄 刹塵帝網 無盡無盡하니 是爲華嚴海會衆數라

대중의 수효를 정함이란 법계와 같은 끝없는 대중을 어떻게 헤아릴 수 있겠는가. 그러나 경문으로 말하면 9차례의 법회에 전체 대중의 수효는 모두 175대중이 있고, 전체 대표 중에는 41대중이 있다. 똑같은 모습으로 태어난 대중[同生衆]이 한 무리이고, 모습을 달리하여 태어난 대중[異生衆]이 39무리이고, 사자좌의 대중이 1무리이다. 만일 보리수에서 나온 보살과 궁전 장엄 속의 한없는 보살을 다 합하면 모두 43대중이다. 이 43대중이 아홉 차례의 법회에 두루 가득한 것이다.

제1 법회에는 2무리의 대중이 있었다. 처음 시방에서 모여든 대중과 부처님의 눈썹 사이에서 출현한 대중[眉間衆]을 말한다. 앞에서 말한 43대중에 이들을 더하면 45대중이 된다.

제2 법회에는 처음 모인 대중과 예전에 모인 대중인 2무리가 있었다.

제3·4 법회에는 각각 4무리의 대중이 있었다. 처음 모인 대중과 예전에 모인 대중에다가 법을 증명한 대중과 하늘대중을 말한다.

제5 법회에는 111무리의 대중이 있었다. 처음 모인 대중과 예전에 모인 대중에다가 제23 승도솔천궁품에서 말한 공양대중에

107무리가 있고, 아울러 하늘대중과 법을 증명한 대중을 말한다.

제6 법회에는 4무리의 대중이 있었다. 하늘대중, 똑같은 모습으로 태어난 대중, 모습을 달리하여 태어난 대중, 법을 증명한 대중을 말한다.

제7·8 법회에는 각각 1무리의 대중만 있었다. 보현보살 등 예전에 모인 대중을 말한다.

제9 법회에는 3무리의 대중이 있었다. 보살중, 성문중, 천왕 등 예전에 모인 대중을 말한다.

예전에 모인 대중이 비록 중복하여 거론되었지만 법회에 따라 다르기 때문에 함께 모두 그들을 취하여 말한 것이다.

그러나 이 모든 대중을 혹은 모두 총괄하여 1무리로 삼는 것은 일승의 대중이기 때문이다.

혹은 2무리로 구분하는 것은 실제대중[實衆]과 화현대중[化衆]이 있기 때문이다.

혹은 3무리로 구분하는 것은 사람대중, 하늘대중, 선신대중이 있기 때문이다.

혹은 4무리로 구분하는 것은 부처님대중, 보살대중, 사람대중, 인간이 아닌 대중이 있기 때문이다.

혹은 5무리로 구분하는 것은 인간 아닌 대중을 하늘대중과 신인대중으로 나누기 때문이다.

혹은 6무리로 구분하는 것은 축생대중을 더한 때문이다.

혹은 7무리로 구분하는 것은 하늘대중을 다시 욕계천대중과 색계천대중으로 분류한 때문이다.

혹은 8무리로 구분하는 것은 보살대중에 이 세계의 보살대중과 다른 세계의 보살대중이 있기 때문이다.

혹은 9무리로 구분하는 것은 다른 세계 보살에 주된 보살과 동반 보살이 있기 때문이다.

혹은 10무리로 구분하는 것은 성문대중을 더한 때문이다.

혹은 175무리로 구분하는 것은 앞에서 말한 바와 같기 때문이다.

혹은 한량없고 그지없다는 것은 그 의의와 무리가 여러 가지이기 때문이며, 하나하나가 혹은 불세계의 미진수와 같다는 것으로 그 한량을 삼기 때문이다. 또한 처음 모인 보살과 모공의 광명에서 출현한 대중과 같은 이들이 위의 예처럼 모두 그러하다. 이 때문에 하나하나의 대중을 모두 나눌 수 없지만, 이는 오히려 그들의 형상을 가지고 분별한 것이다. 만일 원융하게 받아들이는 것으로 말하면 하나하나의 법회 중에 모두 175무리의 대중을 갖추고 있다. 이는 법계 緣起에 일치하는 법회가 서로서로 존재하기 때문이다.

위에서는 '하나의 세계'를 들어 말한 것이지만, 만일 시방세계와 다른 무리를 통틀어 말한다면 티끌 수효만큼 많은 세계의 인다라망에 그지없고 그지없다. 이를 '화엄법회의 바다와 같은 대중[華嚴海會]의 수효'라고 한다.

第五 權實

제5. 방편대중과 실법대중

◉ 疏 ◉

權實者는 夫能對揚聖教에 影響其迹은 靡不是權이로되 當機之流는 多皆是實이라 諸教所明은 穢土之中에 雜類·菩薩·聲聞이 皆通權實이니 地前은 是實이오 地上은 是權이오 法身은 無生이라 生五道故며 淨土菩薩은 唯實이니 實報生故며 雜類聲聞은 是權이라 攝論에 云"欲令淨土不空하사 化作雜類衆故"니라 若依此經인댄 同生異生이 皆通權實이라 海印定現은 實德攝故오 隨緣隨位而示現故니라 第二會初에 云莫不皆是一生補處故"라하니 對前十類하야 辨權實者댄 影響一衆에 自有二類니 一은 果德衆이니 謂能加證法諸佛이 互爲主伴이면 非權非實이어니와 若位極菩薩인댄 影響이 一向是權이라 故有經에 云"昔爲釋迦師러니 今爲佛弟子라 二尊不並化일세 故我爲菩薩等"이라하니 當機唯實이오 餘八은 通權實이라【鈔_ 對前十類下는 對前別辨하야 云互爲主伴하야 非權非實者라 然權實에 有其二類니 一은 本高迹下니 如佛爲菩薩이오 二는 本下迹高니 如菩薩爲佛이어늘 今旣是佛은 則非迹下라 實是如來며 又非本下니 則是實非權이니 無權可對니라 故亦非實同果海故니라】

방편대중과 실법대중이란, 부처님의 가르침을 드날려서 그 자취에 영향을 받은 것은 방편대중이 아닌 이가 없지만, 부처님의 설법을 듣고 깨달음을 얻은 무리는 대부분이 모두 실제대중이다.

부처님의 모든 가르침에서 밝힌 것은 예토 가운데 여러 무리와 보살과 성문이 모두 방편대중과 실법대중에 통한다. 地前보살은 실제대중이고, 地上보살은 방편대중이다. 법신보살은 생사가 없으니 다섯 세계[五道]에 출현하기 때문이다.

정토보살은 오직 실제대중이니 實報土[14]에 출현하기 때문이다. 잡류와 성문은 방편대중이니 섭대승론에 이르기를, "정토를 텅 비게 하지 않으려고 잡류의 중생들을 화현으로 만들었다."고 하였다. 만일 본 화엄경에 의하면, 똑같은 모습으로 태어난 대중, 모습을 달리하여 태어난 대중이 모두 방편대중과 실제대중에 통한다. 해인삼매의 출현은 實德을 섭수한 때문이고, 인연과 지위를 따라 나타난 때문이다.

제2회의 첫 부분에서 말하였다.

"모두가 一生補處[15] 아님이 없다."

앞의 10무리를 상대로 하여 방편대중과 실제대중을 논변한다면 하나의 '그림자나 메아리와 같은 영향대중'에는 2가지 무리가 있다.

(1) 果德의 대중이다. 법을 증명한 제불이 서로 설법주와 도반

14 實報土 : 진실한 법을 행하고 중도의 이치를 깨달아 색심이 서로 장애가 되지 않는 경지를 말한다.

15 一生補處 : 일생만 지내면 부처님의 지위에 후보가 된다는 뜻. 等覺의 지위. 미륵보살 같은 이가 석존보다 먼저 입멸하여 도솔천궁에 나서 그 천상의 수명으로 4천 세(인간의 56억7천만 년)를 지낸 뒤에 석가모니불 다음에 사바세계로 내려와 華林園 龍華樹 아래에서 성도하고, 3會의 설법으로 人天을 교화한다고 말한다.

이 됨을 더하면 방편대중도 아니고 실제대중도 아니다.

⑵ 만일 지위가 다한 보살이라면 영향대중은 하나같이 방편대중이다.

이 때문에 處胎經에 이르기를, "전생에는 석가의 스승이었는데, 금생에는 부처님의 제자이다. 두 세존이 함께 교화할 수 없기에 나는[文殊] 보살이 되었다."고 하였다. 부처님의 설법을 듣고 깨달음을 얻은 當機衆은 실제대중이고, 나머지 8무리는 방편대중과 실제대중에 모두 통한다.【초_ "앞의 10무리를 상대로[對前十類]" 이하는 앞에서 말한 무리를 상대로 분별하여 말하였다. 서로 설법주와 도반이 되어 방편대중도 아니고 실제대중도 아니다. 그러나 실제대중과 방편대중에는 2무리가 있다. 첫째는 본래 지위는 높으나 자취는 낮음이니 부처님이 보살이 되는 경우이며, 둘째는 본래 지위는 낮으나 자취는 높음이니 보살이 부처님이 되는 경우이다. 그러나 이제 이미 부처라면 자취가 낮은 것이 아니다. 실로 여래이며, 또한 본래 지위가 낮은 것이 아니다. 이로 보면 실제대중이지 방편대중이 아니니 방편대중을 상대로 말할 수 없다. 그러므로 또한 실제대중은 果海와 똑같지 않기 때문이다.】

第六 地位

제6. 대중의 지위

◉ 疏 ◉

地位者는 有說一切皆是果位라 以是舍那海印現故라하고 或說一切皆因이니 果海는 非可見聞이오 世尊도 亦是因者는 識所現故라하고 或皆通因果하야 果不捨因하야 隨類現故로 因位願力으로 助佛化故오 當機之流 正修趣故라하고 或俱非因果니 緣起大衆이 同眞性故라하니 將此對前權實인댄 則果位는 一向權이어니와 因位는 通權實이오 若對前十類댄 影響證法은 通因果오 餘八은 唯因이라 因位高下는 難以準定이니라

대중의 지위란 어떤 이는 "모두가 다 부처님 지위라, 비로자나불의 해인삼매에서 출현한 때문이다."고 하며,

어떤 이는 "모두가 다 因位**(부처가 되기 이전의 구도자인 보살의 단계)**이다. 果海**(부처님 지위의 덕이 넓고 깊음을 바다에 비유하여 이르는 말)**는 보고 들을 수 없다. 세존 역시 보살의 지위, 因位인 것은 식으로 출현한 바[識所現]이기 때문이다."고 하며,

어떤 이는 "모두 보살의 지위와 부처님의 지위에 통하여 부처님의 지위는 보살의 지위를 버리지 않고 무리를 따라 출현한 까닭에 보살의 원력으로 부처님의 교화를 돕기 때문이며, 부처님의 가르침을 받들어 깨달음을 얻은 대중들이 바르게 닦기 때문이다."고 하며,

어떤 이는 "모두 보살의 지위와 부처님의 지위가 아니다. 인연따라 일어난 대중의 眞性이 똑같기 때문이다."고 한다.

위에서 말한 혹자의 말을 들어 앞에서 말한 방편대중과 실제

대중에 대비하여 보면 부처님의 지위는 한결같이 權이지만 보살의 지위는 방편과 실제에 통하며, 만일 앞에서 말한 열 가지 무리의 대중에 대비하면 影響衆과 證法衆은 보살과 부처님의 지위에 통한다. 나머지 8무리는 오직 보살의 지위일 뿐이다. 보살 지위의 높고 낮음은 한 가지로 준하여 확정하기 어렵다.

第七 前後

제7. 대중의 선후 순서

◉ **疏** ◉

前後者는 初列菩薩과 後列餘衆者는 表從本以起末이오 下讚에 即後明菩薩者는 表尋末歸本이니 良以本末無二일세 故二文互舉니라 又從本流末은 必先小後大라 故自在天으로 爲末이어니와 攝末歸本은 必從深至淺이라 故先明自在니라 然皆顯法界緣起 逆順自在故也라 又表四十二位는 一一皆徹因門이오 並該果海라 故互舉前後하야 令物不作優劣之解故니라【鈔_ '又從本'下는 通妨이라 謂有難言호되 就前列中에 既菩薩爲本하고 雜類爲末하니 先本後末은 即合諸天之內에 從自在天으로 次明廣果오 次列三禪等이어늘 何以先明欲界하고 後列初禪二禪等耶아 是則先小後大矣라 故今答에 云菩薩爲本은 猶如一乘이오 雜類爲末은 如流三乘이라 三乘之中에 初於鹿苑에 轉於四諦하야 漸次歸大라 故先列欲界하고 後列色界하야 如次而上이라 故云

先小後大라 故自在爲末이니 末은 卽末後耳라 攝末歸本者에 又有難言호되 讚德之中에 表尋末歸本이며 後明菩薩者는 則合先明日月天讚하고 末後에 方明自在天讚이어늘 何以雜類之中에 先明自在讚耶아 故今答에 云攝末歸本은 必從深至淺이니 謂菩薩은 是所歸之本이오 雜類는 是所攝之末이라 攝末은 必從勝先攝이니 如海攝百川인댄 必先攝江이오 次攝大河오 次攝小河오 次攝溝洫이라 故攝歸一乘인댄 先攝權大오 次攝緣覺이오 次攝聲聞이오 次攝天人하야 一毫之善을 無不皆攝이라 故先明自在天讚은 表是所攝之中先攝勝也오 末明月天等은 表所攝之中에 後收劣也라】

대중의 선후 순서에서 앞에 보살을, 뒤에 나머지 대중을 배열한 것은 근본으로부터 지말이 생겨남을 나타낸 것이고, 아래 게송의 찬탄에서 뒤에 보살을 밝힌 것은 지말을 찾아 근본으로 돌아감을 나타낸 것이다. 참으로 근본과 지말이 2가지가 아닌 까닭에 두 문장을 함께 들어 말한 것이다.

또한 근본으로부터 지말로 흘러가는 것은 반드시 작은 것을 먼저, 큰 것을 뒤에 열거하였다. 이 때문에 자재천으로 끝을 삼았지만, 지말을 거두어 근본으로 돌아가는 것은 반드시 깊은 데서 얕은 곳으로 이르는 까닭에 자재천을 먼저 밝힌 것이다. 그러나 법계 緣起는 순이든 역이든 자재임을 모두 나타내기 때문이다.

또한 42지위를 나타내는 것은 하나하나가 모두 보살의 지위[因位]에 통하고, 아울러 부처님 지위의 바다처럼 넓고 깊은 덕을 포함하므로 전후의 지위를 모두 들어 중생으로 하여금 우열의 분별 의

식을 지니지 않도록 하기 위함이다.【초_ "또한 근본으로부터[又從本]" 이하는 논란한 말을 통틀어 답변한 것이다. 어떤 사람이 논란하여, "앞서 나열한 가운데, 앞서 보살로 근본을 삼고 雜類로 지말을 삼았다. 근본을 먼저 말하고 지말을 뒤에 말한 것은 諸天 가운데 자재천으로부터 비롯하여 그 다음에 廣果天을, 그 다음으로 三禪天 등을 나열했는데, 어찌하여 먼저 욕계를 밝히고 뒤에 初禪天·二禪天 등을 나열하였는가?"라고 말하였다. 이는 작은 것을 먼저 말하고 큰 것을 뒤에 말하였기 때문이다. 이에 대해 답하였다. "보살을 근본으로 삼은 것은 오히려 일승과 같고, 잡류로 지말을 삼은 것은 三乘으로 흘러가는 것과 같다. 삼승 가운데, 처음 녹야원에서 四聖諦를 설법하여 차츰차츰 큰 데로 돌아가기 때문이다. 따라서 먼저 욕계를, 뒤에 색계를 나열하여 차례대로 올라간 것이다. 이 때문에 작은 것을 먼저 말하고 큰 것을 뒤에 말하였다. 이런 이유에서 자재천을 끝으로 삼은 것이다. 末이란 곧 末後이다."

"지말을 가지고 근본으로 돌아간다[攝末歸本]."는 것에 대해 또 논란하여 "찬탄한 덕 가운데에 지말을 찾아 근본으로 돌아감을 밝힌 것이며, 뒤에 보살을 밝힌 것은 먼저 日月天의 찬탄을 밝히고 끝에서 바야흐로 자재천의 찬탄을 밝힘이 마땅한데, 어찌하여 잡류 가운데 먼저 자재천의 찬탄을 밝힌 것인가?"라고 묻기에, 이에 대해 대답하였다. "지말을 가지고 근본으로 돌아간다는 것은 반드시 깊은 곳으로부터 얕은 곳에 이른 것이다. 보살은 돌아가야 할 대상의 근본이며, 잡류는 받아들여야 할 대상의 지말 부분이다. 지말 부분을 받아들인다는 것은 반드시 훌륭한 것부터 먼저 받아들여야 한다. 이는 마치 바다가 수많은 물들을 받아들일 적에 반드시 먼저 강물을 받아들이고, 그 다음으로 큰 하천을 받아들이고, 그 다음으로 작은 하천을 받아들이고, 그 다음으로는 작은 고랑의 물을 받아들이는 것과 같다. 이 때문에 모두 이를 받아들여 一乘으로 귀결 짓는다면, 먼저 權大를, 다음으로 연각을, 그 다음으로 성문을, 그 다음으로 天人을 받아들여 한 털끝만큼의 작은 선이라도 모두 받아들이지 않은 바가 없다. 이 때문에 맨 먼저 자재천의 찬탄을 밝힌 것은 섭수한 가운데에 가장 훌륭한 것을 먼저 받아들임을 밝힌 것이며, 끝에서 月天 등을 밝힌 것은 섭수한 가운데에 용렬한 것을 맨 뒤에 거두어들임을 밝힌 것이다."】

第八 有無

제8. 대중의 있고 없음

◉ 疏 ◉

有無者도 亦有十類라

一은 約界댄 無無色이오

二는 約趣댄 無地獄이니 此二는 非器故니라 若約轉生인댄 有地獄天子오 若約所益인댄 亦通無色이니 三界皆益故니라

三은 約洲댄 但列閻浮오 餘三은 略無故며 或成難故니라

四는 約乘인댄 無二乘이니 不共教故오 下爲顯法이라도 亦不見聞故니라 智度論에 云"若小乘經初에 唯列聲聞이오 若大乘經初에 俱列菩薩聲聞이오 若一乘經初에 唯列菩薩이라" 故指此經 爲不共教라하니라 或大乘經에 唯列小者는 爲引攝故니 如金剛經에 或唯列大는 亦屬大乘이로되 主伴具者는 必是一乘이니라

五는 約部댄 無四衆이니 未說小教故니라

六은 約主댄 無人王이니 王未知故니라

七은 約三聚댄 無邪定이니 彼障隔故오 生盲之流는 但冥益故니라

八은 約內外댄 無外道니 非彼測故니라

九는 約諸天인댄 無無想이니 入邪定故니라

十은 約善惡인댄 無惡魔니 不爲違害는 天中攝故니라 上十에 且隨相說이오 圓融應有니 卽無所不具니라

대중의 있고 없음이란 또한 열 가지가 있다.

(1) 三界를 들어 말하면 무색계가 없고,

(2) 六趣[六道]를 들어 말하면 지옥이 없다.

위의 2가지는 器世間이 아니기 때문이다. 만일 轉生을 들어 말하면 지옥에도 천자가 있고, 이익 된 바를 들어 말하면 역시 무색계에도 통한다. 삼계가 모두 이익이 되기 때문이다.

(3) 四大洲를 들어 말하면 南閻浮洲만 나열했을 뿐, 나머지 三洲 즉 東勝神洲·西牛陀洲·北俱盧洲는 생략했으며, 또는 말하기 어려운 때문이다.

(4) 三乘을 들어 말하면 二乘이 없다. 그들과 함께할 수 없는 가

르침이기 때문이며, 아래에 법을 나타내어도 역시 보고 듣지 못하기 때문이다. 지도론에 이르기를, "소승경전의 경우, 초기에 오직 성문을 갖추어 배열하고, 대승경전의 경우, 초기에 보살과 성문을 함께 배열하고, 일승경전의 경우, 초기에 오직 보살만을 배열하였다."고 한다. 이 때문에 본 화엄경을 가리켜 "그들과 함께할 수 없는 가르침"이라고 말한 것이다.

혹 대승경에 소승만을 나열한 것은 소승을 이끌어 받아들이기 위한 때문이다. 금강경과 같은 경우, 간혹 대승만을 나열한 것은 역시 대승에 속하지만 설법주와 도반이 구비된 것은 반드시 一乘이다.

(5) 部의 大衆을 들어 말하면 四部大衆이 없다. 소승의 가르침을 설하지 않았기 때문이다.

(6) 설법주를 들어 말하면 나라의 군왕이 없다. 왕은 법을 알지 못하기 때문이다.

(7) 三聚를 들어 말하면 邪定聚가 없다. 그들의 장애 때문이며, 배 안의 소경 무리는 다만 '보이지 않는 이익[冥益]'만이 있기 때문이다.

(8) 내외를 들어 말하면 외도는 없다. 외도는 헤아릴 수 없기 때문이다.

(9) 여러 하늘을 들어 말하면 무상천은 없다. 邪定聚에 들어 있기 때문이다.

(10) 선악을 들어 말하면 악마는 없다. 악마의 방해를 당하지

않음은 하늘 속에 들어 있기 때문이다.

위의 열 가지는 또한 형상을 따라[隨相] 말한 것이며, 원융으로 보면 응당 有의 존재들이니 곧 갖춰져 있지 않은 바가 없다.

第九 聞不聞

제9. 들음과 듣지 못함

◉ 疏 ◉

聞不聞者는 約權인댄 前後 皆互得聞이로되 約實인댄 當會自聞이니 縱不起前而趣於後라도 亦各不相知오 若約頓機댄 許一時頓領이니라【鈔_ 縱不起前下는 通妨이라 謂有問言호되 若約實인댄 衆不互聞者는 如來說法은 旣不起前而趣於後어늘 如何聽衆 不得互聞가 故今答에 云約佛인댄 前後圓融이어니와 約根인댄 互不知覺이라 故法慧云 "一切閻浮提는 皆言佛在中이로되 我等今見佛이 住於須彌頂이라"하니 則知各不相知也니라】

上之九門은 且從顯著하야 略爲此釋이오 中本廣本이 或隱或顯하나니 不可執文이라

들음과 듣지 못함이란 방편으로 말하면 전후 시기의 모든 이들이 들을 수 있지만, 실제로 말하면 해당 법회에만 들을 수 있다는 것이다. 비록 앞에서는 일으키지 않고 뒤로 미루었으나 또한 각각 서로 알지 못한다. 만일 頓機로 말하면 일시에 단박 깨달음이라고

인정해야 할 것이다. 【초_ "비록 앞에서는 일으키지 않고[縱不起前]" 이하의 문장은 논란한 말을 통틀어 답변한 것이다. 어떤 이가 물었다. "만일 실제로 말하면 대중이 서로 듣지 못한다는 것인데, 여래의 설법은 이미 앞에서 일으키지 않고 뒤로 미루었거늘 어떻게 청중이 서로 듣지 못하는 것일까?" 이 때문에 이에 대해 답하였다. "부처님으로 말한다면 전후가 원융하지만, 중생의 근기로 말하면 서로 알지 못하기에 法慧가 말하기를, '일체의 염부제는 모두 부처님께서 그 가운데 계신다 말하지만, 우리가 이제 보니 부처님께서 수미산 정상에 계시네.'라고 하니 각각 서로 알 수 없음을 알 수 있다."】

위에서 말한 9가지의 주제는 또한 뚜렷한 부분부터 간단하게 이처럼 해석하였지만 中本과 廣本에는 혹 분명하지 않거나 혹 뚜렷하여 똑같지 않은바, 문장에 집착해서는 안 된다.

第十 釋文

제10. 경문의 해석

◉ 疏 ◉

釋文者는 第一會中에 前總四十衆을 大分爲二니 初一은 同生이오 餘는 是異生이라 地論에 云'解脫月은 是同生衆故'라하고 又云'同生衆請'이라하니 則知兼有地前이오 明知不約地位니라 餘釋云云은 不符論意어늘

云何名爲同異生耶아 然有二義하니 一은 謂雜類니 作諸異生種種形이라 故菩薩이 得法性身하야 同人作一類菩薩形故오 二는 菩薩爲同者는 通諸位故오 神等爲異는 法界差別德故니라【鈔_ 四十衆을 以配三賢十聖이오 下師子座衆은 以配等覺이오 眉間出衆은 以配妙覺이니 則四十二衆을 配四十二位는 於理에 甚直이라】

경문의 해석에서는 제1 법회에 앞서 총괄한 40대중을 크게 2가지로 나눈다. 첫째는 '함께 태어난 대중'이며, 나머지는 '달리 태어난 대중'이다. 십지론에 이르기를, "해탈월은 함께 태어난 대중이기 때문이다."고 하였고, 또 이르기를, "함께 태어난 대중이 청하였다."고 하니 겸하여 십지 이전에 있음을 알 수 있고, 지위에 제약받지 않음을 분명히 알 수 있다.

나머지 해석에 운운한 부분은 논지의 뜻에 부합되지 않는데, 어찌하여 '함께 태어난 대중', '달리 태어난 대중'이라고 말하는가. 여기에는 2가지의 뜻이 있다.

⑴ 잡류가 '달리 태어난 대중'의 갖가지 다른 형상을 지니고 있기 때문이다. 보살은 法性身을 얻어 똑같은 사람으로 한 무리의 보살 형상을 지니고 있기 때문이다.

⑵ 보살을 '함께 태어난 대중'이라 하는 것은 여러 지위에 통하기 때문이며, 신중 등을 '달리 태어난 대중'이라 하는 것은 법계의 차별 공덕에 의한 때문이다.【초_ 40대중을 三賢과 十聖에 짝하고, 아래 사자좌의 대중은 等覺에 짝하고, 미간에서 출현한 대중은 妙覺에 짝하는바, 42대중을 42지위에 짝하는 것은 이치에 매우 옳다.】

其四十衆은 文皆有三이니 一은 標數辨類오 二는 列名結數오 三은 攝德周圓이니라

그 40대중은 경문에 모두 3가지 부분으로 정리되어 있다.

⑴ 수효를 내세워 무리를 분별함이며,

⑵ 이름을 열거하며 수효를 끝맺음이며,

⑶ 지닌 공덕이 두루 원만함이다.

今初는 同生衆中에 第一標數辨類니라

이 첫 부분은 '함께 태어난[同生] 대중' 가운데 '제1. 수효를 내세워 무리를 분별함'이다.

經

有十佛世界微塵數菩薩摩訶薩의 **所共圍遶**하니

열 부처님 세계의 미세한 티끌 수효와도 같은 한량없는 보살마하살들에게 부처님은 둘러싸여 계셨는데,

◉ 疏 ◉

初標數中에 佛世界者는 世界에 略有三類하니 一 世界오 二 種이오 三 海어늘 今云世界는 則非種非海오 權實 共許一三千界니 一佛化境故니라 或名佛刹·佛土는 皆準此也라

微塵者는 七極微量也니 謂抹三千界를 並爲微塵하야 一塵에 爲一菩薩인댄 則數已難量矣온 況擧十數하야 表無盡耶아

菩薩摩訶薩者는 辨類也라 卽揀非餘衆이니 具云菩提薩埵·摩訶薩埵어늘 今從略耳라 然有三釋하니 一은 菩提는 是所求佛果오 薩埵는 是所化衆生이니 卽悲智所緣之境이라 從境立名일세 故名菩薩이라 二는 菩提는 是所求之果오 薩埵는 是能求之人이니 能所合目일세 故名菩薩이라하니라 三은 薩埵는 此云勇猛이니 謂於大菩提에 勇猛求故니라 摩訶는 云大니 大有四義하니 一者는 願大니 求大菩提故오 二는 行大니 二利成就故오 三은 時大니 經三無數劫故오 四는 德大니 具足一乘諸功德故니라 前二는 通地前이오 後二는 或唯地上이라 更有諸大나 亦不出此니라

此等은 並是舍那佛自眷屬이라 動止常隨일세 故云所共圍繞라하니라

'제1. 대중의 수효를 내세움'에서 말한 '부처님 세계[佛世界]'란 세계는 간단하게 3가지로 구분된다. 첫째는 세계, 둘째는 종족, 셋째는 바다이다. 그러나 여기에서 말한 세계란 종족을 말한 것도 바다를 말한 것도 아니다. 방편과 실법으로 모두 하나의 삼천세계를 말하고 있다. 이는 한 부처님의 교화가 베풀어지는 경계이기 때문이다. 간혹 부처님 나라[佛刹], 부처님 땅[佛土]이라 명명한 것은 모두 여기에 준한다.

微塵이란 '일곱 극미한 수량[七極微量]'이다. 삼천세계를 깨부수어 모조리 미세한 먼지로 만들어 하나의 티끌로 하나의 보살을 만들 경우, 그것만으로도 그 수효를 헤아리기 어려운데, 더욱이 十佛世界 微塵數를 들어 끝이 없음을 나타냄이야 오죽하겠는가.

'보살마하살'이란 무리를 밝힌 것이다. 곧 나머지 무리의 대

중이 아님을 구분한 것이다. 이를 구체적으로 말하면 '보리살타(Bodhisattva)', '마하살타(Mahā sattva)'이다. 여기에서는 약칭으로 말하였다. 그러나 이는 3가지의 해석이 있다.

⑴ 보리(Bodhi)는 부처님의 지위[佛果]를 구하는 것이며, 살타(sattva)는 교화받을 대상으로서의 중생이다. 곧 부처님의 자비와 지혜로 반연할 대상의 경계이다. 반연 경계의 입장에서 그 명호를 세웠기에 보살이라고 말한다.

⑵ 보리는 추구해야 할 대상인 부처님의 지위이고, 살타는 구제하는 주체이다. 주체와 대상을 함께 가리켜 보살이라고 말한다.

⑶ 살타는 중국의 뜻으로 번역하면 용맹이다. 큰 지혜[大菩提]를 용맹정진으로 구하기 때문이다.

마하(Mahā)는 큼[大]이다. 大 자에는 4가지 뜻이 있다.

⑴ 원력이 큼이다. 대보리를 구하기 때문이다.

⑵ 수행이 큼이다. 自利와 利他를 성취한 때문이다.

⑶ 세월이 큼이다. 헤아릴 수 없을 만큼의 길고 긴 시간을 3차례나 지나기 때문이다.

⑷ 공덕이 큼이다. 일승의 많은 공덕을 완전히 갖추었기 때문이다.

앞의 願大와 行大 2가지는 地前에 통하고, 뒤의 時大와 德大 2가지는 혹 십지보살에만 통한다. 이 밖에도 또 다른 큰 것들이 있지만 그 역시 여기에서 벗어나지 않는다.

여기에서 말한 보살마하살 등은 모두가 노사나불의 권속이다.

노사나불의 동정에 항상 따르는 까닭에 "부처님은 둘러싸여 계신다."고 말하였다.

第二 列名結數

제2. 이름을 열거하며 수효를 끝맺음

經

其名曰普賢菩薩摩訶薩과 普德最勝燈光照菩薩摩訶薩과 普光師子幢菩薩摩訶薩과 普寶燄妙光菩薩摩訶薩과 普音功德海幢菩薩摩訶薩과 普智光照如來境菩薩摩訶薩과 普寶髻華幢菩薩摩訶薩과 普覺悅意聲菩薩摩訶薩과 普淸淨無盡福光菩薩摩訶薩과 普光明相菩薩摩訶薩과 海月光大明菩薩摩訶薩과 雲音海光無垢藏菩薩摩訶薩과 功德寶髻智生菩薩摩訶薩과 功德自在王大光菩薩摩訶薩과 善勇猛蓮華髻菩薩摩訶薩과 普智雲日幢菩薩摩訶薩과 大精進金剛臍菩薩摩訶薩과 香燄光幢菩薩摩訶薩과 大明德深美音菩薩摩訶薩과 大福光智生菩薩摩訶薩이라 如是等이 而爲上首하사 有十佛世界微塵數하니라

그들**(十普)**의 이름은 보현(普賢: 體普) 보살마하살,

보덕최승등광조(普德最勝燈光照: 德普) 보살마하살,

보광사자당(普光師子幢: 慧普) 보살마하살,

보보염묘광(普寶燄妙光: 行普) 보살마하살,

보음공덕해당(普音功德海幢: 音普) 보살마하살,

보지광조여래경(普智光照如來境: 智普) 보살마하살,

보보계화당(普寶髻華幢: 心普) 보살마하살,

보각열의성(普覺悅意聲: 覺普) 보살마하살,

보청정무진복광(普淸淨無盡福光: 福普) 보살마하살,

보광명상(普光明相: 相普) 보살마하살,

그리고**(十異名菩薩)** 해월광대명(海月光大明) 보살마하살,

운음해광무구장(雲音海光無垢藏) 보살마하살,

공덕보계지생(功德寶髻智生) 보살마하살,

공덕자재왕대광(功德自在王大光) 보살마하살,

선용맹연화계(善勇猛蓮華髻) 보살마하살,

보지운일당(普智雲日幢) 보살마하살,

대정진금강제(大精進金剛臍) 보살마하살,

향염광당(香燄光幢) 보살마하살,

대명덕심미음(大明德深美音) 보살마하살,

대복광지생(大福光智生) 보살마하살들이다.

이러한 대보살이 상수(上首: **領袖 또는 대표**)가 되어, 열 부처님 세계의 미세한 티끌의 수효와도 같은 한량없는 보살이 있었다.

◉ 疏 ◉

先列其名이오 後結略顯廣이라 今은 初라 夫聖人은 無名이나 爲物立稱

하나니 雖得名千差나 而多依行德이오 行德 皆具로되 而隨宜別標하나니 先十同名普者는 顯具法界總相德故오 後十異名者는 顯具法界別相德故니 總別相融하야 同一法界니라 今初 十名之普는 是別之總이오 普下十異는 顯卽普能別이라야 普義方成이니 此는 是古今諸佛이 同行普賢之行이로되 隨於諸位하야 差別不同이오 縱成正覺이나 亦普行攝이라 故先明之니라

앞에서 이름을 열거하고 뒤이어 간단하게 끝맺으면서 광범위한 뜻을 밝힌 것이다.

이는 첫 부분이다. 성인은 이름이 없으나 중생을 위해 명호를 세운 것이다. 비록 이름이 천차만별이나 대부분 수행과 공덕에 따라 이름 붙여진 것이다. 수행과 공덕이 모두 완전하게 갖추어져 있지만 편의에 따라 별개로 그 이름을 내세운 것이다. 앞서 10보살에게 모두 '普'라 명명한 것은 거듭거듭 끝이 없는 법계 總相의 덕이 완전하게 갖추어져 있음을 나타낸 때문이며, 뒤이어 10보살의 명호가 각기 다른 것은 사사물물의 각각 다른 법계 별상의 덕이 완전하게 갖추어져 있음을 나타낸 때문이다. 총체와 별개가 모두 하나로 융화하면서 똑같은 하나의 법계가 이루어진 것이다.

이 첫 부분 10보살의 명호를 '普'라 말한 것은 별개의 총체이고, '十普' 아래의 10보살의 異名은 '普'의 총체가 별개로 나뉘어야 '普'의 뜻이 비로소 이루어진다. 이는 고금의 여러 부처님이 똑같이 보현보살의 행덕을 닦았지만 각기 다른 지위에 따라 차별이 있기에 똑같지 않다. 아무리 정각을 이루었을지라도 또한 보현보살의

행덕을 지니고 있기에 이를 먼저 밝힌 것이다.

言普賢者는 體性周徧曰普오 隨緣成德曰賢은 此約自體오 又曲濟無遺曰普오 隣極亞聖曰賢은 此約諸位普賢이오 又德周法界曰普오 至順調善曰賢은 此約當位普賢이오 又果無不窮曰普오 不捨因門曰賢은 此約佛後普賢이니라 位中普賢은 悲智雙運이오 佛後普賢은 智海已滿하야 而運卽智之悲하야 寂而常用하야 窮未來際니라 又一卽一切曰普오 一切卽一曰賢은 此約融攝이라 所以先列者는 爲上首故오 法門主故오 法界體故오 一切菩薩 無不乘故오 無一如來 非此成故오 令諸聞者로 見自身中 如來藏性하야 行普行故니라 上雖多義離釋이나 今從別稱合釋이면 無處不賢을 名曰普賢이니 卽體普也라 此一爲總이오 餘九爲別이라

보현이라 말한 것은 체성이 두루 함을 '普'라 하고, 인연 따라 공덕을 성취함을 '賢'이라 말한다. 이는 자체를 들어 말하였다.

또 굽이굽이 구제하여 빠뜨림이 없는 것을 '보'라 하고, 성인의 버금 경지에 매우 가까워짐을 '현'이라 말한다. 이는 '여러 지위의 보현'을 들어 말하였다.

또 공덕이 법계에 두루 함을 '보'라 하고, 지극히 수순하여 선의 조화를 이루는 것을 '현'이라 말한다. 이는 當位의 보현을 들어 말하였다.

또 佛果를 다하지 못함이 없음을 '보'라 하고, 因行의 문을 버리지 않음을 '현'이라 말한다. 이는 불과 뒤의 보현을 들어 말한 것이다. 因位 중의 보현은 자비와 지혜를 함께 굴리고, 불과 뒤의 보

현은 지혜의 바다가 이미 충만하여, 지혜와 하나가 된 자비를 굴려 적멸하면서 항상 妙用이 있어 미래의 즈음까지 다하였다.

또 하나가 곧 일체임을 '보'라 하고, 일체가 곧 하나임을 '현'이라 말한다. 이는 원융한 법문으로 말한다. 따라서 먼저 배열한 것은 상수이기 때문이며, 법문의 주인이기 때문이며, 법계의 본체이기 때문이며, 일체 보살이 모두 이를 지니고 있기 때문이며, 어느 부처님도 이것으로 이루지 않은 분이 없기 때문이며, 법문을 들은 모든 이로 하여금 자신의 몸에 如來藏性이 있음을 보고서 보현행을 닦게 하기 때문이다.

위에서는 비록 여러 가지 뜻으로 구분 지어 해석하였지만 여기에서 각기 다른 명칭을 종합하여 해석하면 어느 곳에서나 어질지 않음이 없는 것을 명명하여 보현이라 말한다. 이는 곧 體普이다. 이 하나의 보현은 총체가 되고, 나머지 아홉 보살의 普는 별개이다.

二는 德普니 謂稱性之德이 充於法界하야 以爲最勝일세 委照無遺 如燈之光이라

제2 보덕최승등광조 보살마하살은 德普이다. 불성과 하나가 된 덕이 법계에 충만하기에 가장 훌륭하다. 이 때문에 굽이굽이 비추어 빠뜨린 곳이 없다. 마치 등불[燈光]과도 같다.

三은 慧普니 偏照嚴刹하야 決定高出故라

제3 보광사자당 보살마하살은 慧普이다. 두루 비추어[普光] 세계를 장엄하여 결정코 드높게 솟은[師子幢] 때문에 붙여진 이름이다.

四는 行普니 內行圓淨하야 智談外燭이라 故稱爲妙니라

제4 보보염묘광 보살마하살은 行普이다. 내면으로 닦은 行이 원만하고 청정하여 지혜광명[普寶燄]이 바깥을 비춰주기에 '妙[妙光]' 하다고 말한 것이다.

五는 音普니 具一切音하야 演佛淨土의 深廣高出之行故니라

제5 보음공덕해당 보살마하살은 音普이다. 모든 음성을 갖추고서 불국정토의 바다처럼 심오하고 광대하여 드높게 뛰어난 행을 연설한 때문에 붙여진 이름이다.

六은 智普니 照佛法界無盡境故니라

제6 보지광조여래경 보살마하살은 智普이다. 불법계의 그지없는 경계를 비춰준 때문에 붙여진 이름이다.

七은 心普니 智寶 嚴於心頂하야 通行等華 高出物表故니라

제7 보보계화당 보살마하살은 心普이다. 지혜보배로 마음[心頂]을 장엄[普寶髻]하여 신통행 등의 꽃이 세속 밖에 드높이 솟은[華幢] 때문에 붙여진 이름이다.

八은 覺普니 徧覺性相하야 聲皆悅機일세 故無不歸者니라

제8 보각열의성 보살마하살은 覺普이다. 性相을 두루 깨달아 그의 음성이 모두 근기에 따라 기쁨을 줌으로 그에게 귀의하지 않는 자가 없기에 붙여진 이름이다.

九는 福普니 障無不淨하야 稱眞無盡故니라

제9 보청정무진복광 보살마하살은 福普이다. 업장이 청정하지 않음이 없어 眞性에 하나가 되어 다함이 없는 까닭에 붙여진 이름이다.

十은 相普니 無光相之光相이 偏益衆生故로 六相圓融으로 思之니라

제10 보광명상 보살마하살은 相普이다. 相의 광명이 없는 상의 광명으로 중생에게 두루 이익을 주기 때문에 붙여진 이름이다. 이는 六相(**總·別, 同·異, 成·壞**)의 원융으로 이를 생각해야 한다.

二海月下는 十異名菩薩이라

一海月光大明者는 十德十山이 皆依大海하고 十地十度 皆依佛智라 海中看月에 淨而且深이오 依智嚴刹에 深而且淨하니 如海卽大오 如月卽明이라 故名之니라

둘째, '해월광대명' 이하는 이름이 각기 다른 열 보살이다.

제1 해월광대명 보살마하살. 열 가지의 덕과 열 가지의 산이 모두 큰 바다에 의지하듯이 十地와 十度가 모두 부처의 지혜에 의지하고 있다. 바다 한가운데 달을 보면 청정하고 깊듯이 부처의 지혜에 의지하여 세계를 장엄하면 청정하고 깊다. 바다처럼 크고[海大] 달빛처럼 밝기[月光明]에 이름 붙인 것이다.

二는 講如雷震일세 故曰雲音이오 辯才汎灩이 猶如海光이오 又海上有光이 天涯無際하고 佛智起用이 一念普周하야 淨惑無窮을 名無垢藏이라

제2 운음해광무구장 보살마하살. 설법의 음성이 우레처럼 크기에 '雲音'이라 하고, 말재주가 흘러넘침이 마치 바다 위의 광명[海光]과도 같다. 또한 바다 위의 광명이 하늘 끝까지 그지없듯이, 부처의 지혜로 妙用을 일으켜 한 생각에 널리 두루 하여 미혹을 말끔히 없앰이 끝없기에 이를 '無垢藏'이라고 말한다.

三은 修治二嚴이 猶如淨寶하야 秘密高顯일세 故有髻言이라

제3 공덕보계지생 보살마하살. 복덕 장엄과 지혜 장엄 2가지를 닦아 다스림이 마치 청정한 보배처럼 비밀스럽고 드높고 뚜렷하기에 '髻'라고 말한다.

四는 法王이 出現에 作用自在하사 二嚴圓滿이 爲功德光이라

제4 공덕자재왕대광 보살마하살. 법왕이 세간에 나오시매 작용이 자재하여 복덕 장엄과 지혜 장엄 2가지가 원만함이 '공덕광'이다.

五는 勇猛化生호되 不染化相이오 雨法玄妙 如解髻珠니라

제5 선용맹연화계 보살마하살. 용맹스럽게 중생을 교화하되 幻化의 相에 물들지 않고, 법의 현묘함을 비 내리듯 함이 髻珠를 풀어 늘어뜨리는 것과 같다.

六은 慈雲智日이 互相資映하고 長劫普應하야 高出如幢이라

제6 보지운일당 보살마하살. 자비의 구름과 지혜의 태양이 서로 힘입고 서로 비춰주어 한량없는 세월에 널리 응하여 드높게 솟아남이 '幢'과 같다.

七은 堅利智慧 與精進俱일세 故得稱大오 智爲行本이 若臍爲壽因이라

제7 대정진금강제 보살마하살. 그의 견고하고 예리한 지혜가 용맹정진과 함께한 까닭에 '大'라 말하고, 지혜가 모든 행실의 근본인 것이 마치 배꼽[臍]이 장수를 누리는 因이 되는 것과 같다.

八은 戒等行發이 是爲香燄이오 種智高直이라 故曰光幢이라

제8 향염광당 보살마하살. 그의 엄정한 계율 등의 행실에서 발산하는 것이 향기 불꽃[香焔]이 되고, 일체종지가 높고 곧기에 이를

'光幢'이라고 이름 붙인 것이다.

九는 智光徧照는 是大明德이오 稱眞適物을 名深美音이라

제9 대명덕심미음 보살마하살. 지혜광명이 두루 비치는 것이 '大明德'이요, 眞性에 하나가 되어 중생에게 알맞게 하는 것을 '深美音'이라 이름 붙인 것이다.

十은 大智發光하야 徧照佛境하야 令福非福相일세 所亦稱大라

제10 대복광지생 보살마하살. 큰 지혜에 광명이 발산하여 부처의 경계를 두루 비춰주어 복덕으로 하여금 복덕의 상이 아니게 한 까닭에 '大'라고 이름 붙인 것이다.

二如是等下는 結略顯廣이라

제2 단락의 '如是' 등 이하는 간략하게 상수보살만을 들어 끝맺으면서 널리 미진수의 보살을 나타낸 것이다.

第三 攝德圓滿

제3. 지닌 공덕이 원만함

經

此諸菩薩이 **往昔**에 **皆與毗盧遮那如來**로 **共集善根**하야 **修菩薩行**하시니 **皆從如來善根海生**이라

이 모든 보살들은 지난 한량없는 겁 이전에 모두 비로자나여래와 함께 선근을 쌓아 보살행을 닦았으므로 모두가 여래의 선근바

다에서 태어난 이들이다.

◉ 疏 ◉

文二라 初는 別歎勝德이오 後는 總結多門이라 初中에 亦二니 初二句는 就緣歎이오 餘는 就行歎이니 今은 初라

문장은 2단락이다. 앞부분은 별개로 훌륭한 덕을 찬탄함이며, 뒷부분은 여러 가지의 문을 총괄하여 끝맺음이다. 앞부분 가운데 또한 둘로 나뉘니 처음 2구절은 반연에 나아가 찬탄함이고, 나머지는 행에 나아가 찬탄함이다.

이는 제1, 별개로 훌륭한 덕을 찬탄함이다.

初句는 往因同行이니 顯主伴有由오 後 句는 從德海生이니 明長爲輔翼이라 言毗盧遮那者는 毗는 卽徧也오 盧遮那는 光明照義오 廻就方言인댄 應云光明徧照라 然有二義하니 一은 身光이니 徧照盡空法界로 乃至塵道오 二는 智光이니 徧照眞俗重重法界라 身·智·能·所 合爲一身하야 圓明獨曜하고 具德無邊이라 故 立斯號라 又毗者는 種種義오 盧遮는 障義오 那者는 盡義오 入義니 卽種種障 盡이오 種種德 圓이라 故普賢觀經에 云"釋迦牟尼는 名毗盧遮那니 徧一切處라"하니 卽身亦徧이오 非唯光徧이니라

又云"其佛住處에 名常寂光이라"하니 卽土亦光矣니라

又云"常波羅密 所攝成處며 我波羅密 所安立處라"하니 卽德圓義니라

又云"淨波羅密 滅有相處라"하니 卽障盡義니라

又云"樂波羅密로 不住身心相處하고 不見有無諸法相處라"하니 卽證

入義니라
又云如寂解脫로 乃至般若波羅密은 是色常住法故라하니 明皆卽應卽眞이 爲本師矣니라 此經文證은 本品에 當辨이니라【鈔_ `又毗者種種下는 釋毗盧名에 以梵語多含일세 故有此釋이오 下後는 引經具釋이라 然彼經은 由普賢으로 令行者懺悔러니 行人이 問云我於何所懺悔오 故有此教라 今以疏間經이면 當總引經云"釋迦牟尼는 名毗盧遮那니 徧一切處라 其佛住處를 名常寂光이며 常波羅密 所攝成處오 我波羅密 所安立處오 淨波羅密 滅有相處오 樂波羅密 不得身心相處오 不見有無諸法相處니 如寂解脫로 乃至般若波羅密히 是色常住法故라"하니라 但觀經文이면 自分經疏라】

첫 단락(**此諸菩薩往昔… 修菩薩行**)은 옛적에 함께 수행한 인연을 말하니 설법의 주체와 동반자가 된 유래를 밝히고, 다음 문단(**皆從如來善根海生**)은 공덕의 바다에서 태어남을 말하니 길이 부처님을 보필하는 대중임을 밝힌 것이다.

'毗盧遮那'의 毗는 '두루 하다'의 뜻이며, '盧遮那'는 '광명이 비추다.'의 뜻이다. 이를 중국 말로 번역하면 '광명이 두루 비추다.'라고 말해야 할 것이다. 그러나 여기에는 2가지의 뜻이 있다.

(1) 법신의 광명이다. 두루 온 허공 법계로부터 티끌세계를 비추는 것이다.

(2) 지혜의 광명이다. 두루 미묘한 진리와 세속 이치의 거듭거듭 이뤄진 법계를 두루 비추는 것이다.

몸과 지혜, 주체와 객체가 종합하여 하나의 몸이 되어 두루 밝고 유독 빛나며 그지없는 공덕을 갖추었기에 이러한 이름을 붙인 것이다.

또한 毗란 '가지가지'의 뜻이고, 盧遮는 '장애'의 뜻이고, 那는 '다하다'의 뜻과 '들어가다'의 뜻이다. 이는 갖가지 장애가 다함이며, 갖가지 공덕이 원만함이다.

이 때문에 보현관경에 이르기를, "석가모니를 비로자나라 부른다. '모든 곳에 두루 하다.'의 뜻이다."고 하니 이는 몸 역시 두루 하다는 뜻인바, 단순히 광명만 두루 한 데에 그치는 것이 아니다.

또 이르기를, "그 부처님 머무신 곳을 常寂光이라고 말한다."고 하니 이는 곧 머무신 땅 역시 광명인 것이다.

또 이르기를, "상바라밀로 섭수하여 이룬 곳이며, 아바라밀로 세워진 곳이다."고 하니 이는 곧 공덕이 원만하다는 뜻이다.

또 이르기를, "정바라밀로 有相을 없앤 곳이다."고 하니 이는 곧 장애가 다했다는 뜻이다.

또 이르기를, "낙바라밀로 몸과 마음의 형상에 머물지 않은 곳이며, 유와 무의 모든 法相을 볼 수 없는 곳이다."고 하니 이는 곧 깨달아 들어간다는 뜻이다.

또 이르기를, "如寂해탈로부터 내지 반야바라밀은 색이 법에 상주한 때문이다."고 하니 이는 모두 應身과 眞身이 本師임을 밝힌 것이다. 본경의 증거가 되는 문장은 해당 본품에서 논변할 것이다.

【**초**_ "또한 毗란 '가지가지'의 뜻[又毗者種種]" 이하의 문장은 비로자나의 이름을 해석함에 있어 범어에 많은 뜻을 가지고 있기에 이처

럼 해석을 더한 것이다. 아래 뒷부분은 경문을 인용하여 구체적으로 해석하고 있다. 그러나 경문에서는 보현으로부터 수행자로 하여금 참회하게 하는 것인데, 어느 수행자가 "저는 어느 곳에서 참회를 해야 합니까?"를 물었기 때문에 이러한 가르침을 말하게 된 것이다.

이 부분의 청량소를 들어 경문을 살펴보면, 모두 경문을 인용하여 "석가모니의 이름은 비로자나이시다. 모든 곳에 두루 계신다는 뜻이다. 부처님이 머무신 곳을 常寂光이라 말하고, 상바라밀로 섭수하여 이룬 곳이며, 아바라밀로 세운 곳이며, 정바라밀로 형상을 없앤 곳이며, 낙바라밀로 몸과 마음의 상에 머물지 않은 곳이며, 유와 무의 모든 법의 양상을 보지 못한 곳이다. 여적해탈로부터 내지 반야바라밀에 이르기까지 이는 색이 법에 상주하기 때문이다."고 말해야 할 것이다. 단 경문을 살펴보면 스스로 경문과 청량소를 구분할 수 있다.】

言共集善根은 卽備道資糧이오 修菩薩行은 卽作所應作이라 云何共集고 互爲主伴故니라 主伴에 有三하니 一은 廻向主伴이오 二는 同行主伴이오 三은 如相主伴이니 皆稱共集이라【鈔_ 主伴에 有三者니 一廻向主伴은 所修善根을 互相廻向이라 故今成佛에 遞爲主伴이오 二同行者는 同修禪戒等行이오 三二俱稱性하야 居然相收일세니라】

"함께 선근을 쌓았다."고 말한 것은 곧 도를 닦을 수 있는 살림살이를 갖춤이며, "보살행을 닦았다."는 것은 곧 응당 해야 할 일을 한 것이다.

어떻게 함께 쌓았는가. 서로 설법주와 동반자가 되기 때문이다. 주체와 동반자에는 3가지가 있다.

⑴ 회향의 주체와 동반자이며,

⑵ 함께 행하는 주체와 동반자이며,

⑶ 진여상의 주체와 동반자이다.

이들을 모두 함께 모여 쌓았다고 말한다.【초_ "주체와 동반자에는 3가지가 있다."고 함은 ① 회향의 주체와 동반자는 닦아야 할 선근으로 서로서로 회향하기 때문에 지금 성불하는 데에 서로 번갈아 주체와 동반자가 되는 것이다. ② 함께 행하는 주체와 동반자란 다 함께 禪定과 持戒 등을 닦는 것이다. ③ 위의 2가지가 모두 眞如性에 걸맞아 편안히 서로 받아들이는 것이다.】

後句에 言善根海生者는 謂佛德無邊하사 積妙法寶라 智定盈洽일세 故稱爲海니라 從生 有四하니 一은 從自佛善根海生이니 謂已圓十身故오 二는 從本師海生이니 佛爲勝緣하야 曾已攝受授法하야 令行得成滿故오 三은 與遮那로 同於餘佛海生이니 以上云共集故오 四는 從法性佛海生이니 以上德海는 諸佛이 共同으로 平等一味로되 但稱性修는 卽是從生에 不揀自他이라 故梵本에 云與佛同一善根海生이라하니라【鈔_ 從自佛者는 由普賢等 自圓十身이니 十身之中에 有如來身이 依於佛身하야 起菩薩用일세 云從彼生이라하니라】

뒤 구절에서 "선근바다에서 태어났다."고 말한 것은 부처님의 공덕이 그지없이 미묘한 法寶를 쌓아 지혜와 선정이 충만하고 넉넉한 까닭에 바다라고 말한다.

선근바다에서 태어남에는 4가지가 있다.

⑴ 부처님의 선근바다에서 태어남이니 이미 十身이 원만한 때문이다.

⑵ 비로자나의 선근바다에서 태어남이니 부처님이 훌륭한 인연이 되어 일찍이 제자로서 부처님이 전수한 법을 받아 수행이 원만하게 성취되었기 때문이다.

⑶ 비로자나불과 함께 그 밖의 불법바다에 함께 태어남이니 위에서 말한 것처럼 함께 모여 쌓았기 때문이다.

⑷ 法性佛의 바다에서 태어남이니 위에서 말한 공덕의 바다는 모든 부처님이 공동으로 평등하여 한가지이다. 단지 진여성에 걸맞은 수행은 곧 이로부터 태어남에 나와 남을 구별하지 않는다. 이 때문에 범본에 이르기를, "부처님과 똑같은 하나의 선근바다에서 태어난다."고 하였다.【초_ "부처님의 선근바다에서 태어남"이란 보현 등이 스스로 十身이 원만한 데에서 비롯한 것이다. 十身 가운데 여래의 몸이 불신에 의지하여 보살의 작용을 일으키기에 그곳에서 태어났다고 말한 것이다.】

經

諸波羅蜜이 **悉已圓滿**하며 **慧眼明徹**하야 **等觀三世**하며 **於諸三昧**에 **具足淸淨**하시니라

이 때문에 보살들이 닦아야 할 모든 바라밀 법문이 이미 모두 원만하고, 지혜의 눈으로 모든 법의 실상을 철저하게 밝혀 삼세를

평등하게 관찰하며, 모든 삼매가 구족하게 원만하고 청정하였다.

◉ 疏 ◉

第二는 就行德以歎이라 夫大士는 必崇德·廣業·虛心·外身하나니 崇德故로 進齊佛果오 廣業故로 行彌法界오 虛心故로 智周萬法而不爲오 外身故로 功流來際而非已라 故德難名矣라【鈔_ 崇德廣業者는 周易 上繫에 云"子曰 易은 其至矣乎인저 夫易은 聖人이 所以崇德而廣業也라"하니라 虛心外身者는 卽老子意니 彼云"虛其心이오 實其腹하며 弱其志오 強其骨이라"하고 又云"後其身而身先이오 外其身而身存이라"하니 今借其言이면 謂菩薩이 虛曠其心하야 智絕能所하고 亡身爲物하야 一向利他라 故下經에 云"菩薩所修功德行이 不爲自己及他人이오 但以最上智慧心으로 利益衆生故迴向이라"하니 卽斯意也라】

제2, 수행공덕으로 찬탄함이다. 보살은 반드시 덕성을 드높이고 공업을 넓히며, 마음을 비우고 자신을 버리는 것이다. 덕성을 드높이기에 나아가 부처님의 지위에 나란히 함께하고, 공업이 드넓기에 만행이 법계에 가득하고, 마음을 비웠기에 지혜가 온갖 법에 두루 하여도 作爲가 없고, 몸을 버렸기에 공덕이 미래까지 전할지라도 자신을 위하지 않기에 그 덕을 이름 붙이기 어렵다.【초_ 崇德廣業이란 주역 계사 상편에 이르기를, "공자가 말씀하기를, '역은 그 지극한 것이다. 역은 성인이 덕성을 드높이고 공업을 드넓게 할 수 있다.'고 하였다."고 한다. 虛心外身이란 노자의 뜻이다. 도덕경에 이르기를, "그 마음을 비우고 그 배를 채우며, 그 의지를 약하게 지니고 그 뼈대는 강하게 하라."고 하였다. 또 이르기를, "그 몸을 뒤로하면 나의 몸이 앞서고, 그 몸을 버리면 나의 몸이 보존된다."고 하니 이에 그 말을 빌려 말하면, 보살이 그 마음을 비워 지혜는 주관과 객관을 끊고, 몸을 잊고서 중생을 위하여 한결같이 남을 이롭게 하는 것을 말한다. 이 때문에 아래의 경문에서 이르기를, "보살이 닦은 공덕은 자신과 남을 위하지 않고, 다만 가장 높은 지혜의 마음으로, 중생에게 이익을 주는 것으로 회향한다."고 하니 곧 이러한 뜻이다.】

略分爲三이니 一은 明自分因行德이오 二는 勝進果行德이오 三은 二行無礙德이라 初中도 亦三이니 一은 自利行圓이오 二는 利他行滿이오 三은 證理位極이라 今初에 有三句하니 一은 諸度行圓이니 謂六度·十度·八萬四千을 多劫積集하야 究盡事理일세 故云圓滿이라하다

간단하게 나누면 3가지이다.

⑴ 自分의 因行德을 밝힘이며,

⑵ 훌륭하게 닦아나가는 果行德이며,

⑶ 자리행과 이타행에 걸림이 없는 덕이다.

⑴ 자분의 인행덕 또한 3가지이다. 첫째는 자리행이 원만함이며, 둘째는 이타행이 원만함이며, 셋째는 이치를 증득한 지위가 다함이다.

이 첫 부분에 3구가 있다. 제1구(**諸波羅蜜悉已圓滿**)는 모든 바라밀의 행덕이 원만함이다. 6바라밀·10바라밀·8만4천 법문을 오랜 겁에 쌓아 사리를 모두 궁구하여 다한 까닭에 '원만'이라고 말한다.

二'慧眼'下는 十眼明徹이니 分別名慧오 照矚稱眼이니 障翳斯盡하야 智無不矚일세 故云明徹이라하니라 五眼之中에 慧眼觀理하야 理無異味일세 故云等觀이라하니라 十眼之中에 慧眼觀事에 事無不見이라 故名等觀이니 是則委見其事爲明이오 深達其性爲徹이라 欲以一眼合諸하야 具通事理하야 但擧其慧라

제2, '慧眼' 이하의 구절은 十眼[16]이 밝고 투철함을 말한다. 분별함을 慧라 말하고, 비춰 보는 것을 眼이라고 말한다. 장애가 이에 다하여 지혜로 비춰 보지 못함이 없기에 '밝고 투철하다'고 말한다. 5가지 눈**(육안, 천안, 법안, 혜안, 불안)** 가운데 혜안으로 이치를 관하여 진리에 어긋남이 없기에 "평등하게 관찰하다."고 말한 것이다. 열 가지 눈 가운데 혜안으로 사물을 보면 어느 사물이든 보지 못할 것이 없기에 "평등하게 관찰하다."고 말한다. 이는 그 사물을 자세히 본 것을 '밝다[明]' 하고, 그 본성을 깊이 통달한 것을 '투철[徹]'하다고 말한다. 하나의 눈으로 모든 것을 종합하여 사리를 모두 통달하고자 단 그 지혜만을 들어 말한 것이다.

三'於諸'下는 深定已滿이라 三昧者는 此云等持니 遠離沉掉하야 平等持心으로 趣一境故라 而云諸者는 其餘諸緣도 亦一境故니라 眞如三昧는 爲其定體라 隨境入別하야 塵數多端이라 故云諸也오 橫則無定不窮이오 竪則深入無際라 故云具足이오 定障永亡이라 故云淸淨이라

....

16 十眼 : 肉眼·天眼·慧眼(聖慧眼)·法眼·佛眼(佛正覺眼)·智眼(智慧眼)·明眼(光明眼)·出生死眼(導利眼)·無礙眼(無爲眼)·普眼(一切智眼).

제3, '於諸' 이하의 구절은 깊은 선정이 이미 원만함이다. 삼매(samādhi)란 중국에서는 평등하게 잡음[等持]을 말한다. 昏沉과 掉擧를 멀리 여의고 평등하게 마음을 지니고서 한 경계에 나아가기 때문이다. 그럼에도 이를 '모든[諸]'이라고 말한 것은 그 나머지 모든 인연 또한 '하나의 경계'이기 때문이다.

진여삼매는 선정의 본체이다. 경계를 따라 별상에 들어가 티끌 수처럼 많기에 '모든'이라고 말한 것이다. 공간으로는 선정이 다하지 않음이 없고, 시간으로는 깊이 끝이 없는 데까지 들어가기 때문에 '구족'이라 말하고, 선정의 장애가 길이 사라진 까닭에 '청정'이라고 말한다.

經

辯才如海하야 **廣大無盡**하며 **具佛功德**하야 **尊嚴可敬**하며 **知衆生根**하야 **如應化伏**하며

보살들의 말재주가 바다처럼 드넓고 커서 끝이 없으며, 부처님의 공덕을 모두 갖추었기에 일체중생이 그들을 존엄하게 공경할 만하며, 보살은 중생의 근기를 알고서 그들에게 알맞게 교화하고 조복을 하였으며,

◉ 疏 ◉

第二 辯才下는 利他行滿이니 有三句니 卽三輪化益이라

一은 語含四辯이니 卽正教輪이니 辯은 謂巧顯深理오 才는 謂巧應機

宜라 萬法咸演은 則廣大無涯오 千難殊對는 則無竭盡일세 故如海也라 又海遇風緣이면 則洪浪雲涌이오 智逢機請이면 則口辯波騰이니 請者旣許無邊이오 辯亦廣大無盡이라

제2, '辯才' 이하의 문장은 이타행이 원만함을 말한다. 이는 3구절이 구분되니 곧 三輪(**身口意: 正教輪·神通輪·記心輪**)으로 교화한 이익이다.

말씀에 4가지 변재[四辯: **四無礙解, 義辯·法辯·辭辯·說辯**]를 포함함이니 곧 '바른 가르침의 법륜[正教輪]'이다. 辯이란 심오한 이치를 잘 밝히는 것이며, 才는 중생의 편의에 잘 응함이다. 온갖 법을 모두 연설함은 곧 광대하여 끝이 없고, 수많은 어려움을 각기 달리 대처함은 다함이 없기 때문에 바다와 같다. 또 바다는 바람의 인연을 만나면 큰 파도가 구름처럼 일어나듯이, 지혜는 중생의 청함을 만나면 입의 변재가 물결처럼 오른다. 청법한 이들이 이미 그지없고, 변재 또한 끝없이 광대하다.

二具佛下는 身業이니 神通輪이니 謂三業無失하야 智深叵撓하야 爲具佛功德일세 故得外儀儼若하야 肅然可敬이라

제2구 '具佛' 이하는 身業이니 '신통변화의 법륜[神通輪]'이다. 삼업을 잃음이 없고 지혜가 깊어 흔들리지 않아서 부처의 공덕을 갖추었기에 밖으로 위의가 의젓하여 남들로부터 숙연히 존경받을 만한 것이다.

三知衆生下는 意業이니 記心輪이니 根義總明하고 文含性欲이라 言如應者는 根有生熟이어늘 化不失時오 器有大小어늘 授法無謬라 化는 謂

教化니 卽應攝受者而攝受之오 伏은 謂調伏이니 卽應折伏者而折伏之니 由此具行하야 入正法故니라【鈔_ 卽應攝受下는 卽勝鬘經文이오 由此具行入正法故者는 卽取意結之라 彼云折伏攝受하야 令正法久住라하니 多分折伏剛強이오 攝受柔弱이라】

제3구 '知衆生' 이하는 意業이니 '중생의 마음을 아는 법륜[記心輪]'이다. 근기의 의의를 모두 잘 알고, 문장에는 자성의 원하는 바를 포함하고 있다.

"그들에게 알맞게[如應]"라는 것은 중생의 근기에는 미숙과 성숙의 차이가 있지만 교화하는 데에 시기를 잃지 않고, 도량에는 크고 작은 차이가 있지만 법을 전수하는 데에 오류가 없음을 말한다.

'化伏'의 '化'는 교화이다. 받아들여야 할 사람이라면 그를 받아들이는 것이다. 伏은 調伏이다. 꺾어 굴복시켜야 할 사람이라면 꺾어 굴복시켜야 한다. 이와 같이 구족하게 행하여야 만이 바른 법에 들어갈 수 있기 때문이다.【초_ "받아들여야 할 사람이라면[卽應攝受]" 이하의 문장은 승만경의 글이다. "이와 같이 구족하게 행하여야 만이 바른 법에 들어갈 수 있기 때문이다."는 것은 말하고자 하는 뜻을 취하여 결론 맺은 것이다. 승만경에 이르기를, "꺾어 굴복시키거나 받아들여 바른 법에 오래 머무르도록 한다."고 하니 대부분 억센 중생은 꺾어 굴복시키고, 유약한 중생은 받아들이는 것이다.】

入法界藏하야 **智無差別**하며 **證佛解脫**하야 **甚深廣大**하며 **能隨方便**하야 **入於一地**하야 **而以一切**호대 **願海所持**로 **恆與智俱**하야 **盡未來際**하시니라

대보살의 지혜는 법계장에 들어가 하나가 되어 차별이 없으며, 부처님의 해탈을 증득하여 바다처럼 깊고 법계처럼 광대하며, '방편의 법으로 어느 한 지위에 따라 들어가고 바다와 같은 서원의 큰 힘으로 일체 지위를 받아들여'[17] 끝없는 미래가 다하도록 항상 지혜와 함께하였다.

◉ 疏 ◉

第三은 證理位極이니 亦三句라 一은 證理法이니 謂以大智로 證入平等眞法界藏이라 依佛性論說인댄 有五藏하니 一은 如來藏이니 謂在纏含果法故오 二는 自性淸淨藏이니 謂在纏不染이오 三은 法身藏이니 謂果位爲功德所依오 四는 出世間上上藏이니 謂出纏 超過二乘菩薩이오 五는 法界藏이니 謂通因果니 外持一切染淨有爲일세 故名法界니라 內含一切恆沙性德일세 故復名藏이오 此義寬通일세 故今證入이라하니라

言智無差別者는 所證之藏 平等하야 要無分別智라야 方契니 此則智自無差이라 卽由上義能所不殊오 又此能證智와 與所證藏이 冥合一

· · · · · · · · · ·

17 '방편의 법으로… 일체 지위를 받아들여' : 이는 청량소의 해석을 따라 중국의 어투로 번역한 것임을 밝혀둔다.

味하야 無有境智之異라 故云無差니라 此復有二하니 一은 同無相故니 下經에 云"無有少法爲智所入이오 亦無少智而入於法이라"하고 二는 同法界故니 則能所 各互攝盡일세 故下云'無有智外如爲智所入은 智攝如盡故오 亦無如外智能證於如는 如全攝故라 若皆一味댄 豈令智同於境而無智耶아' 古德이 釋云'智相盡故로 不有오 能令智相盡故로 不無니라 不爾댄 豈令諸相皆盡이어늘 而智獨存가'【鈔_ '智相盡故不有'는 則同如一味오 '能令智相盡故不無'는 則智有功能이니 反照智空하야 不取于智라야 斯爲眞智니라 故不無智오 '不爾'下는 反釋이니 反成不有一味之義라】

제3은 이치를 증득한 지위가 다함이니 또한 3구로 나뉜다.

제1구는 이치를 증득한 법을 밝힌 것이다. 큰 지혜로 평등하고 참된 법계의 창고[藏]를 증득하여 들어감을 말한다. 불성론에 의하면 5가지의 창고가 있다.

⑴ 여래의 창고이다. 번뇌 속에 불과의 법이 포함되어 있기 때문이다.

⑵ 자성의 청정한 창고이다. 번뇌 속에 있으면서도 물들지 않음을 말한다.

⑶ 법신의 창고이다. 부처님의 과위는 공덕의 의지할 곳임을 말한다.

⑷ 출세간의 가장 훌륭한 창고이다. 번뇌에서 벗어나 이승과 보살보다 뛰어남을 말한다.

⑸ 법계의 창고이다. 인행과 불과를 통틀어 말한다. 밖으로 모

든 染淨과 유위법을 지니고 있기에 법계라 말하고, 안으로 일체 항하의 모래와도 같은 수많은 본성의 공덕을 포괄하고 있기에 또한 창고라고 말한다. 이러한 의의를 너그럽게 통한 까닭에 여기에서 '증득하여 들어간다.'고 말한 것이다.

"지혜에 차별이 없다."는 것은 증득한 법계의 창고가 평등하여 분별이 없어야 만이 비로소 이에 하나가 될 수 있다. 이는 지혜에 본래 차별이 없기 때문이다. 곧 위에서 말한 '주관과 객관이 다르지 않음'에 의한 것이며, 또한 증득할 수 있는 주체의 지혜[無分別智]와 증득의 대상으로서의 창고[法界藏]가 보이지 않게 하나가 되어 경계와 지혜의 차별이 없기에 "지혜에 차별이 없다."고 말한 것이다. 여기에는 또한 2가지가 있다.

⑴ 無相과 같기 때문이다. 아래의 십회향품에 이르기를, "그 어느 작은 법도 지혜로 들어갈 것이 없고, 그 어느 작은 지혜도 법에 들어갈 것이 없다."고 하였다.

⑵ 법계와 같기 때문이다. 주관과 객관이 각각 서로 섭수하여 다하기에 아래에 이르기를, "지혜 밖의 진여도 지혜로 들어갈 바가 없는 것은 지혜가 진여를 모두 섭수한 때문이며, 또한 진여 밖의 지혜도 진여를 증득할 것이 없음은 진여가 지혜를 모두 받아들이기 때문이다. 만약 모두 이를 하나로 한다면 어찌 지혜를 경계와 하나가 되어 지혜조차 없도록 하지 않는가."라고 하였다.

옛 스님이 이에 대해 해석하였다.

"지혜의 상이 다한 때문에 지혜가 있지 않으며, 지혜의 상이

다하도록 한 때문에 지혜가 없는 것도 아니다. 그렇지 않다면 어찌 모든 상을 다 없앴는데 지혜만 홀로 남아 있는가."【초_ "지혜의 상이 다한 때문에 지혜가 있지 않다."는 것은 진여와 똑같이 하나이며, "지혜의 상이 다하도록 한 때문에 지혜가 없는 것도 아니다."는 것은 지혜에 능력의 상이 있기 때문이다. 지혜가 공함을 돌이켜 비추어 지혜를 취함이 없어야 만이 이를 참된 지혜라고 한다. 이 때문에 지혜가 없는 것도 아니다. "그렇지 않다면[不爾]" 이하의 문장은 반대로 해석한 것으로, 도리어 하나가 됨이 없다는 뜻을 형성한 것이다.】

是故로 於境에 則不礙眞而恆俗이오 於智에 則不礙寂而恆照는 卽境智非一이로되 境則不礙俗而恆眞이오 智則不廢照而恆寂은 卽境智非異니라 境則空有無二오 智則寂照雙融일세 故云無差別也니라 上來所釋은 約眞理寂寥하야 與止寂相順하고 俗諦流動하야 與觀照相順이니 起信等中에 且爲此釋이니라【鈔_ 言起信等者는 出其所據也라 等取瑜伽와 及別經論이어늘 言起信中者는 卽彼修行信心分中에 云云호되 何修行止觀門고 所言止者는 謂止一切境界相하야 隨順奢摩他觀義故오 所言觀者는 謂分別因緣生滅相이니 隨順毗鉢舍那觀義故니라 云何隨順고 以此二義로 漸漸修習하야 不相捨離코 雙現前故니라 若修止者는 住於靜處하야 端坐正意하야 不依氣息하고 不依形色하고 不依於空하고 不依地水火風하고 乃至不依見聞覺知하라 一切諸想은 隨念皆除하고 亦遣除想하라 以一切法으로 本來無想하야 念念不生하고 念念不滅하고 亦不得隨心外念境界니라 後以心除心하나

니 心若馳散이면 卽當攝來하야 住於正念이니라 是正念者는 當知唯心이오 無外境界니라 卽復此心도 亦無自相이라 念念不可得이니라 若從座起와 去來進止와 有所施作 於一切時에 常念方便하고 隨順觀察하고 久習純熟이면 其心得住라 以心住故로 漸漸猛利하야 隨順得入眞如三昧니라

釋曰 上皆論文은 止中則知無相이니 不生不滅하고 觀中에 常念方便과 及分別因緣生滅이니 明是止順於理오 觀順於事니라 又論下文에 云復次若人이 唯修於止면 則心沉沒하야 或起懈怠하야 不樂衆善하고 遠離大悲라 是故로 修觀이니라 修習觀者는 當觀一切世間有爲之法이 無得久停하야 須臾變壞하고 一切心行에 念念生滅이라 以是故苦等이라

釋曰 上亦多就事明觀이오 又下論에 云唯除坐時에 專念於止오 若餘一切는 悉當觀察應作不應作하야 止觀俱行이니 所謂雖念諸法 自性不生이나 而復卽念因緣和合하야 善惡之業의 苦樂等報가 不失不壞하고 雖念因緣善惡業報나 而亦卽念性不可得이니라

釋曰 此之雙行은 亦明念自性不生是止오 念因緣和合是觀이라 故疏出論意호되 眞理寂寥하야 與止寂相順하고 俗諦流動하야 與觀照相順이라하고 而上云"等取瑜伽者는 瑜伽七十七中에 亦說禪定이오 有於三品에 一은 奢摩他品이오 二는 毗鉢舍那品이오 三은 雙運品이라"하니 大旨는 與起信으로 多同일세 故致等言이라】

未盡其源이오 以令照眞일세 不得名照며 照俗之時에 不卽寂故니라

【鈔_ 未盡其源下는 次辨順違니 文雖順論이나 不知諸論이오 且約一

相인댄 便將寂照하야 敵對眞俗이라 故是有乖라 以令照眞下는 出其有乖所以니 由以寂對眞故로 單照眞時無照오 以照對俗故로 單觀俗時無寂이라 故統收經論中意댄 或以理觀으로 對於事止니 謂契理止妄이 是也라 或以事觀으로 對於理寂이니 謂無念知境이 是也라 或事觀으로 對於事寂이니 謂觀於一境하야 心不動搖 是也오 或理觀으로 對於理寂이니 忘心照極이 是也라 略擧其四로되 廣如賢首品이오 此猶約單觀이어니와 若約雙融事理댄 如下疏文이라】

이 때문에 경계는 미묘한 진리에 장애되지 않으면서도 항상 세속의 진리[俗諦]이고, 지혜는 고요함에 장애되지 않으면서도 항상 관조하는 것은 곧 경계와 지혜가 하나가 아니지만, 경계는 세속의 진리에 장애되지 않으면서도 항상 진리이고, 지혜는 관조를 버리지 않으면서도 항상 고요함은 곧 경계와 지혜가 다른 것이 아니다. 경계에는 空과 有가 둘이 없고, 지혜는 고요함과 관조가 모두 원융하기에 '차별이 없다.'고 말한다.

위에서 해석한 바는 진리란 고요하여 止와 寂이 서로 따르고, 세속의 이치란 움직여서 觀과 照가 서로 따르는 것으로 말하였다. 기신론 등에도 또한 이와 같이 해석하였다.【초_ 기신론 등을 말한 것은 출전의 근거를 밝힌 것이다. 유가경 및 다른 경전의 논을 똑같이 인용하였지만 기신론만을 말하면 그 '修行信心分'에서 다음과 같이 말하였다.

"어떻게 止觀門을 닦아야 하는가. 止라 말한 것은 일체 경계의 모습을 그치고서 사마타 觀義를 따르기 때문이며, 觀이라 말한 것은 인연이 나고 사라지는 모습을 분별함이니 위빠사나의 觀義를 따르기 때문이다. 무엇을 '따른다[隨順]'고 말하는가. 이 2가지의 뜻으로 차츰차츰 닦고 익혀 서로 버리거나 떠나지 않고서 그 2가지가 모두 앞에 나타나기 때문이다.

만일 止를 닦는 자라면 고요한 곳에 머물면서 단정히 앉아 뜻을 바르게 하고서, 호흡의 숨에 의지하지 말고, 형체의 색에 의지하지 말고, 空에 의지하지 말고, 지수화풍에 의지하지 말고, 내지 견문각지에 의지하지 마라. 일체 모든 생각은 생각이 일어나는 대로 모두 없애고, 또한 없앤다는 생각마저 없어야 한다. 모든 법은 본래 그 어떤 모습도 없어 모든 생각이 일어나지 않고 모든 생각이 사라지지도 않고, 또한 바깥 경계를 생각하는 마음을 따라가서도 안 된다.

그런 뒤에 마음을 마음으로 없애니 마음이 흐트러지면 곧 마음을 거두어 正念에 머물러야 한다. 정념이란 오직 마음일 뿐, 바깥 경계가 없음을 알아야 한다. 이처럼 이 마음 또한 자체의 형상이 없기에 그 어떤 생각에도 얻을 수 없다. 만약 앉고 서고 가고 오고 나아가고 멈추고 하는 모든 일 그 모든 시간에 항상 방편을 생각하고 이치에 따라 살펴보고 오래 익혀 純熟하면 그 마음을 가질 수 있다. 마음이 머물 수 있었기에 차츰차츰 거세게 물이 흐르듯 진여삼매에 따라 들어갈 수 있다."

이에 대해 해석하기를, "위에서 논한 문장은 止 가운데에서 모습이 없어 나지도 않고 사라지지도 않음을 알 수 있고, 觀 가운데에서 항상 방편을 생각하는 것과 인연의 생겨나고 사라짐을 분별하는 것이다. 이는 止란 이치를 따르는 것이고, 觀이란 일을 따르는 것임을 밝힌 것이다."고 하였다.

또 아래 문장에서 논하기를, "또 사람들이 오직 止만 닦으면 마음이 가라앉거나 때로는 게을러져 많은 선을 좋아하지 않고 대자비를 멀리하게 된다. 이 때문에 觀을 닦는 것이다. 관을 닦아 익히는 자는 모든 세간의 有爲의 생멸법이 오래 머물 수 없어 잠깐 사이에 변하고 사라지며, 모든 마음이 생각마다 생겨나고 사라지게 된다. 이 때문에 괴로움이라는 것을 보아야 한다."고 하였다.

이에 대해 해석하기를, "위에서 말한 바는 또한 行事上에서 관을 밝힌 부분이 많다."고 하였다.

또 이어 아래에서 다음과 같이 논하였다.

"오직 앉을 때에는 止만을 오롯하게 생각할 뿐, 나머지 모든 것은 해야 할 일인지 아닌지를 살펴서 모든 생활에 지관을 함께 수행해야 한다. 이른바 모든 법의 자성이 나지 않았음을 생각하지만 다시 인연의 화합으로 선과 악에 의해 얻어지는 고통과 즐거움 등의 과보가 어긋나거나 사라지지 않음을 생각하고, 비록 인연의 화합으로 선업과 악업의 과보를 생각하지만 또한 그 자성은 얻을 수 없다는 점을 생각해야 한다."

이에 대한 해석은 다음과 같다.

"이러한 지관을 함께 닦음은 또한 자성이 일어나지 않음이 止임을 분명하게 생각하고, 인연 화합이 觀임을 분명히 생각하는 것이다." 이 때문에 청량소에서 통현론의 뜻을 인용하여 말하기를,

"진리란 고요하여 止와 寂이 서로 따르고, 세속의 이치란 움직여서 觀과 照가 서로 따른다."고 하였다. 위에서 말한 것은 유가론 권77에서 또한 선정을 말한 것을 똑같이 취하였고, "3품에 첫째는 사마타품이며, 둘째는 위빠사나품이며, 셋째는 함께 운용하는 품이다."고 하였다. 큰 뜻은 기신론과 대부분 같기에 이를 등등의 말[等言]이라고 하였다.】

그 근원을 다하지 못하고서 그렇게 진리를 비춰보기에 '照'라 말할 수 없으며, 세속의 이치를 비출 때에는 곧 '寂'이라 할 수 없기 때문이다.【초_ "그 근원을 다하지 못하다[未盡其源]." 이하의 문장은 다음으로 隨順과 어긋남[違乖]을 논변한 것이다. 문장은 비록 수순과 관련한 논이지만 여러 논들은 알 수 없고, 一相을 들어 말한다면 곧 寂照를 가지고 眞俗에 배대하였다. 이 때문에 어긋나는 것이다. "그렇게 진리를 비춰보기에[以令照眞]" 이하의 문장은 어긋나게 된 그 원인을 내보여준 것이다. 寂으로 眞에 배대한 까닭에 진리만을 비출 때에는 세속의 이치를 비춤이 없고, 비춤[照]으로 세속의 이치에 배대한 까닭에 세속의 이치만을 비출 때에는 고요함이 없다. 이 때문에 경론의 여러 의미를 모두 종합하여 보면, 대략 4가지가 있다.

혹은 진리상의 觀으로 事邊의 止에 배대함이니 진리에 계합하여 거짓된 것을 저지하는 것이 바로 그것이다.

혹은 事邊의 觀으로 진리상의 고요함[理寂]에 배대함이니 무념으로 경계를 아는 것이 바로 그것이다.

혹은 사변의 관으로 사변의 고요함[事寂]을 배대함이니 하나의 경계를 관하여 마음에 동요가 없는 것이 바로 그것이다.

혹은 진리상의 觀으로 진리상의 고요함[理寂]에 배대함이니 마음마저 잊고서 極處를 비춤이 바로 그것이다.

간단하게 4가지만을 들어 말했지만, 자세히 말하면 현수품과 같다. 여기에서는 오히려 하나의 觀만을 들어 말했지만 事變과 진리를 모두 들어 말한다면 아래의 청량소에서 말한 바와 같다.】

今正釋者는 謂言用인댄 則同而異니 由境不能照로되 智有照故오 言寂인댄 則異而同이 境智無異味故니라 同故로 無心於彼此니 忘心契合故오 異故로 不失於照功이니 智異木石故니라 故名眞智證理라하니 境則唯寂이어니와 智則寂而常照니라【鈔_ 今正釋者下는 申正義라 約證理로 以釋境智 非一異義는 卽肇公般若無知論中之意어늘 而便以疏로 間而釋之라 彼論에 "先有難云聖智之無와 惑智之無 俱無生滅이어늘 何以異之耶아" 答曰 "聖智之無者는 無知오 惑智之無者는 知無니 其無는 雖同이나 所以無者는 異也라 何者오 夫聖心은 虛寂하야 無知可無니 可曰無知오 非謂知無어니와 惑智는 有知일세 故有知可無니 可謂知無오 非曰無知也니라 無知는 卽般若之無也오 知無는 則眞諦之無也라 是以로 般若之與眞諦는 言用인댄 則同而異어니와 言寂인댄 則異而同이라 同故로 無心於彼此오 異故로 不失於照功이니라 是以로 辨同者는 同於異하고 辨異者는 異於同하나니 斯則不可得而異오 不可得而同也니라 何者오 內有獨鑒之明하고 外有萬法之實하니 萬法雖實이나 然非照면 不得內外相與以成其照功이니 此則聖所不能同

인 用也오 內雖照나 而無知오 外雖實이나 而無相이라 內外寂然하야 相與俱無니 此則聖所不能異인 寂也라 是以로 經云諸法不異者는 豈曰續鳧截鶴하고 夷岳盈壑이라야 然後無異哉아 誠以不異於異일세 故雖異而無異耳니라 故經云甚奇로다 世尊이여 於無異法中에 而說諸法異라하고 又云般若與諸法은 亦不一相이오 亦不異相이라하니 信矣로다" 釋曰 但觀上來所引論文이면 則疏之中에 自分主客이어니와 但觀疏文中間釋論인댄 則論旨趣居然可知로다】

이제 바로 해석하면, 動用으로 말할 경우, 같으면서 다르다. 이는 경계란 비추지 못하지만 지혜는 비출 수 있는 데에서 연유한 때문이다. 고요함[寂]으로 말할 경우, 다르면서도 똑같다. 이는 경계와 지혜가 다름이 없기 때문이다. 똑같기에 피차 모두가 무심하니 마음을 잊고서 계합한 때문이며, 다르기에 비추는 능력을 잃지 않으니 지혜는 목석과 다르기 때문이다. 그러기에 '참 지혜는 이치를 증득한다.'고 말하니 경계는 언제나 고요할 뿐이지만 지혜는 고요하면서도 항상 비추는 것이다.【초_ "이제 바로 해석하면[今正釋者]" 이하의 문장은 거듭 바른 뜻을 말한 것이다. 진리를 증득한 것으로 '경계와 지혜는 하나도, 다른 것도 아니다.'라는 뜻으로 해석한 것은 곧 승조 법사의 반야무지론에서 말한 뜻인데, 청량소에서 이를 끼워 넣어 해석하였다.

반야무지론에서 다음과 같이 말하였다.

먼저 따져 물었다.

"성인 지혜의 無와 중생 지혜의 無는 모두 생멸이 없는데 어떻게 이를 다르다고 생각하는가?"

이에 대해 답하였다.

"'성인 지혜의 無'는 이미 지각분별심이 없음이며, 중생 지혜의 無는 그것을 없애야 할 줄을 아는 단계임을 말한다. 그 없다는 것이란 똑같지만 없다는 그 실체는 다르다. 무엇 때문인가. 성인의 마음은 텅 비고 고요하여 지각분별심을 없앨 것조차 이미 없기에 '지각분별심이 아예 없다.'고 말할 수 있지만, '없애야 할 줄을 안다.'는 말은 아니다. 중생의 지혜는 지각분별심이 남아 있기에 그것을 없애야 할 줄을 아는 것인바, '없애야 할 줄을 안다.'고 말할 수는 있으나 '이미 지각분별심이 아예 없다.'고 말할 수는 없다.

성인의 지혜에 '지각분별심이 아예 없다.'는 것은 반야의 無임에 반하여, 중생의 지혜에 '없애야 할 줄을 안다.'는 것은 미묘한 진리의 無를 말한다. 이 때문에 반야와 진제는 動用으로 말한다면 같으면서도 다르지만, 虛寂으로 말한다면 다르면서도 똑같다. 똑같기 때문에 피차에 서로 무심하고, 다르기 때문에 관조하는 능력을 잃지 않는다.

이 때문에 같은 측면에서 말한다면 다르지만 똑같고, 다른 측면에서 말한다면 같으면서도 다른 것이다. 이처럼 다르다 할 수도 없고 같다고 할 수도 없다. 이는 무엇 때문인가. 성인의 지혜는 내면에 홀로 비춰 보는 밝은 거울이 있고, 밖으로는 모든 차별법의 진실함이 있기 때문이다. 밖으로 모든 법이 아무리 진실할지라도 내면의 관조하는 거울이 없으면 안팎으로 서로 함께하면서 관조의 능력을 성취할 수 없다. 이는 성인의 지혜와 똑같지 않은 바인 작용이다. 내면으로 관조하면서도 지각분별심이 아예 없고 밖으로 모든 차별법이 진실하면서도 相이 없기에, 안과 밖이 고요하여 그 어느 것도 모두 없다. 이는 성인의 지혜와 다르지 않은 바인 고요함이다.

이 때문에 대품반야경에서 말한 '모든 차별법이 다르지 않다.'는 것은 어찌 학의 긴 다리를 잘라 짧은 오리 다리에 이어주고, 높다란 산등성이를 깎아 깊은 골짜기를 메워서 똑같아야 만이 다름이 없다고 말하겠는가. 참으로 작용의 다른 점에서도 다르지 않기 때문에 비록 작용이 다를지라도 다르지는 않은 것이다. 이 때문에 대품반야경에서 이르기를, '매우 기이합니다. 세존이시여, 다름이 없는 법 가운데에서 모든 법의 다른 점을 말씀하십니까?'라고 하였고, 또 이르기를, '반야와 모든 법은 또한 하나의 모양도 아니며, 또한 다른 모양도 아니다.'고 하니 진실한 말씀이다."

이를 해석하면, 다음과 같다.

단 위의 인용한 논만을 본다면 청량소 가운데 저절로 주와 객이 구분되겠지만, 청량소의 중간에 논을 해석한 부분만을 보면 논의 뜻을 편안히 알 수 있을 것이다.】

若約照俗인댄 則以後得智로 照差別之境이로되 若約融眞俗者댄 境則眞俗不二오 智則權實雙行이니 亦爲一味而不失止는 以雖雙行而卽寂故니라 若約三觀과 及融境智는 至下當辨이라【鈔_ 若約三觀下는 約三觀說이니 謂空觀 假觀 中道觀이니 在心에 則空假中一心이

오 對境에 無諦有諦中道第一義諦니 三諦之境이오 三觀에 自有三止니 空觀에 有體眞止오 假觀에 有隨緣止오 中道觀에 有離二邊分別止라 三止三觀의 六法이 一時에 以契一諦三諦之境하야 境智一味면 則有九法이 皆成一味오 更有異門等하니 並如下說이라】

만일 세속의 이치를 비춰보는 것으로 말하면 後得智로써 차별 경계를 비추지만, 만일 진리와 세속의 이치가 서로 융화한 것으로 말하면 경계는 미묘한 진리와 세속의 이치가 둘이 아니며, 지혜는 방편과 진실이 함께 행하는 것이다. 이 역시 하나이면서도 止를 잃지 않은 것은 비록 함께 행하면서도 고요함과 하나이기 때문이다. 만일 三觀과 경계와 지혜를 융화함으로 말한다면 아랫부분에서 밝힐 것이다.【초_"만일 삼관[若約三觀]" 이하의 문장은 三觀으로 말한 것이다. 空觀과 假觀과 中道觀을 말한다. 마음에 있으면 공관·가관·중도관이 하나의 마음이며, 경계를 대하여서는 無諦(眞諦)와 有諦(俗諦)와 中道第一義諦이니 三諦의 경계이다.

삼관에는 자연히 三止가 있다. ① 공관에 體眞止가 있고, ② 가관에 隨緣止가 있고, ③ 중도관에 공관과 가관의 구분을 여읜 止가 있다. 삼지와 삼관의 6가지 법이 동시에 一諦와 三諦의 경계에 계합하여 경계와 지혜가 하나가 되면 9가지의 법이 모두 하나를 이루게 된다. 또한 다른 주제가 있다는 등등은 모두 아래에서 말한 것과 같다.】

二證佛下는 明證果法이라 言解脫者는 謂作用自在니 如不思議法品說에 於一念中에 建立三世一切佛事等이 總有十種하니 廣如彼說

이라 卽用而眞일세 故甚深이오 用無涯畔일세 故廣大오 上窮彼際일세 故云證也라

제2, '證佛' 이하의 구절은 果法을 증득한 부분을 밝힌 것이다.

'해탈'이라 말한 것은 작용이 자재함을 말하니 제33 부사의법품에서 말한 바와 같다. 한 생각의 찰나에 삼세의 일체 불사 등을 세운 것이 모두 10종류이다. 자세한 설명은 아래 부사의법품에서 말한 바와 같다.

작용과 하나가 된 진리인 까닭에 '甚深'이라 하고, 작용이 끝이 없기 때문에 '광대'하다 하고, 위로 그때를 다하였기에 '증득'이라 말한 것이다.

三'能隨'下는 明得位極이니 謂普賢身이 徧於六位하야 隨在一位라도 以願海力으로 持於一切라 故舊經에 云在於一地라도 普攝一切諸地功德이라하니 今此文은 順西國이니 若順此方인댄 應云能以方便으로 隨入一地하고 以願海力으로 攝持一切地라

제3, '能隨' 이하 구절은 6위[**十信, 十住, 十廻向, 十地, 佛地**]의 극처를 얻음에 대해 밝힌 것이다.

보현의 몸이 6위에 두루 하여 어느 한 지위에 있을지라도 바다처럼 큰 서원의 힘으로 일체를 받아들임을 말한다. 이 때문에 옛 경전에 이르기를, "어느 한 지위에 있을지라도 널리 일체 모든 지위의 공덕을 지닌다."고 하였다.

이 부분의 문장은 인도의 범어 어순을 따라 이처럼 번역한 것이다. 만약 중국의 어순을 따라 번역한다면, "방편으로 어느 한 지

위에 따라 들어가고 바다와 같은 서원의 큰 힘으로 일체 지위를 받아들인다."고 말해야 할 것이다.

然有引梵本하야 廣明此中句數 開合不同이나 不必應爾라 何者오 夫譯梵爲唐은 誠乃不易라 苟文小左右라도 貴於旨不乖中이니 若理不可通인댄 則正之以梵本이어니와 譯人意近인댄 則會之以舊經이어늘 言異意同에 何必廣引가【鈔_ 言譯梵爲唐誠乃不易者는 按道安法師云譯梵爲秦에 有五失本 三種不易라하니 卽叡公 摩訶般若經序所明이라

言五失本者는 一은 梵語盡倒어늘 而使從秦이 一失本也오 二는 梵經尙質이어늘 此方好文하야 傳可衆心에 非文不合이 二失本也오 三은 梵經委悉하야 至於歎詠이 叮嚀反覆하야 或三或四하야 不嫌其繁이나 而今裁斥이 三失本也오 四는 梵有義說이 正似亂辭로되 尋說向語면 文無以異어늘 或千或百을 刈而不存이 四失本也오 五는 事已全成에 將更傍及하고 反騰前辭하고 已乃復說하야 而悉除之하니 此五失本也라

又三種不易은 何者오 然般若經은 三達之心으로 覆面所演이로되 聖必因時라 時俗에 有險易하야 而删古雅以適今時는 一不易也오 愚智天隔이오 聖人叵階어늘 乃欲以千載之上微言으로 傳合百王之下末俗은 二不易也오 阿難出經이 去佛未久로되 尊者大迦葉이 令五百六通으로 迭察迭書어늘 今雖千年이나 而以近意裁量하나니 彼阿羅漢 乃兢兢若此어늘 此生死人으로 而平平若此하니 豈將不知法者勇乎아 斯三不易也라 涉兹五失하고 逮三不易하야 譯梵爲秦에 詎可不愼乎아 今用此意일세 故云誠乃不易라하니라

苟文小左右下는 示譯方軌니 先二句는 總令取意니 卽什公意라 叡公 摩訶般若波羅密經序에 云執筆之次는 三惟亡師五失三不易之誨하야 惕焉若厲하야 憂懼盈懷니 雖復履薄臨深이라도 未足喻也라 幸冀宗匠通鑒하노니 文雖左右나 而旨不違中이면 遂謹受按譯하야 敢當此任이라 故會意譯經은 姚秦羅什이 爲最오 若敵對翻譯은 大唐三藏이 稱能이라

若理不可通下는 別示方軌니 如下萬字非字와 虛空無形에 引梵以正은 斯引得矣라 譯人意近은 則會之以晉經者는 如今經云以是發心이면 當得佛故는 引晉經하야 云以是發心이 卽是佛故라하니 譯人意는 謂卽佛이 恐濫果佛이라 故云當得이라 若爾댄 上云初發心時에 便成正覺이 何異卽佛가 況下復云卽得如來一身無量身等은 豈唯當成爲是리오 是知卽佛은 約圓融門이오 當成은 但是行布之意어늘 今以行布釋於圓融이라 故言意近이니 須引晉經하야 以成正理오 又如出現品菩提章에 云於一切義에 無所觀察이라하니 但得寂義라 故引晉經하야 解一切義면 則止觀具矣라 如是等文은 其類多矣라】

그러나 어떤 이는 범본을 인용하여, 이 부분의 구절 수효를 대조하여 그 다른 점을 자세히 밝혔지만, 꼭 그럴 것은 없다. 무엇 때문인가. 범어를 중국 말로 번역한다는 것은 참으로 쉽지 않은 일이다. 설령 문장에 다소 차이가 있을지라도 본지에 어긋나지 않게 번역하는 것을 귀중하게 여긴다. 만일 문장의 맥락이 통하지 않으면 범본으로 바로잡아야 하겠지만, 번역가가 그 의미에 가깝게 번역했다면 예전에 번역한 경전으로 이해하면 되는 일인데, 말이야 다

르지만 뜻이 똑같은 것을 어찌 굳이 널리 인용할 필요가 있겠는가.
【초_ "범어를 중국 말로 번역한다는 것은 참으로 쉽지 않다."는 것은 도안 법사의 말을 살펴보면, "범어를 중국어로 번역하는 데에 5가지의 본지 상실[五失本]과 3가지의 쉽지 않은 부분[三不易]이 있다. 이는 승예 법사의 마하반야경 서문에서 밝혀주고 있다.

5가지의 본지 상실[五失本]이라 말한 것은 다음과 같다.

① 범어의 어순은 모두 거꾸로 쓰였는데, 이를 중국의 어순으로 맞추다 보니 이것이 첫째 본지의 상실이다.

② 범어의 경전은 소박한 문장을 숭상하는데, 중국 사람은 꾸미는 문장을 좋아한다. 이를 번역하는 과정에 중국인의 비위에 맞추다 보니 화려하게 꾸민 문장이 아닐 경우, 그들의 마음에 부합되지 않는 것이 둘째 본지의 상실이다.

③ 범어의 경전은 간곡하고 상세하여 심지어 찬탄하고 읊조리는 데에 간절하게 반복하여 더러는 세 차례, 네 차례까지 그 번잡한 문장을 싫어하지 않는데, 지금 중국에서 이를 잘라버리는 것이 셋째 본지의 상실이다.

④ 범어에는 뜻으로 말한 부분이 있어 얼핏 보면 마치 정리되지 않은 문장처럼 보인다. 하지만 말뜻을 찾아 번역해나가면 중국의 번역문이 범어와 달라질 게 없는데, 어떤 이는 1천 자, 또는 1백 자씩을 잘라 없애버린 채, 남겨두지 않는다. 이것이 넷째 본지의 상실이다.

⑤ 번역의 일이 이미 모두 끝났음에도 다시 이것저것을 언급하

고 도리어 예전의 글을 다시 베끼고 이에 반복하여 말하여 모두 본지를 없애버리니 이것이 다섯째 본지의 상실이다.

또한 3가지의 쉽지 않은 부분[三不易]이란 무엇인가.

그러나 반야경에서는 3가지를 통달[三達: 三明. 宿命智證明, 生死智證明, 漏盡智證明]한 마음으로 중생에 알맞게 경을 설하였지만, 성인은 시속을 따르는 것이다. 시속에는 높낮이의 변화가 있기에, 우아한 옛 문장을 삭제하여 오늘날의 시대에 맞추는 것은 첫째 쉽지 않은 부분이다.

어리석은 이와 지혜로운 이는 천지 차이이며, 성인의 경지에는 오를 수 없음에도 이에 천년 이전의 은미한 성인의 말씀을 百代 이후 말세 중생에게 맞춰 전하려는 것은 둘째 쉽지 않은 부분이다.

아난 존자가 처음 부처님의 경을 외워 정리한 것은 부처님이 열반한 직후로, 가섭 존자가 5백 육신통(神足通·天耳通·他心通·宿命通·天眼通·漏盡智證通) 아라한을 모아 번갈아 살피고 번갈아 쓰도록 하였는데, 천년이 지난 오늘날 어리석은 의견으로 이를 번역하여 쓰려고 하는 것이다. 돌이켜보면 그와 같은 아라한으로서도 이처럼 힘들어했는데 생사를 벗어나지 못한 사람으로서 이처럼 쉽게 생각하니 어쩌면 이를 두고 '무식한 자가 용감하다.'고 말한 것일까? 이것이 셋째 쉽지 않은 부분이다.

이처럼 5가지의 본지 상실을 거치고 3가지의 쉽지 않은 부분에 부딪치면서 범어를 중국어로 번역함에 있어 어찌 삼가지 않을 수 있겠는가."라고 하였다. 여기에서 승예 법사의 뜻을 따라 말했기에 번역하기가 "참으로 쉽지 않다."고 말한 것이다.

"설령 문장에 다소 차이가 있을지라도[苟文小左右]" 이하 문장은 번역의 모범을 보인 것이다. 앞의 2구(苟文小左右 貴於旨不乖中)는 번역의 정의를 통틀어 말한 것이니 구마라습의 뜻이다. 승예 법사의 마하반야경 서문에 이르기를, "붓을 잡을 적이면 옛사람이 말한 5가지의 본지 상실과 3가지의 쉽지 않은 부분이 있다는 가르침을 세 차례 거듭 생각하여 위태로운 일처럼 두려워하는 마음으로 걱정과 두려움이 가슴에 가득하다. 비록 살얼음을 밟듯이, 깊은 연못 위에서 있는 듯한 두려움으로도 이를 비유할 수 없을 것이다. 대가의 통찰을 바라는 바이니 설령 문장에 다소 차이가 있을지라도 본지에 어긋나지 않으면 삼가 번역을 살펴 감히 이 일을 담당하는 것이다."고 하였다. 그러므로 의미로 이해하여 번역한 경전은 姚秦 시대의 구마라습이 최고였다. 그러나 만일 원문의 글자에 대조하여 번역한 것이라면 唐代의 현장 삼장이 가장 능력이 있다고 말할 것이다.

"만일 문장의 맥락이 통하지 않으면[若理不可通]" 아래는 별도로 모범을 보인 것이다. 아래의 '萬' 자·'非' 자와 虛空無形에 대해 범본을 인용하여 이를 바로잡은 것은 그 인용이 적절한 것이다.

"번역자가 경전의 본의에 근사하게 번역했으면 이를 晉代에 번역한 역경과 대조해야 한다."는 것은 예컨대 본경(80화엄)에서 "이처럼 발심하면 마땅히 부처를 얻을 수 있기 때문이다."(初發心功德品)는 부분에 대해 晉譯(60화엄)을 인용하면 "이러한 발심이 곧 부처이기 때문이다."라고 말한다. 본경 번역자의 의도는 '곧 부처이다[卽是佛].'라는 구절이 외람되게 '과덕의 부처[果佛]'를 뜻한 것임을 두려워한 때문에 이를 한 수 낮춰서 '마땅히 부처를 얻을 수 있다.'라고 바꿔 쓴 것이다. 만일 번역자의 뜻대로 정히 그러하다면 위에 말한 "처음 발심할 때에 곧바로 정각을 이룬다."는 것은 '곧 부처이다.'는 뜻과 그 무엇이 다르겠는가. 더욱이 아래의 경문에서 "여래의 한 몸에 한량없는 몸을 얻는다."(초발심공덕품)고 하였다. 어찌 유독 '마땅히 얻을 수 있다[當成].'는 말만 옳겠는가? 이를 통해 '곧 부처이다.'는 것은 원융 법문으로 말한 것이며, '마땅히 얻을 수 있다.'는 것은 다만 항포(行布: 差別, 원융의 반대)의 뜻임을 알 수 있다. 그럼에도 여기에서는 원융의 뜻[卽佛]을 차별의 항포[當成] 의미로 해석한 것이다. 이 때문에 그 '뜻이 근사하다.'고 말하니 이는 반드시 晉譯 60화엄을 인용하여 바른 뜻으로 바꿔야 할 것이다. 또한 제37 여래출현품 菩提章에 이르기를, "일체 의리에 대하여 관찰한 바 없다."고 하니 단 寂의 뜻만을 말한 것이다. 이 때문에 晉譯 60화엄을 인용하여 '일체 의리'를 해석하면 止觀이 구족하다는 뜻이다. 이와 같은 문장의 유가 많은 부분에 보인다.】

言恆與智俱者는 明智窮來際니 文含二義니 一은 望前이니 謂雖在因中一地나 而願力은 持一切地功德하야 皆與智俱하야 盡未來際토록 不離一地니 如一地처럼 餘地도 亦爾라 是故로 因門은 盡於未來토록 但是一一諸位菩薩은 不見作佛時라 二는 望後니 以盡未來之大智하야 入如來之果海也라 雖有二義나 順前義勝이라(**初 自分因行德 竟하다**)

"항상 지혜와 함께하였다."는 것은 지혜가 미래의 즈음에 다함을 밝힌 것이다. 이 문장에는 2가지의 뜻이 담겨 있다.

⑴ 보름 이전의 달처럼 점차 닦아가는 因位이다. 비록 인위의 어느 한 지위에 있으나 원력만큼은 모든 지위의 공덕을 지니고 모두 지혜와 함께하여 미래의 즈음이 다하도록 한 지위도 여의지 않는다. 한 지위도 여의지 않는 것처럼 나머지 모든 지위 또한 그러하다. 이 때문에 수행의 因門은 미래가 다하도록 다만 하나하나 여러 지위의 보살은 성불하는 때를 보지 못하는 것이다.

⑵ 보름 이후 둥근달처럼 이미 얻은 果位이다. 미래의 즈음에 다하는, 큰 지혜로써 여래의 果海에 들어가는 것이다.

이처럼 2가지의 뜻이 있지만 앞의 수승한 뜻을 따른다. **(첫 부분 自分의 因行德에 관한 부분을 끝마치다.)**

經

了達諸佛의 **希有廣大秘密之境**하며 **善知一切佛**의 **平等法**하며 **已踐如來**의 **普光明地**하며 **入於無量三昧海門**하며 **於一切處**에 **皆隨現身**하야 **世法所行**에 **悉同其事**하고 **總持廣大**하야 **集衆法海**하고 **辯才善巧**로 **轉不退輪**하시니라

모든 부처님의 희유하고 광대한 불가사의의 비밀 경계를 깨달았으며,

모든 부처님이 증득하고 설법한 평등한 법을 잘 알았으며,

여래의 드넓고 광명한 진실지혜의 경지를 이미 밟았으며,

한량없는 삼매바다[無量定海]의 문에 들어갔으며,

대보살들은 모든 곳에서 모두 중생을 따라 그들의 몸을 나타내어, 일체 세간법으로 행하여야 할 일들을 모두 중생과 함께하였고, 대보살은 모든 법을 총괄[總]하여 한량없는 뜻을 지님으로써[持] 매우 드넓고 크기에, 8만4천 온갖 법문을 한 몸에 모두 지녔으며, 그들의 말재주는 막힘없이 훌륭하여 앞으로 나아갈 뿐, 다시는 물러서지 않는 법륜을 굴리었다.

◉ 疏 ◉

第二는 明勝進果行이니 分二라 一은 得果法이오 二는 起果用이라

今初에 有四句라 一은 入佛密境이니 此有二意니 一은 佛卽密境이니 以三業業具로 非餘測故니 謂非色現色이니 摩尼로도 不能喻其多오 非量現量이니 應持로도 不能窮其頂이오 不分而徧이니 一多로 不足異其體오 全法爲身이니 一毛不可窮其際니 此身秘密也라 佛言聲也는 非近非遠하니 目連은 尋之無際오 身子는 對而不聞이며 非自非他니 若天皷之無從이오 猶谷響而緣發이며 無邊法海를 卷之在一言이오 無內圓音을 展之該萬類하나니 是謂佛口密也라 意則無私成事하니 等覺도 尚不能知니 密之至也라 皆廣大無涯하고 超絕奇特일세 故云希有라하다 二는 佛之密境이니 謂卽一乘이라 如來知見·禪定·解脫이 深入無際帝網之境하사 時乃說之일세 故云希有오 久默斯要하니 甚爲秘密이오 又權實隱顯을 唯佛方知일세 故云秘密이어늘 今洞見其源일세 故云了達이라하니라

제2는 훌륭하게 닦아나가는 과행을 밝힌 것이다. 이 문장은 2단락으로 나뉜다. 첫째는 佛果의 법을 얻음이며, 둘째는 불과의 妙用을 일으킴이다.

이 첫 단락은 4구이다.

제1구는 부처님의 비밀스러운 경계에 들어감이다. 여기에는 2가지의 의미가 있다.

(1) 부처님 그 자체가 곧 비밀의 경지이다. 삼업(身口意 三秘)이 구족하므로 그 밖의 대중들이 헤아릴 수 없기 때문이다.

모습이 아닌 것으로 모습을 나타내니 마니보주로서도 부처님의 수많은 모습을 비유할 수 없고, 限量할 수 없는 것으로 한량을 나타내니 應持보살이 부처님의 큰 몸을 헤아려보려고 했지만 그 이마의 끝을 찾을 수 없고, 구분 없이 두루 하니 하나와 많음으로도 그 體性을 달리하지 못하고, 온전한 법으로 몸을 삼으니 하나의 털끝이라도 그 끝을 알 수 없다. 이것이 부처님 '몸의 비밀[身密]'이다.

부처님의 음성은 가까이서 들리는 것도 멀리서 들리는 것도 아니기에, 목련 존자는 그 음성을 찾으려 했지만 끝이 없었고, 사리불은 대면하고서도 듣지 못하였다. 자신이 말한 것도 남들이 말한 것도 아니라, 마치 하늘 북이 그 어디에서 울려오는지 알 수 없는 것과 같고, 골짜기의 메아리가 서로 울려 끝없이 번져가는 것과 같았다. 바다처럼 그지없는 법을 한마디의 말씀으로 함축하고, 너무 작아서 안이 없는 원만한 음성을 널리 펼쳐 만류를 갖추었다. 이것은 부처님 '입의 비밀[口密]'이다.

의지의 작용은 사심 없이 일을 성취하기에 등각보살로서도 오히려 알지 못하니 이것이 부처님 '의지의 지극한 비밀[意密]'이다.

이처럼 삼업이 넓고도 커서 끝이 없으며 뛰어나 특별한 까닭에 '希有'라고 말한다.

⑵ 부처님의 비밀스러운 경계이다. 곧 일승임을 말한다. 여래의 지견과 선정과 해탈이 끝없는 인다라망의 경계에 깊이 들어가 때가 되면 설법하시기에 '희유'하다고 말한다. 이러한 要諦를 오래도록 침묵하니 무척 비밀스럽고, 또 방편의 가르침과 진실의 가르침을 보이지 않거나 나타냄을 오직 부처님만이 알 수 있기에 '비밀'이라고 말한 것인데, 이제 그 근원을 통달하여 보았기에 '了達'이라 말한다.

二'善知'下는 入平等이니 亦有二意니 一은 佛佛平等이니 謂一切諸佛體性平等하사 法身無二라 故智慧平等하야 德無增減故오 內用平等하야 悲願普應故니라 二者는 佛所證法 平等이니 卽第一義니 此二無二니 稱此而了일세 故名善知라하니라

제2, '善知' 이하의 구절은 평등법에 들어감을 밝힌 것이다. 이 또한 2가지의 뜻이 있다.

⑴ 부처와 부처가 평등함이니 모든 부처님의 體性이 평등하여 법신이 둘이 없는 까닭에 지혜가 평등하여 덕에 증감이 없기 때문이며, 마음 씀씀이가 평등하여 대자비심의 서원으로 널리 중생에 응하기 때문이다.

⑵ 부처님이 증득한 법이 평등함이니 곧 第一義諦이다.

이 2가지가 둘이 없음이니 여기에 맞게 깨달은 까닭에 '善知'라고 말한다.

三'已踐'下는 明得佛位니 謂佛有十地니 如大乘同性經說이니 一은 甚深難知廣明智德地로 乃至第十名毗盧遮那藏海智地니 此十이 同是佛地로되 約德用成別이어늘 今普光明은 當其第一이니 普卽廣義오 光明卽明이니 甚深難知라 此文雖略이나 義在普中이라 擧初攝後하야 理實皆踐이오 又普光明은 亦十地之總이니 總不出於普法智光故니라

【鈔_ '如大乘'等者는 經云一은 甚深難知廣明地오 二는 淸淨身分威嚴不思議明德地오 三은 善明月幢寶相海藏地오 四는 精妙金光功德神通智德地오 五는 火輪威藏明德地오 六은 虛空內淸淨無垢焰光開相地오 七은 廣勝法界藏明界地오 八은 最勝普覺智藏能淨無垢偏無礙智通地오 九는 無邊億莊嚴廻向照明地오 十은 毗盧遮那智海智藏地라 釋曰 此上十地는 同是佛地로되 約用成別이라 廣有其相은 具如彼經하다】

제3, '已踐' 이하의 구절은 佛位를 얻음을 밝힌 것이다. 부처님에게 十地가 있다. 대승동성경에서 말한 바와 같다. 그중 첫째는 '심심난지광명지덕지'이며 내지 제10은 '비로자나장해지지'이다. 여기에서 말한 십지는 모두 부처의 지위이지만 德用을 가지고서 차별이 생기는 것이다. 여기에서 말한 普光明은 십지의 첫 번째에 해당된다. 普는 넓다의 뜻이며, 광명은 밝음이니 매우 심오하여 알기 어렵다. 이 문장은 비록 생략되었지만 그 뜻은 '普' 자 가운데 담겨

있다. 첫 부분을 들어서 뒷부분을 포괄하여 이치는 실로 모두 밟아 나간 것이다. 또한 普光明은 이 역시 십지의 총체이다. 이 총체는 普法智光에 벗어나지 않기 때문이다.【초_ '如大乘同性經說' 등은 대승동성경에 이르기를, "① 심심난지 광명지, ② 청정신분 위엄부사의 명덕지, ③ 선명월당 실상해장지, ④ 정묘금광공덕 신통지덕지, ⑤ 화륜위장 명덕지, ⑥ 허공내 청정무구 염광개상지, ⑦ 광승법계장 명계지, ⑧ 최승보각지장 능정무구 변무애지통지, ⑨ 무변억장엄 회향조명지, ⑩ 비로자나지 해지장지이다."고 하였다.

이에 대해 해석하기를, "이상에서 말한 十地는 부처의 지위와 같지만 덕용을 가지고 별개의 차이가 이뤄지는 것이다. 그 모습에 대한 말은 자세하게 대승동성경에 구체적으로 설명되어 있다."고 하였다.】

四'入於'下는 證佛三昧니 謂海印等定이 皆深廣如海로되 並通一實이라 故得稱門이라하니라

제4, '入於' 이하의 구절은 부처님의 삼매를 증득함을 밝힌 것이다. 海印 등의 선정이 모두 바다처럼 깊고 넓지만 모두 하나의 실상으로 통하는 것이다. 이 때문에 '門'이라고 말한 것이다.

第二'於一切'下는 明起果用이니 文有三業이라 一은 現佛身業이니 徧世同事오 二는 同佛意業이니 總持大法이오 三은 得佛語業이니 能轉法輪이라 不退有四니 一은 稱理不退니 無改說故오 二는 應機不退니 無虛發故오 三은 利益不退니 聞已必定故오 四는 制伏不退니 天魔外道不能動故니라 復有四種不退하니 謂信·位·證·念이어늘 今當第四念

不退也라【鈔_ 不退有四等者는 此有兩種四不退義하니 前義는 卽十地論에 一向約利他大用而說이오 後四不退는 如常所辨이라 信은 謂十信이니 已滿十千劫故로 亦是第六不退心也라 位는 卽十住니 第七不退住에 不退墮聲聞辟支佛地라 故名位不退라 證은 謂初地已證眞如하야 已得不退라 念은 卽八地已上에 念念入法流하고 心心趣寂滅이라 故得不退니라 第二 勝進果行德 竟하다】

제2 단락 '於一切' 이하의 구절은 불과의 妙用을 일으킴을 밝힌 것이다. 이 경문에는 삼업이 있다.

⑴ 부처님의 신업을 나타냄이니 세간중생과 두루 함께하여 이끌어 들이며,

⑵ 부처님의 의업과 똑같이 함이니 큰 법을 모두 지니는 것이며,

⑶ 부처님의 구업을 얻음이니 법륜을 굴리는 것이다.

물러서지 않는[不退] 4가지가 있다.

⑴ 이치에 맞아서 물러서지 않음이니 설법한 것을 바꿈이 없기 때문이다.

⑵ 중생의 근기에 부응하여 물러서지 않음이니 헛되게 하는 일이 없기 때문이다.

⑶ 이익 됨을 알고서 물러서지 않음이니 듣고서 반드시 선정에 들기 때문이다.

⑷ 제재하고 조복하여 물러서지 않음이니 천마와 외도가 그를 흔들지 못한 때문이다.

여기에 또한 4가지의 물러서지 않음이 있다. 信(十信)·位(十住)·證(證得)·念(常念)이다. 여기에서는 넷째, 어느 때이든 正念에서 물러서지 않고서 대승법을 닦는다는, 즉 念不退에 해당된다.【초_ "물러서지 않는[不退] 4가지가 있다."는 것은 여기에 2가지의 四不退 뜻이 있다. 앞에서 말한 4불퇴는 십지론에 하나같이 利他行의 큰 작용으로 말한 것이며, 뒤에서 말한 4불퇴는 일상적인 것으로 말한 것이다. '信'은 十信을 말한다. 이미 십천 겁에 가득 찼기에 이 또한 제6 不退心이다. '位'는 十住를 말한다. 제7 不退住에서 성문·벽지불의 지위에 떨어지지 않았기에 不退位라고 말한다. '證'은 初地에서 이미 진여를 증득하여 이미 뒤로 물러서지 않음을 얻은 것이다. '念'이란 八地 이상에서 생각과 생각이 법의 흐름 속으로 들어가고, 마음과 마음이 적멸로 나아갔기에 물러서지 않음을 얻은 것이다. 제2의 훌륭하게 닦아나가는 果行德에 대한 부분을 끝마치다.】

經

一切如來의 **功德大海**가 **咸入其身**하고 **一切諸佛**의 **所在國土**에 **皆隨願往**하고 **已曾供養一切諸佛**하야 **無邊際劫**에 **歡喜無倦**하고 **一切如來**의 **得菩提處**에 **常在其中**하야 **親近不捨**하고 **恆以所得普賢願海**로 **令一切衆生**으로 **智身具足**케 하야 **成就如是無量功德**하시니라

일체 여래의 공덕 바다에 모두 보살의 몸속으로 들어가고,

일체 시방제불이 머무는 국토에 모두 보살의 원력(願力)에 따라 왕생하고,

대보살들은 앞서 이미 모든 부처님을 공양하여 끝없는 겁에 부처님을 찬탄하고 환희하기를 게을리하지 않았고,

일체 여래께서 깨달음을 얻은 도량이라면 대보살들은 언제나 모두가 그 깨달음의 도량을 찾아가 그 부처님의 곁에서 떠나지 않았고,

대보살들은 항상 그들이 이미 얻은 보현의 원력으로써 모든 중생에게 지혜의 몸이 구족함을 증득할 수 있도록 마련해주는 등, 대보살은 이처럼 한량없는 공덕을 성취하였다.

◉ 疏 ◉

第三은 二行無礙德이니 謂引攝佛德하야 不礙修因故라 文有五句니 一은 引攝佛德이라 然有二義하니 一則行成攝果오 二則諸佛同加라

제3 단락은 자리행과 이타행에 걸림이 없는 덕이다. 부처님의 덕을 이끌어 받아들여 수행의 원인에 걸림이 없기 때문이다.

경문에는 5구가 있다. 제1구는 부처님의 덕을 이끌어 받아들임이다. 그러나 여기에는 2가지의 뜻이 있다.

(1) 行이 성취되어 果를 받아들임이며,

(2) 여러 부처와 함께 더하는 것이다.

二는 一切下는 隨佛徧生하야 不揀淨穢也라

제2, '一切' 이하의 구절은 부처님을 따라 두루 태어나 청정국토와 더러운 곳을 가리지 않음이다.

三'已曾'下는 供佛集福하야 十方無邊하고 三世無際니 此一切佛皆供養故로 歡慶有遇로되 不住福相이라 故長時無厭이라

제3, '已曾' 이하의 구절은 부처님을 공양하여 복을 쌓아 시방에 끝이 없고 삼세에 가장자리가 없음이니 이는 일체 부처님을 모두 공양한 까닭에 환희와 경사를 만나되 福相에 집착하지 않는다. 이 때문에 긴긴 시간에 싫어함이 없는 것이다.

四'一切'下는 長爲輔翼하야 義通眞應이라

제4, '一切' 이하의 구절은 길이 부처님을 도와 그 의의가 진신과 응신에 통하는 것이다.

五'恒以'下는 悲願調生호되 不以偏小利物이오 唯以同體로 普願攝物하야 令證菩提라야 方顯智體圓足이라 第二大科는 總結多門하야 無得而稱也라 菩薩之德은 言不可周일세 宜以類取라 故云如是無量이라

(第三 二行無礙德 竟하다 已上은 同生衆 竟하다)

제5, '恒以' 이하의 구절은 대자비의 서원으로 중생을 조복하되 편벽되거나 작은 것으로 중생에게 이로움을 베풀지 않고, 오직 同體大悲의 큰 서원으로 중생을 받아들여 보리를 증득하도록 하여야만이 비로소 지혜가 원만하고 구족함이 나타나는 것이다.

제2의 큰 科判은 여러 주제를 총괄하여 끝맺음으로써 그 무어라 말할 수 없다. 보살의 덕은 두루 모두 말할 수 없으니 유에 따라 취하여 말하는 것이 옳기에 "이처럼 한량없는 공덕"이라고 말한 것이다. **(제3의 자리행과 이타행에 걸림이 없는 덕의 부분을 끝마치다. 이상은 동생대중에 대한 부분을 끝마치다.)**

◉ 論 ◉

第四 從'有十佛世界微塵數菩薩'已下로 至'無量功德'히 於中에 有三十行經(五百一十一言)은 明菩薩大衆圍遶分이라

4. '유십불세계미진수보살' 이하로부터 '무량공덕' 구절에 이르기까지 그중에 30항(511자)은 보살대중이 부처님을 둘러싸고 있음을 밝힌 부분이다.

於此分中에 都顯初會에 總有四十七衆이 皆是圍遶니 皆有其意라 於此四十七衆之內에 從初'菩提樹內流光衆'已下로 至普賢等十箇上名悉同하야 名之爲普衆을 具分爲三호리라

이 부분 가운데에 첫 법회에 총 47대중이 모두 부처님을 둘러싸고 있음을 한꺼번에 밝힌 것은 모두 그 나름대로 뜻이 있다. 이 47대중 속에 최초의 '보리수의 방광에서 출현한 대중' 이하로부터 '보현' 등 열 보살의 맨 위 글자에 똑같이 十普 보살대중으로 명명한 것을 구체적으로 구분하면 3가지가 있다.

一은 菩提樹內流光衆이니 是明本因五位進修로 建行利生하야 成報顯因衆이오

⑴ 보리수 가운데 쏟아져 나온 광명으로 화현한 보살대중이다. 本因의 5位 進修로 行을 세워 중생에게 이익을 주어 報를 이룸으로써 因을 나타낸 대중임을 밝힌 것이다.

二는 如來所居宮殿內衆이니 明佛本因大悲圓滿으로 覆育含生하야 利生之行이니 顯因成報衆이오

⑵ 부처님께서 머무신 궁전 내의 대중은 부처님 本因의 대비원

만으로 중생을 덮어주고 길러주어 중생에게 이익을 주었던 行德임을 밝힌 것이니 因으로 報를 성취한 대중임을 나타낸 것이다.

三은 十佛世界微塵數 菩薩衆中에 普賢等上名悉同하야 同名爲普하야 十箇菩薩衆이니 明古今諸佛共行普賢行衆이니라

(3) 열 부처의 세계에 작은 티끌만큼 수많은 보살대중 가운데 보현 등 맨 위의 글자가 모두 똑같이 다 '普'라고 이름을 붙인 열 명의 보살대중이다. 이는 고금 모든 부처가 똑같이 보현행을 실천한 대중임을 밝힌 것이다.

已上三衆은 皆是古今諸佛이 共行萬行의 大悲大智로 隨五位中進修하야 自利利他十波羅密과 四攝·四無等之常行普賢之道也라 一切菩薩이 以此爲體며 一切凡夫 以此爲所乘이니 如大王路가 法則常然하야 行與不行이 非道之異니라

위에서 말한 세 무리의 보살대중은 모두 고금 여러 부처님이 다 함께 萬行을 행한 大悲와 大智로 5位 가운데 정진 수행을 따라 自利利他하는 십바라밀, 四攝, 四無量 등의 常行인 보현의 도이다. 일체 보살이 이로써 본체를 삼으며, 일체 범부가 이로써 실어야 할 대상을 삼는다. 이는 마치 대왕의 길처럼 법칙이 항상 그러하여 행하거나 행하지 않거나 길이 다르지 않은 것과 같다.

從此十普賢衆已下로 至從三十三天王하고 至大自在天王衆已來히 隨位復分爲五호리라

이 열 보현보살 대중 이하로부터 제5의 33천왕까지, 대자재천왕중 이하에 이르기까지 지위를 따라 다시 5무리로 구분된다.

第一은 從爾時世尊 處於此座 成最正覺으로 并十普賢衆은 此是現果成因生信分이니 何以然者오 爲如來는 是正覺之果오 普賢等衆은 是佛行果오 如來所居 華藏淨土는 是佛報得依果니 一切衆生이 以自根性으로 觀如來三種因果와 及行佛自行普賢門하야 而生信心故라 若不如是댄 從何生信고 是故로 如來 以此三種因果로 而令衆生으로 信樂修行이시니 以是義故로 此之初會와 及普光明殿中第二會로 至賢首品已來히 十二品經은 總是擧果勸修生信分이라

제1, "그때 세존께서 이 사자좌에 계시면서 최상의 바른 깨달음을 성취하셨다."의 구절로부터 아울러 열 보현대중까지는 果를 나타내어 因을 성취하고 신심을 내게 하는 부분이다. 무엇 때문에 그러한가. 여래는 정각의 果이며, 보현 등의 대중은 부처님의 行果이며, 여래께서 머무신 화장정토는 부처님이 報로 얻은 依果이다. 일체중생이 자신의 根性으로 여래의 3가지 인과를 관하고 부처님께서 행하셨던 보현법문을 행하여 신심을 내기 때문이다. 만일 이와 같지 않으면 그 무엇으로 신심을 일으킬 수 있겠는가. 이 때문에 여래는 이 3가지 인과를 들어 중생으로 하여금 믿고 좋아하는 마음으로 닦아나가도록 하는 것이다.

이런 의의 때문에 제1 법회 및 보광명전의 제2 법회로부터 현수품 이하에 이르기까지 12품은 모두 果를 들어 수행을 권면하여 신심을 내도록 하는 부분이다.

第二는 從海月光大明菩薩等已下 菩薩衆으로 并取已下第二執金剛神等九衆諸神하야 以明十住因果니 何以然者오 海月光大明菩

薩도 亦是普賢等衆이어늘 分爲異名이니라 意者컨대 明還以佛果位內普賢行門으로 入俗利生일세 隨行名別이니라 旣以佛果位內諸佛共行普賢法하야 入俗利生인댄 所堪利者도 還得舊法하야 不移舊行이라 以是義故로 還以普賢位內 海月光異名菩薩로 便爲十住初心이니 明從凡夫地로 修學十信心호되 信諸佛正覺之果 無異自心하야 本性淸淨이 如諸佛性하야 所有分別 本性淸淨이 名無依住智라 如諸佛根本智하야 以禪波羅密 無作印으로 印之일세 卽法界性에 自然相稱하야 所行諸行이 卽普賢行故며 動靜無二故로 所轉法輪이 卽與十方諸佛智로 契同不異니 如是修習하야 慣習使熟하면 正覺不移하야 其本一故로 會同諸佛舊覺本智하야 同一性故며 行行이 不移舊普賢行故니라

제2, 해월광대명보살 등 이하 보살대중으로부터 아울러 이하 제2 집금강신 등의 9神衆을 취하여 이로써 十住 인과를 밝혔다. 무엇 때문에 그러한가. 해월광대명보살 또한 보현 등과 똑같은 대중인데 이를 구분하여 달리 이름을 붙였을 뿐이다. 생각해보면 부처님 果位 내에 보현행문으로 세속에 들어가 중생에게 이익을 주기에 그들의 行德을 따라 그 이름을 달리한 것이다. 이미 부처님 과위 내에 많은 부처가 똑같이 보현법을 행하여 세속에 들어가 중생에게 이익을 주었다면 이익을 받을 수 있는 자 또한 옛 법을 얻어 옛 보현행에서 바뀜이 없는 것이다. 이런 의의 때문에 또한 보현보살 지위 내에 해월광 이하 그 이름을 달리한 보살로 곧 十住初心을 삼은 것이다.

범부 지위로부터 十信의 마음을 닦고 배우되 제불 正覺의 果가

나의 마음과 다를 바 없어 내 본성의 청정함이 제불의 본성과 같기에, 나와 제불이 각기 소유한 본성의 청정을 이름하여 無依住智라 함을 믿는다. 그리고 이는 여러 부처의 근본지와 똑같아서 작위 없는 선바라밀의 法印으로 도장을 찍기에 곧 법계성에 저절로 서로 하나가 되어 행하는바 모든 행이 곧 보현행이기 때문이며, 동과 정이 둘이 없기에 굴린 바의 법륜이 곧 시방제불의 지혜와 하나로서 조금도 차이가 없음을 밝힌 것이다.

이와 같이 닦고 학습하여 익히 반복하여 純熟케 하면 正覺이 조금도 변함이 없어 그 근본이 똑같기에 여러 부처가 옛적에 깨달은 근본지와 똑같아서 하나의 본성이기 때문이며, 모든 행이 옛 보현행과 다르지 않기 때문이다.

以是義故로 將普賢衆內 十箇海月光等 異名菩薩衆하야 爲成十住初心이니 明十住初心이 不離舊法智故라 以此下文에 初發心時에 便成正覺이라하니라

이런 의의 때문에 보현 대중 내에 해월광 등 이름이 다른 열 명의 보살대중을 들어 십주 초심을 이룬 것이다. 이는 십주 초심이 옛 보현 법의 지혜를 여의지 않음을 밝히기 위한 때문이다. 따라서 아래의 문장에서 "처음 발심할 때에 곧바로 정각을 성취한다."고 말하였다.

已下 通九衆諸神으로 至主藥神等히 明是入十住之果行也라 爲入十住應眞을 稱之爲神이라 明入住菩薩이 以自應眞일세 法合爲神이니 覆育含識故며 以智靈通으로 救生自在라 故稱之爲神이니 非世鬼

神也라 若自心達理하야 不與妄合이면 其智自神하야 不爲不思호되 而智通萬有라 故此諸神衆은 皆是如來 以五位行으로 攝生得益之衆이니 還將行相法門次第하야 作法樣式하야 令其後學者로 一一倣之하야 善知因果故라

아래에 9신중을 통하여 주약신 등에 이르기까지는 십주에 들어간 果行임을 밝힌 것이다. 십주에 들어가 진리에 부응한 것을 '神'이라 칭한다. 십주에 들어간 보살이 스스로 진리에 부응하기에 행하는 법이 당연히 신비하게 된다. 이는 중생을 덮어 길러주기 때문이며, 지혜로 영통하여 중생의 구제가 자유자재한 까닭에 이를 '신'이라 칭한 것이지, 세간에서 말하는 귀신으로 말한 게 아님을 밝힌 것이다.

만일 나의 마음으로 진리를 통달하여 거짓과 부합하지 않으면 그 지혜가 절로 신령스러워서 작위하지 않고 생각하지 않아도 그 지혜는 모든 것을 통달하는 것이다. 이 때문에 모든 신중은 모두가 여래께서 五位行으로 중생을 받아들여 이익을 얻도록 보살펴주었던 대중들이다. 그러기에 또한 行相법문의 차례를 법의 표본으로 삼아, 후학으로 하여금 하나하나 이를 본받아서 인과를 잘 알도록 하기 위함이다.

第三은 從主稼神已下로 至主晝神히 此十衆諸神은 明十行利生法門因果故니라

제3, 주가신 이하로부터 주주신에 이르기까지 10무리의 신중은 十行으로 중생에게 이익을 주는 법문의 인과를 밝혀주기 위함

이다.

第四는 從阿修羅王已下로 至日天子히 中有十衆은 明十廻向利生法則因果니라

제4, 아수라왕 이하로부터 일천자에 이르기까지 10무리의 신중은 十廻向으로 중생에게 이익을 주는 법문의 인과를 밝혀주기 위함이다.

第五는 從三十三天王已下로 至大自在天王히 於中에 有十大天王은 明十地利生因果니라

제5, 33천왕 이하로부터 대자재천왕에 이르기까지 그 가운데 10대 천왕은 十地로 중생에게 이익을 주는 인과를 밝혀주기 위함이다.

已上五衆은 是寄位하야 表佛果五位行門因果故오 爲利衆生故로 寄位顯法하고 寄位入法하야 與衆生으로 作法樣하야 令衆生證修니라

위에서 말한 5무리 대중은 지위에 따라 佛果의 五位行門 인과를 나타내기 위함이다. 중생에게 이익을 주기 위해 그 지위에 따라 법을 나타내고, 지위에 따라 법에 들어가 중생과 더불어 법의 표본으로 삼아 중생으로 하여금 증득하고 닦도록 하기 위함이다.

從如來座內衆으로 至如來眉間毫相中所出衆히 於中에 有四種衆은 其意如何오

여래의 사자좌 내의 대중으로부터 여래의 눈썹 사이 털끝에서 출현한 대중에 이르기까지 그 가운데 4무리의 대중이 있다는 것은 무슨 뜻인가.

第一은 如來座內衆은 明是如來往昔自行이 與古同因彰果衆이라

제1, 여래의 사자좌 내의 대중은 여래께서 지난날 스스로 행한 바가 古佛과 因을 같이하고 果를 나타낸 대중임을 밝힌 것이다.

二는 十方菩薩 來集興供衆이라

제2, 시방보살이 찾아와 공양을 일으키는 대중이다.

三은 諸來菩薩毛孔光明衆은 是法界性起無礙하야 一多同異自在하야 大悲無盡한 不思議衆이니 明此法界門은 法爾如此하며 體本如是하야 法行依正이 重重無礙하야 以法界智境 身土一多가 法爾相容故라

제3, 찾아온 모든 보살의 모공 광명에서 출현한 대중은 법계의 자성이 일어남에 걸림이 없어 하나와 많음, 같음과 다름에 자유로워서 大悲가 그지없는, 불가사의의 대중이다.

이 법계의 문은 법이 그와 같으며 체성이 본래 이와 같아서 법과 행과 依報와 正報가 거듭거듭 걸림이 없어 법계 智境(주관과 객관)의 몸과 국토, 그리고 하나와 많음은 법이 그처럼 서로 용납됨을 밝힌 때문이다.

四는 如來眉間毫中衆은 是示果成因生信利生衆이니 此是成佛已後에 以十信心位로 乃至十住·十行·十廻向·十地·十一地히 徧法界法門衆이니 擧此自修之因果하야 還令學者倣之라

제4, 여래의 눈썹 사이 털끝에서 출현한 대중은 果를 보여 因을 이루고 신심을 내어 중생에게 이익을 주기 위한 대중이다. 이는 성불한 이후에 十信 초심 지위로부터 십주·십행·십회향·십지·십일지에 이르기까지 법계에 두루 한 법문의 대중이다. 이에 自修의

인과를 들어 학자로 하여금 이를 본받도록 한 것이다.

已上諸衆의 配位及來意는 卽通前樹內流光衆과 宮殿樓閣衆히 總有十一衆이어니와 隨位別配하면 卽四十七衆이니 爲五位之內에 十箇普賢은 總爲一衆하야 當位에 不分十十部類故니라 海月光大明菩薩衆과 及已下神天·十住·十行·十廻向·十地에 各各有十種部從故로 都爲四十이어든 通十普賢하야 爲一衆과 取上四十하야 共爲四十一이오 并菩提樹內流光衆과 如來所居宮殿衆과 如來座內衆과 十方諸來菩薩衆과 菩薩毛孔衆과 如來眉間毫中衆하야 都爲四十七衆이라 且長科衆意如是어니와 菩提樹內衆과 如來宮殿內衆은 前已釋訖이오 餘至文方明이라**(第四 明菩薩大衆圍繞分은 竟하다)**

위에서 말한 여러 대중을 배대한 지위 및 찾아온 뜻은 곧 앞에서 말한 '보리수의 광명에서 출현한 대중'과 '궁전과 누각의 광명에서 출현한 대중'을 통틀어 모두 11무리의 대중이 있지만 지위를 따라 별도로 배대하면 곧 47무리의 대중이다. 五位의 안에 열 명의 보현은 모두 하나의 대중이 되어 해당 지위에 10에 10의 무리를 구분하지 않기 때문이다.

해월광대명 보살대중 및 이하의 神과 天이 십주·십행·십회향·십지에 각각 10무리의 종속이 있기 때문에 40무리가 되는데, 열 명의 보현이 한 무리의 대중이 됨과 위에서 말한 40무리의 대중을 통틀어서 41대중이 되고, '보리수의 광명에서 출현한 대중'과 '궁전과 누각의 광명에서 출현한 대중', 그리고 '여래의 사자좌 내에 출현한 대중'·'시방에 찾아온 보살대중'·'보살의 모공에서 출현한 대중'·'여래의 눈썹 사이 털끝에서 출현한 대중'을 아울러서 모두 47대중이 된다.

또한 크게 분류한 대중의 의미가 이와 같거니와 '보리수의 광명에서 출현한 대중'과 '여래의 궁전과 누각의 광명에서 출현한 대중'은 앞에서 이미 해석한 바 있다. 나머지는 해당 문장에서 이를 밝히고자 한다.**(위는 보살대중이 부처님을 둘러싸고 있음을 밝힌 데에 대한 부분을 끝마치다.)**

세주묘엄품 제1-3 世主妙嚴品 第一之三

화엄경소론찬요 제4권 華嚴經疏論纂要 卷第四

화엄경소론찬요 제5권
華嚴經疏論纂要 卷第五

◉

세주묘엄품 제1-4
世主妙嚴品 第一之四

◉ 疏 ◉

第二 異生衆中은 總三十九衆이로되 相從爲三이니 第一은 雜類諸神衆이오 第二는 阿修羅下 八部四王衆이오 第三은 三十三天下 欲色諸天衆이라 今初에 有十九衆이어늘 通名神者는 靈祇不測故라 文皆三段이니 第一은 標數辨類오 第二는 列名結數오 第三은 攝德圓滿이라

제2, 異生 대중은 모두 39대중이지만 상종하는 무리는 3가지로 나뉜다.

⑴ 잡류의 많은 神衆이며,**(19衆: 執金剛神, 身衆神, 足行神, 道場神, 主城神, 主地神, 主山神, 主林神, 主藥神, 主稼神, 主河神, 主海神, 主水神, 主火神, 主風神, 主空神, 主方神, 主夜神, 主晝神.)**

⑵ 아수라 이하 8部 4王의 대중이며,**(8衆: 阿修羅王, 迦樓羅王, 緊那羅王, 摩睺羅伽王, 夜叉王, 大龍王, 鳩槃茶王, 乾闥婆王.)**

⑶ 33천 이하 욕계·색계 諸天의 대중이다.**(欲界 7衆: 月天子, 日天子, 三十三天, 夜摩天, 兜率天, 化樂天, 他化自在天. 色界 5衆: 大梵天, 光音天, 徧淨天, 廣果天, 大自在天.)**

여기 처음 '잡류'에는 19대중이 있는데, 이를 통칭하여 神으로 말한 것은 그들의 신령스러운 힘을 헤아리기 어렵기 때문이다.

문장은 모두 3단락이다.

⑴ 수효를 내세워 무리를 분별함이며,

⑵ 이름을 열거하며 수효를 끝맺음이며,

⑶ 지닌 공덕이 원만함이다.

今 第一金剛神衆

제1. 금강신중

經

復有佛世界微塵數執金剛神하니 所謂妙色那羅延執金剛神과 日輪速疾幢執金剛神과 須彌華光執金剛神과 淸淨雲音執金剛神과 諸根美妙執金剛神과 可愛樂光明執金剛神과 大樹雷音執金剛神과 師子王光明執金剛神과 密燄勝目執金剛神과 蓮華光摩尼髻執金剛神이라 如是等이 而爲上首하사 有佛世界微塵數하니 皆於往昔無量劫中에 恆發大願하야 願常親近供養諸佛일세 隨願所行이 已得圓滿하야 到於彼岸하며 積集無邊淸淨福業하며 於諸三昧所行之境을 悉已明達하며 獲神通力하야 隨如來住하며 入不思議解脫境界하며 處於衆會하야 威光特達하며 隨諸衆生의 所應現身하야 而示調伏하며 一切諸佛化形所在에 皆隨化往하며 一切如來所住之處에 常勤守護하시니라

또한 부처님 세계의 미세한 티끌의 수효와도 같은 한량없는, 손에 금강으로 만든 방망이를 든 신이 있으니,

이른바 묘색나라연(妙色那羅延) 집금강신,

일륜속질당(日輪速疾幢) 집금강신,

수미화광(須彌華光) 집금강신,

청정운음(淸淨雲音) 집금강신,

제근미묘(諸根微妙) 집금강신,

가애락광명(可愛樂光明) 집금강신,

대수뢰음(大樹雷音) 집금강신,

사자왕광명(獅子王光明) 집금강신,

밀염승목(密焰勝目) 집금강신,

연화광마니계(蓮華光摩尼髻) 집금강신이다.

이러한 이들이 상수가 되었고, 그 나머지 부처님 세계의 미세한 티끌의 수효와도 같은 한량없는 집금강신이 있었다.

그들은 모두 지난 옛날 한량없는 겁 동안, 항상 큰 서원을 일으켜 모든 부처님 곁에 가까이하고 공양하기를 원했기에, 그들이 서원했던 바를 따라 수행이 이미 원만하여 피안에 이르렀으며, 그지없이 청정한 복을 쌓았으며, 모든 삼매에 행하여야 할 경계를 모두 밝게 통달했으며, 신통력을 얻어 여래를 따라 함께 머물렀으며, 불가사의의 해탈 경계에 들어갔으며, 대중이 모인 곳에 있어서는 그들의 위세와 광명이 특별하였으며, 그들은 모든 중생의 무리에 따라 몸을 나타내어 중생의 망상을 조복하였으며, 그들은 모든 부처님의 화신이 있는 곳이라면 모두가 부처님을 따랐으며, 모든 여래가 머무는 곳이라면 그들은 언제나 부지런히 여래를 수호하였다.

◉ 疏 ◉

初辨類中에 以執持此杵하야 守護佛故라 然一一類는 皆通有所表니 如地는 表心地오 海는 表德海等이라 觀其歎德이면 則知通意어늘 今此

表般若堅利로 導於衆行하야 到彼岸故라

첫 단락은 무리를 분별함에 있어 금강방망이를 들고서 불법을 수호한 까닭이다. 그러나 하나하나의 무리마다 모두 상징하는 바가 있다. 땅은 마음[心地]을, 바다는 공덕의 바다를 상징하는 따위와 같다. 그들을 찬탄하는 공덕을 살펴보면 공통되는 의의를 알 수 있다. 여기에서 말한 금강신이란 반야의 굳세고 예리함으로 여러 수행을 이끌어 피안에 이르게 하기 때문이다.

二'所謂'下는 列名結數라 先列名이라 然諸衆立名은 皆隨所得法門하야 爲物立稱이라 一'那羅延'者는 此云堅固니 由見佛妙色이 皆不可壞라 故受此名이라【鈔_ '那羅延'者는 取下得法하야 以釋此名이니 下經에 云"妙色那羅延執金剛神은 得見如來의 示現無邊色相身解脫門이라"하고 偈에 云"汝應觀法王하라 法王法如是시니 色相無有邊하야 普現於世間이라"하다】二는 見佛身毛 猶如日輪하사 現種種光하사 速摧障惱라 故名日幢이라【鈔_ '見佛'者는 下經에 云"日輪速疾幢執金剛神은 得佛身一一毛孔이 如日輪하야 現種種光明雲解脫門이라"하고 偈云"佛身一一毛에 光網不思議라 譬如淨日輪이 普照十方國이라"하니 擧此爲例면 下皆準之로되 欲具釋者댄 但看下經면 名義俱了니 餘三十八衆은 例此可知라】

제2 단락 '所謂' 이하의 문장은 신들의 이름과 그들의 수효를 나열한 것이다. 먼저 이름을 열거하였다. 그러나 여러 神衆에 대한 이름은 모두 그들이 얻은 해탈법문을 따라서 중생을 위해 명칭을 붙인 것이다.

제1 묘색나라연 집금강신. 那羅延이란 중국에서는 견고함을 말한다. 부처님의 미묘한 색상이 모두 무너뜨려지지 않음을 보았기에 이 이름을 얻게 된 것이다.【초_ 那羅延이란 아래의 경문에서 말한, 그가 얻은 해탈법문을 들어 그 이름을 해석한 것이다. 아래의 경문에서 "묘색나라연 집금강신은 여래께서 보여주신 그지없는 색상의 몸의 해탈문을 얻었다."고 하였고, 그에 대한 게송에서는 "그대는 법왕을 보아라, 법왕의 법이 이와 같으시니, 색상이 그지없어, 세간에 널리 나타났다."고 하였다.】

제2 일륜속질당 집금강신. 부처님 몸의 터럭만 보아도 마치 태양처럼 갖가지 광명이 나타나 장애와 번뇌를 곧장 꺾어버린 까닭에 깃대[幢]라 이름 붙인 것이다.【초_ '見佛'이란 아래 경문에 이르기를, "일륜속질당 집금강신은 부처님 몸의 하나하나 터럭마다 태양처럼 갖가지 광명구름을 나타내는 해탈문을 얻었다."고 하였고, 게송에는 "부처님 몸의 하나하나 털에 광명의 그물 불가사의하다. 마치 밝은 태양이 시방국토 널리 비치듯이"라고 하였다. 이를 예로 들어 유추하면 아래는 모두 이에 준한다. 그러나 구체적으로 해석하려면, 단 아래 경문을 보면 그 이름과 그 의미를 모두 알 수 있다. 나머지 38무리의 신중은 이에 견주어보면 알 수 있다.】

三은 見佛身光이 映蔽一切하니 猶如須彌 顯於大海오 神通等法이 如華開敷故오

제3 수미화광 집금강신. 부처님의 몸에서 쏟아지는 광명이 온갖 것을 비춰주는 것이 마치 수미산이 바다에 비치는 것과 같으며,

신통 등의 법문이 마치 꽃이 피어나는 것과 같기 때문이다.

四는 圓音隨類 如雷震故오

제4 청정운음 집금강신. 원만한 음성으로 무리를 따라 울리는 것이 마치 우레가 진동하는 것과 같기 때문이다.

五는 現爲世主하야 以美妙根으로 令物悟故오

제5 제근미묘 집금강신. 세상의 법주로 나타나 아름답고 미묘한 근기로 중생에게 깨달음을 주기 때문이다.

六은 智光演法하야 令愛樂故오

제6 가애락광명 집금강신. 지혜광명으로 법문을 연설하여 사랑스럽게 하는 까닭이다.

七은 寶飾妙相이 如華嚴樹하고 方便警物이 如雷震音이오

제7 대수뢰음 집금강신. 보배로 장식한 미묘한 모습이 마치 꽃으로 장엄한 나무와 같고, 방편으로 중생을 깨우쳐줌이 마치 우레치는 소리와도 같다.

八은 福深相妙하야 炳著光明이 如師子王이 處衆無畏오

제8 사자왕광명 집금강신. 복덕이 깊고 형상이 미묘하여 밝고 빛난 광명이 마치 사자왕이 수많은 무리 속에 있으면서도 두려움이 없는 것과 같다.

九는 慈眼視物이 爲吉祥目이오 神通之燄이 密現物前故오

제9 밀염승목 집금강신. 자비의 눈으로 중생을 보는 것이 길상의 눈이다. 신통의 불꽃이 은밀하게 중생의 앞에 나타나기 때문이다.

十은 雨此嚴具와 及光明故라 如是等은 結數오 下諸衆은 皆類此知오

至得法處에 名當自顯이니 恐厭繁文하야 下略不釋이라

제10 연화광마니계 집금강신. 이러한 장엄구와 광명을 비 내리듯 한 까닭이다. '如是' 등은 수효를 끝맺음이며, 아래의 많은 대중은 모두 이와 같이 유추하면 알 수 있으며, 해탈법문을 얻은 부분에 이르러서는 그 이름의 의의가 절로 뚜렷하다. 너무 문장이 번거로울까 두려워 아랫부분은 생략하여 해석하지 않는다.

第三'皆於'下는 攝德圓滿이라 十句는 分二니 初二句는 總彰願行이니 由昔願力으로 得預法會하야 常爲親侍라가 由今行滿일세 故能徧侍라

제3 단락 '皆於' 이하는 지닌 공덕이 원만함이다. 10구를 2부분으로 구분하니 첫 2구절은 願行을 총체로 밝힌 것이다. 지난 옛날 서원의 힘으로 부처님의 법회에 참석하여 항상 가까이에서 모시다가 이제 수행이 원만함으로 말미암아 부처님 계신 곳이면 어디에서나 두루 모시게 된 것이다.

後'積集'下는 別顯滿相이니 一은 福積淨業이오 二는 智達定境이니 事定之境이 隨事百千이오 理定之境은 卽眞如實相이어니와 不思議定은 則以無礙而爲其境이어늘 今皆智照라 故云明達이라 三은 通隨佛住오 四는 入用難思오 五는 處衆超絕이오 六은 應物調生이오 七은 隨佛化形이오 八은 護法住處니 文並可知라

다음 '積集' 이하 8구는 원만한 모습을 별개로 밝힌 것이다.

제1구(**積集無邊淸淨福業**)는 복으로 청정한 업을 쌓음이며,

제2구(**於諸三昧所行之境 悉已明達**)는 지혜로 선정의 경계를 통달함이니 事定의 경계는 백 가지 천 가지의 일을 따른 것이고, 理定의

경계는 곧 眞如實相이며, 불가사의의 定은 곧 걸림이 없는 것으로 그 경계를 삼는 것인데, 여기에서는 모두 지혜로 관조하여 '明達'이라 말하며,

제3구(**獲神通力 隨如來住**)는 신통력으로 부처님을 따라 머물며,

제4구(**入不思議解脫境界**)는 오묘한 작용에 들어가 헤아리기 어려우며,

제5구(**處於衆會 威光特達**)는 수많은 대중 가운데 뛰어남이며,

제6구(**隨諸衆生 所應現身 而示調伏**)는 중생에 따라 그들을 조복함이며,

제7구(**一切諸佛化形所在 皆隨化往**)는 부처님의 화신이 계신 곳이면 어디나 따르며,

제8구(**一切如來所住之處 常勤守護**)는 부처님이 계신 곳이면 불법을 수호하였다.

第二 身衆神

제2. 신중신

經

復有佛世界微塵數身衆神하니 **所謂華髻莊嚴身衆神**과 **光照十方身衆神**과 **海音調伏身衆神**과 **淨華嚴髻身衆神**과 **無量威儀身衆神**과 **最上光嚴身衆神**과 **淨光香雲身衆神**과

守護攝持身衆神과 **普現攝取身衆神**과 **不動光明身衆神**이라 **如是等**이 **而爲上首**하사 **有佛世界微塵數**하니 **皆於往昔**에 **成就大願**하야 **供養承事一切諸佛**하시니라

또한 부처님 세계의 미세한 티끌의 수효와도 같은 한량없는 신중신(身衆神)이 있으니,

이른바 화계장엄(華髻莊嚴) 신중신,

광조시방(光照十方) 신중신,

해음조복(海音調伏) 신중신,

정화엄계(淨華嚴髻) 신중신,

무량위의(無量威儀) 신중신,

최상광엄(最上光嚴) 신중신,

정광향운(淨光香雲) 신중신,

수호섭지(守護攝持) 신중신,

보현섭취(普現攝取) 신중신,

부동광명(不動光明) 신중신이다.

이와 같은 이들이 상수가 되었고, 그 나머지 부처님 세계의 미세한 티끌의 수효와도 같은 한량없는 신중신들이 있으니, 그들은 모두 지난 옛적에 일체 제불을 공양하겠다는 큰 서원을 성취하여 모든 부처님을 공양하고 받들어 섬겼다.

◉ **疏** ◉

文三은 同前이라 初는 辨類니 有二義라 一은 身이니 謂神之自身이오 衆

은 則同生同名과 及所隨者니 凡有其一이면 必更有二니 共有其三이라 三故로 名衆이오 能所合目을 名身衆神이라 二는 約所主니 謂此類神은 專以變化多身으로 爲佛事故라【鈔_ 衆은 卽同生同名者니 謂左右肩童子라】

문장의 3단락 구분은 앞에서 말한 바와 같다.

첫 단락은 무리를 분별함이니 2가지의 뜻이 있다.

⑴ 몸이니 신의 자신을 말하고, 衆이란 함께 태어나고 같은 이름을 가진 것과 따르는 무리이다. 대체로 그 하나가 있으면 반드시 다시 두 무리가 있다. 이를 합하면 모두 그 세 무리가 있기 마련이다. 셋이기 때문에 '대중[衆]'이라 말하고, 주객을 합하여 '신중신'이라고 말한다.

⑵ 주인이 되는 대상으로 말하니 이 무리의 신은 오로지 여러 가지 몸으로 변화하여 불사를 위한 때문이다.【초_ 衆이란 同生으로 같은 이름을 지닌 자들이니 좌우 가까이에서 어깨를 함께하는 동자를 말한다.】

'所謂下는 二는 名이오 三은 德이니 文並可知라

'所謂' 이하는 둘째는 신중의 이름이고, 셋째는 신중의 덕이다. 경문은 모두 설명하지 않아도 알 수 있다.

第三 足行神

제3. 족행신

經

復有佛世界微塵數足行神하니 **所謂寶印手足行神**과 **蓮華光足行神**과 **淸淨華髻足行神**과 **攝諸善見足行神**과 **妙寶星幢足行神**과 **樂吐妙音足行神**과 **栴檀樹光足行神**과 **蓮華光明足行神**과 **微妙光明足行神**과 **積集妙華足行神**이라 **如是等**이 **而爲上首**하사 **有佛世界微塵數**하니 **皆於過去無量劫中**에 **親近如來**하야 **隨逐不捨**하시니라

또한 부처님 세계의 미세한 티끌의 수효와도 같은 한량없는 족행신(足行神)이 있으니,

이른바 보인수(寶印手) 족행신,

연화광(蓮華光) 족행신,

청정화계(淸淨華髻) 족행신,

섭제선견(攝諸善見) 족행신,

묘보성당(妙寶星幢) 족행신,

낙토묘음(樂吐妙音) 족행신,

전단수광(栴檀樹光) 족행신,

연화광명(蓮華光明) 족행신,

미묘광명(微妙光明) 족행신,

적집묘화(積集妙華) 족행신이다.

이와 같은 이들이 상수가 되었고, 그 나머지 부처님 세계의 미세한 티끌의 수효와도 같은 한량없는 족행신이 있으니, 그들은 모두 과거 한량없는 세월 동안 여래 곁에 가까이 따라다니며 떠난 적

이 없었다.

◉ 疏 ◉

足行神도 亦有二義니 一은 謂依止足行衆生과 及守護故니 如下善見比丘와 足行之神이 持華承足이라 故下德中에 戀仰如來오 二는 足所行處니 卽道路神이라 通表修行이니 履佛所行故라

족행신 또한 2가지의 뜻이 있다.

⑴ 발로 다니는 중생을 의지함과 수호를 말하기 때문이다. 아래의 선견비구와 발로 다니는 신이 부처님의 발아래에 꽃을 깔아드린 것과 같다. 이 때문에 아래의 찬탄한 덕 가운데 "여래를 우러러 사모한다."고 하였다.

⑵ 발로 다니는 곳이니 도로신이다. 이는 통틀어 수행을 밝힌 것이니 부처님이 행하신 바를 실천하기 때문이다.

第四 道場神

제4. 도량신

經

復有佛世界微塵數道場神하니 **所謂淨莊嚴幢道場神**과 **須彌寶光道場神**과 **雷音幢相道場神**과 **雨華妙眼道場神**과 **華纓光髻道場神**과 **雨寶莊嚴道場神**과 **勇猛香眼道場神**과

金剛彩雲道場神과 **蓮華光明道場神**과 **妙光照曜道場神**이라 **如是等**이 **而爲上首**하사 **有佛世界微塵數**하니 **皆於過去**에 **值無量佛**하야 **成就願力**하야 **廣興供養**하시니라

또한 부처님 세계의 미세한 티끌의 수효와도 같은 한량없는 도량신(道場神)이 있으니,

이른바 정장엄당(淨莊嚴幢) 도량신,

수미보광(須彌寶光) 도량신,

뇌음당상(雷音幢相) 도량신,

우화묘안(雨華妙眼) 도량신,

화영광계(華纓光髻) 도량신,

우보장엄(雨寶莊嚴) 도량신,

용맹향안(勇猛香眼) 도량신,

금강채운(金剛彩雲) 도량신,

연화광명(蓮華光明) 도량신,

묘광조요(妙光照曜) 도량신이다.

이러한 이들이 상수가 되었고, 그 나머지 부처님 세계의 미세한 티끌의 수효와도 같은 한량없는 도량신이 있으니, 그들은 모두 과거에 한량없이 많은 부처님을 만나 원력을 성취하여 널리 공양을 일으켰다.

◉ 疏 ◉

道場神은 所依所守로 得名이라 下諸神衆은 類皆同此라 言道場者는

非唯護佛道場이라 但有莊嚴道場之處면 卽於中護라 故下德中에 願供養佛은 表護萬行道場과 及修行者故니라

도량신은 그들이 의지하는 곳과 수호함을 따라 이름을 붙인 것이다. 아래의 모든 신중은 모두 이와 같다. 도량이란 부처님이 계신 도량만을 수호하는 것이 아니라, 장엄한 도량이 있는 곳이라면 수호함을 말한다. 이 때문에 아래 찬탄한 덕 가운데에 "부처님께 공양하기를 원한다."는 것은 만행도량 및 수행자를 수호함을 나타낸 것이다.

第五 主城神

제5. 주성신

經

復有佛世界微塵數主城神하니 **所謂寶峯光曜主城神**과 **妙嚴宮殿主城神**과 **淸淨喜寶主城神**과 **離憂淸淨主城神**과 **華燈燄眼主城神**과 **燄幢明現主城神**과 **盛福光明主城神**과 **淸淨光明主城神**과 **香髻莊嚴主城神**과 **妙寶光明主城神**이라 **如是等**이 **而爲上首**하사 **有佛世界微塵數**하니 **皆於無量不思議劫**에 **嚴淨如來**의 **所居宮殿**하시니라

또한 부처님 세계의 미세한 티끌의 수효와도 같은 한량없는 주성신(主城神)이 있으니,

이른바 보봉광요(普峯光曜) 주성신,

묘엄궁전(妙嚴宮殿) 주성신,

청정희보(淸淨喜寶) 주성신,

이우청정(離憂淸淨) 주성신,

화등염안(華燈錟眼) 주성신,

염당명현(錟幢明現) 주성신,

성복광명(盛福光明) 주성신,

청정광명(淸淨光明) 주성신,

향계장엄(香髻莊嚴) 주성신,

묘보광명(妙寶光明) 주성신이다.

이러한 이들이 상수가 되었고, 그 나머지 부처님 세계의 미세한 티끌의 수효와도 같은 한량없는 주성신이 있으니, 그들은 모두 한량없는 불가사의의 세월 동안, 여래께서 거처하신 궁전을 장엄하고 깨끗하게 하였다.

◉ 疏 ◉

主城神은 表行德이니 防禦法城·心城故니 如摩耶處說이오

주성신은 행하는 덕을 나타냄이니 법의 성[法城]과 마음의 성[心城]을 방어해주기 때문이다. 마야 부인 처소에서 설법**(제39 입법계품)**한 것과 같다.

德中에 以己德行으로 嚴佛宮殿者라 一은 佛殿爲所守之最니 瑩飾은 爲尊佛故오 二는 主伴善根이 互融攝故 오 三은 瑩飾自心이니 佛安處故니라

찬탄한 덕 가운데 자신의 덕행으로 부처님의 궁전을 장엄한 자이다.

⑴ 부처님 궁전은 수호해야 할 대상으로서 가장 으뜸가는 것이다. 빛나게 장식한 것은 부처님을 존중하기 때문이다.

⑵ 주객의 선근이 서로 융화하여 받아들인 때문이다.

⑶ 자신의 마음을 빛나게 장식함이니 부처님이 편안히 머무시는 곳이기 때문이다.

第六 主地神

제6. 주지신

經

復有佛世界微塵數主地神하니 所謂普德淨華主地神과 堅福莊嚴主地神과 妙華嚴樹主地神과 普散衆寶主地神과 淨目觀時主地神과 妙色勝眼主地神과 香毛發光主地神과 悅意音聲主地神과 妙華旋髻主地神과 金剛嚴體主地神이라 如是等이 而爲上首하사 有佛世界微塵數하니 皆於往昔에 發深重願호대 願常親近諸佛如來하야 同修福業하시니라

또한 부처님 세계의 미세한 티끌의 수효와도 같은 한량없는 주지신(主地神)이 있으니,

이른바 보덕정화(普德淨華) 주지신,

견복장엄(堅福莊嚴) 주지신,

묘화엄수(妙華嚴樹) 주지신,

보산중보(普散衆寶) 주지신,

정목관시(淨目觀時) 주지신,

묘색승안(妙色勝眼) 주지신,

향모발광(香毛發光) 주지신,

열의음성(悅意音聲) 주지신,

묘화선계(妙華旋髻) 주지신,

금강엄체(金剛嚴體) 주지신이다.

이러한 이들이 상수가 되었고, 그 나머지 부처님 세계의 미세한 티끌의 수효와도 같은 한량없는 주지신이 있으니, 그들은 모두 지난 옛적에 크나큰 서원을 일으켜 항상 모든 부처님 곁 가까이에서 함께 복업 닦기를 원하였다.

◉ 疏 ◉

主地神은 表深重願이니 荷負行德故오 亦表心地니 爲依持故라

주지신은 깊고도 큰 서원을 나타냄이니 행한 덕을 짊어졌기 때문이며, 또한 마음의 터전을 나타냄이니 의지처가 되기 때문이다.

第七 主山神

제7. 주산신

復有無量主山神하니 **所謂寶峯開華主山神**과 **華林妙髻主山神**과 **高幢普照主山神**과 **離塵淨髻主山神**과 **光照十方主山神**과 **大力光明主山神**과 **威光普勝主山神**과 **微密光輪主山神**과 **普眼現見主山神**과 **金剛密眼主山神**이라 **如是等**이 **而爲上首**하사 **其數無量**하니 **皆於諸法**에 **得清淨眼**하시니라

또한 한량없는 주산신(主山神)이 있으니

이른바 보봉개화(寶峯開華) 주산신,

화림묘계(華林妙髻) 주산신,

고당보조(高幢普照) 주산신,

이진정계(離塵淨髻) 주산신,

광조시방(光照十方) 주산신,

대력광명(大力光明) 주산신,

위광보승(威光普勝) 주산신,

미밀광륜(微密光輪) 주산신,

보안현견(普眼現見) 주산신,

금강밀안(金剛密眼) 주산신이다.

이러한 이들이 상수가 되었고, 그 나머지 한량없는 주산신이 있으니, 그들은 모두 모든 법에 청정한 눈을 얻었다.

◉ 疏 ◉

主山神은 通表萬德高勝이오 性皆閑寂하야 別表智德最高라 故德中

에 云得淸淨眼이라하고 名中에 多有光稱하다

주산신은 수많은 덕행이 높고 훌륭함을 통틀어 나타낸 것이며, 자성이 모두 한가하고 고요하여 별도로 지혜의 덕이 가장 높음을 나타냈기에 찬탄한 덕 가운데 "청정한 눈을 얻었다." 고 말하였고, 산신의 이름 가운데에 光(**光照·光明·威光·光輪主山神**)이란 명칭이 많다.

第八主林神

제8. 주림신

經

復有不可思議數主林神하니

所謂布華如雲主林神과 **擢幹舒光主林神**과 **生芽發曜主林神**과 **吉祥淨葉主林神**과 **垂布燄藏主林神**과 **淸淨光明主林神**과 **可意雷音主林神**과 **光香普徧主林神**과 **妙光逈曜主林神**과 **華果光味主林神**이라 **如是等**이 **而爲上首**하사 **不思議數**하니 **皆有無量可愛光明**하시니라

또한 불가사의한 수효의 주림신(主林神)이 있으니,

이른바 포화여운(布華如雲) 주림신,

탁간서광(擢幹舒光) 주림신,

생아발요(生芽發曜) 주림신,

길상정엽(吉祥淨葉) 주림신,

수포염장(垂布燄藏) 주림신,

청정광명(淸淨光明) 주림신,

가의뢰음(可意雷音) 주림신,

광향보변(光香普徧) 주림신,

묘광형요(妙光逈曜) 주림신,

화과광미(華果光味) 주림신이다.

이러한 이들이 상수가 되었고, 그 나머지 헤아릴 수 없는 수많은 주림신이 있으니, 그들은 모두 그지없이 사랑스러운 광명을 지녔다.

◉ 疏 ◉

主林神은 表以無漏智로 導於衆行하야 森聳建立이라 故德中에 云'皆有可愛光明이라'하니라

주림신은 무루지로 많은 행을 이끌어 수풀처럼 세워감을 나타낸 것이다. 이 때문에 찬탄한 덕 가운데 "모두 사랑스러운 광명을 지녔다."고 말하였다.

第九 主藥神

제9. 주약신

經

復有無量主藥神하니 **所謂吉祥主藥神**과 **栴檀林主藥神**과

清淨光明主藥神과 **名稱普聞主藥神**과 **毛孔光明主藥神**과 **普治淸淨主藥神**과 **大發吼聲主藥神**과 **蔽日光幢主藥神**과 **明見十方主藥神**과 **益氣明目主藥神**이라 **如是等**이 **而爲上首**하사 **其數無量**하니 **性皆離垢**하야 **仁慈祐物**하시니라

또한 한량없는 주약신(主藥神)이 있으니

이른바 길상(吉祥) 주약신,

전단림(栴檀林) 주약신,

청정광명(淸淨光明) 주약신,

명칭보문(名稱普聞) 주약신,

모공광명(毛孔光明) 주약신,

보치청정(普治淸淨) 주약신,

대발후성(大發吼聲) 주약신,

폐일광당(蔽日光幢) 주약신,

명견시방(明見十方) 주약신,

익기명목(益氣明目) 주약신이다.

이러한 이들이 상수가 되었고, 그 나머지 한량없는 수효의 주약신이 있으니, 그들은 모두 심성에 때를 여의어 인자한 마음으로 중생을 도왔다.

◉ **疏** ◉

主藥神은 表行德伏惑하야 資益法身이라 若約利他댄 則三業不空이 如藥樹王이라 故下德中에 '性皆離垢'는 卽伏惑去病也오 '仁慈祐物'은

卽進善補益也오 名中에 總名主藥이로되 藥旣不同일세 神神各別이라 '吉祥'者는 主香茅之類也오 '淸淨光明'은 謂乳石之流오 '名稱普聞'은 如藥樹王과 雪山忍草等이오 '明見十方'은 謂眼藥等이니 約法準之니라

주약신은 덕을 행하고 미혹을 꺾어 법신에 도움을 주는 것을 나타낸다. 利他行으로 말하면 三業이 헛되지 않음이 약수왕과 같다. 그러므로 아래의 경문에서 찬탄한 덕 가운데 "심성에 때를 여의었다."는 것은 미혹을 조복받아 병을 버림이며, "인자한 마음으로 중생을 도왔다."는 것은 곧 선으로 나아가 도움을 주는 것이다.

이름에 모두 주약신이라 말했지만 약물이 각기 다르기에 신과 신의 이름이 각기 다르다. '길상'은 香茅의 유를 주로 말함이며, '청정광명'은 乳石의 유이며, '명칭보문'은 약수왕과 설산 忍草 등이며, '명견시방'은 안약 등을 말한다. 법문을 가지고 각기 다른 藥神의 이름에 준하여 보면 그 의의를 알 수 있다.

第十 主稼神

제10. 주가신

經

復有無量主稼神하니 **所謂柔軟勝味主稼神**과 **時華淨光主稼神**과 **色力勇健主稼神**과 **增長精氣主稼神**과 **普生根果主稼神**과 **妙嚴環髻主稼神**과 **潤澤淨華主稼神**과 **成就妙香主**

稼神과 **見者愛樂主稼神**과 **離垢淨光主稼神**이라 **如是等**이 **而爲上首**하사 **其數無量**하니 **莫不皆得大喜成就**하시니라

또한 한량없는 주가신(主稼神)이 있으니,

이른바 유연승미(柔軟勝味) 주가신,

시화정광(時華淨光) 주가신,

색력용건(色力勇健) 주가신,

증장정기(增長精氣) 주가신,

보생근과(普生根果) 주가신,

묘엄환계(妙嚴環髻) 주가신,

윤택정화(潤澤淨華) 주가신,

성취묘향(成就妙香) 주가신,

견자애락(見者愛樂) 주가신,

이구정광(離垢淨光) 주가신이다.

이러한 이들이 상수가 되었고, 그 나머지 한량없는 수효의 주가신이 있으니, 그들은 모두 중생에게 큰 기쁨을 이뤄주었다.

◉ **疏** ◉

主稼神은 稼者는 樹五穀也니 表萬行法味로 資益自他니 他益稱心일세 故德中에 '大喜成就'라하다

주가신의 '稼'란 오곡을 심음이니 만행의 法味로 나와 남에게 도움이 됨을 밝힌 것이다. 남들에게 베푼 도움이 그들의 마음에 알맞은 까닭에 찬탄한 덕 가운데 "큰 기쁨을 이뤄주었다."고 말한 것이다.

第十一主河神

제11. 주하신

經

復有無量主河神하니 **所謂普發迅流主河神**과 **普潔泉澗主河神**과 **離塵淨眼主河神**과 **十方徧吼主河神**과 **救護衆生主河神**과 **無熱淨光主河神**과 **普生歡喜主河神**과 **廣德勝幢主河神**과 **光照普世主河神**과 **海德光明主河神**이라 **如是等**이 **而爲上首**하사 **有無量數**하니 **皆勤作意**하야 **利益衆生**하시니라

또한 한량없는 주하신(主河神)이 있으니,

이른바 보발신류(普發迅流) 주하신,

보결천간(普潔泉澗) 주하신,

이진정안(離塵淨眼) 주하신,

시방변후(十方徧吼) 주하신,

구호중생(救護衆生) 주하신,

무열정광(無熱淨光) 주하신,

보생환희(普生歡喜) 주하신,

광덕승당(廣德勝幢) 주하신,

광조보세(光照普世) 주하신,

해덕광명(海德光明) 주하신이다.

이러한 이들이 상수가 되었고, 그 나머지 한량없는 수효의 주하신이 있으니, 그들은 모두 부지런히 마음을 내어 중생에게 이익을 주었다.

◉ 疏 ◉

主河神은 卽河伯之流也니 表法河流注하야 潤益羣品이오 又於生死瀑流에 拯彼漂溺이니 江·河·淮·濟 淸濁俱河라 故生死法流에 此神皆主라

주하신은 하백[18]의 무리이다. 법의 강물이 흘러 모든 중생을 윤택하게 해주며, 또한 폭포수처럼 끊임없이 흐르는 생사의 물결 속에 빠져 있는 이를 건져주는 법을 나타냄이다. 江·河·淮·濟水 물결의 청탁이 각기 다르지만 모두가 똑같은 강하이다. 이 때문에 생사의 法流를 주하신이 모두 주관한다.

德中에 '勤益生'者는 謂遇沿流면 則平波息浪이오 逢泝泳이면 則微動輕風이라 水性之屬은 深止而住居오 陸行之流는 富生而應采니 導百川而去害오 灌萬頃而開利는 爲'勤作意利益衆生'이라 約所表法하야 隨意消息이라

찬탄하는 덕 가운데 "부지런히 마음을 내어 중생에게 이익을 주었다."는 것은 흐르는 물줄기를 만나면 물결이 잔잔하고, 거슬러 올라가는 물줄기를 만나면 살랑대는 바람에 미동하게 된다. 물의

18 하백 : 장자(莊子) 추수(秋水) 편에서 말한 황하의 신을 말한다.

속성은 깊고 고요하며 멈춰 있고, 육지에 흐르는 물길은 풍부하게 불어나고 중생에 부응하여 빛내주는 것이다. 수많은 시냇물을 인도하여 수해를 없애주고, 수많은 전토에 물을 대어 이익을 주는 것은 "부지런히 마음을 내어 중생에게 이익을 줌"이 된다. 주하신에 나타난 법을 가지고서 그 뜻을 따라 가늠해야 할 것이다.

第十二 主海神

제12. 주해신

經

復有無量主海神하니 **所謂出現寶光主海神**과 **成金剛幢主海神**과 **遠離塵垢主海神**과 **普水宮殿主海神**과 **吉祥寶月主海神**과 **妙華龍髻主海神**과 **普持光味主海神**과 **寶燄華光主海神**과 **金剛妙髻主海神**과 **海潮雷音主海神**이라 **如是等**이 **而爲上首**하사 **其數無量**하니 **悉以如來功德大海**로 **充滿其身**하시니라

또한 한량없는 주해신(主海神)이 있으니,

이른바 출현보광(出現寶光) 주해신,

성금강당(成金剛幢) 주해신,

원리진구(遠離塵垢) 주해신,

보수궁전(普水宮殿) 주해신,

길상보월(吉祥寶月) 주해신,

묘화용계(妙華龍髻) 주해신,

보지광미(普持光味) 주해신,

보염화광(寶焰華光) 주해신,

금강묘계(金剛妙髻) 주해신,

해조뢰음(海潮雷音) 주해신이다.

이러한 이들이 상수가 되었고, 그 나머지 한량없는 수효의 주해신이 있으니, 그들은 모두 여래 공덕의 큰 바다를 그들의 몸에 충만하게 하였다.

◉ 疏 ◉

主海神은 卽海若之輩니 表具含萬德하야 一一深廣也라

주해신은 해약(바다 신)의 무리이다. 수많은 덕을 갖추고서 하나하나 모두가 깊고 광대함을 나타낸 것이다.

名中에 三名'遠塵離垢'者는 瑜伽八十六에 云"現斷煩惱라 故遠塵이오 隨眠離繫라 故離垢라"하나 今約近事컨대 塵은 謂塵境이오 垢는 卽煩惱니 六根對境에 了彼性空이라 故曰遠塵이오 衆惑不行이 誠爲離垢니 心境이 相藉離垢는 由於遠塵이라

주해신의 이름 가운데 셋째 遠塵離垢라 말한 것은 유가사지론 권86에 이르기를, "현재 번뇌를 끊은 까닭에 塵을 멀리하였다고 말하고, 隨眠의 얽매임을 여의었기에 垢를 여의었다고 말한다."고 하였다. 그러나 여기에서 가까운 일을 가지고 말한다면 塵이란 塵

境을 말하고, 垢란 곧 번뇌이다. 육근이 경계를 대하여 그 자성이 공함을 알았기에 "塵境을 멀리한다[遠塵]."고 말하고, 많은 미혹이 일어나지 않는 것이 참으로 "번뇌를 여의었다[離垢]."고 말한다. 마음과 경계가 번뇌를 여읠 수 있도록 돕는 것은 塵境을 멀리한 데에서 비롯된다.

第十三 主水神

제13. 주수신

經

復有無量主水神하니 **所謂普興雲幢主水神**과 **海潮雲音主水神**과 **妙色輪髻主水神**과 **善巧漩澓主水神**과 **離垢香積主水神**과 **福橋光音主水神**과 **知足自在主水神**과 **淨喜善音主水神**과 **普現威光主水神**과 **吼音徧海主水神**이라 **如是等**이 **而爲上首**하사 **其數無量**하니 **常勤救護一切衆生**하야 **而爲利益**하시니라

또 한량없는 주수신(主水神)이 있으니,

이른바 보흥운당(普興雲幢) 주수신,

해조운음(海潮雲音) 주수신,

묘색륜계(妙色輪髻) 주수신,

선교선복(善巧漩澓) 주수신,

이구향적(離垢香積) 주수신,

복교광음(福橋光音) 주수신,

지족자재(知足自在) 주수신,

정희선음(淨喜善音) 주수신,

보현위광(普現威光) 주수신,

후음변해(吼音徧海) 주수신이다.

이러한 이들이 상수가 되었고, 그 나머지 한량없는 수효의 주수신이 있으니, 그들은 항상 일체중생을 위해 부지런히 구제하고 보호하여 도움을 주었다.

◉ 疏 ◉

主水神者는 通上河海等水와 及雨露霜雪等也니 表法水含潤等의 多義理故라

주수신은 위의 강하와 바다 등의 물과 비·이슬·서리·눈 등을 통틀어 말한다. 法水의 윤택함 등의 수많은 의리가 있음을 나타낸 때문이다.

德中에 拯溺爲救오 濟危爲護니 謂已溺邪見·貪愛水者를 救之하고 將沉者를 護之라 而爲利益은 卽雲雨等潤으로 發生萬物也니 法合을 可知라

찬탄하는 덕 가운데 "일체중생을 구호한다[救護一切衆生]."는 것에서 救護란 물에 빠진 이를 구원한 것을 '救'라 하고, 위태로운 데에서 건져주는 것을 '護'라고 한다. 이미 邪見과 貪愛의 물에 빠진

자를 구해주고, 장차 빠지려는 자를 보호해줌을 말한다.

"도움을 주었다[而爲利益]."는 것은 곧 구름과 비를 고루 내려주어 만물을 낳아주는 것이다. 법에 합하여 보면 설명하지 않아도 알 수 있다.

第十四 主火神

제14. 주화신

經

復有無數主火神하니 **所謂普光燄藏主火神**과 **普集光幢主火神**과 **大光普照主火神**과 **衆妙宮殿主火神**과 **無盡光髻主火神**과 **種種燄眼主火神**과 **十方宮殿如須彌山主火神**과 **威光自在主火神**과 **光明破暗主火神**과 **雷音電光主火神**이라 **如是等**이 **而爲上首**하사 **不可稱數**라 **皆能示現種種光明**하야 **令諸衆生**으로 **熱惱除滅**케하시니라

또한 수없는 주화신(主火神)이 있으니,

이른바 보광염장(普光燄藏) 주화신,

보집광당(普集光幢) 주화신,

대광보조(大光普照) 주화신,

중묘궁전(衆妙宮殿) 주화신,

무진광계(無盡光髻) 주화신,

종종염안(種種燄眼) 주화신,

시방궁전여수미산(十方宮殿如須彌山) 주화신,

위광자재(威光自在) 주화신,

광명파암(光明破暗) 주화신,

뇌음전광(雷音電光) 주화신이다.

이러한 이들이 상수가 되었고, 그 나머지 헤아릴 수 없는 수효의 주화신들이 모두 가지가지 광명을 나타내어 모든 중생으로 하여금 뜨거운 번뇌를 소멸하도록 마련해주었다.

◉ 疏 ◉

主火神은 卽宋無忌之流也라 以顯智慧火하야 燒煩惱薪하고 成熟善品하야 破無明暗耳라

주화신은 宋無忌[19]의 무리이다. 지혜의 불을 일으켜 번뇌의 섶을 태우고 善品을 성숙하여 무명의 어둠을 타파하는 것이다.

德中에 夫火有二能하니 一은 能爲益이오 二는 能爲損이라 今用益止損이니 表法도 亦爾라 示慧光以去暗은 用益也오 除惑苦之熱惱는 止損也라

찬탄하는 덕 가운데 불에는 2가지의 능력이 있다. 하나는 따뜻함을 더해주는 것이며, 또 다른 하나는 태워 없애주는 것이다. 여

19 宋無忌 : 이는 불의 정령으로 火仙, 또는 火妖라 한다.(索隱引白澤圖, 云火之精, 曰宋無忌, 蓋其人火仙也, 以入竈故, 指為火之妖.)

기에서 더해주는 것을 쓰고 없애주는 것을 그침이니 법을 나타내는 것 또한 그와 같다. 지혜광명을 보여 어둠을 없애는 것은 더해줌[用益]이며, 미혹의 고통에 의한 뜨거운 고뇌를 없애는 것은 없애줌[止損]이다.

第十五 主風神

제15. 주풍신

經

復有無量主風神하니 **所謂無礙光明主風神**과 **普現勇業主風神**과 **飄擊雲幢主風神**과 **淨光莊嚴主風神**과 **力能竭水主風神**과 **大聲徧吼主風神**과 **樹梢垂髻主風神**과 **所行無礙主風神**과 **種種宮殿主風神**과 **大光普照主風神**이라 **如是等**이 **而爲上首**하사 **其數無量**하니 **皆勤散滅我慢之心**하시니라

또한 한량없는 주풍신(主風神)이 있으니,

이른바 무애광명(無礙光明) 주풍신,

보현용업(普現勇業) 주풍신,

표격운당(飄擊雲幢) 주풍신,

정광장엄(淨光莊嚴) 주풍신,

역능갈수(力能竭水) 주풍신,

대성변후(大聲徧吼) 주풍신,

수초수계(樹杪垂髻) 주풍신,

소행무애(所行無礙) 주풍신,

종종궁전(種種宮殿) 주풍신,

대광보조(大光普照) 주풍신이다.

이러한 이들이 상수가 되었고, 그 나머지 한량없는 수효의 주풍신이 있으니, 그들은 모두 부지런히 아만심을 없앴다.

◉ 疏 ◉

主風神은 通表方便無住하야 無所不摧니 別表는 如下라

주풍신은 방편이 어느 하나에도 집착함이 없어 꺾지 못할 바가 없음을 총괄하여 나타낸 것이다.

第十六 主空神

제16. 주공신

經

復有無量主空神하니 所謂淨光普照主空神과 普游深廣主空神과 生吉祥風主空神과 離障安住主空神과 廣步妙髻主空神과 無礙光焰主空神과 無礙勝力主空神과 離垢光明主空神과 深遠妙音主空神과 光徧十方主空神이라 如是

等이 **而爲上首**하사 **其數無量**하니 **心皆離垢**하야 **廣大明潔**하시니라

또한 한량없는 주공신(主空神)이 있으니,

이른바 정광보조(淨光普照) 주공신,

보유심광(普游深廣) 주공신,

생길상풍(生吉祥風) 주공신,

이장안주(離障安住) 주공신,

광보묘계(廣步妙髻) 주공신,

무애광염(無礙光焰) 주공신,

무애승력(無礙勝力) 주공신,

이구광명(離垢光明) 주공신,

심원묘음(深遠妙音) 주공신,

광변시방(光徧十方) 주공신이다.

이러한 이들이 상수가 되었고, 그 나머지 한량없는 주공신이 있으니, 그들은 모두 마음에 때를 여의어서 마음이 드넓고 크고 밝고 깨끗하였다.

◉ **疏** ◉

主空神은 表法性空이니 別卽離染周徧等이오 亦各如名辨이라

주공신은 법성이 공함을 나타낸 것이다. 개별로는 곧 더러움을 여의고 두루 함 등이니 이 또한 각각 신의 이름과 같이 살펴보아야 한다.

德中에 若情塵亂起면 翳本性空이오 智日高昇이면 則情雲自卷이라 空有日而廓爾無際오 智合理而杳然無涯일세 故云爾耳라

찬탄한 덕 가운데 만일 情識의 티끌이 어지럽게 일어나면 본성의 空을 가리게 되고, 지혜의 태양이 높이 솟으면 정식의 구름이 절로 걷히게 된다. 허공에 태양이 뜨면 툭 트여 끝이 없듯이, 지혜가 진리와 하나가 되면 아득히 끝이 없기에 이처럼 말한 것이다.

第十七 主方神

제17. 주방신

經

復有無量主方神하니 **所謂偏住一切主方神**과 **普現光明主方神**과 **光行莊嚴主方神**과 **周行不礙主方神**과 **永斷迷惑主方神**과 **普遊淨空主方神**과 **大雲幢音主方神**과 **髻目無亂主方神**과 **普觀世業主方神**과 **周徧遊覽主方神**이라 **如是等**이 **而爲上首**하사 **其數無量**하니 **能以方便**으로 **普放光明**하야 **恆照十方**하야 **相續不絕**하시니라

또한 한량없는 주방신(主方神)이 있으니,

이른바 변주일체(徧住一切) 주방신,

보현광명(普現光明) 주방신,

광행장엄(光行莊嚴) 주방신,

주행불애(周行不礙) 주방신,

영단미혹(永斷迷惑) 주방신,

보유정공(普遊淨空) 주방신,

대운당음(大雲幢音) 주방신,

계목무란(髻目無亂) 주방신,

보관세업(普觀世業) 주방신,

주변유람(周徧遊覽) 주방신이다.

이러한 이들이 상수가 되었고, 그 나머지 한량없는 주방신이 있으니, 그들은 방편으로서 널리 광명을 쏟아내어 항상 시방을 비추어 끊임없이 줄곧 밝혀주었다.

◉ 疏 ◉

主方神은 卽東方青帝等類也니 表顯邪正方隅하야 使行無迷倒니라【鈔_ '卽東方'者는 此主五方에 有五帝니 東方甲乙木은 其色青이라 故東方爲青帝오 南方丙丁火는 其色赤이라 爲赤帝오 西方庚辛金은 其色白이라 爲白帝오 北方壬癸水는 其色黑이라 爲黑帝오 中央戊己土는 其色黃이라 爲黃帝니라 若十二神은 卽一方에 有三故라 故成十二니라 大集經에 說十二獸는 皆是大菩薩示迹爲之니 如彼經說이라】

주방신은 곧 동방 청제, 내지 중앙 황제 등의 무리이다. 間方과 정방의 방위를 밝혀주어 길 가는 이들이 혼미하지 않도록 마련해주는 것이다.【초_ '동방 등'이란 동서남북과 중앙 五方을 주관하는 다섯 임금이 있다. 동방 甲乙 木(3, 8)은 그 색이 푸르기에 동방은 靑帝라 하고, 남방 丙丁 火(2, 7)는 그 색이 붉기에 남방은 赤帝라 하고, 서방 庚辛 金(4, 9)은 그 색이 희기에 서방은 白帝라 하고, 북방 壬癸 水(1, 6)는 그 색이 검기에 북방은 黑帝라 하고, 중앙 戊己 土(5, 10)는 그 색이 누르기에 중앙은 黃帝라 한다. 12神의 경우, 하나의 방위마다 세 방위로 나뉜 까닭에 12방위가 된다. 대집경에 이르기를, "12獸는 모두 대보살이 자취를 보여준 것이다."고 하니 대집경에서 말한 바와 같다.】

德中에 身智敎光 無不引攝을 名'普放'也라 無時不放일세 所以로 稱'恆'이오 如日周天일세 故'相續不絕'이라

찬탄한 덕 가운데 몸의 지혜와 가르침이 광명으로 이끌어주고 받아들이지 않음이 없는 것을 '普放'이라 말하고, 어느 때나 광명을 쏟아내지 않은 바 없기에 이를 '恆'이라 말하며, 태양이 하루에 한 차례씩 선회하는 것과 같기에 이를 "끊임없이 줄곧 밝혀주었다."고 말한다.

第十八 主夜神

제18. 주야신

經

復有無量主夜神하니 **所謂普德淨光主夜神**과 **喜眼觀世主夜神**과 **護世精氣主夜神**과 **寂靜海音主夜神**과 **普現吉祥**

主夜神과 **普發樹華主夜神**과 **平等護育主夜神**과 **遊戲快樂主夜神**과 **諸根常喜主夜神**과 **出生淨福主夜神**이라 **如是等**이 **而爲上首**하사 **其數無量**하니 **皆勤修習**하야 **以法爲樂**하시니라

또한 한량없는 주야신(主夜神)이 있으니,

이른바 보덕정광(普德淨光) 주야신,

희안관세(喜眼觀世) 주야신,

호세정기(護世精氣) 주야신,

적정해음(寂靜海音) 주야신,

보현길상(普現吉祥) 주야신,

보발수화(普發樹華) 주야신,

평등호육(平等護育) 주야신,

유희쾌락(遊戲快樂) 주야신,

제근상희(諸根常喜) 주야신,

출생정복(出生淨福) 주야신이다.

이러한 이들이 상수가 되었고, 그 나머지 한량없는 주야신이 있으니, 그들은 모두 부지런히 정진, 수행하여 법으로 즐거움을 삼았다.

◉ 疏 ◉

主夜神은 表於無明黑暗과 生死長夜에 導以慧明하야 令知正路니라

주야신은 無明의 암흑인 생사의 기나긴 밤에 지혜광명으로 인

도하여 일체중생에게 바른길을 알려줌을 나타낸 것이다.

德中에 夜分忘寢을 是日勤修오 翻彼長迷일세 故以法爲樂이라

찬탄한 덕 가운데 밤에 잠자는 것조차 잊은 것을 '정진수행[勤修]'이라 말하고, 그 기나긴 혼미를 뒤집어 밝음을 찾았기에 "법으로 즐거움을 삼았다."고 말한다.

第十九 主晝神

제19. 주주신

經

復有無量主晝神하니 **所謂示現宮殿主晝神**과 **發起慧香主晝神**과 **樂勝莊嚴主晝神**과 **香華妙光主晝神**과 **普集妙藥主晝神**과 **樂作喜目主晝神**과 **普現諸方主晝神**과 **大悲光明主晝神**과 **善根光照主晝神**과 **妙華瓔珞主晝神**이라 **如是等**이 **而爲上首**하사 **其數無量**하니 **皆於妙法**에 **能生信解**하야 **恒共精勤**하야 **嚴飾宮殿**하시니라

또한 한량없는 주주신(主晝神)이 있으니,

이른바 시현궁전(示現宮殿) 주주신,

발기혜향(發起慧香) 주주신,

낙승장엄(樂勝莊嚴) 주주신,

향화묘광(香華妙光) 주주신,

보집묘약(普集妙藥) 주주신,

낙작희목(樂作喜目) 주주신,

보현제방(普現諸方) 주주신,

대비광명(大悲光明) 주주신,

선근광조(善根光照) 주주신,

묘화영락(妙華瓔珞) 주주신이다.

이러한 이들이 상수가 되었고, 그 나머지 한량없는 주주신이 있으니, 그들은 모두 미묘한 법에 대해 믿고 이해하여 항상 한곳에서 함께 부지런히 정진하면서 궁전을 장엄하게 꾸몄다.

◉ 疏 ◉

主晝神은 於晝攝化니 顯行德恆明也라

주주신은 낮에 일체중생을 받아들여 교화함이니 행한 덕이 항상 밝음을 나타냄이다.

德中에 先修正解하고 後勤正行이니 有信無解면 增長無明이오 有解無信이면 還生邪見이라 信因解淨이오 解藉信深이니 晝之義也라 上來 多主器界라 故但名神이로되 準梵本이면 除金剛神코 餘皆女神이니 表慈育故라 菩薩이 同於彼類하야 以攝衆生이라 自下는 攝領有情으로 皆受王稱이오 並是丈夫라**(第一 雜類諸神衆은 竟하다)**

찬탄한 덕 가운데 먼저 바른 견해를 닦고 그 뒤에 바른 행을 부지런히 닦는 것이다. 신심만 있고 바른 견해가 없으면 無明을 더 키워내고, 견해만 있고 신심이 없으면 또한 삿된 견해를 일으키게 된다. 신심은 바른 견해로 인하여 청정하고, 바른 견해는 신심에 의해 깊어간다는 것이 '낮'이라는 뜻이다.

위의 경문에서는 대부분 器界를 주로 말하였기에 단 '神'만을 말하였지만, 범본에 준하여 보면 금강신을 제외하곤 그 나머지는 모두 '女神'들이다. 여신이란 사랑으로 길러줌을 상징하기 때문이다. 보살이 그 여신의 유와 같이 일체중생을 받아들여 교화하는 것이다. 이 아래의 경문은 有情을 거느리는 지위에 있기에 모두 '왕'으로 호칭하는 것이며, 아울러 왕이란 모두 여신이 아닌 대장부들이다.**(제1 잡류의 많은 신중에 대한 부분을 끝마치다.)**

第二는 八部四王衆이라 文有八段하니 前四는 雜類오 後四에 能統은 是天王이오 所統은 是八部라

제2는 8部 4王의 대중이다. 이 경문은 8단락이다. 앞의 4단락은 雜類를, 뒤의 4단락에 통치자의 주체는 天王을, 피통치자의 대상은 八部를 말한다.

今初 阿修羅

제1. 아수라왕

復有無量阿修羅王하니 所謂羅睺阿修羅王과 毗摩質多羅

阿修羅王과 **巧幻術阿修羅王**과 **大眷屬阿修羅王**과 **大力阿修羅王**과 **徧照阿修羅王**과 **堅固行妙莊嚴阿修羅王**과 **廣大因慧阿修羅王**과 **出現勝德阿修羅王**과 **妙好音聲阿修羅王**이라 **如是等**이 **而爲上首**하사 **其數無量**하니 **悉已精勤**하야 **摧伏我慢**과 **及諸煩惱**하시니라

다시 또한 한량없는 아수라왕(阿修羅王)이 있으니,

이른바 나후(羅睺) 아수라왕,

비마질다라(毗摩質多羅) 아수라왕,

교환술(巧幻術) 아수라왕,

대권속(大眷屬) 아수라왕,

대력(大力) 아수라왕,

변조(徧照) 아수라왕,

견고행묘장엄(堅固行妙莊嚴) 아수라왕,

광대인혜(廣大因慧) 아수라왕,

출현승덕(出現勝德) 아수라왕,

묘호음성(妙好音聲) 아수라왕이다.

이러한 이들이 상수가 되었고, 그 나머지 한량없는 아수라왕이 있으니, 그들은 모두 이미 부지런히 정진하여 아만의 습기(習氣)와 모든 무명(無明)의 번뇌를 꺾어 조복하였다.

◉ 疏 ◉

阿修羅는 亦云阿素落이니 梵音이 楚夏(清濁)耳라 婆沙 譯爲非天이니

佛地論에 云"天趣所攝이로되 以多諂媚하야 無天實行일세 故曰非天이라"하고 依阿毗曇건대 亦鬼趣攝이니 諂曲覆故라하고 正法念經엔 鬼·畜 二攝이니 以羅睺阿修羅 是師子子故라 伽陀經엔 天·鬼·畜攝이니 具上說故라 由此로 或開六趣하고 或合爲五라 多好鬪諍하야 懷勝負故로 或居衆相山中이오 或居海下니 如正法念說이라 然有大力者는 廣修福故니 今之修福에 有懷勝負諂媚心者는 多生其中이라 羅睺는 此云攝惱니 以能將手 隱攝日月하야 令天惱故오 二는 毗摩니 此云絲也오 質多羅는 種種也니 謂此王이 能以一絲로 幻作種種事故니라

아수라는 또한 阿素落이라 말하기도 하니, 이는 지방에 따른 범음의 청탁[楚夏]이 다른 데에서 달리 말했을 뿐이다. 바사론에서는 이를 '非天'으로 번역하였다. 이에 대해 여러 가지의 뜻이 있다.

(1) 불지론에서 이르기를, "天界(天趣)에 속해 있지만 아첨한 바 많아서 하늘의 도를 실행함이 없기에 이를 '非天', 즉 하늘에 있으면서도 하늘이 아니다."고 말하였다.

(2) 아비담론에 의하면, "또한 鬼道(鬼趣)에 속한다."고 한다. 이는 아첨과 왜곡에 가려 있기 때문이다.

(3) 정법념경에서는 귀도와 축생 2가지에 속한다[鬼·畜 二攝]고 하니 나후 아수라가 사자의 아들이기 때문이다.

(4) 가타경에서는 천계·귀도·축생 3가지에 두루 속한다[天·鬼·畜攝]고 한다.

이는 위의 불지론과 아비담론, 그리고 정법념경에서 말한 3가

지를 종합한 때문이다. 이처럼 여러 학설에 의하여 혹은 6갈래로 구분하거나 또는 이를 합하여 5갈래로 삼는다.

아수라는 다투기를 좋아하여 승부를 생각한 까닭에 혹은 衆相山中에 거하거나 아니면 바닷속에 살기에 정법념경에서 말한 것처럼 귀도와 축생에 속한다. 그러나 아수라에게 큰 힘이 있게 된 것은 널리 복을 닦았기 때문이다. 금세에 복덕을 닦으면서도 승부와 아첨하는 마음을 품은 자가 대부분 아수라에 태어나게 된다.

羅睺는 중국 말로는 攝惱이다. 아수라는 그의 큰 손으로 태양과 달을 가려버린 까닭에 하늘을 괴롭히고 해를 끼치기 때문이다. 두 번째 아수라의 毗摩는 중국 말로는 '실[絲]'이며, 質多羅는 '갖가지'라는 뜻이다. 비마질다라 아수라왕은 실오라기 하나로 갖가지 요술을 부리기 때문이다.

德中에 悉者는 因果俱慢故며 權 應偏摧로되 非不斷餘일세 故云'及'也라

찬탄한 덕 가운데 '悉已精勤'의 悉이란 인과가 모두 아만 때문이며, 방편으로 응당 아만을 꺾지만 그 나머지의 모든 번뇌까지도 끊지 않을 수 없기에 '及'(摧伏我慢 '及'諸煩惱) 자를 말한 것이다.

第二 迦樓羅王

제2. 가루라왕

經

復有不可思議數迦樓羅王하니 **所謂大速疾力迦樓羅王**과 **無能壞寶髻迦樓羅王**과 **淸淨速疾迦樓羅王**과 **心不退轉迦樓羅王**과 **大海處攝持力迦樓羅王**과 **堅固淨光迦樓羅王**과 **巧嚴冠髻迦樓羅王**과 **普捷示現迦樓羅王**과 **普觀海迦樓羅王**과 **普音廣目迦樓羅王**이라 **如是等**이 **而爲上首**하사 **不思議數**라 **悉已成就大方便力**하야 **善能救攝一切衆生**하시니라

또한 불가사의 수의 가루라왕(迦樓羅王)이 있으니,

이른바 대속질력(大速疾力) 가루라왕,

무능괴보계(無能壞寶髻) 가루라왕,

청정속질(淸淨速疾) 가루라왕,

심불퇴전(心不退轉) 가루라왕,

대해처섭지력(大海處攝持力) 가루라왕,

견고정광(堅固淨光) 가루라왕,

교엄관계(巧嚴冠髻) 가루라왕,

보첩시현(普捷示現) 가루라왕,

보관해(普觀海) 가루라왕,

보음광목(普音廣目) 가루라왕이다.

이러한 이들이 상수가 되었고, 그 나머지 불가사의한 가루라왕이 있었다. 그들은 모두 이미 큰 방편의 힘을 성취하여 일체중생을 잘 구제하고 받아들였다.

◉ 疏 ◉

迦樓羅는 昔云金翅나 正云妙翅니 以翅有種種寶色莊嚴故니라 此는 就狀翻이어니와 若敵對翻면 此云大嗉項이니 以常著龍於嗉中故니 此鳥 能食龍魚七寶이라 然鳥及龍이 各具四生이니 謂卵·胎·濕·化라 後後 勝前前하야 劣不能食勝이니 謂卵生鳥는 不能食胎等이오 勝能噉劣이니 化食四生이라 如增一辨하야 以化食化면 暫得充虛니 亦表菩薩攝生이라 故離世間品에 云"菩薩迦樓羅 如意爲堅足하며" 乃至 "搏撮人天龍하야 安置涅槃岸이라"하다【鈔_ '化食四生'者는 化最勝故니라 濕生鳥는 食濕胎卵三生龍이오 胎生鳥는 食胎卵二生龍이오 卵生鳥는 唯食卵生龍이라 然劣不能食勝이나 若有食者면 其鳥 卽死에 而可食者라 日食一龍王하나니 五百小龍이 繞四天下하고 周而復始면 次第取食이라 其鳥 命將盡時에 至海取龍할세 爲龍吐毒으로 復不能食이라 饑火所燒로 聳翅入海直下라가 至風輪際면 爲風所吹로 還復卻上이라 如是七返에 無處停足일세 遂至金剛山頂命終하나니 以食龍故로 其身毒氣로 發火自燒어늘 難陀龍王이 恐燒寶山하야 降雨滅火할세 滴如車軸이라 其身肉은 消散이나 唯有心在하니 大如人髀오 紺琉璃色이라 輪王이 得之면 用爲珠寶하고 帝釋 得之면 爲髻中珠라 '亦表菩薩下는 約表以釋이오 引文에 云'乃至'者는 彼經에 具云"菩薩迦樓羅 如意爲堅足하며 方便勇猛翅와 慈悲明淨眼으로 住一切智樹하야 觀三有大海하고 搏撮天人龍하야 安置涅槃岸이라"하다】

가루라는 옛적에 황금 날개의 새[金翅]라고 말했으나 미묘한 깃털을 가진 새[妙翅]라고 말해야 한다. 이는 깃털에 갖가지 보배 색깔로 장엄한 때문이다. 이는 그 가루라의 모습으로 말한 것이지만 만일 범어의 뜻대로 번역한다면 중국 말로는 大嗉項, 즉 '목에 큰 멀떠구니(모이주머니)를 가진 새'라고 말해야 한다. 이는 목에 있는 모이주머니에 항상 용을 담고 있기 때문이다. 그 가루라는 용과 칠보를 먹는다.

그러나 가루라와 용은 각각 四生을 모두 갖추고 있다. 卵生·胎生·濕生·化生이다. 뒤로 갈수록 앞의 것보다 훌륭하여 앞의 용렬한 것이 뒤의 훌륭한 것을 먹지 못한다. 이는 卵生의 가루라가 胎生의 용을 먹지 못하고, 태생의 가루라가 습생의 용을 먹지 못한다는 등이다. 이와 반대로 뒤의 훌륭한 것은 앞의 용렬한 것을 먹을 수 있다. 化生의 가루라는 四生의 용을 모두 잡아먹을 수 있다. 增一阿含論에서 말한 바와 같이 화생의 가루라가 화생의 용을 잡아먹으면 잠시 허기를 채울 뿐이다. 이는 또한 보살의 攝生을 밝힌 것이다. 이 때문에 제38 이세간품에서 이르기를, "보살 가루라는 如意로 견고한 발을 삼고, 방편의 용맹스러운 날개와 자비의 밝고 청정한 눈으로 일체 지혜의 나무숲에 머물면서 三有의 큰 바다를 살펴보며 人天의 용을 낚아채어 열반의 언덕에 놓아둔다."고 하였다. 【초_ "化生의 가루라는 四生의 용을 모두 잡아먹는다."는 것은 화생의 가루라가 가장 훌륭하기 때문이다. 濕生의 가루라는 습생·태생·난생의 용을 잡아먹고, 태생의 가루라는 태생·난생의 용을 잡아먹고, 난생의 가루라는 오직 난생의 용만을 잡아먹는다. 그러나 하위의 용렬한 가루라는 상위의 훌륭한 용을 잡아먹을 수 없다. 상위의 용을 잡아먹는 가루라는 그 가루라가 곧 죽을 즈음에 상위의 용을 잡아먹는 것이다. 가루라는 날마다 한 마리의 용왕을 잡아먹는다. 5백 마리의 작은 용들이 四天下를 두루 돌고서 처음 제자리로 다시 돌아오면 차례로 한 마리씩 잡아먹는다. 가루라의 목숨이 다할 즈음에 바다에 날아가 용을 잡아먹는데, 용이 토한 독기 때문에 다시는 용을 잡아먹을 수 없다. 굶주림의 불길이 일어나 불이 붙으면 날개를 치고서 바닷속으로 들어가 곧장 아래로 風輪際까지 내려가면 바람이 불어 가루라는 다시 위로 솟구쳐 오르게 된다. 이처럼 7번을 반복하는 동안, 가루라는 그 어느 곳에도 발을 붙일 수 없다. 가루라는 마침내 금강산 정상에 이르러 목숨이 끊어지는 것이다. 용을 먹었던 까닭에 가루라의 몸에 남아 있는 독기로 불길이 일어나 가루라 그 자신을 불태우게 되는데, 난타 용왕이 보배 산에 불이 붙을까 두려워한 나머지, 비를 내려 불길을 끄는데, 그 빗물 방울이 마치 수레바퀴만큼이나 컸다. 가루라의 살점은 모두 사라지지만 오직 심장만은 남아 있다. 그 심장의 크기는 사람의 밥통만큼 크고, 감청색 유리 색깔이다. 輪王이 그 심장을 얻으면 이를 보배 구슬로 사용하고, 제석천왕이 그 심장을 얻으면 이를 상투 한가운데에 꼽는 구슬로 사용한다.

'亦表菩薩' 이하는 보살 섭생을 나타낸 것으로 해석한 것이며, 인용한 문장에서 '乃至'라 말한 것은 그 경문에 구체적으로 말하기를, "보살 가루라는 如意로 견고한 발을 삼고, 방편의 용맹스러운 날개와 자비의 밝고 청정한 눈으로 一切智의 나무숲에 머물면서

三有(三界)의 큰 바다를 살펴보며 天人의 龍을 낚아채어 열반의 언덕에 놓아두는 것이다."고 하였다.】

'大速疾力'者는 增一中에 說호되 此鳥 食龍할세 "從金剛山頂鐵杈樹下로 入海取龍할세 水未合間에 還至本樹라"하니 是爲速疾이라

제1의 大速疾力이란 증일아함론에 이르기를, "가루라가 용을 잡아먹을 적에 금강산 꼭대기, 무쇠가지의 나무에서 날아 내려와 날쌔게 바닷속으로 들어가 용을 낚아채서 바닷물이 채 아물기도 전에 다시 무쇠가지 나무로 돌아온다."고 하였다. 이를 '날쌔고 빠르다[速疾].'고 말한다.

'大海處攝持力'者는 卽是攝彼命將盡者食之호되 而龍이 受三歸와 及袈裟一縷在身이면 則不可取니 菩薩도 亦爾라 如前引離世間品說이오 又出現에 云取善根熟衆生하야 置佛法中하나니 此爲命盡이어니와 若心有邪歸·斷見의 所覆면 則不可取니라【鈔_ '而龍受三歸者는 菩薩處胎經에 佛自說호되 昔爲金翅鳥하야 七寶宮殿等에 時入大海하야 求龍爲食이러니 時에 彼海中에 有化生龍하니 龍子 八日·十四日·十五日에 受如來齋八禁戒法라 時에 鳥銜龍出海라 金翅鳥法에 若食龍時에 先從尾呑이어늘 求尾不得하야 已經日夜러니 明日에 龍이 出尾하야 示金翅鳥云"化生龍者는 我身이 是也라 我若不持八關齋法者댄 汝可食我렷다 我奉齋戒어늘 汝屈滅我아"하니 金翅 聞已에 悔過自責하야 云"佛之威神은 甚深難量이로다" 請龍入宮이러니 龍卽隨入하야 乃請龍하야 受八戒하다

'一縷在身'은 卽觀佛三昧海經이오 '又出現'下는 卽彼如來行中에 金

翅鬪海喻이니 喻如來無礙行이라 經云"佛子여 譬如金翅鳥王이 飛行虛空하야 回翔不去하고 以淸淨眼으로 觀察海內諸龍宮殿하야 奮勇猛力하야 以左右翅로 鼓揚海水하야 悉令兩闢하야 知龍男女 命將盡者하고 而搏取之하나니 如來應正等覺金翅鳥王도 亦復如是니라 住無礙行하야 以淨佛眼으로 觀察法界諸宮殿中一切衆生하야 若種善根已成熟者어든 如來 奮勇猛十力하야 以止觀兩翅로 鼓揚生死大愛海水하야 使其兩闢하야 而撮取之하야 置佛法中하야 令斷一切妄想戲論하고 安住如來無分別無礙行이니라" 釋曰 觀前經文컨대 自知廣略이오 下釋救攝은 引出現品이오 亦是此文이라】

제5 가루라왕의 '大海處攝持力'이란 머지않아 목숨이 끊어질 용만을 잡아먹되 용이 일찍이 三歸戒를 받았다거나 한 실오라기의 가사라도 몸에 걸치고 있으면 잡아먹지 못한다. 보살 또한 그러하다. 앞에서 인용한 제38 이세간품에서 말한 바와 같고, 또한 제37 여래출현품에 이르기를, "선근이 성숙한 중생을 취하여 불법 속에 넣어둔다. 이는 중생 범부로서의 목숨이 다한 것이다. 그러나 그의 마음이 邪歸와 斷見에 덮여 있으면 그를 취하여 불법 속에 둘 수 없다."고 하였다.【초_ '三歸戒를 받은 용'이란 보살처태경에서, 부처님이 스스로 말씀하셨다. "예전에 금시조가 되어 칠보궁전 등에 있으면서 때로 바다에 들어가 용을 잡아먹곤 하였다. 그때 그 바닷속에 化生의 용이 있었는데, 새끼 용들이 8일, 14일, 15일이 되면 여래께서 제정하신 八禁齋法을 받았다. 그때 금시조가 용을 잡아 물고서 바다 밖으로 나가는데, 금시조의 법에 용을 잡아먹을 적에는 꼬리부터 먼저 삼켜야 하는 것이다. 하지만 계율을 받은 용이어서 그 꼬리를 찾지 못한 채, 하루가 지나갔다. 그 이튿날, 용이 금시조에게 꼬리를 내보이면서 말하였다. '화생의 용은 여래의 몸이다. 내가 만일 팔관재법을 받아 지니지 않았더라면 네가 곧 나를 잡아먹었을 것이다. 내가 팔관재법을 받들고 있는데 네가 나를 잡아먹을 수 있겠는가.' 금시조가 그 말을 듣고서 잘못을 뉘우치고 스스로 꾸짖으며 말하였다. '부처님의 헤아릴 수 없는 영묘하고도 불가사의한 힘은 너무 깊어 헤아리기 어렵다.' 하고 용에게 부탁하여 궁전에 들어가니, 용이 곧 금시조를 따라 들어갔다. 이에 용에게 청하여 팔관재계를 받았다."

'一縷在身'은 곧 觀佛三昧海經의 내용이다.

'又出現' 이하는 如來行 가운데에 '금시조가 바다를 가르고 들어가는 비유[金翅闢海喻]'이니 여래의 無礙行을 비유한 것이다. 경문에 이르기를, "불자여, 비유하건대 금시조왕이 하늘을 날면서 선회하며 떠나가지 않은 채, 밝은 눈으로 바닷속의 여러 용궁을 관찰하다가 용맹스러운 힘으로 좌우 날개로 바닷물을 쳐서 양쪽으로 갈라지면 용의 암수 가운데 목숨이 다한 용만을 골라 잡아간다. 여래 응정등각 금시조왕 또한 그러하다. 무애행에 머물면서 청정한 부처의 눈으로 법계의 여러 궁전 가운데 일체중생을 살펴 일찍이 선근을 심어 성숙한 중생이 있으면, 여래가 용맹스러운 十力을 떨쳐 止와 觀의 두 날개로 생사의 큰 애욕 바닷물이 쫙 갈라지도록 물결을 쳐서 선근이 익은 자를 취하여 불법의 가운데에 두어 모든 망상과 희론을 끊고서 여래의 분별없는 무애행에 안주하도록 한다."고 하였다.

이를 해석하면 다음과 같다. 앞의 경문을 살펴보면 스스로 자세함과 생략됨을 알 수 있고, 아래의 구제하여 받아들인다는 부분에 대한 해석은 제37 여래출현품을 인용한 것이며, 또한 같은 경문이다.】

'普觀海'者는 卽周四天下하야 求命盡龍이라

제9 가루라왕을 '普觀海'라 말한 것은 사천하를 두루 살펴보다가 머지않아 목숨이 다할 용만을 찾아 낚아채는 것이다.

德中에 '大方便力'은 卽雖了衆生空이나 而能入有니 是十力止觀也라 普能救攝은 卽'鼓生死大愛海水하야 取善根熟'者니 如出現品說이라

찬탄한 덕 가운데 '큰 방편의 힘'이란 비록 중생의 공을 깨달았으나 有에 들어가니 이는 十力의 止觀이다. 널리 일체중생을 구제하고 받아들인 것은 "생사의 큰 애욕 바닷물이 쫙 갈라지도록 물결을 쳐서 선근이 익은 자를 취하여 불법의 가운데에 둔다."는 것이니 제37 여래출현품에서 말한 바와 같다.

第三 緊那羅王

제3. 긴나라왕

經

復有無量緊那羅王하니 所謂善慧光明天緊那羅王과 妙華幢緊那羅王과 種種莊嚴緊那羅王과 悅意吼聲緊那羅王과 寶樹光明緊那羅王과 見者欣樂緊那羅王과 最勝光莊嚴緊那羅王과 微妙華幢緊那羅王과 動地力緊那羅王과 攝伏惡衆緊那羅王이라 如是等이 而爲上首하사 其數無量하니 皆勤精進하야 觀一切法에 心恆快樂하야 自在遊戲하시니라

또한 한량없는 긴나라왕(緊那羅王)이 있으니,

이른바 선혜광명천(善慧光明天) 긴나라왕,

묘화당(妙華幢) 긴나라왕,

종종장엄(種種莊嚴) 긴나라왕,

열의후성(悅意吼聲) 긴나라왕,

보수광명(寶樹光明) 긴나라왕,

견자흔락(見者欣樂) 긴나라왕,

최승광장엄(最勝光莊嚴) 긴나라왕,

미묘화당(微妙華幢) 긴나라왕,

동지력(動地力) 긴나라왕,

섭복악중(攝伏惡衆) 긴나라왕이다.

이러한 이들이 상수가 되었고, 그 나머지 한량없는 긴나라왕이 있으니, 그들은 모두 부지런히 정진하여 모든 법을 관찰하면서 마음이 항상 즐거우며 자재하게 노닐었다.

◉ 疏 ◉

緊那羅者는 此云疑神이니 謂頂有一角이나 形乃似人이오 面極端正하야 見者 生疑호되 爲是人耶아 爲非人耶아 因此立稱이라 依雜心論컨대 畜生道 攝이며 亦云歌神이니 以能歌詠일세 是天帝執法樂神이니 卽四王眷屬이라 表菩薩이 示衆生形호되 而非衆生이니 常以法樂娛衆生故니라

긴나라는 중국 말로는 疑神이다. 정수리에 외뿔이 솟아 있으나 그 형상이 사람과 같고, 얼굴이 매우 단정하여, 그를 보는 이들이 "그가 사람일까? 사람이 아닐까?" 의심을 내기에 이로 인하여 그와 같은 이름을 갖게 된 것이다.

잡심론에 의하면, 긴나라는 축생에 속하며, 또한 '歌神'이라고 말한다. 노래를 잘 부르기에 天帝의 음악[法樂]을 맡은 신이니 곧 四王의 권속이다. 보살이 중생의 형상으로 보여주지만 중생이 아님을 밝힌 것이다. 그는 항상 법의 음악으로 중생에게 즐거움을 주기 때문이다.

德中에 要勤觀察하야 則得法樂怡神이니 自他兼樂이 爲自在遊戲라

찬탄한 덕 가운데 부지런히 모든 법을 관찰하여 법의 음악으로 마음과 정신에 기쁨을 얻음이니, 나와 남이 모두 즐거워함이 곧 자재하게 노닒이다.

第四 摩睺羅伽王

經

復有無量摩睺羅伽王하니 所謂善慧摩睺羅伽王과 淸淨威音摩睺羅伽王과 勝慧莊嚴髻摩睺羅伽王과 妙目主摩睺羅伽王과 如燈幢爲衆所歸摩睺羅伽王과 最勝光明幢摩睺羅伽王과 師子臆摩睺羅伽王과 衆妙莊嚴音摩睺羅伽王과 須彌堅固摩睺羅伽王과 可愛樂光明摩睺羅伽王이라 如是等이 而爲上首하사 其數無量하니 皆勤修習廣大方便하야 令諸衆生으로 永割癡網케하시니라

또한 한량없는 마후라가왕(摩睺羅伽王)이 있으니,

이른바 선혜(善慧) 마후라가왕,

청정위음(淸淨威音) 마후라가왕,

승혜장엄계(勝慧莊嚴髻) 마후라가왕,

묘목주(妙目主) 마후라가왕,

여등당위중소귀(如燈幢爲衆所歸) 마후라가왕,

최승광명당(最勝光明幢) 마후라가왕,

사자억(師子臆) 마후라가왕,

중묘장엄음(衆妙莊嚴音) 마후라가왕,

수미견고(須彌堅固) 마후라가왕,

가애락광명(可愛樂光明) 마후라가왕이다.

이러한 이들이 상수가 되었고, 그 나머지 한량없는 마후라가왕

이 있으니, 그들은 모두 광대한 방편을 부지런히 닦아서 모든 중생으로 하여금 어리석음의 그물을 영원히 끊어 속박을 받지 않게 하였다.

◉ 疏 ◉

摩睺羅伽는 此云大腹行이니 卽蟒之類니 亦表菩薩이 偏行一切호되 而無行也라

마후라가는 중국 말로는 大腹行, 즉 배로 기어다니는 큰 구렁이 유이다. 이 또한 보살이 두루 일체 법을 행하면서도 행함이 없음을 밝힌 것이다.

德中에 此類 聾騃라 故令方便捨癡라

찬탄한 덕 가운데 이런 구렁이의 유는 어리석기에 방편으로 어리석음을 버리도록 하는 것이다.

第五 夜叉王

제5. 야차왕

經

復有無量夜叉王하니 **所謂毗沙門夜叉王**과 **自在音夜叉王**과 **嚴持器仗夜叉王**과 **大智慧夜叉王**과 **燄眼主夜叉王**과 **金剛眼夜叉王**과 **勇健臂夜叉王**과 **勇敵大軍夜叉王**과 **富**

資財夜叉王과 **力壞高山夜叉王**이라 **如是等**이 **而爲上首**하사 **其數無量**하니 **皆勤守護一切衆生**하시니라

또한 한량없는 야차왕(夜叉王)이 있으니,

이른바 비사문(毗沙門) 야차왕,

자재음(自在音) 야차왕,

엄지기장(嚴持器仗) 야차왕,

대지혜(大智慧) 야차왕,

염안주(燄眼主) 야차왕,

금강안(金剛眼) 야차왕,

용건비(勇健臂) 야차왕,

용적대군(勇敵大軍) 야차왕,

부자재(富自在) 야차왕,

역괴고산(力壞高山) 야차왕이다.

이러한 이들이 상수가 되었고, 그 나머지 한량없는 야차왕이 있으니, 그들은 모두 부지런히 일체중생을 수호하였다.

◉ 疏 ◉

夜叉王은 初一은 是北方天王이니 卽毗沙門이 是也라 若從能領인댄 是天衆攝이로되 今從所領으로 爲名이라 然四王이 各領二部하나니 從一立稱이라 夜叉는 此云輕捷이니 飛空速疾故며 亦云苦活이라 此天이 又領一部하나니 名羅刹이니 此云可畏라

야차왕의 첫 번째는 북방천왕이니 비사문이 바로 그것이다. 만

일 통치자의 입장에서 말하면 天衆을 다스리는 자이지만, 여기에서는 통치할 대상의 입장에서 그 이름을 붙인 것이다. 그러나 四王이 각각 2部씩을 거느리는데 그중 하나만을 들어 이름을 쓴 것이다.

야차는 중국 말로는 '날쌔고 빠르다[輕捷].'의 뜻이다. 공중에 빠르게 날아다니기 때문이며, 또한 '苦活', 즉 괴롭게 살아가는 존재임을 말한다. 북방천왕은 야차 이외에 또 하나의 무리를 거느리는데 그 이름은 '나찰'이며, 중국에서는 '可畏' 즉 두려운 존재라는 뜻이다.

名中에 云毗沙門者는 此云多聞이니 以福德之名이 聞四方故라 此一은 是天이니 夜叉之王이오 餘九는 是夜叉이니 夜叉 卽王이라 雖一是天이나 又從所領이온 況九皆夜叉아 故非天衆이라 下三도 例然이라 發龍中 娑竭羅王이 豈是天耶아

야차왕의 이칭 가운데 '비사문'이라 말한 것은 중국에서는 '多聞(소문이 많다)'이라는 뜻이다. 복덕의 명성이 사방에 널리 알려졌기 때문이다. 첫째 비사문은 하늘이니 야차들의 왕이며, 나머지 아홉은 모두 야차이다. 야차는 곧 왕이다. 비록 첫째 비사문이 하늘이지만 또한 거느려야 할 대상으로 말한 것이다. 하물며 그 나머지 아홉 야차야. 아래의 용왕, 구반다왕, 건달바왕의 대중도 이런 예와 같다. 예컨대 용왕 가운데 사갈라왕이 어찌 하늘이겠는가.

德中에 此類 飛空噉人이라 故菩薩이 示爲其王하야 翻加守護하고 亦令愛·見羅刹로 不害法身慧命이라【鈔_ 亦令愛見者는 涅槃十一 浮囊喩中에 羅刹이 乞浮囊하야 合以愛見羅刹이라 謂一切衆生이 或

因貪愛煩惱破戒라 如有人이 明信因果하야 正見在懷라도 但爲惑纏이면 遂破禁戒하나니 名愛羅刹이라 二者는 以見不正으로 撥無因果라하야 起諸邪見하고 斷常等見으로 便破禁戒하야 謂破無罪를 名見羅刹이라하니 但彼令破戒오 此害慧命일세 以之爲異나 羅刹은 義同이라】

찬탄하는 덕 가운데 이런 무리의 야차는 허공을 날면서 사람을 잡아먹기에, 보살이 야차들의 왕이 되어 거꾸로 사람들을 더욱 수호하고, 또한 애나찰·견나찰에게 법신의 慧命을 해치지 못하도록 하였다.【초_ '亦令愛見'이란 열반경 권11의 '浮囊의 비유' 가운데에 나찰이 부낭을 구걸하여 애나찰과 견나찰에 합하였다. 첫째는 일체중생이 혹 탐애 번뇌로 인하여 계율을 지키지 못하게 된다. 예컨대 어떤 사람이 인과를 밝게 믿고 바른 견해를 가졌을지라도 단 번뇌에 얽히면 결국 계율을 지키지 못하기에 이를 '愛羅刹'이라고 말한다. 둘째는 견해가 바르지 않아서 인과를 무시하고 많은 사견이나 斷常 등의 견해를 일으켜 곧 계율을 지키지 못하게 된다. 계율을 지키지 않아도 죄가 없다고 인식하는 이를 '見羅刹'이라고 말한다. 다만 저기서는 계율을 지키지 못하게 했지만 여기서는 법신의 혜명을 해친 것이다. 이런 이유로 차이가 있지만 나찰이라는 의의는 똑같다.】

第六 龍王

제6. 용왕

經

復有無量諸大龍王하니 **所謂毗樓博叉龍王**과 **婆竭羅龍王**과 **雲音妙幢龍王**과 **啖口海光龍王**과 **普高雲幢龍王**과 **德叉迦龍王**과 **無邊步龍王**과 **淸淨色龍王**과 **普運大聲龍王**과 **無熱惱龍王**이라 **如是等**이 **而爲上首**하사 **其數無量**하니 **莫不勤力興雲布雨**하야 **令諸衆生**으로 **熱惱消滅**케하시니라

또한 한량없는 큰 용왕(龍王)들이 있으니,

이른바 비루박차(毗樓博叉) 용왕,

사갈라(娑竭羅) 용왕,

운음묘당(雲音妙幢) 용왕,

염구해광(啖口海光) 용왕,

보고운당(普高雲幢) 용왕,

덕차가(德叉迦) 용왕,

무변보(無邊步) 용왕,

청정색(淸淨色) 용왕,

보운대성(普雲大聲) 용왕,

무열뇌(無熱惱) 용왕이다.

이러한 이들이 상수가 되었고, 그 나머지 한량없는 용왕이 있으니, 그들은 모두 부지런히 힘써 구름을 일으키고 비를 내려주어 모든 중생으로 하여금 뜨거운 번뇌를 없애어 시원하도록 주선하였다.

◉ **疏** ◉

龍王도 亦初一은 是天이니 卽西方天王이라

용왕 또한 첫 번째는 하늘이니 서방천왕이다.

毗樓博叉는 唐三藏이 譯云'醜目'이라하니 毗樓는 醜也오 博叉는 目也라하고 日照三藏이 譯云毗는 徧也오 多也며 樓者는 具云嚕波니 此云色也라 博吃叉는 此云諸根也니 謂眼等諸根에 有種種色일세 故以爲名이오 此不必醜라 此王이 主二部하나니 謂龍과 及富單那라 富單那者는 此云熱病鬼也라 娑竭羅는 此云海也니 於大海中에 此最尊故로 獨得其名이라

비루박차는 당 삼장법사의 번역에서는 '醜目'이라 하였다. 毗樓는 추악함을, 博叉는 눈이다. 그러나 일조 삼장법사의 번역에서는 毗는 두루 하다, 많다의 뜻이며, 樓는 구체적으로 말하면 嚕波니 중국 말로는 色이며, 博吃叉는 중국 말로는 여러 가지 根이라는 뜻이니 눈·귀·코 따위의 여러 根에는 갖가지의 색이 있기에 이처럼 이름 붙인 것이라고 한다. 이로 보면 비루박차는 꼭 추한 것만은 아니다.

비루박차 용왕은 두 무리를 맡고 있다. 용과 富單那이다. 부단나란 중국 말로는 熱病鬼이다.

'사갈라'는 중국 말로는 바다라는 뜻이다. 큰 바다 가운데 가장 존귀한 까닭에 유독 그와 같은 이름을 얻게 된 것이다.

'德叉迦'는 舊云多舌이니 以嗜語故로되 正云能害니 害於所害라 德叉者는 能害也오 迦者는 所害也니 謂若瞋嘘視면 人畜이 皆死하다

제6 덕차가는 옛 번역에서 多舌이라고 하니 말하는 것을 좋아하기 때문에 이처럼 말했지만 바르게 번역한다면 能害, 즉 해쳐야 할 대상에게 해를 끼치는 것이다. 德叉란 해치는 주체를, 迦란 해쳐야 할 대상을 말한다. 만일 그가 성을 내어 쏘아보면 사람이나 축생이 모두 죽게 됨을 말한다.

'無熱惱'者는 卽阿耨達池之龍也라 諸龍이 有四熱惱어늘 今皆離故니라 四熱은 至下當釋이라 智論에 云"此龍은 是七地菩薩이라"하고 須彌藏經에 云"是馬形龍王이라"하다 又一切龍이 總有五種形類하나니 一은 象形이니 善住龍王이 爲主오 二는 蛇形이니 難陀龍王이 爲主오 三은 馬形이니 阿那婆達多龍王이 爲主오 四는 魚形이니 婆樓那龍王이 爲主오 五는 蝦蟇形이니 摩那斯龍王이 爲主니라【鈔_ 須彌藏者는 經有兩卷하니 此卽下卷이라 功德天이 自敘云"我與世尊으로 往昔에 於因陀羅幢相王佛所에 同時發誓願이러니 今願悉滿하야 心意滿足이라 是故로 如來는 出現於世어니와 我今得住功德之處라 我今雖復住功德處나 猶未圓滿昔本誓願이니라 何以故오 此處에 多有象龍이라하니 下卽義引이라 謂惡龍이 惱害衆生하나니 請佛除滅하소서 佛告須彌藏龍仙菩薩하사되 云汝於往昔然燈佛所에 爲化諸龍하야 起大勇猛하나니 今四生龍에 有於惡毒·氣毒·見毒·觸毒·齧毒·貪瞋癡毒이라 云何當令如法除滅가 彼菩薩이 答호되 我入其窟하야 入深三昧면 彼當降伏하리이다" 廣說은 竟하다 云"我從阿僧祇劫으로 勇猛精進이라 故能教化一切衆生하나니 此諸龍王이 於大乘法에 精進修行이라 謂此善住龍王은 爲一切象形龍主오 此難陀龍王은 爲一切蛇形龍主오 此阿耨達龍王은 爲一切

馬形龍主오 此婆樓那龍王은 爲一切魚形龍主오 此摩那蘊婆帝龍王은 爲一切蝦蟇形龍主라 如是等 諸大龍王이 能與衆生으로 作諸衰惱오 自餘諸龍은 自力不堪하야 作上衰患일세 此五大龍이 安住大乘하야 有大威德이라 是大龍王이 各各佛前에 率諸眷屬하야 不令起作如上災禍오 於佛法僧三寶種性으로 久住於世하야 不令速滅이니라"】

제10 무열뇌란 아뇩달지에 사는 용이다. 모든 용에게 4가지의 큰 고뇌[四熱惱]가 있는데 이제는 모두 이를 여의었기 때문이다. 4가지의 고뇌는 아래의 해당 경문에서 해석하겠다. 지도론에서는 "그 용은 七地보살이다." 고 하고, 수미장경에서는 "말의 형상을 지닌 용왕이다."고 말한다.

또한 모든 용을 총괄하여 보면 5가지의 유형이 있다.

(1) 코끼리의 모습이니 善住 용왕이 주가 된다.

(2) 뱀의 모습이니 難陀 용왕이 주가 된다.

(3) 말의 모습이니 阿那婆達多 용왕이 주가 된다.

(4) 물고기의 모습이니 婆樓那 용왕이 주가 된다.

(5) 두꺼비의 모습이니 摩那斯 용왕이 주가 된다.【초_ 수미장경은 2권인데, 이 인용은 하권 부분이다. "공덕천이 스스로 말하기를, '저와 세존은 옛적에 인다라당상왕불의 처소에서 동시에 서원을 일으켰는데, 이제야 서원이 모두 이뤄져 마음과 생각이 만족스럽다. 이 때문에 여래께서 세상에 출현하셨지만, 나는 지금도 공덕의 땅에 머물고 있다. 내가 지금 공덕의 땅에 머물고 있지만 아직도 예전에 세운 본래의 서원을 모두 원만하게 성취하지 못하였다.

무엇 때문일까? 이곳에는 코끼리를 닮은 용들이 많기 때문이다.'고 하였다."

아래에 그러한 뜻으로 인용한 것이다. 이는 다음과 같다.

"수많은 사나운 용들이 중생을 괴롭히니 청하옵건대 부처님께서 이를 없애주십시오."

부처님께서 수미장용선보살에게 말씀하셨다.

"그대가 지난날 연등불의 처소에서 용으로 변화하여 대용맹심을 일으킨 바 있다. 지금 四生의 용이 악한 독, 기로 뿜는 독, 보는 것으로 뿜는 독, 닿으면 죽는 독, 물어뜯는 독, 탐진치의 독을 지니고 있다. 이를 어떻게 하면 법대로 없앨 수 있겠는가?"

수미장용선보살이 답하였다.

"제가 그들의 굴속으로 들어가 깊은 삼매에 들면 그들이 항복할 것입니다."

자세히 말한 부분은 이에 끝마치다.

다음과 같이 말하였다.

"제가 아승지겁으로부터 용맹정진을 하였습니다. 이 때문에 일체중생을 교화할 수 있었습니다. 이 수많은 용왕이 대승법을 정진하여 수행하였습니다. 선주 용왕은 모두 코끼리를 닮은 龍主이고, 난타 용왕은 모두 뱀을 닮은 용주이고, 아뇩달 용왕은 모두 말을 닮은 용주이고, 바루나 용왕은 모두 물고기를 닮은 용주이고, 마나소바제 용왕은 모두 새우를 닮은 용주입니다. 이와 같은 수많은 대용왕들이 중생을 온갖 일로 괴롭히고, 그 나머지 많은 용들도 자신의 힘으로는 도저히 그들을 감당할 수 없어 위로 걱정 근심을 하소연하였습니다. 이 때문에 다섯 대용왕이 대승법에 안주하면서 크나큰 위엄과 공덕을 지니게 된 것입니다. 그런 대용왕이 제각기 부처님 앞에 모든 권속을 거느리고 찾아와서 다시는 위와 같은 재앙과 화를 일으키지 않도록 하였고, 불·법·승 三寶種性으로 오랫동안 세상에 머물면서 빨리 죽지 않도록 하였습니다."】

德中에 外則雲行雨施하야 散去炎毒하고 內則慈雲廣被하고 法雨普霔하야 散業惑之熱惱라

찬탄한 덕 가운데 밖으로는 구름이 일어나고 비가 내려서 무더위를 식혀주며, 안으로는 자비의 구름이 널리 펼쳐지고 법의 비가 널리 내려 業惑의 뜨거운 고뇌를 없애주는 것이다.

第七 鳩盤茶王

제7. 구반다왕

經

復有無量鳩槃茶王하니 **所謂增長鳩槃茶王**과 **龍主鳩槃茶王**과 **善莊嚴幢鳩槃茶王**과 **普饒益行鳩槃茶王**과 **甚可怖畏鳩槃茶王**과 **美目端嚴鳩槃茶王**과 **高峯慧鳩槃茶王**과 **勇健臂鳩槃茶王**과 **無邊淨華眼鳩槃茶王**과 **廣大天面阿修羅眼鳩槃茶王**이라 **如是等**이 **而爲上首**하사 **其數無量**하

니 **皆勤修學無礙法門**하야 **放大光明**하시니라

또한 한량없는 구반다왕(鳩槃茶王)이 있으니,

이른바 증장(增長) 구반다왕,

용왕(龍王) 구반다왕,

선장엄당(善莊嚴幢) 구반다왕,

보요익행(普饒益行) 구반다왕,

심가포외(甚可怖畏) 구반다왕,

미목단엄(美目端嚴) 구반다왕,

고봉혜(高峯慧) 구반다왕,

용건비(勇健臂) 구반다왕,

무변정화안(無邊淨華眼) 구반다왕,

광대천면아수라안(廣大天面阿修羅眼) 구반다왕이다.

이러한 이들이 상수가 되었고, 그 나머지 한량없는 구반다왕이 있으니, 그들은 모두 부지런히 걸림 없는 법문을 닦아 큰 광명을 쏟아내었다.

◉ 疏 ◉

初一은 是南方天王이니 卽毗樓勒叉라 此云增長主니 謂能令自他善根增長故니라 此王이 更領一部은 謂薜荔多니 薜荔多者는 此云魘魅鬼라 餘如音義하다【鈔_ '餘如音義'者는 前後에 不多引音義어니와 以鳩盤茶는 此譯爲陰囊이니 其狀 稍偎라 故指在音義耳라 舊云冬苽鬼니 亦以狀翻이라】

제1 증장 구반다왕은 남방천왕이니 곧 비루륵차이다. 중국 말로는 增長主이다. 나와 남에게 모두 선근을 더욱 키워주기 때문이다. 증장왕이 거느리는 또 한 무리는 '벽려다'라고 말한다. 벽려다란 중국 말로는 가위눌린귀신[魘魅鬼]이다. 나머지는 慧琳音義와 같다.【초_ "나머지는 혜림음의와 같다."는 것은 전후 부분에 대부분 음의를 인용하지 않았지만, 구반다는 중국에서는 陰囊으로 번역하였다. 이는 그 모양이 점점 줄어들고 작아지기에 그런 독음과 뜻이 있다고 지적한 것이다. 예전의 번역에서는 동고귀신이라 하였다. 이 역시 형상에 따라 번역한 것이다.】

德中에 此類는 障礙深重이라 故偏明無礙이라 自學權實無礙法界智光하야 以利衆生이라

찬탄한 덕 가운데 이들 무리는 장애가 심중하기에 유달리 無礙도리를 밝힌 것이다. 스스로 權實無礙를 배워 법계의 지혜광명으로 중생에게 도움을 주는 것이다.

第八乾闥婆王

제8. 건달바왕

復有無量乾闥婆王하니 **所謂持國乾闥婆王**과 **樹光乾闥婆王**과 **淨目乾闥婆王**과 **華冠乾闥婆王**과 **普音乾闥婆王**과

樂搖動妙目乾闥婆王과 **妙音師子幢乾闥婆王**과 **普放寶光明乾闥婆王**과 **金剛樹華幢乾闥婆王**과 **樂普現莊嚴乾闥婆王**이라 **如是等**이 **而爲上首**하사 **其數無量**하니 **皆於大法**에 **深生信解**하야 **歡喜愛重**하야 **勤修不倦**하시니라

또한 한량없는 건달바왕(乾闥婆王)이 있으니,

이른바 지국(持國) 건달바왕,

수광(樹光) 건달바왕,

정목(淨目) 건달바왕,

화관(華冠) 건달바왕,

보음(普音) 건달바왕,

낙요동묘목(樂搖動妙目) 건달바왕,

묘음사자당(妙音師子幢) 건달바왕,

보방보광명(普放寶光明) 건달바왕,

금강수화당(金剛樹華幢) 건달바왕,

낙보현장엄(樂普現莊嚴) 건달바왕이다.

이러한 이들이 상수가 되었고, 그 나머지 한량없는 건달바왕이 있으니, 그들은 모두 대연기(大緣起)의 불법에 대해 깊은 신심과 이해를 가지고서 환희심을 내어 불법을 사랑하고 중히 여겨 게으름이 없이 부지런히 닦았다.

◉ **疏** ◉

乾闥婆는 此云尋香이니 謂諸樂兒 不事生業하고 但尋諸家飮食香

氣하야 卽往設樂하야 求食自活일세 因此로 世人이 號諸樂人 爲乾闥婆라하니 彼能執樂이라 故以名焉이라 亦云食香이니 止十寶山間하야 食諸香粖하나니 卽帝釋執樂神也라 帝釋 須樂이면 此王이 身有相現이라

건달바는 중국 말로는 尋香이다. 음악을 다루는 많은 사람들이 생업을 일삼지 않고, 다만 음식 향기가 물씬대는 여러 집안을 찾아가 음악을 연주하고 음식을 얻어 스스로 살아가기에, 이런 일로 인하여 세상 사람들이 음악을 일삼는 모든 사람을 건달바라고 불렀다. 그들이 음악을 지니고 있기에 이로써 이름 붙인 것이다. 또한 食香이라고도 말한다. 十寶山間에 머물면서 여러 가지의 향기로운 죽을 먹고 산다. 그들은 제석천왕의 음악을 맡은 신이다. 제석천왕이 음악을 필요로 할 적이면 건달바왕이 그 몸을 나타낸다고 한다.

提頭賴吒는 卽東方天王이니 此云持國이라 謂護持國土하야 安衆生故니 此從所領으로 爲名이라 更領一部하니 名毗舍闍라 此云噉精氣니 謂噉有情及五穀精氣故니라

제두뢰타는 곧 동방천왕이다. 중국 말로는 持國이다. 국토를 수호하여 중생에게 안락을 주기 때문이다. 이는 다스리는 대상을 들어 그 이름을 붙인 것이다. 또 그가 거느리는 한 무리는 '毗舍暗'이다. 중국 말로는 噉精氣이다. 有情 및 오곡의 정기를 먹고 살기 때문이다.

德中에 大法은 卽大緣起法也라 信解故로 歡喜오 深心故로 愛重이오 旣歡旣重이라 故不替修行이라**(二 八部四王衆은 竟하다)**

찬탄한 덕 가운데에 말한 大法이란 곧 大緣起의 법이다. 이를 믿고 이해하는 까닭에 기뻐하고 깊은 마음을 지녔기에 사랑하고 중히 여기는 것이다. 이처럼 기뻐하고 이처럼 중히 여기기에 정진수행을 멈추지 않는다.**(제2의 8部 4王의 대중에 대한 부분을 끝마치다.)**

第三月天子下 十二段은 明欲色諸天衆이니 天者는 自在義며 光明義며 淸淨義라 智論에 云"天有三種하니 一은 人天이니 謂帝王이오 二는 生天이니 謂欲色等이오 三은 淨天이니 謂佛菩薩第一義天이라"하니 今通後二라 然諸天壽之長短과 身之大小와 衣服輕重과 宮殿勝劣은 俱舍十一과 及瑜伽等論과 起世等經에 皆廣辨之로되 文繁不敘라 文中에 先有七段하니 明欲界天이오 後有五段하니 明色界天이라 前中에 卽分爲七이라

제3, '월천자' 이하 12단락은 欲色諸天衆을 밝힌 것이다. 天이란 자재의 뜻이며, 광명의 뜻이며, 청정의 뜻이다. 지도론에 이르기를, "하늘에는 3가지가 있다. 첫째는 人天이니 제왕을 말하고, 둘째는 生天이니 欲色 등을 말하고, 셋째는 淨天이니 불·보살의 제일의 天을 말한다. 여기에서는 뒤의 2가지를 통용하고 있다. 그러나 모든 하늘의 수명의 장단, 신체의 대소, 의복의 경중, 궁전의 우열은 구사론 11 및 유가론과 起世經 등에 자세히 논변하고 있으나 문장이 워낙 많아 서술하지 않는다.

경문 가운데 앞의 7단락은 欲界天을, 뒤의 5단락은 色界天을 밝히고 있다.

앞부분은 7단락으로 구분한다.

今初 月天子

제1. 월천자

經

復有無量月天子하니 **所謂月天子**와 **華王髻光明天子**와 **衆妙淨光明天子**와 **安樂世間心天子**와 **樹王眼光明天子**와 **示現淸淨光天子**와 **普遊不動光天子**와 **星宿王自在天子**와 **淨覺月天子**와 **大威德光明天子**라 **如是等**이 **而爲上首**하사 **其數無量**하니 **皆勤顯發衆生心寶**하시니라

또한 한량없는 월천자(月天子)가 있으니,

이른바 월(月) 천자,

화왕계광명(華王髻光明) 천자,

중묘정광명(衆妙淨光明) 천자,

안락세간심(安樂世間心) 천자,

수왕안광명(樹王眼光明) 천자,

시현청정광(示現淸淨光) 천자,

보유부동광(普遊不動光) 천자,

성수왕자재(星宿王自在) 천자,

정각월(淨覺月) 천자,

대위덕광명(大威德光明) 천자이다.

이러한 이들이 상수가 되었고, 그 나머지 한량없는 월천자가 있으니, 그들은 모두 부지런히 중생들의 마음 보배를 밝혀주었다.

◉ 疏 ◉

月者는 缺也니 有虧缺故라 下面은 頗胝迦寶와 水精所成으로 能冷能照일세 表菩薩得清涼慈하야 照生死夜하나니 如云'菩薩清涼月'等이라

달이란 이지러지는 것이다. 기울고 차기 때문이다. 아래의 경문에서 파지가보(유리)와 수정에 의해 이뤄진 것으로 시원하게 차갑고 밝게 비춰주는 것이다. 이는 보살이 맑고 시원한 자비를 얻어 생사의 긴긴밤을 비춰줌을 나타낸 것이니 '보살 淸凉月'이라고 말한 따위와 같다.

名中에 初一은 是總이니 雖標總稱이나 卽受別名이니 下皆準此라

월천자의 명호 가운데 첫째는 총체이다. 비록 총칭으로 밝혔으나 별개로 이름을 붙였다. 아래는 모두 이에 준한다.

德中에 顯發衆生心寶者은 水珠見月이면 則流潤發光하고 淨心遇緣이면 則慈流智發이라 生了旣發에 正因顯然이라 生이 由性成인댄 則了非外入이니 生與不生이 無二라야 發乃發其本心일세 故顯·發을 雙辨이라

찬탄한 덕 가운데 "중생들의 마음 보배를 밝혀주었다."는 것은 수정이 달빛을 만나면 빛이 흐르면서 빛이 나듯이 청정한 마음이 반연을 만나면 자비심이 흘러넘치고 지혜가 일어나는 것이다. 生因·了因이 이미 일어나면 正因이 또렷이 나타나게 된다. 生因이 자성에 의해 이뤄진 것일진댄 了因은 밖에서 들어온 것이 아니다. 生과 不生이 둘이 없어야 그 일어나는 것이 곧 본심에서 일어난 까닭에 正因顯然의 顯과 生了既發의 發을 모두 논변한 것이다.

第二日天子

제2. 일천자

經

復有無量日天子하니 **所謂日天子**와 **光燄眼天子**와 **須彌光可畏敬幢天子**와 **離垢寶莊嚴天子**와 **勇猛不退轉天子**와 **妙華纓光明天子**와 **最勝幢光明天子**와 **寶髻普光明天子**와 **光明眼天子**와 **持勝德天子**와 **普光明天子**라 **如是等**이 **而爲上首**하사 **其數無量**하니 **皆勤修習**하야 **利益衆生**하야 **增其善根**하시니라

또한 한량없는 일천자(日天子)가 있으니,

이른바 일(日) 천자,

광염안(光燄眼) 천자,

수미광가외경당(須彌光可畏敬幢) 천자,

이구보장엄(離垢寶莊嚴) 천자,

용맹불퇴전(勇猛不退轉) 천자,

묘화영광명(妙華纓光明) 천자,

최승당광명(最勝幢光明) 천자,

보계보광명(寶髻普光明) 천자,

광명안(光明眼) 천자,

지승덕(持勝德) 천자,

보광명(普光明) 천자이다.

이러한 이들이 상수가 되었고, 그 나머지 한량없는 일천자가 있으니, 그들은 모두 부지런히 불법을 닦고 익혀 중생에게 이익을 주어 그들의 선근을 더욱 키워나가도록 하였다.

◉ 疏 ◉

日者는 實也니 常充實故로 下面에 亦頗胝迦寶 火精所成하야 能熱能照니 表菩薩智照故라 又日以陽德이오 月以陰靈이라 一能破暗이니 表根本破惑이오 一能淸涼이니 表後得益物이라 又依寶性論건대 法日에 有四義하니 一 破暗如慧오 二 照現如智오 三 輪淨如解脫이오 四 上三不相離 如同法界也라

태양이란 차 있는 것이다. 언제나 변함없이 충실하기 때문이다. 아래의 경문 또한 파지가보와 火精에 의해 이뤄진 것으로 열기가 뜨겁고 밝게 비춰주는 것이다. 이는 보살이 지혜광명으로 비춰

줌을 나타낸 때문이다.

또한 태양은 陽德이요, 달은 陰靈이다. 태양은 어둠을 타파하니 根本智로 미혹을 타파함을 나타내고, 달은 청량하니 後得智로 중생에게 주는 도움을 나타낸 것이다.

또 보성론에 의하면 태양을 본받는 데에는 4가지의 의의가 있다.

(1) 어둠을 타파함이 반야와 같다.

(2) 비춰 나타남이 지혜와 같다.

(3) 선회하는 청정이 해탈과 같다.

(4) 위의 3가지가 서로 여의지 않음이 법계와 같다.

名中에 可畏敬幢者는 爲惡者는 畏其照明이오 爲善者는 敬其辦業이오 以斯超出이라 故以名幢이라

일천자의 명호 가운데 제3 可畏敬幢이란 나쁜 짓을 하는 자는 태양이 밝게 비치는 것을 두려워하고, 좋은 일을 하는 자는 그 일을 할 수 있도록 마련해줌에 대해 공경한다. 이러한 점이 뛰어나기에 깃발[幢]이라고 이름 붙인 것이다.

德中에 居者 辦業하야 成就本行等利益也라 生長穀稼 開敷覺華等은 爲增長善根이니 如出現品이라

찬탄한 덕 가운데에 거주하는 자가 제 할 일을 갖추어 本行을 성취하는 따위는 이익이며, 곡식을 키워주는 것과 깨달음의 꽃을 피워주는 따위는 선근을 더욱 키워주는 것이니 제37 여래출현품에서 말한 바와 같다.

第三 三十三天王

제3. 33천(도리천)왕

經

復有無量三十三天王하니 **所謂釋迦因陀羅天王**과 **普稱滿音天王**과 **慈目寶髻天王**과 **寶光幢名稱天王**과 **發生喜樂髻天王**과 **可愛樂正念天王**과 **須彌勝音天王**과 **成就念天王**과 **可愛樂淨華光天王**과 **智日眼天王**과 **自在光明能覺悟天王**이라 **如是等**이 **而爲上首**하사 **其數無量**하니 **皆勤發起一切世間廣大之業**하시니라

또한 한량없는 33천왕이 있으니,

이른바 석가인다라(釋迦因陀羅) 천왕,

보칭만음(普稱滿音) 천왕,

자목보계(慈目寶髻) 천왕,

보광당명칭(寶光幢名稱) 천왕,

발생희락계(發生喜樂髻) 천왕,

가애락정념(可愛樂正念) 천왕,

수미승음(須彌勝音) 천왕,

성취념(成就念) 천왕,

가애락정화광(可愛樂淨華光) 천왕,

지일안(智日眼) 천왕,

자재광명능각오(自在光明能覺悟) 천왕이다.

이러한 이들이 상수가 되었고, 그 나머지 한량없는 천왕이 있으니, 그들은 모두 부지런히 일체 세간의 광대한 업을 일으켜 일체 중생으로 하여금 불법을 닦도록 하였다.

◉ 疏 ◉

三十三天者는 佛地論等에 皆云"妙高山 四面에 各有八大天王이오 帝釋居中이라 故有三十三也라"하니 下釋天名은 皆依佛地라

33天이란 불지론 등에서 모두 이르기를, "묘고산(수미산 상봉) 사면에 각각 팔대 천왕이 있는데 제석천왕이 한가운데 거처하기에 33천이다."고 하니 아래의 경문에 天의 이름을 해석한 것은 모두 불지론을 준하였다.

名中에 言釋迦等者는 釋迦는 能也오 因陀羅는 主也니 具足은 應云釋迦提桓因陀羅라 提桓은 天也니 卽云能天主니 撫育勸善하야 能爲天主故오 更有異釋이니 如音義說이라【鈔_ '更有異釋'等者는 彼云釋迦는 正云鑠迦羅니 此云帝也라 因陀羅는 此云主也어늘 古來에 釋은 同佛釋種族望之稱이라하니 謬之深矣라 又楞伽大雲疏에 云"天帝名有一百八이로되 今略擧三이니 一因陀羅는 此云尊重이니 三十三天이 共尊重故오 二云釋迦는 此云勇猛이니 威德勇猛이 勝諸天故오 三名不蘭陀는 此云降伏이니 以能降伏阿修羅故라】

33천의 이름 가운데 '석가' 등이라 말한 것은 석가는 능함이며, 인다라는 주인이다. 이를 구체적으로 말하면 '釋迦提桓因陀羅'이

다. 提桓은 하늘이니 곧 能天主를 말한다. 길러주고 선을 권하여 天主가 되기 때문이다. 또한 이와는 다른 해석이 있다. 혜림음의에서 설명한 바와 같다.【초_ "이와는 다른 해석이 있다." 등은 혜림음의에 이르기를, "바르게 말하면 삭가라(Śakrā)이다. 이를 번역하면 황제이다. 인다라는 중국에서는 임금[主]을 말한다. 그러나 예로부터 '釋은 부처님의 석가 종족들이 선망하는 명칭과 같다.'고 말한 것은 매우 잘못된 것이다."고 하였다.

또 능가경 대운소에 이르기를, "天帝의 이름에는 108가지가 있으나 여기에서는 간략하게 3가지만을 들어 말한다. 첫째, 인다라는 중국 말로는 존중이라는 뜻이니 33천이 모두 존중되기 때문이다. 둘째, 석가라 말한 것은 중국 말로는 용맹이라는 뜻이니 위덕과 용맹이 여느 하늘보다 훌륭하기 때문이다. 셋째, 불난타라 말한 것은 중국 말로는 항복이라는 뜻이니 아수라를 항복받은 때문이다."고 하였다.】

德中에 言發起廣大業者는 令修普賢行故니 以此天 居地天之頂으로 總御四洲라 雖勝事頗多나 猶懼修羅之敵이라 若修善者 衆이면 卽天侶增威오 苟爲惡者 多이면 卽諸天減少라 故多好勸發이온 況受佛付囑하야 大權應爲아 至如堅常啼之心과 施雪山之偈와 成尸毗大行과 破盧志巨慳과 談般若於善法堂中과 揚大教於如來會下等은 皆是發起廣大業也라【鈔_ '猶懼修羅'者는 修羅 嫉天有甘露味하고 諸天이 求修羅之女色하야 因起爭競하야 廣有因緣이라 '若修善者'는 正法念經에 說호되 "帝釋이 知修羅欲求하야 遽遣天使하야 令觀閻浮之人이

爲修善多와 爲作惡多라 若修善多면 知戰必勝일세 故生歡喜오 若爲惡者多하야 不孝父母하고 不敬三寶면 則生憂悴하야 知戰不勝이라"하다 今言'減少'者는 兼辨餘時니 爲惡이면 必墮三塗일세 故人天減少니라 '況受佛付囑'者는 則淨名大品等에 皆囑天帝오 '大權應爲'者는 小乘中說이니 是須陀洹이라 若準此經이면 例是大權菩薩이라 '至如'下는 引事證成이라 '堅常啼之心'은 大品般若오 '施雪山之偈'는 卽涅槃十三이오 '成尸毗大行'은 卽方便報恩經이오 '破盧志巨慳'은 卽盧志長者經이오 '談般若'等者는 大品廣說이오 '揚大教'等者는 淨名大品等이니 其類非一이나 恐厭文繁일세 不能具出이라】

찬탄한 덕 가운데에 "일체 세간의 광대한 업을 일으켰다."는 것은 일체중생으로 하여금 보현행을 닦도록 하기 위한 때문이다. 33천의 맨 꼭대기에 거처하면서 四洲를 총괄하여 다스리기에 비록 좋은 일이 사뭇 많으나 오히려 아수라의 적을 두려워한다. 만일 염부제에 선을 닦는 이가 많으면 하늘대중의 위엄이 더해지고, 악을 행하는 자가 많으면 여러 하늘이 줄어드는 것이다. 이 때문에 선을 권하고 일으키는 것을 좋아하는데, 하물며 부처님의 부촉을 받아 大權菩薩로 현신한 자야 오죽하겠는가. 그 常啼보살[20]의 마음을 굳게 지니고, 일체지를 얻기 위해 절벽에서 몸을 날려 얻은 설산 동자의 無常偈를 베풀어주고, 비둘기를 살리고자 자신의 몸을 보시

20 常啼보살 : 범어로는 Sadaprarudita이며, 薩陀波倫으로 음역하기도 한다. 普慈菩薩 또는 常悲菩薩이라 한다. 중생을 근심하고 염려하여 항상 울고 있는 보살로 반야수호의 16善神 가운데 하나이다.

하여 매의 먹이가 되었던[捨身餵鷹] 尸毗王(Śibi)의 위대한 보시행을 성취하고, 盧志 장자의 인색한 마음을 타파하고, 제석천왕은 언제나 도리천왕들을 위해 善法堂 가운데서 반야경을 설하고, 여래의 회하에서 큰 가르침을 선양한다 등등은 모두 일체중생을 위해 광대한 일을 일으킨 것이다. 【초_ "오히려 아수라의 적을 두려워한다."는 것은 아수라가 천상에 감로수가 있는 것을 시기하고, 여러 하늘이 아수라의 여색을 구하기 위해 싸움을 일으키므로 서로에게 많은 인연이 있는 것이다.

"만일 선을 닦는 이"란 정법념처경에서 이르기를, "제석천이 아수라의 욕구를 알고서 서둘러 하늘사자를 보내어 염부제의 사람들 가운데 선을 닦는 이가 많은지, 악을 행하는 이가 많은지를 살피게 하였다. 만일 선을 행한 자가 많으면 싸워서 반드시 이길 것을 알고 환희심을 내게 되고, 악을 행한 자가 많아서 부모에게 불효한다거나 삼보를 공경하지 않으면 걱정 근심으로 싸워서 이기지 못할 것을 안다."고 하였다.

여기에서 '줄어든다.'는 말은 겸하여 나머지 시기까지 논변한 말이다. 악을 행하면 반드시 삼악도에 떨어지기에 인간과 천상이 줄어들게 된다.

"하물며 부처님의 부촉을 받은 자야."라는 것은 정명경·대품경 등에서 모두 天帝에 속한 것으로 말하였고, "대권으로 현신한 자"라는 것은 소승에서 말한 것으로 須陀洹(Srotapanna의 음역, 聲聞四果 중 첫 단계)이다. 그러나 이 화엄경에 준하여 보면 의례적으로 大

權菩薩이라고 말해야 할 것이다.

'至如' 이하 문장은 고사를 인용하여 성취를 증명한 것이다. "상제보살의 마음을 굳게 지닌다."고 함은 대품반야경 권27, 반야경 권9의 고사이며, "일체지를 얻기 위해 절벽에서 몸을 날려 얻은 설산동자의 무상게를 베풀어주었다."는 것은 열반경 권13의 고사이며, "비둘기를 살리고자 자신의 몸을 보시하여 매의 먹이가 되었던 시비왕의 위대한 보시행을 성취하였다."는 것은 방편보은경의 고사이며, "노지 장자의 인색한 마음을 타파한다."는 것은 노지장자경의 고사이며, "제석천왕은 언제나 도리천왕들을 위해 선법당 가운데서 반야경을 설하였다." 등은 대품경에서 구체적으로 설명한 부분이며, "여래의 회하에서 큰 가르침을 선양한다." 등은 정명경·대품경 등의 고사이다. 그 유가 한 가지가 아니지만, 너무 번거로운 문장으로 싫증을 낼까 두려운 마음에 구체적으로 설명하지 않는다.】

第四 須夜摩天王

제4. 수야마천왕

經

復有無量須夜摩天王하니 **所謂善時分天王**과 **可愛樂光明天王**과 **無盡慧功德幢天王**과 **善變化端嚴天王**과 **總持大光明天王**과 **不思議智慧天王**과 **輪臍天王**과 **光燄天王**과

光照天王과 普觀察大名稱天王이라 如是等이 而爲上首하사 其數無量하니 皆勤修習廣大善根하야 心常喜足하시니라

또한 한량없는 수야마천왕(須夜摩天王)이 있으니,

이른바 선시분(善時分) 천왕,

가애락광명(可愛樂光明) 천왕,

무진혜공덕당(無盡慧功德幢) 천왕,

선변화단엄(善變化端嚴) 천왕,

총지대광명(總持大光明) 천왕,

부사의지혜(不思議智慧) 천왕,

윤제(輪臍) 천왕,

광염(光談) 천왕,

광조(光照) 천왕,

보관찰대명칭(普觀察大名稱) 천왕이다.

이러한 이들이 상수가 되었고, 그 나머지 한량없는 수야마천왕이 있으니, 그들은 모두 부지런히 광대한 선근을 닦고 익혀서 마음이 항상 기쁘고 만족하였다.

◉ 疏 ◉

須夜摩天는 須者는 善也며 妙也오 夜摩는 時也니 具云善時分天이라 論云隨時受樂이라 故名時分天이라하고 又大集經에 此天에 用蓮華開合으로 以明晝夜라하고 又云 赤蓮華開 爲晝오 白蓮華開 爲夜라 故云時分也라하고 隨此時別하야 受樂亦殊라 故論云 隨時受樂也라하니라

수야마천의 須는 선함이며 묘함이요, 夜摩는 때를 말하니 구체적으로 말하면 善時分天이다. 불지론에 이르기를, "시간에 따라 즐거움을 받기에 時分天이라 말한다."고 하였다. 또 대집경에서는 "수야마천은 연꽃이 피고 지는 것으로 주야를 구분한다."고 하며, 또 이르기를, "붉은 연꽃이 피면 낮이 되고 하얀 연꽃이 피면 밤이 되기에 時分이라고 말한다."고 하였다. 이와 같이 시간에 따라 즐거움을 받아들임 또한 다른 까닭에 "시간에 따라 즐거움을 받아들인다."고 말하였다.

德中에 心恆喜足者는 喜足은 在於第四니 今慕上而修라

찬탄한 덕 가운데에 "마음이 항상 기쁘고 만족스럽다."는 것은 기쁨과 만족이 제4 도솔천에 있다. 여기에서는 위를 사모하여 닦아가는 것이다.

第五 兜率陀天王

제5. 도솔타천왕

經

復有不可思議數兜率陀天王하니 **所謂知足天王**과 **喜樂海髻天王**과 **最勝功德幢天王**과 **寂靜光天王**과 **可愛樂妙目天王**과 **寶峯淨月天王**과 **最勝勇健力天王**과 **金剛妙光明天王**과 **星宿莊嚴幢天王**과 **可愛樂莊嚴天王**이라 **如是等**이

而爲上首하사 **不思議數**라 **皆勤念持一切諸佛**의 **所有名號**하시니라

또한 불가사의한 수의 도솔타천왕(兜率陀天王)이 있으니,

이른바 지족(知足) 천왕,

희락해계(喜樂海髻) 천왕,

최승공덕당(最勝功德幢) 천왕,

적정광(寂靜光) 천왕,

가애락묘목(可愛樂妙目) 천왕,

보봉정월(寶峯淨月) 천왕,

최승용건력(最勝勇健力) 천왕,

금강묘광명(金剛妙光明) 천왕,

성수장엄당(星宿莊嚴幢) 천왕,

가애락장엄(可愛樂莊嚴) 천왕이다.

이러한 이들이 상수가 되었고, 그 나머지 불가사의한 도솔타천왕이 있으니, 그들은 모두 부지런히 시방삼세 모든 부처님의 명호를 염불하면서 정진하였다.

◉ **疏** ◉

兜率陀는 此云喜足이라 論에 云 "後身菩薩이 於彼教化에 多修喜足之行故라"하니 得少意悅로 爲喜오 更不求餘로 爲足이라

도솔타천왕은 중국 말로는 '기쁨과 만족'이라는 뜻이다. 논에 이르기를, "후신보살이 그 교화에 기쁨과 만족의 행을 많이 닦았기

때문이다."고 하니, 마음에 적은 기쁨을 '喜'라 하고, 다시는 그 나머지를 구할 것조차 없는 것을 '足'이라고 한다.

德中에 彼天은 是諸佛上生之處라 故令修念佛三昧也라 召體曰名이오 響頒人天을 爲號오 通號와 別名을 皆悉念也라 不記一方일세 故云一切오 以諸如來 同一法界일세 體德均故라 念은 卽明記니 而慧逾增이오 持而不忘일세 故無間斷이라 以佛爲境이어니 何五塵之能惑哉아

찬탄한 덕 가운데에 도솔천은 모든 부처가 태어나는 곳이다. 이 때문에 염불삼매를 닦도록 한 것이다. 자체를 부르는 것을 '名'이라 하고, 음향이 人天에 퍼지는 것을 '號'라고 한다. 공통의 호칭과 별개의 이름을 모두 기억하고 외워대는 것이다. 한 곳만을 기억하지 않기에 '일체'라 말하고, 모든 여래가 하나의 똑같은 법계라 형체와 덕업이 모두 똑같기 때문이다. 念은 분명하게 기억함이니 지혜가 더욱 커지고, 이를 지니고서 잊지 않기에 끊임이 없는 것이다. 부처님으로 경계를 삼는데, 어찌 五塵이 미혹하겠는가.

第六 化樂天王

제6. 화락천왕

經

復有無量化樂天王하니 **所謂善變化天王**과 **寂靜音光明天王**과 **變化力光明天王**과 **莊嚴主天王**과 **念光天王**과 **最上**

雲音天王과 衆妙最勝光天王과 妙髻光明天王과 成就喜慧天王과 華光髻天王과 普見十方天王이라 如是等이 而爲上首하사 其數無量하니 皆勤調伏一切衆生하야 令得解脫케하시니라

또한 한량없는 화락천왕(化樂天王)이 있으니,

이른바 선변화(善變化) 천왕,

적정음광명(寂靜音光明) 천왕,

변화력광명(變化力光明) 천왕,

장엄주(莊嚴主) 천왕,

염광(念光) 천왕,

최상운음(最上雲音) 천왕,

중묘최승광(衆妙最勝光) 천왕,

묘계광명(妙髻光明) 천왕,

성취희혜(成就喜慧) 천왕,

화광계(華光髻) 천왕,

보견시방(普見十方) 천왕이다.

이러한 이들이 상수가 되었고, 그 나머지 한량없는 화락천왕이 있으니, 그들은 모두 부지런히 일체중생을 조복하여 그들이 해탈하도록 도와주었다.

◉ 疏 ◉

化樂은 論에 云 "樂自變化로 作諸樂具하야 以自娛樂이라"하고 又但受

自所化樂하야 不犯他故로 名爲善化也라 變은 謂轉變이니 轉麤爲妙이오 化는 謂化現이니 無而忽有니라

화락천왕의 化樂은 논에 이르기를, "자신의 변화로 모든 즐거움의 도구를 삼아 이로써 스스로 즐기는 것을 좋아한다."고 하며, 또한 단 자신의 변화한 바를 즐거움으로 받아들일 뿐, 남을 범하지 않기에 이를 '善化'라고 한다. 變은 전변을 말하니 거친 것을 전변하여 미묘하게 만듦이며, 化는 化現을 말하니 없었던 것이 갑자기 생겨난 것이다.

德中에 以出世化일세 故得解脫이라

찬탄한 덕 가운데에 출세간으로 교화한 까닭에 해탈을 얻은 것이다.

第七 他化自在天王

제7. 타화자재천왕

經

復有無數他化自在天王하니 **所謂得自在天王**과 **妙目主天王**과 **妙冠幢天王**과 **勇猛慧天王**과 **妙音句天王**과 **妙光幢天王**과 **寂靜境界門天王**과 **妙輪莊嚴幢天王**과 **華蘂慧自在天王**과 **因陀羅力妙莊嚴光明天王**이라 **如是等**이 **而爲上首**하사 **其數無量**하니 **皆勤修習自在方便廣大法門**하시니라

또한 수없는 타화자재천왕(他化自在天王)이 있으니,

이른바 득자재(得自在) 천왕,

묘목주(妙目主) 천왕,

묘관당(妙冠幢) 천왕,

용맹혜(勇猛慧) 천왕,

묘음구(妙音句) 천왕,

묘광당(妙光幢) 천왕,

적정경계문(寂靜境界門) 천왕,

묘륜장엄당(妙輪莊嚴幢) 천왕,

화예혜자재(華蘂慧自在) 천왕,

인다라역묘장엄광명(因陀羅力妙莊嚴光明) 천왕이다.

이러한 이들이 상수가 되었고, 그 나머지 한량없는 타화자재천왕이 있으니, 그들은 모두 자재한 방편과 광대한 법문을 부지런히 닦아 익혔다.

◉ 疏 ◉

他化自在天王은 論云 令他로 化作樂具하야 以自娛樂하야 顯已自在故라

타화자재천왕은 논에 이르기를, "남들로 하여금 즐거움의 도구를 만들어 이로써 스스로 즐기면서 자신의 자재함을 나타내기 때문이다."고 하였다.

名中에 寂靜境界門者는 境爲入理之處니 即是門也라 根無躁動일세

故稱寂靜이오 根은 卽門也니 根無取著이라야 方見境空이니 合爲門也라 故央掘經云"明見來入門에 具足無減修라"하다

타화자재천왕의 이름 가운데 寂靜境界門의 境이란 진리로 들어갈 수 있는 곳이다. 그것은 곧 '문'이다. 육근이 조급하거나 동요가 없기에 이를 寂靜이라고 말한다. 육근은 곧 '문'이다. 육근에 집착이 없어야 비로소 경계가 空하게 된다. 위의 2가지를 종합하여 '문'이라고 한다. 이 때문에 앙굴경에 이르기를, "밝은 견해로 문에 들어가면 모두 구족하여 부족함이 없다."고 하였다.

德中에 物我自在 卽廣大法門이라**(初 欲界天衆은 已竟하다)**

찬탄한 덕 가운데에 나와 남이 모두 자재함이 곧 광대한 법문이다.**(제1 욕계천 대중에 대한 부분을 끝마치다.)**

第二色界諸天衆에 有五衆하니 以第四禪有二衆故니라 然四靜慮 攝天多少는 下經頻列이오 至十藏品하야 當會釋之어니와 多依十八이라 初靜慮는 四오 二三은 各攝三天이니 皆擧最上하야 以勝攝劣이라 故但列一이어니와 下文說頌엔 徧觀諸天하다 第四靜慮는 自攝九天이니 上五는 小乘聖居라 非此正被어니와 異生位中엔 廣果至極일세 故今列之오 大自在天은 三千界主일세 所以別列이니라

제2 색계 여러 하늘의 대중에는 5무리의 대중이 있다. 제4 禪에 廣果天과 大自在天 2무리의 天衆이 있기 때문이다. 그러나 제4 靜慮에 어느 정도의 하늘을 포괄하고 있는가에 대해서는 아래의

경문에 자주 나열되어 있는바, 十無盡藏品에서 해석하겠지만 이 대부분은 18天에 준하여 설명하였다.

제1 靜慮는 4天(梵天, 梵衆天, 梵輔天, 大梵天)이며, 제2, 제3 禪은 각각 3天을 포괄하고 있다. 최상의 존재를 들어 훌륭한 것으로 용렬한 것을 포괄하기에 하나의 하늘만을 열거했지만, 아래 경문의 게송에서는 "여러 하늘을 두루 살펴보다[徧觀諸天]."라고 하였다.

제4 정려는 스스로 九天을 포괄한다. 위의 다섯 하늘(無想天·無煩天·無熱天·善見天·色究竟天)은 소승의 성자가 거처하는 곳이기에 여기에서 말한 바른 하늘[正被]이 아니지만, 異生位 가운데에는 廣果의 극처에 이른 것이기에 여기에서 열거하고, 대자재천은 三千界의 주인이기에 별개로 열거한 것이다.

今初 大梵天王衆

제1. 대범천왕

經

復有不可數大梵天王하니 **所謂尸棄天王**과 **慧光天王**과 **善慧光明天王**과 **普雲音天王**과 **觀世言音自在天王**과 **寂靜光明眼天王**과 **光徧十方天王**과 **變化音天王**과 **光明照曜眼天王**과 **悅意海音天王**이라 **如是等**이 **而爲上首**하사 **不可稱數**라 **皆具大慈**하야 **憐愍衆生**하며 **舒光普照**하야 **令其快樂**케하시니라

또한 헤아릴 수 없는 대범천왕(大梵天王)이 있으니,

이른바 시기(尸棄) 천왕,

혜광(慧光) 천왕,

선혜광명(善慧光明) 천왕,

보운음(普雲音) 천왕,

관세언음자재(觀世言音自在) 천왕,

적정광명안(寂靜光明眼) 천왕,

광변시방(光徧十方) 천왕,

변화음(變化音) 천왕,

광명조요안(光明照曜眼) 천왕,

열의해음(悅意海音) 천왕이다.

이러한 이들이 상수가 되었고, 그 나머지 헤아릴 수 없는 대범천왕이 있으니, 그들은 모두 큰 자비를 갖추고서 일체중생을 불쌍히 여기며, 광명을 널리 비춰주어 중생으로 하여금 법의 즐거움을 누리도록 마련해주었다.

◉ 疏 ◉

佛地論云"離欲寂靜라 故名爲梵이니 具云梵摩오 此云淸潔寂靜이니 謂創離欲染이라 故名淸潔이오 得根本定을 名爲寂靜이라"하다

불지론에 이르기를, "탐욕을 여의어 고요하기에 梵이라 말한다. 구체적으로 말하면 梵摩이며, 중국 말로는 淸潔寂靜의 뜻이다. 처음 탐욕의 더러움을 여의었기에 '청결'이라 말하고, 根本定을 얻

었기에 '적정'이라고 한다."고 하였다.

尸棄는 此云持髻니 謂此梵王이 頂有肉髻하니 似螺形故로 亦名螺髻라하고 或云火頂이니 以火災至此故라하니라 貌如童子오 身白銀色이오 衣金色衣하고 禪悅爲食이라

제1 尸棄는 중국 말로는 持髻이다. 시기 천왕의 정수리 위에 육계가 있는데 소라의 형상을 닮은 까닭에 이를 螺髻라 한다. 어떤 사람이 말하기를, "이는 火頂이니 화재가 여기에까지 뻗어온 때문이다."고 하였다. 시기 천왕의 용모는 동자와 같고 몸이 하얀 은색이며, 황금색의 옷을 입고 禪悅로 밥을 삼는다.

德中에 本修慈心하야 得生梵世일세 等流相續하야 還愍衆生하며 好請轉法輪이라 故智光照物하야 不爲汙行일세 故身光發輝하나니 若有遇之면 身心悅樂이니라

찬탄한 덕 가운데에 본래 자비의 마음을 닦아서 梵世에 태어나기에, 같은 무리로 그 성질을 변치 않고 한결같이 이어가면서[等流相續] 또한 중생을 가엾이 여기며, 법륜을 굴려 설법해주기를 청하는 일을 좋아한다. 이 때문에 그의 지혜광명이 중생을 비춰주어 오염된 행을 범하지 않기에 그의 몸에서 광명이 쏟아지는 것이다. 만일 어느 중생이 그를 만나면 몸과 마음이 기쁘고 즐겁다.

第二 光音天

제2. 광음천

經

復有無量光音天王하니 **所謂可愛樂光明天王**과 **清淨妙光天王**과 **能自在音天王**과 **最勝念智天王**과 **可愛樂清淨妙音天王**과 **善思惟音天王**과 **普音徧照天王**과 **甚深光音天王**과 **無垢稱光明天王**과 **最勝淨光天王**이라 **如是等**이 **而爲上首**하사 **其數無量**하니 **皆住廣大寂靜喜樂無礙法門**하시니라

또한 한량없는 광음천왕(光音天王)이 있으니,

이른바 가애락광명(可愛樂光明) 천왕,

청정묘광(淸淨妙光) 천왕,

능자재음(能自在音) 천왕,

최승념지(最勝念智) 천왕,

가애락청정묘음(可愛樂淸淨妙音) 천왕,

선사유음(善思惟音) 천왕,

보음변조(普音徧照) 천왕,

심심광음(甚深光音) 천왕,

무구칭광명(無垢稱光明) 천왕,

최승정광(最勝淨光) 천왕이다.

이러한 이들이 상수가 되었고, 그 나머지 한량없는 광음천왕이 있으니, 그들은 모두 넓고 크며 고요하고 즐거운 걸림 없는 법문에 머물렀다.

◉ 疏 ◉

光音天은 二禪第三天也라 智論에 亦云 第二禪을 通名光音이라하다 彼天이 語時에 口出淨光故라 有云 彼無尋伺오 言語亦無하야 用光當語일세 故名光音이라하다 瑜伽에 名極光淨이니 謂淨光徧照自他處故니라

광음천은 二禪 제3천이다. 지도론에 또한 이르기를, "제2선을 통칭 光音이라 한다. 그 광음천이 말할 때엔 그의 입에서 청정한 광명이 쏟아져 나오기 때문이다."고 하였으며, 또 이르기를, "그 광음천은 아직 확실한 지혜가 생기지 못하여 추구하거나 사찰하는, 尋伺가 없고 언어 또한 없다. 광명을 사용하는 것이 말하는 데에 상당하기에 그 이름을 光音이라 한다."고 하였다. 유가론에서는 그 이름을 極光淨이라 하였다. 이는 청정한 광명이 나와 남이 있는 곳을 두루 비춰주기 때문임을 말한다.

德中에 定生喜樂하야 離尋伺故로 得寂靜名이라 然凡得之에 捨動求靜일세 故非廣大오 味定之喜는 非無礙法어니와 今菩薩은 卽動而靜하야 不散不味하니 是爲廣大無礙法門也라

찬탄한 덕 가운데에 선정으로 기쁨과 즐거움이 일어나, 아직 확실한 지혜가 생기지 못하여 추구하거나 사찰하는 尋伺의 경지를 벗어난 까닭에 寂靜이라는 이름을 얻은 것이다. 그러나 범부가 얻는 것은 動을 버리고 靜만을 추구한 까닭에 광대하지 못하고, 선정에 집착한 희열이기에 無礙 법문이라고 말할 수 없지만, 여기에서 말한 보살은 움직이면서도 고요하여 산란하지도 않고 집착하지도 않기에 이를 광대한 무애 법문이라고 말한다.

第三 徧淨天

제3. 변정천

經

復有無量徧淨天王하니 **所謂淸淨名稱天王**과 **最勝見天王**과 **寂靜德天王**과 **須彌音天王**과 **淨念眼天王**과 **可愛樂最勝光照天王**과 **世間自在主天王**과 **光燄自在天王**과 **樂思惟法變化天王**과 **變化幢天王**과 **星宿音妙莊嚴天王**이라 **如是等**이 **而爲上首**하사 **其數無量**하니 **悉已安住廣大法門**하야 **於諸世間**에 **勤作利益**하시니라

또한 한량없는 변정천왕(徧淨天王)이 있으니,

이른바 청정명칭(淸淨名稱) 천왕,

최승견(最勝見) 천왕,

적정덕(寂靜德) 천왕,

수미음(須彌音) 천왕,

정념안(淨念眼) 천왕,

가애락최승광조(可愛樂最勝光照) 천왕,

세간자재주(世間自在主) 천왕,

광염자재(光燄自在) 천왕,

낙사유법변화(樂思惟法變化) 천왕,

변화당(變化幢) 천왕,

성수음묘장엄(星宿音妙莊嚴) 천왕이다.

이러한 이들이 상수가 되었고, 그 나머지 한량없는 변정천왕이 있으니, 그들은 모두 광대한 법문에 안주하여 모든 세간중생의 이익을 위해 부지런히 법을 베풀었다.

◉ 疏 ◉

偏淨天은 此天 離喜하야 身心偏淨故라

변정천이란 이 하늘에서는 희열의 경계를 떠나 몸과 마음이 두루 청정한 때문이다.

德中에 身心偏淨은 未爲廣大어니와 物我無二로 普益世間이라야 方爲廣大也니라

찬탄한 덕 가운데에 몸과 마음이 두루 청정함은 광대한 경계가 되지 못하거니와, 나와 남이 둘이 없어 일체 세간중생에게 널리 도움을 주어야 만이 비로소 광대한 경계라 한다.

第四 廣果天

제4. 광과천

經

復有無量廣果天王하니 所謂愛樂法光明幢天王과 淸淨莊嚴海天王과 最勝慧光明天王과 自在智慧幢天王과 樂寂

靜天王과 普智眼天王과 樂旋慧天王과 善種慧光明天王과 無垢寂靜光天王과 廣大淸淨光天王이라 如是等이 而爲上首하사 其數無量하니 莫不皆以寂靜之法으로 而爲宮殿하야 安住其中하시니라

또한 한량없는 광과천왕(廣果天王)이 있으니,

이른바 애락법광명당(愛樂法光明幢) 천왕,

청정장엄해(淸淨莊嚴海) 천왕,

최승혜광명(最勝慧光明) 천왕,

자재지혜당(自在智慧幢) 천왕,

낙적정(樂寂靜) 천왕,

보지안(普智眼) 천왕,

낙선혜(樂旋慧) 천왕,

선종혜광명(善種慧光明) 천왕,

무구적정광(無垢寂靜光) 천왕,

광대청정광(廣大淸淨光) 천왕이다.

이러한 이들이 상수가 되었고, 그 나머지 한량없는 광과천왕이 있으니, 그들은 모두 적정법(寂靜法)으로 그들의 궁전을 삼아서 그 궁전 안에 안주하였다.

◉ 疏 ◉

廣果天은 卽四禪第三天이니 於異生善果에 此最廣故오 所有功德이 勝下三故라

광과천은 四禪 제3천이다. 異生의 善果 가운데에 광과천이 가장 광대하기 때문이며, 소유한 공덕이 아래의 세 하늘보다 훌륭하기 때문이다.

德中에 此天은 離八災患하야 世中最寂일세 今以實智로 住本寂之宮이라

찬탄한 덕 가운데에 이 광과천은 八災患(**憂·喜·苦·樂 四受 및 尋·伺·出息·入息 등 수도의 장애**)을 여의어 세계 가운데 가장 고요한 까닭에 여기에서는 眞實智로 本寂의 궁전에 머문 것이다.

第五 大自在天

제5. 대자재천

經

復有無數大自在天王하니 所謂妙燄海天王과 自在名稱光天王과 淸淨功德眼天王과 可愛樂大慧天王과 不動光自在天王과 妙莊嚴眼天王과 善思惟光明天王과 可愛樂大智天王과 普音莊嚴幢天王과 極精進名稱光天王이라 如是等이 而爲上首하사 不可稱數라 皆勤觀察無相之法하야 所行平等하시니라

또한 수없는 대자재천왕(大自在天王)이 있으니,

이른바 묘염해(妙燄海) 천왕,

자재명칭광(自在名稱光) 천왕,

청정공덕안(淸淨功德眼) 천왕,

가애락대혜(可愛樂大慧) 천왕,

부동광자재(不動光自在) 천왕,

묘장엄안(妙莊嚴眼) 천왕,

선사유광명(善思惟光明) 천왕,

가애락대지(可愛樂大智) 천왕,

보음장엄당(普音莊嚴幢) 천왕,

극정진명칭광(極精進名稱光) 천왕이다.

이러한 이들이 상수가 되었고, 그 나머지 헤아릴 수 없는 대자재천왕이 있으니, 그들은 모두 인공(人空) 법공(法空)의 무상법(無相法: 無我相·無人相·無衆生相·無壽者相)을 부지런히 살펴 평등한 법을 행하였다.

◉ 疏 ◉

大自在者는 梵云 摩醯首羅 是也라 於三千界에 最自在故라 智論第二에 云"此天은 有八臂三目하야 乘白牛하고 執白拂하며 一念之間에 能知大千雨滴이라"하니 下經同此라 智論第一에 "過五淨居에 有十住菩薩住處하니 亦名淨居오 號大自在天王이라"하고 又"三乘中에 立此爲淨土하니 是報身所居라"하니 約實인댄 但是第十地菩薩攝報之果로 多作彼王耳니라

대자재란 범어로 마혜수라(Maheśvara)가 바로 그것이다. 삼천대천세계 가운데 가장 자재한 때문이다. 지도론 제2에 이르기를, "이

자재천왕은 8개의 팔과 3개의 눈이 있고, 흰 소를 타고 흰 털로 만든 拂子를 잡고 있으며, 한 생각 사이에 대천세계에 내리는 빗방울의 수효를 안다."고 하니 아래의 경문도 이와 같다. 지도론 제1에 의하면, "五淨居(**無煩天·無熱天·善現天·善見天·色究竟天**)를 지나서 십주보살이 머문 곳이 있으니 또한 그 이름을 淨居라 하고, 호칭은 대자재천왕이다."고 하며, 또한 "삼승 가운데에 이를 세워 정토를 삼으니 이는 報身이 거처하는 곳이다."고 한다. 실제를 가지고 말한다면 단 제십지보살이 받은 과보로 대부분 그곳의 왕이 된다.

德中에 三界之頂은 非無相이면 不超로되 非離相求라 故所行平等이니라

찬탄한 덕 가운데에 三界의 정상은 無相이 아니고서는 초월할 수 없지만 이는 정작 相을 떠나서 구할 수 있는 것이 아니다. 이 때문에 행하는 바가 평등한 것이다.

然上釋名歎德은 皆從義便하야 以順類殊어니와 若約實德인댄 無不互有니 皆可虛求니라(**衆海雲集은 竟하다**)

그러나 위에서 해석한 명호와 찬탄한 덕은 모두 의의의 편의에 따라서 각기 다른 무리를 순으로 말한 것이지만, 만일 실제 덕을 가지고 말한다면 서로가 모두 소유하지 않음이 없다. 이는 모두 허심탄회하게 그 의의를 추구해야 할 것이다.**(바다와 같은 대중이 운집함에 대한 부분을 끝마치다.)**

세주묘엄품 제1-4 世主妙嚴品 第一之四

화엄경소론찬요 제5권 華嚴經疏論纂要 卷第五

화엄경소론찬요 제6권
華嚴經疏論纂要 卷第六

◉

세주묘엄품 제1-5
世主妙嚴品 第一之五

自下大文은 第七稱揚讚德分이오 亦是發起序라【鈔_ 稱揚讚德者는 一은 對十分之名이니 稱揚讚詠本師功德이오 二云亦是發起序者는 對三分科經이니 謂序·正·流通이라 一品은 是序니 常途分二라 一證信이오 二 發起어늘 今以前六分으로 皆爲證信이오 此下四分은 總爲發起라 讚揚은 發起佛德이오 出衆은 顯於佛用하야 發起大經이 不同古德이오 但用天地禎祥으로 爲發起也라】

아래의 큰 문단은 제7 부처님을 찬양하고 덕을 찬탄하는 부분이며, 또한 첫 부분을 시작하는 서문이다.【초_ '稱揚讚德'이란 첫째, 10분(전 6분의 證信, 후 4분의 發起)을 상대로 말함이니 부처님의 공덕을 칭양하고 찬탄하며 노래한 것이다. 둘째, '亦是發起序' 란 경문을 3가지로 구분하는 것을 상대로 말하니 序分·正宗分·流通分을 말한다. 첫째 1품은 서분이니 일상적으로 2가지로 나눈다. 그것은 ① 證信, ② 發起이다. 여기에서는 앞의 6분으로 모두 증신을 삼고, 이 아래의 4분은 모두 발기이다. '稱揚'은 부처님의 덕을 일으킴이며, '出衆'은 부처님의 用處를 나타내어, 大經이 옛 스님과 같지 않음을 일으키고, 단 하늘과 땅에서 내린 상서로 시작을 삼는다.】

文中 有三이니 第一은 總結威儀住오 第二 此諸衆下는 總顯德行因緣이오 第三 所謂下는 別明得法讚佛이라

今은 初니 總結威儀住라

이 문장에는 3단락이 있다.

(1) 도량에 위의를 갖추고 모여든 대중의 모습을 총괄하여 끝맺은 것이며,

(2) '此諸衆' 이하는 덕행의 인연을 총괄하여 나타낸 것이며,

(3) '所謂' 이하는 개별로 법문을 얻어 부처님을 찬탄하는 것을 밝힘이다.

이는 제1단락이다. 도량에 위의를 갖추고 모여든 대중의 모습을 총괄하여 끝맺음이다.

經

爾時에 **如來道場衆海**가 **悉已雲集**하시니 **無邊品類 周帀徧滿**하며 **形色部從**이 **各各差別**이라 **隨所來方**하야 **親近世尊**하사 **一心瞻仰**하시니

그때 여래의 도량에 바다와도 같은 대중이 모두 구름처럼 몰려들었다.

끝없는 품류(品類)들이 도량에 두루 가득하였으며, 그들의 모습과 색깔, 그리고 무리가 제각각 달랐다.

제각기 찾아온 방위대로 따라서 세존을 친히 가까이하고 한결같은 마음으로 우러렀다.

◉ **疏** ◉

文은 三이라

첫 단락의 문장은 3부분이다.

初는 結衆集이니 數廣德深일세 故名衆海라 起於自地하야 集空道場하야 多數大身이 重重無礙하니 雲之象也오 又浮雲無心이로되 龍吟則起오 菩薩無住로되 佛現이면 爰來니라

제1은 대중의 집회를 결성함이다. 그들의 수효가 워낙 많고 그들의 덕이 심오한 까닭에 '바다와도 같은 대중[衆海]'이라고 말한다. 제각기 자신이 있던 곳에서 출발하여 텅 빈 도량으로 모여드니 수많은 큰 몸집을 지닌 중생이 거듭거듭 모여들어도 장애가 없는 것이 마치 구름과 같은 형상이다. 또한 뜬구름은 무심하지만 용이 부르면 일어나는 것처럼 보살은 머묾이 없지만 부처님이 나타나면 이에 찾아오는 것이다.

二 '無邊'下는 相異也라 不唯上列일세 故云品類無邊이오 旋環不空일세 故云周帀徧滿이오 大小等形과 姸媸等色이 部主徒從이 各有區分일세 故云差別이라

제2, '無邊' 이하의 문장은 모습이 다른 대중의 무리를 말한다. 위의 문장에서 열거한 대중에 그치지 않기에 '끝없는 품류[品類無邊]'라 말하고, 도량을 빙 둘러 에워싸 빈자리가 없기에 '도량에 두루 가득하다[周帀徧滿].'고 말하며, 크고 작은 형상과 어여쁘고 추악한 얼굴과 무리의 주인공과 따르는 시종으로 각각 구분이 있기에 '제각각 달랐다[各各差別].'고 말한다.

三 '隨所'下는 意同也라 隨所來方하야 參而不雜이오 皆得見佛하야 各對目前이 其猶百川이 各全覩月하야 同無異念일세 故曰一心이라

하다 諦矚欽承하야 瞻而且仰을 不唯直觀丈六이라 乃徹見法界身雲이라

제3, '隨所' 이하의 문장은 도량에 모인 대중의 마음이 같음을 말한다. 제각기 왔던 지방에 따라 함께하면서도 뒤섞이지 않고, 모두가 부처님을 친견하여 그들의 목전에 마주함이 마치 수많은 시냇물에서 각각 다 달을 보는 것처럼 모두가 다른 생각이 없기에 '一心'이라 말한다. 자세히 살펴보고 공경히 받들어 바라보며 우러러보되 단순히 丈六의 부처 모습만을 보는 데에 그치지 않고, 이에 塵刹 모든 곳에서 法界身의 구름을 볼 수 있다.

第二 總顯德行因緣者는 以上列中에 隨宜別歎이어늘 今方總顯德行齊均이오 又與下別得法 門으로 以爲總故오 前同生衆中에 共集善根도 亦是別故라 又前共集은 明主伴所由어늘 今曾攝受하야 顯眷屬所以일세 影略其文이라【鈔_ 影略者는 前之共集이 與佛德齊일세 故爲主伴이오 今曾攝受는 唯爲佛攝일세 故爲眷屬이라 爲分二義니 前略攝受오 此略共集하야 可互影取라 故云影略其文이라하니라】

제2 단락의 "덕행의 인연을 총괄하여 나타냈다."는 것은 위에서 열거한 대중 가운데 그들에 따라 적절하게 개별적으로 찬탄해야 할 일임에도 여기에서는 바야흐로 덕행이 모두 똑같음을 밝힌 것이다. 또한 아래의 문장에서 제각기 별개로 얻은 법문으로 총체를 삼았기 때문이요, 앞의 同生衆 가운데 함께 善根을 쌓은 것 또

한 별개인 까닭이다.

또한 앞에서 "함께 선근을 쌓았다."는 것은 主伴(主客)의 유래를 밝힌 것인데, 여기에서 일찍이 그들을 받아들여 권속을 삼은 이유를 밝힌 까닭에 그 문장을 影略한 것이다.【초_ 影略이란 앞에서 말한 '共集'이 부처의 덕과 똑같은 까닭에 主伴이 되고, "여기에서 일찍이 그들을 받아들였다[今曾攝受]."는 것은 오직 부처만이 받아들일 수 있기에 권속을 삼은 것이다. 이 2가지의 뜻으로 구분되는데, 앞에서는 攝受를 생략하였고, 여기에서는 共集을 생략하여 앞뒤의 문장을 서로 밝힌 것이다. 이 때문에 "그 문장을 영략하였다."고 말한다.】

此文 多勢오 且分爲三이니 初는 明離障見淨이오 二는 受化根深이오 三은 德行圓備라 今은 初라

이 문장은 여러 갈래이고, 또한 3가지로 구분된다.

⑴ 煩惱障·所知障을 떠나 청정함을 밝힘이며,

⑵ 부처님의 교화를 받아 근기가 심오함이며,

⑶ 덕행이 원만하게 갖춰짐이다.

이는 1. 번뇌장·소지장를 떠나 청정함이다.

經

此諸衆會 已離一切煩惱心垢와 **及其餘習**하야 **摧重障山**하

고 **見佛無礙**하니

여기 모인 수많은 대중들은 이미 일체 번뇌장과 마음의 때[所知障], 그리고 남은 습기들을 버려서 거칠고 무거운 업장의 산을 무너뜨리고 부처님의 아무런 장애가 없음을 볼 수 있었다.

◉ 疏 ◉

離障見淨者는 煩惱는 卽煩惱障也오 心垢는 卽所知障也니 此障이 翳心하야 迷所知故일세니라 言一切者는 謂分別과 俱生과 若種과 若現이오 言餘習者는 二障氣分이 麤重麤重이니 如畢陵上慢과 迦葉不安이라 今皆位極菩薩이 智現情忘이오 證理達事하야 心鏡瑩淨이라 故云已離어니와 若諸位圓融인댄 一斷一切斷이오 亦通初位라

言摧重障山者는 通以喩顯이니 以能摧道로 摧二障山에 障體堅厚하야 崇聳如山이라 又別則智障菩提오 惑障圓寂이어니와 通則俱障하야 及一切佛法일세 故名爲重이라 言見佛無礙者는 斷障果也라 然有二義하니 一은 就能見하야 以明無礙댄 由斷二礙하야 智明理顯이라 理顯故로 見法性身이오 智明故로 見佛智身이라 理智冥一에 見無礙身하나니 無礙도 亦卽涅槃이라 二는 約所見하야 明無礙者댄 具十無礙니 已如上說이라【鈔_ 粗重粗重은 非煩惱로되 似煩惱故일세니라】

'離障見淨'이란 '번뇌'는 곧 번뇌장이요, '마음의 때'는 곧 所知障이다. 이런 장애들이 마음에 장애가 되어 알아야 할 바를 혼미케 만든 때문이다.

'일체'라 말한 것은 分別惑과 俱生惑과 種子와 現行이다. '餘習'[21]이라 말한 것은 번뇌장·소지장이 거칠고 무거움을 말하니 畢陵伽婆蹉의 慢習[22]과 가섭의 불안[23]과 같은 것이다. 여기에서는 모두 位極보살이 지혜가 나타나고 情識이 사라짐에 理法界를 증득하고 事法界를 통달하여 마음이 거울처럼 맑고 깨끗한 까닭에 '이미 버렸다[已離: 已離一切煩惱心垢及其餘習].'고 말한 것이다. 하지만 모든 位가 원융하다면 하나가 끊어질 적에 모든 것이 끊어지며, 또한 初位에도 통한 것이다.

'摧重障山'이란 장애 자체가 견고하고 두터워서 높이 솟아오름이 산과 같다. 또 구분하여 말하면 지혜는 보리에 장애가 되고 미혹은 圓寂에 장애가 되는 것이지만, 전체로 말하면 모두 장애가 되고 일체 불법에 장애가 되기 때문에 '重'하다고 말한다.

....

21 餘習 : 비록 번뇌를 끊었다 할지라도 오히려 습기의 잔여가 남아 있음을 말한다. 또한 殘習·餘氣·習氣라고도 말한다. 이승은 여습을 끊을 수 없고 오직 부처만이 이를 끊을 수 있다.

22 畢陵伽婆蹉의 慢習 : 필릉가바차는 범명 Pilinda-vatsa의 음역. 그는 舍衛城婆羅門 종족으로, 처음엔 隱身咒를 배웠는데, 훗날 부처님을 만나 불제자가 되었다. 그는 5백 세 동안 바라문 집안에 태어나 교만한 성품으로 말씨가 거칠어 부처님과 八大聲聞을 제외하곤 모두 그 나머지 사람들에게 賤稱으로 首陀羅라 말하였다.

23 가섭의 불안 : 긴다라왕이 부처님 처소에 이르러 거문고를 켜면서 부처님을 찬탄하자, 삼천세계가 모두 진동하였고, 심지어 가섭 존자까지 그 자리에서 불안하여 어찌할 줄 몰랐던 고사를 말한다. [大智度論 "如聲聞聞緊陀羅王屯侖摩, 彈琴歌聲, 以諸法實相贊佛. 是時, 須彌山及諸樹木皆動, 大迦葉等諸大弟子, 皆於座上不能自安. 天須菩薩 問大迦葉, 汝最耆年行頭陀第一, 今何故不能制心自安? 大迦葉 答曰 我於人天諸欲心不傾動, 是菩薩無量功德報聲; 又復以智慧變化作聲, 所不能忍. 若八方風起, 不能令須彌山動, 劫盡時毗藍風至, 吹須彌山, 令如腐草"]

'見佛無礙'란 장애를 끊은 데에서 얻어진 果이다. 그러나 여기에 2가지의 뜻이 있다. 첫째는 능히 볼 수 있는 주체[能見]로서 無礙를 밝히면 번뇌장과 소지장이 끊어짐으로써 지혜가 밝아지고 이치가 나타나게 된다. 이치가 나타난 까닭에 法性身을 볼 수 있고, 지혜가 밝기 때문에 佛智身을 볼 수 있다. 이치와 지혜가 하나가 됨으로써 無礙의 법신을 볼 수 있다. 無礙 또한 열반이다. 둘째는 볼 수 있는 대상[所見]으로 無礙를 밝히면 十身의 無礙를 갖춤이니 이미 위에서 말한 바와 같다.【초_ '粗重粗重'이란 번뇌 그 자체는 아니지만 번뇌와 유사하기 때문이다.】

第二 受化根深

2. 부처님의 교화를 받아 근기가 심오하다

經

如是는 **皆以毗盧遮那如來**가 **往昔之時**에 **於劫海中**에 **修菩薩行**하사 **以四攝事**로 **而曾攝受**라 **一一佛所**에 **種善根時**에 **皆已善攝**하사 **種種方便**으로 **教化成熟**하사 **令其安立一切智道**케하시니

이처럼 할 수 있었던 것은 모두 비로자나여래께서 지난 옛적 오랜 겁 동안 보살행을 닦으시어 4가지 섭수하는 일로 섭수했던 터라,

모든 부처님의 처소에서 선근을 심을 때에 모두가 이미 잘 섭

수했으며, 가지가지 방편으로 교화하고 성숙케 하여 그들이 모든 지혜의 길에 편안히 서도록 마련해주었기 때문이다.

◉ 疏 ◉

於中에 初總後別이라

이 가운데에 앞부분에서는 총체로, 뒤에서는 개별로 말하였다.

初中'如是'者는 指前斷障之衆이오 劫海者는 明攝時曠遠이오 言'四攝'者는 卽攝化之方이니 謂布施·愛語·利行·同事라 布施는 是攝緣이니 與彼資持故오 愛語는 是攝體니 正示損益故오 利行은 是攝處니 安住善處故오 同事는 謂釋疑니 令彼決定故니라

첫 부분에서 말한 '如是'란 앞의 문장에서 말한, 번뇌장과 소지장을 끊은 대중을 가리킨다. '劫海'란 아득히 먼 세월 전에 섭수한 때를 밝힘이다.

'四攝'이라 말한 것은 攝化의 방편이니 布施·愛語·利行·同事이다. 보시는 섭수의 인연이니 그와 힘을 주어 부지해준 때문이며, 愛語는 이 섭수의 본체니 바로 섭수의 도움을 보여준 때문이며, 利行은 섭수하는 곳이니 善處에 안주케 하는 때문이며, 同事는 의심을 풀어줌을 말하니 그가 결정을 할 수 있도록 마련해준 때문이다.

後'一一'下는 別示攝相이니 於中에 向言'劫海曾攝'하니 何所攝耶아 謂一一佛所니라 何時攝耶아 種善根時니라 將何法攝고 謂種種方便이니라 攝相云何오 謂教化成熟이니라 教化는 約始오 成熟은 就終이라 攝意云何오 令其安立一切智道일세니라 道者는 因也니 謂唯爲佛果하야 修

佛因耳니라

뒷부분의 '一一' 이하 문장은 별도로 섭수한 양상을 보여줌이니 앞부분에서 일찍이 "지난 옛적 오랜 겁 동안 보살행을 닦으시어 4가지 섭수하는 일로 섭수했던 터"라고 말하였다.

그렇다면 어느 곳에서 섭수하셨을까? 하나하나 모든 부처님의 처소에서 이뤄진 것이다.

어느 때에 섭수하셨을까? 그들의 善根을 심어줄 때이다.

어떤 법을 가지고 섭수하셨을까? 부처님의 가지가지 방편을 말한다.

섭수하신 양상은 어떠했을까? 교화하고 성숙케 함을 말한다. 교화는 처음을 들어 말한 것이고, 성숙은 끝에 성취를 들어 말한 것이다.

섭수하신 뜻은 어떠했을까? 그들이 모든 지혜의 길[道]에 편안히 서도록 마련해주신 것이다. 지혜의 길이란 因이다. 오직 佛果를 위해 佛因을 닦는 것이다.

第三 德行圓備

3. 덕행이 원만하게 갖춰지다

經

種無量善하야 **獲衆大福**하며 **悉已入於方便願海**하며 **所行**

之行이 具足清淨하며 於出離道에 已能善出하며 常見於佛호대 分明照了라 以勝解力으로 入於如來功德大海하고 得於諸佛解脫之門하야 游戲神通하시니

한량없는 선근을 심어 온갖 큰 복을 얻었으며,

모두가 이미 방편과 원력의 바다에 들어갔으며,

행한 바의 행이 구족하고 청정하며,

벗어나야 할 길에 이미 잘 벗어났으며,

항상 부처님을 보되 분명하게 비춰 보는 터라,

훌륭하게 이해하는 힘으로 여래의 큰 공덕바다에 들어가고,

모든 부처님의 해탈문을 얻어 출입을 자재로이 유희하고 걸림이 없이 신통하였다.

◉ 疏 ◉

謂前攝何益고 令德圓故니라 於中에 先辨因圓이오 後入果海라

今初 文有五句니 一 種無量善은 已超七地니 殊勝善根故오

앞에서 말한 섭수는 어떤 도움이 있는가. 덕행이 원만하게 갖춰지도록 마련해주심이다. 이 문장에는 먼저 因의 원만함을 논변하고 뒤에 佛果의 큰 바다로 들어감을 말하였다.

여기 첫 부분의 문장에는 5句가 있다.

(1) "한량없는 선근을 심었다."고 함은 이미 七地를 초월함이니 훌륭한 선근 때문이다.

二 '悉已'下는 已超八地니 大願滿故오

⑵ '悉已' 이하는 이미 八地를 초월함이니 大願이 원만한 때문이다.

三 '所行'下는 已超十地니 行滿障淨故오

⑶ '所行' 이하는 이미 十地를 초월함이니 덕행이 원만하고 모든 障이 말끔히 다한 때문이다.

四 '於出離'下는 前明德圓이오 此具出道니 一道와 無量道로 已超生死하야 不住涅槃일세 故云善出이오

⑷ '於出離' 이하는 앞에서는 덕행의 원만함을 밝혔고, 여기에서는 벗어나는 도를 갖추고 있다. 하나의 도와 한량없는 도로 이미 생사에서 벗어나 열반에도 머물지 않은 까닭에 이를 "잘 벗어났다[善出]."고 말한 것이다.

五 '常見'下는 結成見佛이니 謂德高十地일세 是以로 常見이오 非比量見일세 故曰分明이오 不取色相을 名爲照了라 又塵毛刹海에 佛徧重重하니 有德斯覩를 名分明照了라하니라【鈔_ 已超七地 殊勝善根者는 以七地에 有空中方便慧오 有中殊勝行하야 功用行滿일세 故云無量이라 一道 無量道者는 一切無礙人이 一道로 出生死라 故離世間品에 說호되 一道는 是菩薩道니 不捨獨一菩提心故오 二道는 是菩薩道니 謂方便智慧故오 三道四道로 乃至十道오 又云 菩薩에 有無量道와 無量助道와 無量修道와 無量莊嚴道 各列十句이니 則萬行觸目이 皆菩薩道라 又塵毛刹海下는 上은 是通相般若之意오 此는 是華嚴一乘玄旨라】

⑸ '常見' 이하는 부처님을 보는 것으로 끝맺음이다. 덕행이 十

地에까지 높이 올라갔기에 "항상 부처님을 볼 수 있으되[常見]", 비교하거나 헤아려서 보는 견지[比量見]가 아니기에 '분명'이라고 말하며, 色相으로 보지 않기에 "비춰 본다[照了]."고 말한 것이다.

또 작게는 티끌과 터럭, 크게는 刹海까지 부처님이 두루 거듭거듭 계시는데, 덕행이 있어 이런 부처님을 볼 수 있는 것을 "분명하게 비춰 보았다[分明照了]."고 말한다. 【초_ "이미 七地를 초월한 훌륭한 선근"이라 하는 것은 七地에는 空 가운데에 방편의 지혜가 있고 그 가운데에 훌륭한 행이 있어 功用의 행[24]이 충만한 까닭에 무량이라고 말한 것이다.

"하나의 도와 한량없는 도[一道 無量道]"라 말하는 것은 일체 걸림이 없는 사람이 하나의 도[一道]로 생사에서 벗어난 것이다. 그러므로 아래의 離世間品에서 말하기를, "하나의 도는 보살의 도이다. 유독 하나의 보리심을 버리지 않았기 때문이다. 二道는 보살의 도이다. 방편지혜를 말하기 때문이다. 三道·四道로 내지 十道에 이른다." 하고, 또 말하기를, "보살에게 한량없는 도, 한량없는 助道, 한량없는 修道, 한량없는 莊嚴道가 있다."고 하여 각각 10구씩 나열하였다. 만행으로 눈에 보이는 모든 것들이 다 보살의 도이다.

또한 '塵毛刹海' 이하의 문장은 위에서는 實相般若의 뜻에 통하고, 여기에서는 華嚴一乘玄旨를 말하고 있다.】

....

24 功用의 행 : 초지에서 7地까지의 공부를 말한다. 이 자리에 있는 보살은 이미 진여를 깨달았으나, 오히려 수행하는 공을 쌓아야 하므로 功用地라고 말한다.

二 '以勝解力'下는 入果海也라 於中에 二니 初는 乘因入果니 是는 比智로 知니 如見鸞翔이면 知太虛可冲이오 矚龍躍이면 知宏海可汎也라 謂以勝解力으로 印可佛言하야 知福慧之深遠하고 以信解力으로 瞻仰佛化하야 知慈悲之廣大니 是入如來功德大海오 亦是勝解로 印持果德이라

뒷부분에 상당하는 '以勝解力' 이하의 문장은 果海에 들어감을 말한다.

여기에서는 2가지로 나뉜다.

⑴ 因에 의해 果로 들어감이니 이는 비교하거나 헤아려서 보는 지혜[比量智]로 아는 것이다. '比量智'란 새가 나는 것을 보면 허공이 텅 비어 있음을 알고, 용이 뛰어오르는 것을 보면 큰 바다에 모든 것이 뜰 수 있음을 아는 것과 같다.

'훌륭하게 이해하는 힘'으로 부처님 말씀을 인가하여 심오하고 원대한 복덕과 지혜를 알고, 신심과 이해하는 힘으로 부처님의 교화를 우러러 드넓고 큰 부처님의 자비를 아는 것이 곧 "여래의 큰 공덕바다에 들어감"이다. 또한 이 '훌륭하게 이해하는 힘'으로 果德을 인가하고 지켜나가는 것이다.

二 '得於'下는 明分得果用이라 言解脫門者는 佛果 障寂이나 大用 無礙일세 故稱解脫이라 眞解脫者는 卽是如來 通智游入일세 故號門也오 衆各證契일세 故名爲得이라 此解脫은 卽門이오 佛은 得其總이오 衆海는 得別이라 又佛解脫은 但名解脫이오 衆所得法을 稱之爲門은 以能通入彼果用故일세니라 此解脫之門은 又衆所得法이니 離障自在를 名爲

解脫이오 智所入處를 亦名爲門이라 以因解脫로 入果解脫을 亦稱爲門이니 此解脫이 卽門이라【鈔_ 言解脫門者는 先別釋三이니 初 解脫門 三字는 皆屬於佛이오 二 解脫은 屬果오 門은 屬衆海오 三 三字는 皆屬衆海라 於中에 有二하니 一은 就因中이니 自分能所오 二는 將已解脫이니 望果爲門이라】然總別圓融하고 因果交徹하며 重重無礙라야 方爲眞解脫門이라 故下或歎佛果德이오 或歎因行이오 或約天等所得하야 欲影顯故니라

⑵ '得於' 이하의 문장은 分으로 果用 얻음을 밝힌 것이다.

'해탈문'이라 말한 것은 佛果가 寂에 장애가 되는 경우가 있지만, 大用에는 걸림이 없기 때문에 해탈이라고 말한다. 이 때문에 참다운 해탈이란 곧 여래께서 지혜를 통해 노닐며 들어가기에 '문'이라고 말하며, 많은 사람이 각기 증득할 수 있기에 '…얻었다[得]'고 말한다. 이런 해탈이 곧 문인데, 부처님은 그 전체를 얻었고 바다처럼 수많은 대중은 그 별개를 얻은 것이다.

또한 부처님의 해탈은 단 해탈이라 말하지만, 대중이 얻은 법을 '문'이라고 말한 것은 그 果用을 통하여 들어갔기 때문이다. 이 해탈문은 또한 대중이 얻은 법이다. 장애를 벗어나 자재하는 것을 해탈이라 말하고, 지혜로 깨달아 들어가는 곳을 또한 '문'이라고 말한다. 因解脫에 의해 果解脫로 들어가는 것 또한 문이라고 말하기도 한다. 이런 해탈이 곧 '문'이다.【초_ '해탈문'이라 말한 것은 먼저 별도로 3가지로 해석한다. 첫째, '해탈문' 세 글자는 모두 부처님에게 속한다. 둘째, 해탈은 果에 속하고 문은 수많은 대중에 속한다.

셋째, 세 글자는 모두 대중에 속한다. 그 가운데 2가지가 있다. ① 因中으로 말함이니 스스로 能所를 구분한 것이다. ② 자신의 해탈을 가지고 말함이니 果를 바라보는 것으로 문을 삼는다.】

그러나 총체와 개별이 원융하고 인과가 서로 통하며 거듭거듭 장애가 없어야 만이 비로소 참다운 해탈문이라고 한다. 이 때문에 아래의 문장에서 혹은 부처님의 果德을 찬탄하기도 하고, 혹은 因行을 찬탄하기도 하고, 혹은 하늘 등이 얻은 바를 가지고 서로 나타내고자 한 것이다.

次 游戲神通은 正明入相이라 游戲者는 出入自在오 神通者는 難測無壅故니라 約觀心者댄 心境無礙를 稱爲解脫이오 由此入理일세 故號爲門이오 若以門爲門이면 非能通矣라 門卽如實이면 何所通耶아 正入과 雙亡을 爲眞門矣라 如此入者는 則本覺湛然이니 名窮果海라 眞非妄外면 則因果圓融이오 心境無涯면 則解脫無際矣리라【鈔_ '正入'已下는 順結이니 能所雙寂일세 故曰雙亡이오 門理歷然일세 稱爲正入이니 正入則理無不契오 雙亡則過無不寂이라】

다음 '游戲神通' 구절은 바로 해탈문으로 들어가는 양상을 밝힌 것이다. '유희'라 하는 것은 출입이 자재함이며, '신통'이라 하는 것은 헤아리기 어렵고 막힘이 없기 때문이다.

마음을 觀한 것으로 말한다면 마음과 경계에 장애가 없는 것을 해탈이라 말하고, 이에 의해 이치로 들어갈 수 있는 까닭에 '문'이라 말한다. 그러나 만약 실제의 문을 이치를 깨닫는 문이라고 생각한다면 이는 도저히 통할 수 없는 것이다. 문이 실제의 존재라면 어떻게 통할 수 있겠는가? 문으로 바르게 들어갈 수 있는 이치와 能所를 모두 잊은 것으로 참다운 문을 삼는다. 이와 같은 문으로 들어간 자는 곧 本覺이 담담하니 "바다처럼 드넓은 과[果海]를 다하였다."고 말한다. 眞이 妄의 밖에 있지 않으면 인과가 원융하고, 마음과 경계에 끝이 없으면 해탈도 끝이 없을 것이다.【초_ '正入' 이하 문장은 순리대로 끝을 맺음이다. 능소가 모두 고요한 까닭에 '모두 잊었다[雙亡].' 말하고, 문의 이치가 뚜렷한 까닭에 '바르게 들어갔다[正入].'고 말한다. 바르게 들어가면 이치에 계합하지 않은 바 없고, 능소를 모두 잊으면 어느 곳에서나 고요하지 않음이 없다.】

第三 別明得法讚佛

제3. 개별로 법문을 얻어 부처님을 찬탄하다

四十衆中에 各先長行(장항)得法이니 卽經家序列에 後說偈讚이니 卽當時所陳이라 然衆集偈讚이 並在一時니 文不累書라 故編之作次호되 而各得一者는 顯佛德無盡故오 乘別入總은 盡衆不能及故라 故海慧云 如來境界無有邊일세 各隨解脫能觀見이라하나 而普賢得十者는 顯等佛無盡故니라

文中에 先異生衆이오 後同生衆이라 前中에 三이니 初는 諸天이오 次는 八部오 後는 諸神이라 今初는 分二니 先色天이오 後欲天이라 前中에 有五라

40무리의 대중 가운데에 각기 먼저 長行(長文)으로 법문을 얻은

데 대해 말하였다. 이는 경전을 편집한 이들이 경전의 편차를 나열할 적에 뒷부분에 게송으로 찬탄하고 있다. 이는 그 당시에 말씀드린 것이다. 그러나 대중이 모여 게송으로 찬탄하였는데, 이는 모두 일시에 이뤄졌다.

이 부분에 관한 문장은 아래에 자주 기록하지 않는다. 그러므로 이를 편집하는 차례로 삼되 대중이 제각기 하나의 해탈법문만을 얻은 것은 끝이 없는 부처님의 덕을 나타내기 때문이며, 대중의 별개를 들어 부처님의 총체로 귀결 지어 들어가는 것은 모든 대중이 부처님에게 미칠 수 없기 때문이다. 이 때문에 海慧自在神通王보살마하살이 말하기를, "여래의 경계, 끝이 없음이여, 제각기 그 해탈에 따라 여래의 덕을 본다."고 하였다. 그러나 보현보살이 열가지 덕을 얻은 것은 부처님과 똑같이 끝이 없음을 나타내고자 한 때문이다.

이 문장에서는 먼저 異生衆을 말하고 뒤에 同生衆을 말하였다. 앞에서는 세 무리를 말하고 있다. 처음은 諸天이요, 그 다음은 八部요, 그 다음은 諸神이다. 여기에서 처음 諸天은 2가지로 구분된다. 앞에서는 色天을, 뒤에서는 欲天을 말하였다. 앞의 색천에는 5가지가 있다.

今初 自在天 長行十法

제1. 대자재천

장항 10법

經

所謂妙燄海大自在天王은 **得法界·虛空界 寂靜方便力解脫門**하고

이른바 묘염해 대자재 천왕은 법계와 허공계에 고요한 방편의 힘인 해탈문을 얻었고,

◉ **疏** ◉

第一 法界等者는 卽法身解脫也라 法界虛空界는 卽用所徧處니 空은 卽事空이오 法界之言은 義兼事理니 謂非但徧空이라 亦徧空內에 色心等事와 及空有 稱眞之理라 又但言空이면 則一重徧이어니와 今云法界라하니 則重重皆徧이라 何者오 謂空界 容一一塵處와 及彼事物이면 一一塵中이 皆稱眞故로 各有無邊刹海와 佛身大用이 皆悉充滿이라 故下頌에 云無窮盡也라하니라 言寂靜者는 體也라 然有二義하니 一은 明前大用이니 用無用相하야 不礙常寂이오 二는 由此智用이 卽寂同眞이라 是故로 隨一一用하야 徧一切處也라 言方便者는 用也니 亦有二義라 一은 明前寂無寂相하야 不礙大用이오 二는 內同眞性하야 不礙外應羣機라 故云方便이오 寂用無礙일세 所以로 稱力이니라【鈔_ 及空有稱眞之理者는 此空은 是外空이라 若以理空으로 對外空이면 外空은 離法이라 是斷滅空이어니와 理空卽事라야 名爲眞空이라 若以外空으로 亦心現이면 亦由對色滅色이라야 方顯이니 則此斷空은 從緣無性이니 卽性空也라 故十八空으로 明大空者는 謂十方空은 卽十方虛空이니 亦性空矣라 是故로 疏에 云空有稱眞之理와 卽有之空은 皆性空也라 '一

明前大用'等者는 此二義中에 一은 用同體寂이오 二는 用同體徧이라 方便二者는 一은 由忘寂이라 故不礙用이오 二는 由依寂이라 故能起用이라】

제1 묘염해 대자재 천왕. '법계' 등이란 법신 해탈이다.

'법계·허공계'는 곧 작용이 두루 한 곳이니 허공계란 곧 事法界의 空이며, 법계란 말은 그 뜻이 사법계와 이법계를 겸하고 있다. 이는 허공계에 두루 할 뿐만 아니라, 나아가 또한 허공계를 두루 한 그 가운데에 色·心 등의 일 및 空·有가 미묘한 진리에 부합되는 이치이다.

또한 허공계만을 말한다면 한 겹을 두루 하는 데에 그치겠지만, 여기에서 법계를 말하니 이는 거듭거듭 두루 한 것이다. 무엇 때문일까? 허공계가 하나하나 티끌이 있는 곳과 저 사물들을 용납하면 하나하나 티끌들이 모두 미묘한 진리와 하나가 되는 까닭에 각각 끝없는 세계와 佛身의 大用이 모두 충만하게 된다. 이 때문에 아래의 게송에서 "법계에 충만하여 다함이 없다[充滿法界無窮盡]."고 말한 것이다.

'寂靜'이라 말한 것은 본체이다. 여기에는 2가지의 뜻이 있다.

(1) 앞에서 말한 大用을 밝힘이니 用이 用의 형상이 없어 常寂에 장애가 되지 않음이다.

(2) 이 지혜의 작용이 고요하여 미묘한 진리와 같기에 하나하나의 작용을 따라 모든 곳에 두루 하게 된다.

'방편'이라 말한 것은 작용이다. 여기에도 2가지의 뜻이 있다.

⑴ 앞에서 말한 寂靜이 적정의 형상이 없어서 大用에 장애가 되지 않음을 밝힘이다.

⑵ 안으로 眞性과 같아서 밖으로 많은 일을 응함에 걸리지 않음이다.

이 때문에 방편이라 말하고, 적정과 大用이 걸림이 없기에 이 때문에 '力(方便力)'이라고 말한 것이다.【초_ "및 空·有가 미묘한 진리에 부합되는 이치[及空有稱眞之理]"라는 것에서 空은 外空이다. 만일 理空과 外空을 상대로 말하면 외공이란 법에서 떠난 것이다. 이는 斷滅空이다. 理空이 사법계와 하나가 되었을 적에 비로소 眞空, 즉 '참다운 공'이라고 말한다. 만약 外空으로 마음이 나타난다면 또한 색을 상대로 색이 사라져야 만이 비로소 마음이 나타나게 된다. 이 斷滅空은 인연에 따라 자성이 없는 것이니 곧 性이 空한 것이다. 그러기에 18空으로 大空을 밝힌 자는 "시방 공은 곧 시방의 허공이니 이 또한 性이 空함이다."고 말한다. 이 때문에 疏에서 말하기를, "공·유가 미묘한 진리에 하나 되는 이치와 有와 하나 되는 공은 모두 성이 공함이다."고 말한다.

'⑴ 앞에서 말한 대용을 밝힘이다[一明前大用].' 등이란 여기에 2가지가 있는데, 그 가운데 첫째는 작용이 본체의 고요함과 같으며, 둘째는 작용이 본체의 두루 함과 같음을 말한다.

'방편'의 2가지는 첫째, 고요함을 잊음으로 말미암아 작용에 걸림이 없는 것이며, 둘째, 고요함에 의지한 까닭에 작용을 일으킬 수 있음을 말한다.】

自在名稱光天王은 得普觀一切法 悉自在解脫門하고

자재명칭광 천왕은 널리 모든 법을 관조하여 모두 자재한 해탈문을 얻었고,

◉ 疏 ◉

二 普觀一切法悉自在者는 智身解脫也라 此有三義하니 一은 以普眼으로 於一切法에 無不能觀이오 二는 觀一切法에 不壞事而全理오 三은 於一法中에 見一切而無礙일세 並名自在라하니라

제2 자재명칭광 천왕. "널리 모든 법을 관조하여 모두 자재하다[普觀一切法悉自在]."는 것은 智身 해탈이다.

여기에는 3가지의 뜻이 있다.

⑴ 널리 관조할 수 있는 눈으로 모든 법을 관조하지 않음이 없다.

⑵ 모든 법에 그 사물을 파괴하지 않고 그 자체가 온전한 이치임을 관조함이다.

⑶ 하나의 법에서 모든 법을 보되 걸림이 없기에 모두 '자재하다.'고 말한 것이다.

經

淸淨功德眼天王은 得知一切法의 不生不滅과 不來不去하는 無功用行解脫門하고

청정공덕안 천왕은 모든 법이 나지도 않고 멸하지도 않고 오지도 않고 가지도 않음을 아는, 아무런 생각 없이 절로 이뤄지는 행의 해탈문을 얻었고,

◉ 疏 ◉

三 知一切法不生等者는 自共相解脫也라 亦有二義하니 一 知不生等은 內證眞理오 二 無功用行은 外應羣機라【鈔_ 三 自相解脫者는 以一切法이 各各不同하야 色非心等일세 故名自相이오 今皆不生이라 故名解脫이라 此는 明無彼生相이면 則法體不生이라 故名自相이어니와 若直遣生住滅相이면 亦共相耳라】然不生等은 佛法之體니 釋有多門이나 略申一二호리라 一은 別釋이니 以不生滅로 約境이오 不來去는 約行이라

제3 청정공덕안 천왕. "모든 법이 나지도 않고 멸하지도 않고 오지도 않고 가지도 않음을 알았다."는 것은 自相·共相의 해탈이다.

여기에는 또한 2가지의 뜻이 있다.

⑴ "모든 법이 나지도 않음을 안다." 등은 내면으로 진리를 증득함이다.

⑵ 아무런 생각 없이 이뤄지는 행[無功用行]이란 밖으로 수많은 일을 응함이다.【초_ 세 번째 천왕의 自相 해탈이란 모든 법이 각기 똑같지 않다. 예컨대 색은 마음과 똑같지 않은 등등을 말한다. 이 때문에 '自相'이라고 말하고, 이제 모두 나지도 않기 때문에 '해탈'이라고 말한다. 여기에서 그 발생하는 상이 없으면 법체가 발생

하지 않음을 밝힌 것이다. 이 때문에 '자상'이라고 말하지만, 만약 곧바로 생·주·멸의 형상을 버린다면 또한 '共相'이다.】

그러나 "모든 법이 나지도 않는다." 등은 불법의 본체이다. 이에 관한 해석이 많으나 간략하게 한두 가지(**아래에서는 실제 別釋·通釋·輾轉釋 3가지를 말함**)만 말하겠다.

1. 개별로 해석한다면 나지도 않고 멸하지도 않는 것은 경계를, 오고 감이 없는 것은 行을 들어 말한 것이다.

初不生滅에 略有五義하니【鈔_ 初不生滅에 略有五重者하니 前三은 別據三性不同이오 四는 卽合前三而義別이오 五는 卽融四句而無礙이라 就別約三性中에 各三釋者는 初一은 通就當性說이오 二는 約當性二義說이오 三은 對三無性說이니 唯圓成二義로 小異라 云何三性各二義耶아 偏計二者는 一은 情有오 二는 理無며 依他二者는 一은 緣生이오 二는 無性이며 圓成二者는 一은 性有오 二는 相無라】

첫 부분의 "나지도 않고 멸하지도 않는다."에 대해 간단하게 말하면 5가지의 뜻이 있다.【초_ "첫 부분의 나지도 않고 멸하지도 않는다."에 대해 간략하게 말하면 5가지의 뜻이 있다. 앞의 3가지는 개별적인 것으로 3가지의 자성이 똑같지 않음을 근거로 말한 것이며, 4는 곧 앞의 3가지를 종합하되 그 뜻이 다르고, 5는 앞의 4구절을 융합하되 걸림이 없는 것이다.

별도로 3가지의 자성으로 말하면 그 가운데에 각기 3가지로 해석할 수 있다.

① 해당 자성을 공통으로 말한다.

② 해당 자성의 2가지 뜻을 가지고 말한다.

③ 3가지 자성이 없는 것을 상대로 말한 것인바, 오직 圓成實性의 2가지 뜻과는 조금 차이가 있다.

무엇을 3가지의 자성에 각각 2가지의 뜻이 있다고 말하는가? 偏計所執의 2가지는 ㉮ 情有, ㉯ 理無이다. 依他起性의 2가지는 ㉮ 緣生, ㉯ 無性이다. 圓成實性의 2가지는 ㉮ 性有, ㉯ 相無이다.】

一就偏計댄 由是妄執이오 無法可生滅也라 又情有 卽是理無일세 故不生也오 理無 卽是情有일세 故不滅也니 不滅不生은 是一法也라 又求偏計相이라도 不可得이라 故不生이오 能顯無相性일세 故不滅이라 不滅이 卽不生이니 亦一法也니라【鈔_ '一就偏計'下는 偏計三義也라 一은 偏計無體니 如繩上蛇라 故無可生滅이라 二 約二義者는 情有 合是生이오 理無 體是滅이어늘 今此情有 卽是理無라하니 何有生耶아 正理無處라야 方是情有라 故非滅也니 下例 可知니라 三 對無性者는 由無偏計라야 方顯無相이라 故唯識에 云"卽依此三性하야 說彼三無性이라"하니 是知若無偏計댄 安知無相이리오 下亦例然하다】

⑴ 변계소집으로 말하면 이는 妄執에 의한 것이지, 법에는 원래 나는 것도 멸할 것도 없다. 또한 情의 有가 곧 理의 無이기에 나지 않음이며, 理의 無가 곧 情의 有이기에 멸하지도 않음이니, 멸하지도 나지도 않음이 하나의 법이다. 또 偏計相을 구하려 해도 구할 수 없기에 나지 않음이며, 형상 없는 性을 나타내기에 멸하지 않음이다. 멸하지 않음이 곧 나지 않음이라 또한 하나의 법이다.

【초_ '一就偏計' 이하의 문장에는 변계소집의 3가지 뜻이 있다.

① 변계에 본체가 없다. 마치 새끼줄이 뱀처럼 보이는 것과 같다. 그러므로 나는 것도 멸한 것도 없다.

② 2가지의 뜻으로 말하면, 情有는 당연히 생이 있고 理無는 본체가 멸한 것인데, 여기에서 情有가 바로 理無라 말하니 어떻게 생이 있는 것일까? 바로 이치가 없는 곳이어야 만이 비로소 정이 있는 것이다. 그러므로 멸이 아니다. 아래의 예도 이로 미루어 알 수 있다.

③ 無性을 상대로 말한 것은 변계소집이 없어야 만이 비로소 無相이 나타나게 된다. 그러므로 유식에서 이르기를, "이 3가지 자성에 의지하여, 그 3가지 자성 없음을 말한다."고 하였다. 만약 변계소집이 없음을 안다면 어떻게 상이 없음을 알 수 있겠는가. 아래 또한 이러한 예와 같음을 알 수 있다.】

二 就緣起性인댄 謂法無自體하야 攬緣而起하나니 卽生이 無生이라 旣本不生일세 故無可滅也니라 又緣起無性이라 故不生이오 無性緣起라 故不滅이니라 中論云 以有空義故로 一切法得成이라 是故로 不生이면 卽不滅이오 不滅이면 卽不生이니 爲一物也라 又推緣無起일세 故不生이오 能顯無生性일세 故不滅이라【鈔_ '二就緣起性'者는 一은 通說因緣之法은 依他而起니 因緣所生이 無有生故라 故經云 一切法無來일세 是故로 無有生이오 以生無有故로 滅亦不可得이라 二는 明二義中에 又緣起無性故者니 緣生은 卽無性也오 無性緣起者는 無性이 卽緣生也라 前句는 卽因緣故로 空이오 此句는 卽無性故로 有라 故引中論에 以有空義故로 一切法 得成이라하니 唯證後句라 三은 顯無性中에 若

無因緣이면 不知無性이라 故論四句推之컨대 諸法不自生이오 亦不從他生이며 不共不無因이라 是故로 知無生이라 若不推此면 安知無生이리오 無生은 卽是生無自性性也라】

⑵ 緣起性(**依他起性**)으로 말하면 법이란 그 자체가 없기에 반연을 만나 일어나게 된다. 곧 生이 無生이다. 이처럼 이미 본래 나지도 않기 때문에 멸할 것도 없다. 또 緣起가 자성이 없기 때문에 나지도 않고, 자성이 없이 반연으로 일어나기에 멸할 것도 없다. 中論에 이르기를, "空義가 있기 때문에 모든 법이 이뤄진다."고 하였다. 이 때문에 나지도 않음이 곧 멸함도 없고, 멸함이 없음이 곧 나지도 않는 것이다. 이처럼 불생불멸은 하나의 존재이다. 또 반연을 미뤄 찾아보면 일어남이 없기에 나지도 않고, 無生의 자성을 밝힌 까닭에 멸함도 없다. 【초_ "⑵ 緣起性으로 말하면"에는 3가지의 의미가 있다.

① 인연법을 통설로 말하면 타에 의해 일어난 것이다. 인연에 의해 생겨나는 것은 생겨남이 없기에 경에서 이르기를, "모든 법은 오는 것이 없기에 생겨남이 없고, 생겨남이 없기에 멸함 또한 있을 수 없다."고 말한다.

② 2가지의 뜻 가운데 또한 依他起의 緣起란 자성이 없기 때문임을 밝힌 것이다. 인연으로 발생한 것은 곧 자성이 없다. "자성이 없이 반연으로 일어난다[無性緣起]."는 것은 자성이 없이 곧 인연에 의해 발생한 것이다. 앞 구절은 인연에 의함이기에 空이고, 이 구절은 자성이 없기에 有이다. 그러므로 中論에, "空義가 있기 때문

에 모든 법이 이뤄진다."고 말한 부분을 인용한 것은 오직 뒤 구절을 증명한 것이다.

③ 자성이 없는 가운데 만약 인연이 없다면 자성이 없음을 알 수 없다는 점을 밝힌 것이다. 그러므로 4구절로 미루어 논하면 모든 법은 스스로 발생하지 않고, 또한 타에 의해 발생하지도 않으며, 共相이 아니면 因이 없지 않다. 이 때문에 생이 없음을 알 수 있다. 만약 이처럼 미뤄보지 않는다면 어떻게 無生의 뜻을 알 수 있겠는가. 무생은 곧 '생하는 데에 자성이 없는 자성[生無自性性]'이다.】

三 約圓成性인댄 謂非是有爲일세 故無彼生滅相也라 又非妄心境故로 不生이오 聖智所證故로 不滅이며 又體非遷變故로 不生이오 隨緣令法起故로 不滅이니 不滅이 卽不生이니 爲一物也라【鈔_ '三約圓成'은 初義 可知오 二는 約二義中에 小異耳니 前二는 謂二三은 皆約二義니 二는 卽法相宗二義니 於此二義에 顯無性義니 謂非妄心境故로 卽相無義오 聖智所證故로 卽性有義로되 而非妄心境故로 遠離我法所執이라야 便能顯得勝義無自性性이니라 三은 '體非遷變'下는 約不變隨緣이니 法性宗中 二義니 旣不變故不生이라 由此不變이라야 方能隨緣이니 則不生이 是不滅義라 旣以隨緣으로 爲不滅이오 由隨緣不失自性이라야 方知不變이니 則不滅이 是不生이라 故云爲一物也라】

⑶ 圓成實性으로 말하면 이는 有爲가 아닌 까닭에 그 生滅相이 없다. 또 妄心의 경계가 아닌 까닭에 나지도 않고, 聖智로 증득한 바이기에 멸하지도 않는다.

또한 본체가 변천하는 것이 아닌 까닭에 나지도 않고, 반연을 따라 법을 일으키기에 멸하지도 않는다. 멸하지도 않음이 곧 나지도 않음이다. 하나의 존재가 되는 것이다. 【초_ “⑶ 원성실성으로 말하면”에서 첫 부분은 말하지 않아도 그 뜻을 알 수 있다.

② 2가지의 뜻 가운데에 조금 다른 점을 가지고 말하였다. 앞의 2가지란 제2, 제3은 모두 2가지의 뜻으로 말하였다. 2가지의 뜻이란 곧 법상종에서 말한 2가지의 뜻이다. 이 2가지의 뜻에 의해 자성이 없다는 뜻을 밝힌 것이다. 이는 망심의 경계가 아니기에 곧 ‘형상이 없다[相無].’는 뜻이며, 성인의 지혜로 증득할 수 있는 바이기에 곧 ‘자성이 있다[性有].’는 뜻이다. 하지만 망심의 경계가 아니기에 我法에 집착하는 바를 멀리 여의어야 만이 곧 勝義無自性의 자성을 밝힐 수 있다.

③ “본체가 변천하는 것이 아니다[體非遷變].” 이하의 문장은 인연에 따라 변하지 않음을 들어 말한 것이다. 法性宗에는 2가지의 뜻이 있다. 이미 변하지 않기에 나지도 않는다. 이처럼 변천하지 않아야 만이 비로소 인연을 따를 수 있다. 이로 보면 不生이 곧 不滅의 뜻이다. 이미 인연을 따른 것으로 불멸이라 하고, 인연을 따라 자성을 잃지 않아야 만이 비로소 변하지 않음을 알 수 있다. 이로 보면 불멸이 불생이다. 그러므로 하나의 존재라고 말한다.】

四 通就三性混融이니 於一法上에 就徧計일세 故不生이오 就圓成일세 故不滅이며 就依他故로 亦不生이오 亦不滅이며 就三無性故로 非不生이오 非不滅이니라【鈔_ ‘四通就三性’等者는 卽合前三而義別이니 理實具合三性 三無性으로 以成四句니 如一念心刹那瞥起면 卽具六

義니라 謂一念之心은 是緣起法이니 是依他起오 情計有實은 卽偏計所執이오 體本空寂은 卽是圓成이니 三性備矣며 旣卽依三性하야 說三無性이라 故六義具矣니라 今於三性에 成其三句오 三無性上에 共成一句니 謂一念之上에 旣理本無일세 故偏計爲不生이오 本無之理 卽是圓成일세 故不滅이오 依他는 卽無性일세 故亦不生이오 而不壞相일세 故亦不滅이니 三句 備矣라 言就三無性 非不生非不滅者는 上約偏計故로 不生이오 今偏計는 卽相無性일세 故無彼면 不生이라하니 爲非不生也라 上約圓成故로 不滅이어늘 今圓成은 卽是勝義無自性性이라 故非不滅이라 上約依他면 亦不生 亦不滅이어니와 今依他는 卽生無自性性故니 何有亦不生亦不滅이리오 故上三性은 不出不生不滅어늘 今翻彼三性하야 以成三無性일세 故雙非也라】

⑷ 3가지의 자성을 混融하여 전체로 말한 것이다. 하나의 법 위에서 偏計所執으로 말한 까닭에 나지 않고, 圓成實性으로 말한 까닭에 멸하지 않고, 依他起性으로 말한 까닭에 또한 나지 않고 또한 멸하지 않고, 3가지의 자성이 없다는 것으로 말한 까닭에 나지 않음도 아니고 멸하지 않음도 아니다. 【초_ "⑷ 3가지의 자성을 혼융하여 전체로 말한다." 등은 곧 앞의 3가지를 종합한 것이지만 그 뜻은 다르다. 이치는 실로 '3가지의 자성'과 '3가지 자성이 없는 것'을 종합하여 4구절을 이루고 있다. 예를 들면, 한 생각의 마음이 찰나에 갑자기 일어나면 곧 6가지의 뜻을 갖추게 된다. 한 생각의 마음은 緣起法이다. 이는 타에 의해 일어난 것이요, 情識으로 헤아려서 실상을 두는 것은 偏計所執이요, 본체가 본래 空寂함은 圓成

實性이니 3가지의 자성이 갖춰진 것이다. 앞서 '3가지의 자성'에 의해 '3가지 자성이 없는 것'을 말하였다. 이 때문에 6가지의 뜻이 갖춰진 것이다.

여기에 '3가지의 자성'에 의해 그 3구절을 이루고, '3가지 자성이 없다.'는 측면에서 함께 1구절을 이루었다. 한 생각의 위에 이미 이치가 본래 없는 것이기에 변계소집을 나지 않는다고 하며, '본래 없다는 이치'란 곧 원성실성이기에 멸하지 않는다고 하며, 의타기성은 곧 자성이 없기에 또한 나지도 않고 무너지지도 않은 형상이기에 또한 멸하지도 않는다. 이렇게 해서 3구절이 갖춰진 것이다.

"3가지의 자성이 없다는 것으로 말한 까닭에 나지 않음도 아니고 멸하지 않음도 아니다."고 말한 것은 위의 문장에서 변계소집을 가지고 말한 때문에 나지 않는다 하였고, 여기에서 말한 변계소집은 곧 "형상에 자성이 없기[相無自性] 때문에 저것이 없으면 발생할 수 없다."고 하였다. 그렇다면 저것만 있다면 이것이 나지 않을 수 없다. 위에서는 원성실성을 가지고 말하였기에 멸하지도 않는다고 하였는데, 여기에서의 원성실성은 곧 勝義에 자성이 없는 자성이다. 그러므로 멸하지도 않는 존재가 아니다. 위에서 의타기성을 가지고 말한다면 또한 나지 않고 또한 멸하지도 않거니와 여기에서의 의타기성은 곧 생하는 데에 자성이 없는 자성이기 때문이다. 어떻게 "또한 나지 않고 또한 멸하지도 않음"이 있을 수 있겠는가? 그러므로 위에서 말한 3가지의 자성이란 불생불멸에서 벗어나지 않지만, 여기에서는 그 3가지의 자성을 뒤집어서 3가지의 자성

이 없는 존재로 탈바꿈시킨 것이다. 이 때문에 모두 잘못되었다고 말한다.】

五 然此四句를 合爲一聚면 圓融無礙하니 頓思可見이라【鈔_ 五中에 融四句而無礙오 以一念心上과 一微塵上에 卽有六義라 故總融合이라 言合四句者는 非第四門中四句오 合前別說하야 總說四句耳라】

⑸ 그러나 이 4구를 종합하여 하나로 모으면 원융하여 걸림이 없다. 단번에 한 생각만으로 이를 볼 수 있다.【초_ ⑸는 4구를 원융하여 걸림이 없다. 한 생각의 마음 위에, 그리고 하나의 미진 위에 곧 6가지의 뜻을 가지고 있다. 이 때문에 전체를 총괄하여 융합한 것이다. '4구를 융합하였다.'는 것은 제4 門에서 말한 4구가 아니다. 앞에서 개별로 말한 것을 종합하여 총괄적으로 4구를 말한 것이다.】**(※ 경계로 말한 첫 부분의 不生不滅은 여기에서 끝나고, 아래는 行으로 말한 둘째, 不來不去의 뜻이 시작됨. 譯註)**

二 不來不去者 約行은 謂正智는 背捨妄執而無去 오 向證眞理而不來며 又依體起用而不去오 應機現前而不來며 又往應羣機而不去오 恆歸寂滅而不來라 不來면 卽是不去니 無二오 爲一味也라 由此大智로 無念應機는 如摩尼·天鼓·無思로 成事일세 故云無功用行也니라【鈔_ 由此下는 釋無功用이니 摩尼은 約身이오 天鼓는 約口오 無思는 約意라】

둘째, "오지도 않고 가지도 않음[不來不去]은 行을 들어 말한다."는 것은 바른 지혜란 망상의 집착을 버리지만 떠나감이 없고, 진리를 지향하여 증득하되 오는 것도 아니다.

또한 본체에 의해 작용을 일으키되 떠나감이 아니요, 일에 응하여 앞에 나타나되 오지도 않는 것이다.

또한 수많은 일을 응하여 가되 떠나감이 아니요, 항상 寂滅에 돌아가되 오지도 않는 것이다. 오지 않기에 떠나가지도 않는다. 2가지가 아닌 한 가지이다.

이처럼 큰 지혜로 말미암아 無念으로 일에 감응함이 몸은 마니처럼, 입은 天鼓처럼, 그리고 마음은 아무런 생각 없이 일을 이뤄내기에 '無功用行'이라고 말한다.【초_ '由此' 이하의 문장은 "아무런 생각 없이 절로 이뤄지는 행"을 해석한 것이다. 마니는 몸을 가지고, 천고는 입을 가지고, 무사는 뜻을 가지고 말한 것이다.】

(※이상은 1. 別釋의 5가지 뜻을 끝맺고, 아래는 2. 通釋과 3. 輾轉釋의 시작이다. 譯註)

二 通釋者는 不生不滅은 亦可約行이오 不來不去는 亦可約境이니 謂妄念斯寂이 猶若虛空이어니 何生何滅이리오 又雖起大用이나 見心無生하고 用謝歸寂에 了本無滅이며 又常稱眞理하야 寂照居懷니 於此心中에 有何生滅이리오 此는 約行으로 釋不生滅也라 約境으로 釋不來去者는 猶如空華니 無可去來며 又緣會면 卽來니 來無所從일세 故無來오 緣謝而去면 去無所至일세 故無去며 又諸法卽如어니 如豈來去리오

2. 총괄하여 해석하면 나지도 않고 멸하지도 않음 또한 行으로 말할 수 있고, 오고 감이 없는 것 또한 境으로 말할 수 있다. 망념이 이에 고요하여 마치 허공과 같거니 무엇이 생겨나며 무엇이 멸하겠는가.**(徧計所執)** 또한 아무리 큰 작용을 일으킬지라도 마음에

일어남이 없음을 보고 작용이 다하여 고요한 데로 돌아감에 본래 멸한 것도 없음을 깨닫는다.(依他起性) 또한 항상 진리에 하나가 되며 寂照가 마음속에 있으면 그 마음속에 무슨 생멸이 있겠는가.(圓成實性) 이는 行을 가지고 불생불멸을 해석한 것이다.

경계를 가지고 불래불거를 해석한다면 마치 허공의 꽃과 같아서 오고 가는 것이 없다.(徧計所執) 또한 반연이 모여지면 곧 오지만 올지라도 유래한 바가 없기에 옴이 없고, 인연이 다하면 떠나가지만 떠나가되 가야 할 곳이 없기에 떠나감이 없다.(依他起性) 모든 법이 如如하거니 여여함이 어찌 오고 감이 있겠는가.(圓成實性)

三 展轉釋이면 又何以不生滅고 由無來去故며 何以不來去오 由無生滅故니라【鈔_ '三展轉釋'은 所以爲此釋者는 有三意라 一은 則上來 但當句釋이로되 今顯互相釋故니 如經云"一切法無來일세 是故로 無有生"等이니 卽此亦名相因釋也라】

3. 전전하여 해석하면 또한 어찌 생멸이 없겠는가. 오고 감이 없기 때문이다. 어찌 오고 감이 없겠는가. 생멸이 없기 때문이다.【초_ "3. 전전하여 해석"함이란 이처럼 해석하는 데에는 3가지의 뜻이 있기 때문이다. 1. 위에서는 단지 해당 구절로 해석하였지만, 여기에서는 이 부분과 저 부분을 서로 종합해서 해석하여 그 뜻을 밝혀내기 때문이다. 경에서 말하기를, "모든 법은 오는 것이 없기 때문에 남이 없다."는 등과 같다. 곧 이는 또한 '相因釋'이라 말하기도 한다.】

又旣無來去면 則非一非異오 不生不滅이면 則無斷無常이라 智契前理일세 故無功用이오 不礙生等일세 故云行也라【鈔_ '又旣無來去則

'非一異'者는 次正是展轉釋이니 欲明不生等四댄 含義無盡이라 故略擧八不니 卽中論宗論에 云"不生이면 亦不滅이오 不常이면 亦不斷이오 不一이면 亦不異오 不來면 亦不去라"하니 而靑目이 釋之에 有展轉相釋이어늘 今取此勢일세 故爲此釋이라 云何不來不去면 則得非一非異耶아 謂若有來去면 則有能所니 能所는 爲異로되 對此爲一이라 今無來去일세 故無一異니라 云何不生不滅이면 則得不常不斷가 謂若許有生이면 生卽是有어니 定有則常이며 若許有滅이면 滅則是無니 定無則斷이라 今無生滅하니 何有斷常이리오 故中論에 "問云不生不滅이면 已總破一切法이어늘 何故로 復說此六事耶아 答이라 爲成不生不滅故라하니 謂有人이 不信不生不滅이오 而信不常不斷하야 欲深求不常不斷인댄 卽是不生不滅이라 故知二義相成이라" 從'智契'下는 釋'無功用'이라】

또 이미 오고 감이 없다면 하나도 아니고 다른 것도 아니며, 나지도 않고 멸하지도 않는다면 斷도 없고 常도 없다. 지혜가 앞의 이치에 계합한 까닭에 "아무런 생각 없이 절로 이뤄지고" 생멸 등에 걸리지 않은 까닭에 '行'이라고 말한다. 【초_ "또 이미 오고 감이 없다면 하나도 아니고 다른 것도 아니다."는 것은 다음으로 바로 전전하여 서로 종합하여 해석함이다. 불생·불멸·불거·불래 등 4가지의 뜻을 밝히고자 하면 함축된 뜻이 끝이 없다. 이 때문에 간략하게 '여덟 가지 아닌 점[八不: 不生·不滅·不常·不斷·不一·不異·不來·不去]'을 들어 말한 것이다. 중론종의 논으로 말한다면, "나지 않으면 곧 멸하지도 않으며, 常이 아니면 또한 斷도 아니며, 하나가 아니면 또한 다른 것도 아니며, 오지 않으면 또한 가지도 않는다."고 하였다. 청목 스님은 이에 대해 해석할 적에 輾轉하는 방법으로 해석하였다. 여기에서 이러한 문맥을 취한 까닭에 이와 같이 해석한 것이다.

어찌하여 오지 않고 가지 않으면 곧 하나도 아니고 다른 것도 아니라고 말하는 것일까? 만약에 오고 감이 있다면 곧 能所가 있기 마련이다. 능소라 하는 것은 다른 것이지만 이를 상대로 하여 하나로 만든 것이다. 그러므로 여기에 오고 감이 없기 때문에 하나와 다름이 없는 것이다.

어찌하여 나지도 않고 멸하지도 않으면 常도 아니요 斷도 아니라고 말하는가? 만약 生이 있다고 인정한다면 '생'이란 곧 有이다. 결정코 '유'라고 한다면 그것은 常이다. 만약 滅함이 있다고 인정한다면 '멸'이란 곧 無이다. 결정코 '무'라고 한다면 그것은 斷이다. 여기에 생멸이 없는데 어떻게 '단'과 '상'이 있을 수 있겠는가.

이 때문에 중론에서 "어떤 사람이 묻기를, '나지 않고 멸하지 않는다면 이미 모든 법을 모두 타파한 것인데 무슨 까닭에 다시 이처럼 6가지 일을 말한 것인가.' 하니 이에 대해 답하였다. '불생과 불멸을 이루기 때문이다.'"고 하였다. 어떤 사람이 생멸이 없다는 것은 믿지 않고 '상'과 '단'이 아니라고 믿은 나머지, '상'과 '단'이 아닌 것만을 깊이 추구하고자 한다면 그것이 곧 불생불멸이다. 그러므로 2가지의 뜻이 서로 이뤄짐을 알 수 있다.

'智契前理'로부터 그 이하의 문장은 "아무런 생각 없이 절로 이

뤄짐"을 해석한 것이다.】

是則不生之生이오 生之不生이니 無功用故로 常寂이오 行故로 常用하나니 寂用無二는 是於功用에 得解脫也니 斯爲正法之要라 義味難盡일세 無厭繁文이라【鈔_ '是則不生之生'下는 生與不生이 展轉相成이라 上來諸不相成은 總顯不生之理로되 今則性相相成일세 以此不生이니 不同斷滅故로 不礙於生이니라 若礙於生이면 非眞不生이라 故不礙生이 成不生也라 是則緣生故로 無性이오 無性故로 緣生이니 二義相成이 眞不生也라】

이는 곧 生이 아닌 생이며, 생이나 생이 아니다. 아무런 생각 없이 절로 이뤄지기에 항상 고요하고, 行인 까닭에 항상 쓸 수 있나니 寂靜과 작용이 둘이 없는 것이 功用에 해탈을 얻음이다. 이것이 바른 법의 요체라, 그 의미가 끝이 없으니 번거로운 문장이라 하여 싫어해서는 안 된다.【초_ "이는 곧 생이 아닌 생이다." 이하의 문장은 生과 不生이 전전하여 서로 이뤄진 것이다. 위에서 모든 것이 서로 이뤄지지 않은 것은 不生의 이치를 총괄하여 밝힌 것이지만, 여기에서는 性과 相이 서로 이뤄진 까닭에 나지 않는다고 말한 것이다. 따라서 이는 단멸과는 같지 않기에 生에 걸림이 없는 것이다. 만약 생에 걸림이 있다면 이는 참으로 不生이 아니다. 그러므로 생에 걸림이 없는 것이 불생을 이뤄주는 것이다. 이는 곧 반연에 의해 생겨난 까닭에 자성이 없고, 자성이 없는 까닭에 반연에 의해 생겨난 것이다. 이 2가지 뜻이 모두 이뤄질 적에 참다운 不生이다.】

可愛樂大慧天王은 **得現見一切法眞實相智慧海解脫門**하고

가애락대혜 천왕은 모든 법의 진실상을 또렷하게 보는 지혜바다의 해탈문을 얻었고,

◉ 疏 ◉

四 '現見一切法'等者는 觀義解脫也라 '現見'之言은 揀比[量]知故일세니라 '眞實相'言에 略有三義하니 一은 以智觀事實이니 事不虛故일세니라 故下經文에 '觀有爲法如實相故라'하니라 二는 以慧로 觀理實이니 所謂無相이니 無相不相을 名爲實相이라 三은 以無礙智로 知無二實이니 窮實故로 深이오 盡邊故오 廣이라 稱智慧海하야 不爲相縛일세 是解脫門이라

제4 가애락대혜 천왕. "모든 법의 진실상을 또렷하게 보는 지혜" 등이란 觀義 해탈이다. '또렷하게 본다[現見].'는 말은 比量知와 다르기 때문이다.

'眞實相'이란 말에는 간단하게 3가지의 뜻이 있다.

(1) 외면의 智로써 일의 실상을 관조함이니 일이 공허하지 않기 때문이다. 그러므로 아래의 경문에서 "유위법의 如實相을 관조한 때문이다."고 하였다.

(2) 내면의 지혜로 이치의 실상을 관조함이니 이른바 無相이다. 相과 相 아닌 것이 없는 존재를 實相이라고 말한다.

⑶ 無礙智로써 둘이 없는 실상[無二實]을 앎이니 실상을 다한 까닭에 깊다[深]고 말하고, 끝까지 다한 까닭에 드넓다[廣]고 말한다. 이처럼 깊고 드넓은 지혜바다와 하나가 되어 相에 얽매이지 않는 것이 해탈문이다.

經

不動光自在天王은 **得與衆生無邊安樂大方便定解脫門**하고

부동광자재 천왕은 중생에게 끝없는 안락을 베풀어주는 큰 방편 선정(禪定)의 해탈문을 얻었고,

◉ 疏 ◉

五 '與衆生'等者는 慈障解脫也라 離諸危怖曰安이오 適悅身心爲樂이니 見佛則獲二利일세 故安樂也라 煩惱不生일세 故得定也오 佛德難思일세 故樂定無邊이 斯爲大方便也라

제5 부동광자재 천왕. "중생에게 베풀어준다." 등은 慈障 해탈이다.

모든 위험과 공포에서 벗어남을 편안함[安]이라 말하고, 몸과 마음을 기쁘게 하는 것을 즐거움[樂]이라 한다. 부처님을 친견하면 이 2가지의 도움을 받을 수 있기에 편안하고 즐겁다. 번뇌가 일어나지 않기에 禪定을 얻고, 부처님의 덕은 헤아리기 어려운 까닭에 선정을 즐김이 끝이 없다. 이것이 큰 방편이다.

經

妙莊嚴眼天王은 **得令觀寂靜法**하야 **滅諸癡暗怖解脫門**하고

묘장엄안 천왕은 중생으로 하여금 고요한 법을 관하게 하여 모든 어리석음과 혼미와 공포를 없애주는 해탈문을 얻었고,

◉ 疏 ◉

六 '令觀'等者는 悲障解脫也라 衆生이 癡故로 造業이오 造業故로 受苦오 暗故로 不見未來니 不見未來면 卽顚墜故로 大怖之極이 莫越愚癡로되 令觀本寂이면 則癡相本空이라 尙不造善이온 豈當爲惡이리오【鈔_ 尙不造善等者는 然邪說空이니 謂豁達無物하야 或言無礙면 不妨造惡이오 若眞知空하야 善順於理면 恐生動亂이라도 尙不起心이어니와 惡背於理하야 以順妄情이면 豈當更造리오 若云無礙면 不礙造惡이라하니 何不無礙로 不礙修善而斷惡耶아 厭修善法이면 恐有著心이오 恣情造惡이면 何不懼著이리오 明大邪見惡衆生也라】

제6 묘장엄안 천왕. "중생으로 하여금 고요한 법을 관하게 한다." 등은 悲障 해탈이다.

중생이 어리석은 까닭에 업을 짓고, 업을 짓는 까닭에 고통을 받으며, 혼미한 까닭에 미래를 보지 못하니, 미래를 보지 못하면 곧 거꾸러지고 타락하기에 큰 공포의 극치는 어리석은 것보다 더 큰 것이 없다. 하지만 그들에게 本寂을 관조할 수 있도록 마련해주면 어리석음의 양상은 본래 공허한 것이어서, 오히려 선도 조장하지 않거니 어찌 악한 일을 범하겠는가.【초_ "오히려 선도 조장하

지 않거니 어찌 악한 일을 범하겠는가."라고 말하지만, 사악한 말은 공허한 것이다. 이는 활달하여 그 어떤 일에도 걸림이 없어서 혹 장애가 없다고 말한다면, 설령 악한 일을 범할지라도 나쁘지 않다는 말이 된다. 그러나 참 지혜의 空도리로 이치를 잘 따른다면 설령 동요와 혼란이 발생한다 할지라도 오히려 마음이 동요되지 않겠지만, 악으로 이치를 저버린 채 망령된 생각을 따른다면, 이런 상태에서 또다시 악을 범하는 일을 저질러서야 되겠는가.

만약 "걸림이 없으면 악한 일을 하는 데에도 걸림이 없다."고 말한다면, 어찌하여 걸림이 없는, 그 같은 경지를 가지고 선을 닦아가고 악을 끊는 데에 걸림이 없이 행하지 못한 것일까? 선한 법을 닦아가는 것을 싫어한다면 집착의 마음이 있을까 두렵고, 방자한 마음으로 악을 범한다면 어찌 이를 두려워하지 않을 수 있겠는가? 이는 크나큰 邪見을 지닌, 악한 중생임을 밝힌 것이다.】

經

善思惟光明天王은 **得善入無邊境界**하야 **不起一切諸有思惟業解脫門**하고

선사유광명 천왕은 끝없는 경계에 잘 들어가 모든 유(有)[25]에 대

....

25 모든 유(有: 諸有) : 혼미한 세계의 만상 차별을 말한다. 중생이 지은 업은 因에 의해 果를 낳는바, 인연과 과보는 실로 공허하지 않기에 이를 三有·四有·七有·九有·二十五有 등으로 구분하는데 이의 總稱을 諸有라 한다. 이 밖에 諸有는 범부중생이 浮沉하는 生死海를 諸有海라 말하기도 한다.〈法華經序品·大樂金剛不空眞實三麽耶經·大乘義章卷八·敎行證信卷〉

해 생각하는 업을 일으키지 않는 해탈문을 얻었고,

◉ 疏 ◉

七 善入等者는 業障解脫也라 佛現十方이 是無邊境이오 了無依性이 稱爲善入이니 尙不依佛이어늘 寧造業思리오【鈔_ '尙不依佛'者는 意同前義라 入理觀佛이라도 恐壞觀心이어늘 更造業思면 特違至理니라】

제7 선사유광명 천왕. "끝없는 경계에 잘 들어간다." 등은 業障 해탈이다.

부처님께서 시방세계에 현신함이 '끝없는 경계[無邊境界]'이며, 의지함이 없고 머무름이 없는 성품[無依住性]을 깨달음이 '잘 들어감[善入]'이다. 오히려 부처에게도 의지하지 않는데 어찌 사유하는 업을 지을 수 있겠는가.【초_ "오히려 부처에게도 의지하지 않는다."는 뜻은 앞에서 말한 바와 같다. 진리 속으로 들어가 부처를 觀하는 것마저도 觀의 마음이 무너질까 두려운 일인데, 다시 사유하는 업을 짓는다면 그것은 특히나 지극한 이치에 어긋난 일이다.】

經

可愛樂大智天王은 **得普往十方說法**호대 **而不動無所依解脫門**하고

가애락대지 천왕은 널리 시방에 다니면서 설법하되 고요하여 흔들리지도 않고 담박하여 의지함도 없는 해탈문을 얻었고,

◉ 疏 ◉

八 普往十方等者는 卽無相解脫門也라 雖身應十方이나 寂然不動이오 智宣諸法이나 泊爾無依니 不取於相하야 如如不動故니라

제8 가애락대지 천왕. "널리 시방에 다니면서 설법한다." 등은 無相 해탈문이다.

몸으로 시방세계에 응하지만 고요하여 흔들리지도 않으며, 지혜로 모든 법을 베풀어 말하지만 담박하여 의지함도 없다. 이는 상에 집착하지 아니하여 한결같이 마음이 흔들리지도 움직이지도 않기 때문이다.

經

普音莊嚴幢天王은 **得入佛寂靜境界**하야 **普現光明解脫門**하고

보음장엄당 천왕은 부처님의 고요한 경계에 들어가 널리 광명을 쏟아내는 해탈문을 얻었고,

◉ 疏 ◉

九 入佛等者는 卽名相解脫也라 佛智契如를 名入寂境이오 寂而能應이라 故普徧十方하야 身智發光하고 又令物入이라 無相故로 靜이오 無名故로 寂이라

제9 보음장엄당 천왕. "부처님의 고요한 경계에 들어가다." 등은 名相 해탈이다.

부처의 지혜로 如如함을 깨달은 것을 "고요한 경계에 들어간다."고 말한다. 고요하여 움직임이 없으나 모든 일에 잘도 응하기에 시방세계에 널리 두루 하여 몸과 지혜의 광명이 쏟아지고, 또한 중생으로 하여금 부처의 고요한 경계로 들어가게 만들어주는 것이다. 相이 없기에 靜하고, 이름이 없기에 寂하다.

經

名稱光善精進天王은 **得住自所悟處**하야 **而以無邊廣大境界**로 **爲所緣解脫門**하시니라

명칭광선정진 천왕은 스스로 깨달은 곳에 머물면서 끝없이 광대한 경계로서 반연할 바를 삼는 해탈문을 얻었다.

◉ 疏 ◉

十中에 此天王名은 與前列中으로 少倒하니 前名'極精進名稱光'이라하니 上下諸文에 多有此例라 或義存名異와 或廣略參差는 皆譯者 不善會耳라 法門에 '名住自'等者는 此離二取相하야 能益自他解脫門이라 '自悟處'者는 卽離覺所覺하야 自覺聖智常現前也오 '而以無邊'等者는 爲緣無邊法界하야 度無邊衆生하야 得廣大菩提也라【鈔_ '此離二取相'者는 唯識第八에 有四·二取라 一은 相見이오 二는 名色이오 三은 王所오 四는 本末이니 本은 卽第八異熟이오 末은 卽六識異熟이라 今當相見에 所覺은 是相이오 能覺은 是見이니 遠離覺所覺을 名自覺聖智라 故楞伽云"一切無涅槃이오 無有涅槃佛이오 無有佛涅槃이라"하니 遠離

覺所覺은 卽斯義也라 上은 是第一經이오 第二에 又云"佛告大慧라"하니 前聖所知 轉相傳授라 妄想은 無性이니 菩薩摩訶薩이 獨一靜處에 自覺觀察하야 不由於他하고 離見妄想하야 上上勝進하야 入如來地를 是名自覺聖智之相이니라】

제10 명칭광선정진 천왕. 이 명칭은 앞에서 나열한 것과는 조금 전도되어 있다. 앞에서 말한 명칭은 '極精進 名稱光'이다. 전후의 여러 문장에 이러한 예가 많다. 혹은 그 뜻을 그대로 간직하면서도 명칭을 달리 썼다거나 혹은 자상하게 글자가 많다거나 아니면 글자를 빼든지 줄이는 차이가 있다. 이는 모두 번역자가 잘못 이해한 데서 비롯한 때문이다.

법문의 명제에서 '住自所悟處' 등이란 이는 二取相(能覺·所覺)을 여의어 나와 남에게 모두 도움을 주는 해탈문이다. '스스로 깨달은 곳[自悟處]'이란 能覺과 所覺을 여의어 스스로 깨달은 성스러운 지혜가 항상 앞에 나타남이며, '끝없이 광대한 경계로서[而以無邊]' 등이란 끝없이 광대한 법계에 반연하여 끝없이 많은 중생을 제도하여 드넓고 큰 보리를 얻도록 베풀어주는 것이다. 【초_ "이는 二取相을 여의었다."는 것은 유식 제8에서 말한 四取·二取이다. ① 相見, ② 名色, ③ 王所, ④ 本末이다. 本이란 제8 異熟이며, 末이란 六識異熟이다. 여기 ①의 相見에 해당되는 것은 所覺은 相이요, 能覺은 見이다. '능각과 소각을 멀리 여읜' 것을 "스스로 깨달은 성스러운 지혜"라고 말한다. 이 때문에 능가경에서 말하기를, "모두 열반도 없고 열반불도 없고 부처의 열반도 없다."고 하니 '능각과 소각을 멀리 여의었다.'는 것은 곧 이런 뜻이다.

上이란 제1의 경이요, 제2의 경에 또 이르기를, "부처님이 대혜에게 일러주었다."고 하니 이전의 성인이 알았던 것을 후세의 성인에게 다시 전수한 것이다. 망상이란 자성이 없다. 보살마하살이 홀로 어느 고요한 곳에서 스스로 깨달음을 얻어 관찰하여 타인의 힘에 의하지 않고 見의 망상을 여의고서 위로 또 위로 훌륭하게 나아가 여래지에 들어간 것을 명명하여 '自覺聖智'의 相이라고 한다.】

二 上首偈讚

二니 先은 彰說儀라

상수 천왕의 게송 찬탄

이는 2가지이다. 앞은 게송을 설한 위의를 나타냄이다.

經

爾時에 **妙燄海天王**이 **承佛威力**하사 **普觀一切自在天衆**하고 **而說頌言**하사대

그때 묘염해 천왕이 부처님이 지닌, 헤아릴 수 없는 영묘하고도 불가사의한 힘을 받들어 모든 자재천 대중들을 널리 관조하고 게송으로 말씀드렸다.

◉ 疏 ◉

餤海는 是當衆上首라 仰承佛力하사 爲衆申心이라 十地論에 云"承佛力者는 顯無我慢이오 普觀十方은 示無偏心이라"하야늘 今觀己衆이라하니 通局小異耳라 然頌에 總有四種하니 一은 名阿耨窣覩婆頌이니 此不問長行與偈오 但數字로 滿三十二를 卽爲一偈오 二는 名伽陀니 此云諷頌이니 或名不頌頌이라하니 不頌長行故오 或名直頌이라하니 謂直以偈說法故오 三은 名祇夜니 此云應頌이오 四는 名縕馱南이니 此云 集施頌이니 謂以少言으로 攝集多義하야 施他誦持故니 今此는 卽伽陀頌也니 下皆準之라 爲何意故로 經多立頌가 略有八義니 一은 少字攝多義故오 二는 諸讚歎者니 多以偈頌故오 三은 爲鈍根重說故오 四는 爲後來之徒故오 五는 隨意樂故오 六은 易受持故오 七은 增明前說故오 八은 長行未說故니 今此는 正唯前二오 義兼五六이라

묘염해 천왕은 해당 대중 가운데 으뜸가는 제자였기에 부처님의 위신력을 받들어, 나머지 아홉 대중을 대신하여 그들의 마음을 털어놓은 것이다.

십지론에 이르기를, "부처님의 위신력을 받들었다고 함은 아만의 마음이 없음을 밝힘이요, 널리 시방을 보았다는 것은 편벽된 마음이 없음을 보여준 것이다."고 하였는데, 여기에서는 자기의 대중만을 살펴보았다고 하니, 이는 공통의 보편성과 국지의 한계를 보여준 것으로 약간의 차이가 있다.

그러나 게송에는 모두 4가지 종류가 있다.

⑴ 阿耨窣覩婆頌. 이는 長行의 산문이든 게송이든 따지지 않

고 단 글자 수효가 32자면 곧 하나의 게송이 된다.

⑵ 伽陀(범어 gāṭhā). 중국 말로는 諷頌**(또는 諷誦·造頌·偈頌·頌·孤起頌·不重頌偈)**이다. 혹은 게송이 아닌 게송[不頌頌]이라고 말한다. 게송이 아닌 장항의 산문이기 때문이다. 혹은 直頌이라고도 말한다. 직접 게송만으로 설법한 때문이다.

⑶ 祇夜(범어 geya). 중국 말로는 應頌**(또는 重頌·重頌偈)**이다.

⑷ 縕馱南(優陀那: 범어 udāna). 중국 말로는 集施頌**(또는 自然·法句·歎·撰錄·自說·無問自說·感興偈)**이다.

이는 몇 마디 안 되는 언어에 수많은 뜻을 포괄하고 있기에, 그들에게 이를 건네주어 언제나 외우도록 하기 때문이다. 오늘날 이는 伽陀頌이다. 아랫부분은 모두 이에 준하고 있다.

무슨 의미로 경에 많은 게송을 쓴 것일까? 이에 대해 간단하게 말하면 8가지의 뜻이 있다.

⑴ 몇 글자 안 되는 적은 글자로 많은 뜻을 포괄할 수 있기 때문이다.

⑵ 찬탄하는 모든 이들이 대부분 게송을 사용하였기 때문이다.

⑶ 우둔한 근기의 중생을 위해 거듭 설명해야 할 필요성이 있었기 때문이다.

⑷ 후세의 대중을 위한 때문이다.

⑸ 즐거운 마음을 따르는 때문이다.

⑹ 받아 지니기 쉬운 때문이다.

⑺ 앞에서 말한 뜻을 한층 더 밝히기 위한 때문이다.

⑻ 장항의 산문에서 못다 말한 부분이 있었기 때문이다.

여기에서는 오직 앞의 2부분, 제1의 함축성과 제2의 찬탄을 취한 것이며, 그 의의는 제5의 즐거운 마음과 제6의 受持誦讀의 용이함을 겸하고 있다.

二正說中에 十偈次第 各一法門이니 結集取此하야 以爲長行이오 非此頌前也라 然此中 長行與偈 有多不同이니 謂偈字則定이오 長行多少不同이나 而長行은 則約天得法이며 偈中은 卽是歎佛이니 此必然也어니와 若二文互望이면 或因果之殊오 或體用有別이오 或互相影略이오 或難易更陳이오 或法喩不同이오 或能所遞擧라 故傳授者는 善消息之니 二文相映이라야 於義에 易了라

둘째, 바로 게송을 설한 가운데 10수의 게송 차례는 제각기 하나의 법문을 얻은 순으로 쓰여 있다. 이는 훗날 제자들이 모여 불경을 結集할 적에 이런 뜻을 취하여 장항의 산문으로 쓴 것이지, 게송의 앞부분에 원래 이러한 문장이 있었던 것은 아니다.

그러나 이 가운데 장항의 산문과 게송의 운문이 다른 부분이 많다. 그것은 게송의 글자 수는 일정하지만 장항의 산문은 무리의 대중에 따라 서술할 적에 많고 적은 글자 수의 차이가 있음을 말한다. 그러나 장항의 산문은 각기 다른 천왕이 얻은 법문으로 말한 것이지만, 게송에는 모두 부처님의 덕을 찬탄하고 있다. 이런 체제는 반드시 그러한 것으로 구성이 일률적이다.

하지만 만일 장항의 산문과 게송의 운문을 서로 대조하여 살펴보면 어떤 부분에서는 인과가 다르기도 하고, 어떤 부분에서는 체용이 다르기도 하고, 어떤 부분에서는 상호 보충하여 설명하는 방식을 취하였고, 어떤 부분에서는 난해한 내용과 용이한 문장을 번갈아 말하기도 하고, 어떤 부분에서는 법과 비유가 똑같지 않고, 어떤 부분에서는 能所를 번갈아 들어 밝혀주고 있다. 이 때문에 이 화엄경을 가르치고 전수하려는 자는 이 점을 잘 알아야 한다. 따라서 장항의 산문과 게송의 운문을 서로 대조하여 살펴보아야 만이 그 의의를 쉽게 깨달을 수 있다.

제1 묘염해 대자재 천왕의 게송

經

佛身普徧諸大會하며　　　**充滿法界無窮盡**하시니
寂滅無性不可取로대　　　**爲救世間而出現**이로다

부처님 십신(十身)이여, 모든 대법회 두루 계시고
법계에 충만하사 다함이 없으시니
적멸하여 체성 없기에 취할 수 없지만
세간중생 구제 위해 몸을 나타내셨네

◉ 疏 ◉

今 初天中에 初二句는 卽前所徧法界虛空이오 兼明能徧佛身이니 則

十身 皆偏이라 '無窮盡者는 一은 出現無盡이 若高山之出雲이오 二는 非滅盡法이 猶虛空之常住라 次句는 寂靜也니 由無性故로 不可取니 爲一異·俱·不俱等이라 後句는 方便이니 合二 爲力이라 此偈는 是說者自法이라 故不結天名이니 下並準知니라

제1 묘염해 천왕의 게송. 제1, 2구는 곧 앞의 장항에서 말한 두루 계실 대상으로서의 법계와 허공계를 말하고, 겸하여 두루 계실 주체로서의 부처님 十身을 밝힌 것이다. 그것은 곧 十身이 모두 두루 함을 말한다. '充滿法界無窮盡'의 '다함이 없다[無窮盡].'는 것은 첫째, 부처님의 현신이 다함이 없어 마치 높다란 산등성이에 피어오르는 구름과 같다는 것이며, 둘째, 멸하여 다하는 법이 아니어서 마치 허공의 常住와 같음을 말한다.

제3구는 寂靜이다. 체성이 없기 때문에 취할 수 없다. 하나이니 다르니 또는 함께하느니 함께하지 않느니 하는 따위를 말한다.

제4구는 방편이다. 적정과 방편, 이 2가지를 모두 가졌을 적에 힘이 생겨나는 것이다.

이 게송은 이 게송을 말한 상수 천왕이 자신의 법을 말한 까닭에 자칭 천왕의 이름을 내세워 끝맺지 않은 것이다. 아래의 게송 또한 이에 준하여 살펴보면 알 수 있다.

제2 자재명칭광 천왕의 게송

經

如來法王出世間하사 **能然照世妙法燈**하사대
境界無邊亦無盡하시니 **此自在名之所證**이로다

여래께서 법왕으로 세간에 나오시어
세상을 비춰주는 미묘한 법의 등불 밝히시되
그 경계 끝없고 광명 또한 끝없으니
자재 천왕이 이런 도리 증득하였네

◉ 疏 ◉

二中에 初句는 是上自在니 佛爲法王하사 於法自在故오 次句는 觀也오 第三句는 普也오 後句는 結法屬人이니 爲他說故라 然其結名은 義同法門일새 恐繁不配니 他皆倣此하다

제2 자재명칭광 천왕의 게송. 제1구는 최상의 지위에서 자재함을 말한다. 부처님께서 법왕이 되어 모든 법에 자재한 때문이다.

제2구는 일체 법에 대한 觀을, 제3구는 일체 법에 대한 普를 말하였고['普'觀'一切法], 제4구는 법문을 끝맺어 해당 그 사람에게 귀속시킨 것이니, 상수보살이 그를 위해 게송을 설한 때문이다. 그러나 그 結句의 명칭에 담긴 의의는 앞의 장항에서 말한 해탈문과 같다. 문장이 너무 산만할까 두려운 마음에 아래에서는 配對하여 말하지 않는다. 아래의 다른 부분은 모두 이와 같다.

제3 청정공덕안 천왕의 게송

佛不思議離分別하사　　　　**了相十方無所有**하고
爲世廣開淸淨道하시니　　　**如是淨眼能觀見**이로다

부처님의 부사의여, 분별을 떠나셨고
시방에 형상이 없음을 깨달아
세간중생 위해 청정도리 널리 열어주시니
정안 천왕이 이런 경계 보았네

◉ 疏 ◉

三中에 初句는 無功用也니 不思議는 是標오 離分別은 是釋이라 次句는 卽不生等이니 相은 卽生等이오 無는 卽不義며 第三句는 卽行也라 長行에 約要先知法無生이라야 方得成無功用이어니와 偈則要無分別이라야 方能見法無生이라하니 內證이 與外用으로 同時라 所以로 二文前後라

제3 청정공덕안 천왕의 게송. 제1구는 "아무런 생각 없이 절로 이뤄짐"이니 不思議는 표제요, 분별을 떠남은 해석이다.

제2구는 不生不滅 不去不來 등이니 '了相十方'의 相이란 生滅去來 등이요, '無所有'의 無는 4개의 不 자[**'不'生'不'滅 '不'去'不'來**]의 뜻이다.

제3구는 곧 앞의 법문에서 언급한 '無功用行'의 行을 말한다.

앞의 長行 산문에서는 먼저 법의 無生을 알아야만 바야흐로 '無功用'을 이룰 수 있다고 말했는데, 이 게송에서는 분별심이 없어야만 바야흐로 법의 無生을 볼 수 있다고 하였다. 이는 내면의 증득과 외면의 작용이 동시에 이뤄진 것이기에 앞의 長行과 게송의 두 문장이 전후하여 서로 이를 밝혀준 것이다.

제4 가애락대혜 천왕의 게송

經

如來智慧無邊際하사　　一切世間莫能測이라
永滅衆生癡暗心하시니　　大慧入此深安住로다

여래의 지혜는 끝이 없어서
세간중생 헤아릴 수 없네
중생의 어리석은 마음, 길이 없애주시니
대혜 천왕이 이 경계에 깊이 안주하였네

◉ 疏 ◉

四中에 初句는 明廣이오 次句는 明深이니 卽上智慧海也오 第三句는 自見法實이라 故能令物不迷事理니라

제4 가애락대혜 천왕의 게송. 제1구는 드넓음을, 제2구는 깊음을 밝혔다. 이는 곧 위의 장항 법문에서 말한 '지혜의 바다[智慧海]'이다.

제3구는 자신이 "모든 법의 진실상을 또렷하게 보았기[現見一切法眞實相]" 때문에 중생으로 하여금 사리에 혼미하지 않도록 할 수 있었음을 말한다.

제5 부동광자재 천왕의 게송

經

如來功德不思議여　　衆生見者煩惱滅이라
普使世間獲安樂케하시니　　不動自在天能見이로다

여래의 공덕 부사의여
여래를 친견한 중생 번뇌가 없어지고
널리 세간중생이 안락을 얻게 하시니
부동자재 천왕이 이런 도리 보았네

◉疏◉

五中에 初句는 方便定也오 次二句는 與安樂也라

제5 부동광자재 천왕의 게송. 제1구는 大方便 禪定을, 다음 제2, 3구는 중생에게 끝없는 안락을 베풀어주심[得與衆生無邊安樂]에 대해 말한 것이다.

제6 묘장엄안 천왕의 게송

經

衆生癡暗常迷覆일세　　如來爲說寂靜法하시니
是則照世智慧燈이라　　妙眼能知此方便이로다

중생이 어리석음으로 항상 덮여 있기에

여래께서 그들 위해 적정법 설하시니

이는 세상을 비춰주는 지혜의 등불

묘안 천왕이 이 방편 알았네

◉ 疏 ◉

六中에 初句는 卽前癡暗이니 謂長迷妄境하야 鎭覆眞心也오 次句는 卽令觀寂靜이오 次句는 因滅無明則熾然三菩提明이니 是前滅義라

제6 묘장엄안 천왕의 게송. 제1구는 앞의 장항 법문에서 말한 '어리석음'이니, 망령의 경계에 길이 혼미하여 眞心을 뒤덮어 가림을 말한다.

제2구는 앞의 법문에서 말한 "고요한 법을 관하게 마련해주심"이다.

제3구는 無明이 사라짐으로 인하여 眞性菩提·實智菩提·方便菩提의 찬란한 광명을 얻을 수 있다. 이는 앞의 법문에서 말한 滅[滅諸癡暗怖]의 뜻이다.

제7 선사유광명 천왕의 게송

經

如來清淨妙色身이여 普現十方無有比라
此身無性無依處하시니 善思惟天所觀察이로다

여래의 청정한 미묘하신 몸이여

시방에 널리 나타나 비할 데 없네

이 몸은 체성도, 의지한 곳도 없으니

선사유 천왕이 이를 보았네

◉ 疏 ◉

七中에 初二句는 卽善入無邊境이니 無邊境은 卽所應處也오 無有比는 善也라 次句 無性者는 感而應故오 無依者는 思念寂故라 由此로 能令物不造業이니라

제7 선사유광명 천왕의 게송. 제1, 2구는 앞에서 말한 "끝없는 경계에 잘 들어감[善入無邊境界]"이다. '끝없는 경계'는 응하시는 대상의 처소이며, '비할 데 없다.'는 것은 '善入無邊境界'의 善 자의 뜻이다.

제3구의 '체성이 없다.'는 것은 모든 일에 감응한 때문이며, '의지한 곳도 없다.'는 것은 생각이 고요한[不起一切諸有思惟業] 때문이다. 이로 말미암아 중생으로 하여금 업을 짓지 않도록 만드는 것이다.

제8 가애락대지 천왕의 게송

經

如來音聲無限礙하사　　堪受化者靡不聞호대

而佛寂然恒不動하시니　　此樂智天之解脫이로다

여래의 음성은 한계와 걸림이 없어

교화를 받을 이가 모두 들으련만

부처님 고요히 항상 움직이지 않으시니
이는 가애락 천왕의 해탈문이네

◉ 疏 ◉

八中에 初二句는 卽普往十方說法이오 次一句는 卽不動無依라

제8 가애락대지 천왕의 게송. 제1, 2구는 앞에서 말한 "널리 시방에 다니면서 설법"함이며, 다음 제3구는 앞에서 말한 "움직이지도 않고 의지함도 없음"을 말한다.

제9 보음장엄당 천왕의 게송

經

寂靜解脫天人主여 十方無處不現前하사
光明照曜滿世間하시니 此無礙法嚴幢見이로다

고요히 해탈하신 천인의 주인이여
시방에 나타나지 않는 데 없어
빛나는 광명 세간에 가득하시니
보음장엄당 천왕이 걸림 없는 법문 보았네

◉ 疏 ◉

九中에 初句는 卽入寂靜境이오 次二句는 卽普現光明이라

제9 보음장엄당 천왕의 게송. 제1구는 앞서 말한 "부처님의 고

요한 경계에 들어감"을 말하고, 다음 제2, 3구는 "널리 광명을 쏟아내는 해탈문"을 말한다.

제10 명칭광선정진 천왕의 게송

經

佛於無邊大劫海에 　　　　爲衆生故求菩提하사
種種神通化一切하시니 　　名稱光天悟斯法이로다

부처님은 그지없는 세월 동안
중생 위해 보리를 구하시어
가지가지 신통력 일체중생 교화하시니
명칭광 천왕이 이런 법문 깨달았네

◉疏◉

十中에 初十一字는 卽無邊境으로 爲所緣이오 求菩提는 卽自所悟處라 次句는 旣緣其境인댄 必起通化니 前文略耳라

제10 명칭광선정진 천왕의 게송. 첫 부분 11자(佛於無邊大劫海 爲衆生故)는 앞의 법문에서 말한 "끝없이 광대한 경계로서 반연할 바를 삼을 대상[以無邊廣大境界爲所緣]"을 말하고, '보리를 구하심'은 앞서 말한 "스스로 깨달은 곳[住自所悟處]"이다.

제3구는 이미 '끝없는 경계로 반연'을 삼았다면 반드시 신통의 가르침을 널리 펴 중생을 교화해야 한다. 앞의 반연에 관한 문장은

생략된 것이다.

第二 明第四禪 廣果天 長行十法

제2, 第四禪 광과천

장항 10법

經

復次可愛樂法光明幢天王은 得普觀一切衆生根하야 爲說法斷疑解脫門하고

淨莊嚴海天王은 得隨憶念하야 令見佛解脫門하고

最勝慧光明天王은 得法性平等無所依莊嚴身解脫門하고

自在智慧幢天王은 得了知一切世間法하야 一念中에 安立不思議莊嚴海解脫門하고

樂寂靜天王은 得於一毛孔에 現不思議佛刹無障礙解脫門하고

普智眼天王은 得入普門하야 觀察法界解脫門하고

樂旋慧天王은 得爲一切衆生하야 種種出現호대 無邊劫에 常現前解脫門하고

善種慧光明天王은 得觀一切世間境界하야 入不思議法解脫門하고

無垢寂靜光天王은 得示一切衆生出要法解脫門하고

廣大淸淨光天王은 **得觀察一切應化衆生**하야 **令入佛法解脫門**하시니라

또 다음으로 가애락법광명당(可愛樂法光明幢) 천왕은 일체중생의 근기를 널리 관찰하여 그들을 위해 법을 설하여 의심을 끊어주는 해탈문을 얻었고,

정장엄해(淨莊嚴海) 천왕은 중생들이 생각하는 대로 부처님을 보게 해주는 해탈문을 얻었고,

최승혜광명(最勝慧光明) 천왕은 법의 성품이 평등하여 의지하여 머문 바 없는 장엄한 몸의 해탈문을 얻었고,

자재지혜당(自在智慧幢) 천왕은 모든 세간법을 깨달아 한 생각 속에 부사의한 장엄의 바다를 세우는 해탈문을 얻었고,

낙적정(樂寂靜) 천왕은 하나의 털구멍에서 부사의한 부처님 세계를 나타내되 장애가 없는 해탈문을 얻었고,

보지안(普智眼) 천왕은 넓은 문에 들어가 법계를 관찰하는 해탈문을 얻었고,

낙선혜(樂旋慧) 천왕은 일체중생을 위하여 가지가지로 출현하되 끝없는 겁에 항상 나타나는 해탈문을 얻었고,

선종혜광명(善種慧光明) 천왕은 모든 세간의 경계를 보아서 부사의한 법에 들어가는 해탈문을 얻었고,

무구적정광(無垢寂靜光) 천왕은 일체중생에게 집착의 상(相)에서 벗어나는 요긴한 법을 보여주는 해탈문을 얻었고,

광대청정광(廣大淸淨光) 천왕은 교화해야 할 모든 중생을 관찰하

여 부처님 법에 들어가게 하는 해탈문을 얻었다.

◉ 疏 ◉

一 '普觀'等者는 此應根授法이니 明於不知根說法하되 無果障中에 得解脫也라 斷疑生信은 是說法果故니 謂觀機識病하고 稱根說法하야 藥病無謬일세 故疑除疾愈니라

제1 가애락법광명당 천왕. "일체중생의 근기를 널리 관찰하다." 등은 중생의 근기에 맞추어 법을 베풀어줌이니, 그들의 근기를 알고서 설법하되 果障이 없지 않은 가운데에 해탈을 얻음을 밝혀준 것이다. 의심을 끊어 신심을 내도록 함은 설법의 果이기 때문이다. 根機를 살펴서 병을 알고 그 근기에 알맞게 법을 설하여, 약과 병에 잘못되는 일이 없기 때문에 의심이 사라지고 병이 낫게 됨을 말한다.

二中에 隨憶念言은 略有二意니 一은 隨念何佛하야 如名應之오 二는 隨念有淺深하야 令見佛有麤妙니 此는 於現身에 得解脫也라

제2 정장엄해 천왕. '중생들이 생각하는 대로[隨憶念]'라는 말에는 대략 2가지의 뜻이 있다.

⑴ 어떤 부처라도 생각하는 대로 그 名號와 같이 감응함이다.

⑵ 생각하는 데에는 얕은 생각과 깊은 생각의 차이가 있기 마련이다.

이에 따라 부처의 거칠고 정묘함이 있음을 보여줌이다. 이는 現身에서 해탈을 얻음이다.

三中에 '法性平等'者는 唯一味也오 '無所依'者는 離能所也오 '莊嚴身'者는 證眞莊嚴에 卽非莊嚴故로 雖現世間이나 還如法性하야 不依諸有니 此는 於有依에 得解脫也라

제3 최승혜광명 천왕. '法性平等'이란 오직 한 가지로 똑같음이며, '의지한 바 없다.'는 것은 能所를 여읨을 말한다. '莊嚴身'이란 참다운 장엄을 증득하면 그것은 곧 겉으로 볼 수 있는 장엄이 아니기 때문에 아무리 부처께서 세간에 출현하더라도 또한 법성과 같아서 '모든 有'에 의지하지 않는다. 이는 '모든 有의 의지'에서 해탈을 얻음이다.

四中에 '知世間法'者는 謂衆生世間에 心法各異하니 知已隨宜하야 現通說法이라 故云安立이라 一念速安은 非人天外道所能思議니 以此莊嚴如來教海일세니 此는 於安立教法遲鈍障에 得解脫也라

제4 자재지혜당 천왕. '세간의 법을 안다.'는 것은 중생 세간에 심법이 각각 다름을 말한다. 이를 알았으면 편의에 따라 신통력을 보여 법을 설하여주는 까닭에 이를 '安立'이라고 말한다. 한 생각의 사이에 빠르게 세워주는 신통력을 人天外道로서는 생각하거나 말할 수 있는 바가 아니다. 이것으로 여래의 드넓고도 깊은 가르침 바다를 장엄한 것이다. 이는 교법을 세우는 遲鈍障에서 해탈을 얻음이다.

五 '一毛'等者는 約偈댄 不思議解脫力也라 '無礙'에 有二義하니 一은 唯就所現이니 則毛中에 多刹이 自互無礙오 二는 雙就能所니 一毛不大而多刹不小며 一多大小 皆無礙也라 又由無大小相故니 此는 於

取著障에 得解脫이라

제5 낙적정 천왕. '하나의 털구멍' 등이란 게송으로 말한다면 不思議 解脫力이다.

'장애가 없다.'는 데에는 2가지의 뜻이 있다.

⑴ 오직 출현하는 대상으로 말한 것이다. 그것은 하나의 털구멍에서 수많은 부처님 세계를 나타내되 절로 모두가 장애가 없다.

⑵ 能所 두 방면으로 말한 것이다. 하나의 털구멍이 크지 않고 수많은 부처님 세계가 작지 않으며, 하나와 많은 것 그리고 크고 작은 것이 모두 장애가 없다.

이는 또한 크고 작은 형상이 없는 데에서 유래한 것이다. 이는 取著障에서 해탈을 얻음이다.

六 普門者는 一門에 攝一切門을 名爲普門이니 隨一一門하야 各全收法界라 故於其中에 觀察法界하야 深智契達이라 故名爲入이니 此는 於隨相中에 得解脫이라

제6 보지안 천왕. '普門'이란 하나의 문에 모든 문을 받아들이는 것을 普門이라고 말한다. 하나하나의 문을 따라 각각 온전히 법계를 거둬들이고 있다. 이 때문에 그런 보문의 가운데에서 법계를 관찰하여 심오한 지혜로 깨달음을 얻은 것이기에 '들어갔다[入: 得入普門].'고 말한다. 이는 隨相中에 해탈을 얻음이다.

七中에 衆生無邊이오 根器各異라 應形說法이 種種不同이라 旣根熟不休일세 故窮劫長現하나니 此는 於畏苦不化生障에 得解脫이라

제7 낙선혜 천왕. 일체중생은 끝이 없고 근기가 제각기 다르기

에 그들에게 상응하는 모습으로 현신하여 법을 설함이 가지가지로 똑같지 않다. 이미 근기의 성숙이 멈추지 않기 때문에 무궁한 세월 속에 길이 항상 출현하는 것이다. 이는 자신의 괴로움을 두려워하여 중생을 교화하지 못하는 장애에서 해탈을 얻음이다.

八中에 觀一切等者는 謂觀事入理에 理超情表일세 云不思議라하니 此는 於諸業報에 得解脫이라

제8 선종혜광명 천왕. "모든 세간의 경계를 본다." 등은 事法界를 관하여 理法界에 들어감에 그 이치가 세간의 情識을 초월한 까닭에 '부사의'라고 말한다. 이는 모든 업보에서 해탈을 얻음이다.

九中에 法門無邊이나 出者爲要니 根器萬品일세 故出要難思니 此는 於著相에 得解脫이라

제9 무구적정광 천왕. 여기에서 말한 법문은 끝이 없으나 벗어나는 것이 요긴함이 된다. 일체중생의 근기가 각각 수없이 다르기에 벗어나는 요체를 헤아리기 어렵다. 이는 著相에서 해탈을 얻음이다.

十中에 種種方便으로 但隨所應하야 終成種智를 名入佛法이라하니 以大悲出現하사 皆等雨故니라 此는 於不欲利生에 得解脫이라 上云出要는 令離妄苦오 今云入法은 令得眞樂也라

제10 광대청정광 천왕. 이는 가지가지 방편으로 다만 응해야 할 바를 따라 필경에는 부처의 최고 種智를 이뤄주는 것을 "부처님 법에 들어가게 하였다[令入佛法]."고 말한다. 大悲의 마음으로 세간에 출현하여 모든 중생에게 평등하게 법의 비를 내려준 때문

이다. 이는 중생을 이롭게 하고자 하지 않는 장애에서 해탈을 얻음이다.

위의 제9 무구적정광 천왕에서 "벗어나는 것이 요긴하다."고 말한 것은 일체중생으로 하여금 妄苦를 여의게 함이고, 여기에서 "부처님 법에 들어가게 하였다."고 말한 것은 일체중생으로 하여금 眞樂을 얻게 함이다.

經

爾時에 **可愛樂法光明幢天王**이 **承佛威力**하사 **普觀一切少廣天·無量廣天·廣果天衆**하고 **而說頌言**하사대

그때 가애락법광명당 천왕이 부처님이 지닌, 헤아릴 수 없는 영묘하고도 불가사의한 힘을 받들어 모든 소광천(少廣天)과 무량광천(無量廣天)과 광과천(廣果天)의 대중들을 널리 살피고 게송으로 말씀드렸다.

◉ 疏 ◉

頌中에 觀已衆內 三類天者는 上五淨居[26]는 非所被故라 十偈次第는 一如長行이라

게송 가운데, 자기 대중을 살피는 속에 3가지의 하늘(**少廣天·無**

....

26 五淨居 : Śuddhavāsa. 首陀跋娑·秫陀婆娑私·首陀穗라 음역. 五淨居處·五那含天·五不還天·五淨居·淨居라 번역. 聖者가 거주하는 5종의 하늘. 色界第四禪天에 9天이 있는 중, 聲聞 제3과인 아나함과를 증득한 성자가 나는 곳. 無煩天·無熱天·善現天·善見天·色究竟天.

量廣天·廣果天)을 말한 것은 위의 五淨居란 所被의 대상이 아니기 때문이다.

열 게송의 차례는 모두 위의 장항 법문과 같다.

제1 가애락법광명당 천왕의 게송

經

諸佛境界不思議여　　　**一切衆生莫能測**이어늘
普令其心生信解케하시니　　**廣大意樂無窮盡**이로다

모든 부처님의 경계가 부사의여
일체중생이 헤아릴 수 없네
중생 마음에 널리 믿음 내게 하시니
넓고 큰 즐거움 끝이 없노라

◉ 疏 ◉

初中에 前二句는 卽所疑境界니 境界之言은 通分齊·所觀이라 普令者는 觀根爲說故오 生信解者는 斷疑也니 信佛大用이 分齊難測일새 故斷佛上疑하야 生其正解오 信佛所觀之境일새 則斷法上疑하야 亦生正解하나니 謂如有疑云 爲存因果로 非眞空耶아 爲是空故로 無因果耶아 今明只由眞空하야 能立因果니 因果立故로 乃是眞空也라 第四句는 釋'一切'之言이니 佛以利生으로 爲意樂故로 旣該一切일새 故廣大無盡이니라【鈔_ '只由眞空能立因果'下는 答上疑念이라 此句는

明其以有空義故로 一切法得成이니 若無有空義면 因果定有하야 便墮於常이라 言'因果立故乃是眞空'者는 卽因緣故로 空義니 若離因果하야 以明空者는 是斷空故니라】

처음 가애락법광명당 천왕의 게송. 제1, 2구는 일체중생이 의심할 수밖에 없는 諸佛의 境界이다. 경계란 分齊(한계·차별)와 관찰의 대상을 모두 들어 말한다.

제3 '普令其心生信解' 구절의 '널리… 그렇게 만들어주었다[普令].'는 것은 일체중생의 근기를 살펴서 법을 설해준 때문이며, '믿음을 냈다[生信解].'는 것은 의심을 끊어줌[爲說法斷疑]이다. 부처님의 크신 작용에 대한 한계를 가늠하기 어렵다는 점을 일체중생이 알고 믿기 때문에 부처님에 대한 의심을 끊고서 바른 견해를 내고, 부처님께서 일체중생의 근기를 대상으로 관찰하신 경계를 믿기 때문에 법에 대한 의심을 끊고 또한 바른 견해를 내는 것이다. 만약 의심을 두고 "인과가 존재하기에 眞空이 아니라고 하는가? 진공이기 때문에 인과가 없다고 하는가?"라고 따진다면, 이에 대해 다만 "진공으로 말미암아 세워진 인과를 밝힌 것이다. 인과가 성립된 고로 바로 진공이다."고 답할 것이다.

제4구는 일체중생[普觀一切衆生]에 대한 해석이다. 부처님은 일체중생을 이롭게 하는 것으로 즐거움을 삼는다. 그러므로 이미 일체중생을 모두 포괄하여 신심을 내도록 마련해주었기에 부처님의 즐거움이 끝없이 드넓고 큰 것이다. 【초_ "다만 진공으로 말미암아 세워진 인과를 밝힌 것이다." 이하의 문장은 위에서 언급한 의심에 관한 답변이다. 이 문장에서 말한 답변은 "진공의 의의가 있기 때문에 모든 법이 이뤄질 수 있음"을 밝힌 것이다. 만일 진공의 의의가 없다면 인과가 고정으로 결정되어 있어 그것은 곧 常見에 떨어지게 된다. "인과가 성립된 고로 바로 진공이다."고 말한 것은 곧 인연이라는 타에 의해 일어난 것이기에 진공이라는 뜻이다. 만일 인과를 떠나서 진공을 밝히는 자는 바로 斷空이기 때문이다.】

제2 정장엄해 천왕의 게송

若有衆生堪受法이면　**佛威神力開導彼**하사
令其恆覩佛現前케하시니　**嚴海天王如是見**이로다

만약 중생이 부처의 법을 받아들일 수만 있다면
부처님의 위신력으로 그를 인도하사
부처님이 앞에 나타나 있음을 항상 보게 하시니
정장엄해 천왕이 이와 같이 보았네

◉ **疏** ◉

二中에 初句는 即憶念이오 次二句는 令見佛이라

제2 정장엄해 천왕의 게송. 제1구는 위의 장항에서 말한 "중생들이 생각하는 대로 따른[得隨憶念]" 것이며, 다음 제2, 3구는 "일체 중생으로 하여금 부처님을 보게 해주는[令見佛解脫門]" 것이다.

제3 최승혜광명 천왕의 게송

經

一切法性無所依라 佛現世間亦如是하사
普於諸有無依處하시니 此義勝智能觀察이로다

모든 법성이 의지한 바 없듯이
부처님이 세간에 나타나심도 이와 같아
모든 유에 의지한 바 없으시니
이 뜻을 최승혜 천왕이 보았어라

◉ 疏 ◉

三中에 初句는 卽法性平等無依이오 次二句는 卽莊嚴身이니 謂如法性爲嚴일세 故無依處니라

제3 최승혜광명 천왕의 게송. 제1구는 위의 법성이 평등하여 의지한 바가 없음[法性平等無所依]을 말하고, 다음 제2, 3구는 곧 莊嚴身 解脫門을 말한다. 법성과 같이 장엄을 삼은 까닭에 의지한 곳이 없음을 말한다.

제4 자재지혜당 천왕의 게송

隨諸衆生心所欲하사 佛神通力皆能現하사대

各各差別不思議니　　　此智幢王解脫海로다

모든 중생 마음에 원하는 바를 따라

부처님의 신통력으로 모두 보여주시되

가지각색 차별이여 부사의시니

이는 지혜당 천왕의 해탈이어라

◉ 疏 ◉

四中에 初一句는 卽了一切世間이오 次二句는 卽一念에 安立不思議莊嚴海니라

제4 자재지혜당 천왕의 게송. 제1구는 장항의 법문에서 말한 "모든 세간법을 깨달음[了知一切世間法]"을 말하며, 다음 제2, 3구는 곧 "한 생각 속에 부사의한 장엄의 바다를 세운다[一念中 安立不思議莊嚴海]."는 것을 말한다.

제5 낙적정 천왕의 게송

經

過去所有諸國土를　　　一毛孔中皆示現이여

此是諸佛大神通이시니　　　愛樂寂靜能宣說이로다

과거에 있었던 모든 국토를

한 털구멍 속에 모두 나타내심이여

이는 모든 부처님의 큰 신통력이라

애락적정 천왕이 말하였네

◉ 疏 ◉

五中에 初二句는 卽毛孔現刹이니 上云不思議佛刹은 但以橫多오 今云'過去'는 乃竪窮前際라 '皆云現'者는 如鏡現像이라 次一句는 是無障礙니 令應度者로 見이 卽佛神通이어니와 依佛鏡智而觀이면 乃法性恆耳니라

제5 낙적정 천왕의 게송. 제1, 2구는 장항의 법문에서 말한 "하나의 털구멍에서 부사의한 부처님 세계를 나타냄[於一毛孔 現不思議佛刹]"이다. 위에서 '不思議佛刹'이라 말한 것은 단 수많은 공간으로 말한 것이며, 여기에서 '過去(過去所有諸國土)'를 말한 것은 시간적으로 그 이전 끝까지를 말한다. '一毛孔中皆示現'의 皆示現이란 마치 거울에 모든 형상이 나타나는 것과 같다.

다음 제3구는 장항의 법문에서 말한 '장애가 없는 해탈문'이다. 응당 제도해야 할 자로 하여금 볼 수 있도록 마련해주심은 곧 부처님의 큰 신통력이라 말할 수 있지만 부처님의 大圓鏡智에 의해 비춰 보면 그것은 곧 법성이 영원히 하나인 것이다.

제6 보지안 천왕의 게송

一切法門無盡海가　　　同會一法道場中이여

如是法性佛所說이시니　　**智眼能明此方便**이로다

모든 법문의 끝없는 바다가

일법(一法)의 도량 중에 모두 모임이여

이와 같은 법성은 부처님이 설하신 바이니

보지안 천왕이 이 방편을 밝혔네

◉ 疏 ◉

六中에 初二句는 卽普門이오 次一句는 卽法界오 末句는 義兼於入이라

제6 보지안 천왕의 게송. 제1, 2구는 곧 위의 법문에서 말한 '普門'이고, 다음 제3구는 곧 '법계'이며, 맨 끝의 제4구는 '…으로 들어갔다[得入普門]'는 뜻을 겸하고 있다.

제7 낙선혜 천왕의 게송

經

十方所有諸國土에　　**悉在其中而說法**하사대

佛身無去亦無來하시니　　**愛樂慧旋之境界**로다

시방에 있는, 모든 국토에

모두 그 가운데서 설법하시지만

부처님의 몸은 가고 또한 옴도 없으시니

애락선혜 천왕의 경계로다

◉ 疏 ◉

七中에 初二句는 卽爲一切衆生種種出現 次句는 卽無邊劫常現前이니 謂約機隱顯이로되 佛無去來라 故常現也라

제7 낙선혜 천왕의 게송. 제1, 2구는 위의 법문에서 말한 "일체 중생을 위하여 가지가지로 출현함"을 말하며, 다음 제3구는 곧 "끝없는 겁에 항상 나타남"을 말한다. 機用으로 말하면 보이지 않거나 출현함이 있지만, 부처님은 오고 감이 없기 때문에 항상 출현하신 것이다.

제8 선종혜광명 천왕의 게송

經

佛觀世法如光影하시고 入彼甚深幽奧處하사
說諸法性常寂然하시니 善種思惟能見此로다

부처님은 세간법이 그림자 같음을 보시고
저 매우 심오하고 그윽한 곳까지 들어가시어
모든 법성이 항상 고요함을 말씀하시니
선종사유 천왕이 이를 보았어라

◉ 疏 ◉

八中에 初句는 卽觀一切世間也오 次二句는 卽入不思議法也라 若約理 論深인댄 是深이오 非甚이어니와 今不壞事而卽理라 故曰甚深이

라하며 全攬理 以成事일세 名爲幽奧處니 兼上二法이라 常寂然은 釋上義也니 以諸法 卽寂故로 不可以理事로 思也니라

제8 선종혜광명 천왕의 게송. 제1구는 법문에서 말한 "모든 세간의 경계를 본 것[觀一切世間境界]"이며, 다음 제2, 3구는 곧 "부사의한 법에 들어감"을 말한다. 만일 이치를 가지고 심오함[深]을 논하면 그 심오함은 '甚'하다고 말할 수 없지만, 여기에서는 현실의 사물을 버리지 않고서 이치에 나아간 까닭에 '매우 심오[甚深]'하다고 말하며, 온전히 이치를 가지고 그 일을 이루기에 '그윽한 곳[幽奧處]'이라고 말하니, 위의 2가지 법(觀·入)을 겸한 것이다. '常寂然'은 위에서 말한 '甚深幽奧處'를 해석함이니, 모든 법이 寂然不動한 까닭에 이치와 사물로 생각하거나 말할 수 없다.

제9 무구적정광 천왕의 게송

經

佛善了知諸境界하사 隨衆生根雨法雨하사
爲啓難思出要門하시니 此寂靜天能悟入이로다

부처님께서 모든 경계를 잘 알아서
중생 근기 따라 법비 내리시어
생각하기 어려운, 벗어나는 문을 여시니
이를 적정광 천왕이 깨달았네

◉ 疏 ◉

九中에 初二句는 示一切衆生이오 次一句는 顯出要法이라

제9 무구적정광 천왕의 게송. 제1, 2구는 위의 법문에서 말한 '일체중생에게 보임'이며, 다음 제3구는 '벗어나는 요긴한 법'을 밝힌 것이다.

제10 광대청정광 천왕의 게송

經

世尊恒以大慈悲로 **利益衆生而出現**하사
等雨法雨充其器하시니 **清淨光天能演說**이로다

세존께서 항상 큰 자비의 마음으로
중생에게 도움을 주고자 출현하사
골고루 법비를 내려 그들의 그릇에 채워주시니
청정광 천왕이 연설하였네

◉ 疏 ◉

十中에 初二句는 卽觀應化衆生이오 次句는 令入佛法이라

제10 광대청정광 천왕의 게송. 제1, 2구는 위의 법문에서 말한 "교화해야 할 모든 중생을 관찰함[觀察一切應化衆生]"이며, 다음 제3구는 "일체중생을 부처님 법에 들어가도록 주선함"을 말한다.

第三 明三禪 長行十法

제3. 三禪天

장항 10법

經

復次清淨慧名稱天王은 得了達一切衆生의 解脫道方便解脫門하고

最勝見天王은 得隨一切諸天衆의 所樂하야 如光影普示現解脫門하고

寂靜德天王은 得普嚴淨一切佛境界大方便解脫門하고

須彌音天王은 得隨諸衆生하야 永流轉生死海解脫門하고

淨念眼天王은 得憶念如來의 調伏衆生行解脫門하고

可愛樂普照天王은 得普門陀羅尼海의 所流出解脫門하고

世間自在主天王은 得能令衆生으로 値佛生信藏解脫門하고

光燄自在天王은 得能令一切衆生으로 聞法信喜하야 而出離解脫門하고

樂思惟法變化天王은 得入一切菩薩의 調伏行이 如虛空하야 無邊無盡解脫門하고

變化幢天王은 得觀衆生無量煩惱普悲智解脫門하고

星宿音妙莊嚴天王은 得放光現佛하야 三輪攝化解脫門하시니라

또 다음으로 청정혜명칭(淸淨慧名稱) 천왕은 일체중생이 해탈할 수 있는 도의 방편을 깨달은 해탈문을 얻었고,

최승견(最勝見) 천왕은 일체 모든 하늘대중이 즐거워하는 바를 따라서 그림자처럼 널리 나타나는 해탈문을 얻었고,

적정덕(寂靜德) 천왕은 모든 부처님의 경계를 널리 장엄하고 청정하게 하는 큰 방편의 해탈문을 얻었고,

수미음(須彌音) 천왕은 모든 중생을 따라 생사의 바다에 길이 흘러다니는 해탈문을 얻었고,

정념안(淨念眼) 천왕은 여래께서 중생을 조복하는 행을 기억하는 해탈문을 얻었고,

가애락보조(可愛樂普照) 천왕은 보문(普門) 다라니 바다에서 흘러나오는 해탈문을 얻었고,

세간자재주(世間自在主) 천왕은 중생으로 하여금 부처님을 만나서 믿음의 마음[信藏]을 내게 하는 해탈문을 얻었고,

광염자재(光燄自在) 천왕은 모든 중생들로 하여금 법을 듣고서 믿고 기뻐하여 벗어나게 하는 해탈문을 얻었고,

낙사유법변화(樂思惟法變化) 천왕은 모든 보살의 조복하는 행이 허공과 같아서 끝도 없고 다함도 없는데 들어가는 해탈문을 얻었고,

변화당(變化幢) 천왕은 중생들의 한량없는 번뇌를 관찰하는 넓은 자비와 지혜의 해탈문을 얻었고,

성수음묘장엄(星宿音妙莊嚴) 천왕은 광명을 쏟아 부처님을 내보여 삼륜(三輪)으로 교화하는 해탈문을 얻었다.

◉ 疏 ◉

第一門은 卽寂普現을 名爲方便이오 說은 卽是道니 由說入佛解脫海故니라 此는 於體用有礙에 得解脫也라 又方便言은 亦通入解脫之方便也라

제1 청정혜명칭 천왕. 적정에 나아가 널리 나타내는 것을 방편이라 하고, 말씀하신 바가 곧 道이다. 설법에 의해 부처의 해탈 바다에 들어갈 수 있기 때문이다. 이는 본체와 작용의 장애에서 해탈을 얻음이다. 또 방편이란 말은 또한 해탈에 들어갈 수 있는 방편이라는 말과 통한다.

第二門 '隨一切'等者는 謂不能普現에 得解脫也라 '光影之言은 略有二釋하니 一은 謂因光發影이니 影但似質而不似光일세 依智現形에 形隨衆樂이오 不隨自智하나니 隨樂卽應을 名普示現이라 二는 水中之月도 亦名光影이니 謂佛月不來오 影現心水에 影多似月이 少似於水니 謂水動則流光蕩漾이오 水濁則似晦魄臨池로되 若止而且淸이면 則圓璧皎皎니 此亦隨自他意也라 此는 就天王 且隨天衆所樂이어니와 偈는 就於佛 無不應也라【鈔_ 攝論에 影에 略有三이니 一은 映質影이오 二는 水月影이오 三은 鏡像影이니 廣如十忍品이라】

제2 최승견 천왕. "일체 모든 하늘의 대중을 따른다." 등은 "널리 나타내주지[普現]" 못한 데에서 해탈을 얻음이다.

'光影'이란 말은 간략하게 2가지로 해석할 수 있다.

(1) 빛에 의해 그림자가 생겨나는데, 그림자는 그 형질과 닮았을 뿐, 빛을 닮아 빛날 수는 없다. 그렇듯이 지혜에 의해 몸[形段]을

나타냄에 그 몸은 일체 모든 하늘의 대중이 좋아하는 것을 따랐을 뿐, 자신의 지혜를 따르지 않나니, 대중이 좋아하는 것을 따라 곧 바로 응하여 나타냄을 '널리 나타냄[普示現]'이라고 말한다.

⑵ 수면 위에 비치는 달 또한 그림자라고 말한다. 부처의 달은 오지 않고 그림자가 마음의 수면 위에 나타날 적에 그 그림자는 둥글고 일그러진 달을 꼭 닮았다. 이런 부분은 적게나마 맑은 물과 혼탁한 물과도 같다. 물결이 출렁대면 흐르는 달빛이 끝없이 부서지고 물결이 흐르면 달이 보이지 않아 연못 속에 묻혀버리지만, 만일 물결이 고요하고 또 맑아지면 구슬처럼 둥근달이 밝게 비쳐 옴을 말한다. 이 또한 자신과 남들의 뜻을 따른 것이다.

여기에서는 천왕이 또한 하늘의 대중이 즐거워하는 바를 따르는 것으로 말하였으나, 게송에서는 부처님께서 감응하지 않음이 없다는 것으로 말하였다. 【초_ 섭론에 의하면, "그림자에는 간략하게 3가지의 뜻이 있다. ① 형질을 비춰주는 그림자, ② 물 위에 비치는 달의 그림자, ③ 거울에 비치는 그림자이다."고 한다. 넓은 의미로는 十忍品에서 말한 바와 같다.】

第三門 佛境界에 有二하니 一은 如如法性이니 是佛證境이오 二는 十方國土니 是佛化境이라 嚴淨도 亦二니 離相息妄은 則嚴如境이오 萬行迴向은 則嚴化境이라 此二無礙는 '大方便'也라 此는 於無巧莊嚴에 得'解脫'也라

제3 적정덕 천왕. '부처님의 경계'에는 2가지의 뜻이 있다.

⑴ 如如한 법성. 이는 부처님이 증득한 경계이다.

(2) 시방국토. 이는 부처님께서 교화하시는 경계이다.

'嚴淨' 또한 2가지의 뜻이 있다.

(1) 相을 여의고 망상을 쉬는 것은 곧 부처님이 증득한 여여한 경계를 장엄, 청정히 함이다.

(2) 만행으로 회향함은 곧 부처님께서 교화하시는 시방 경계를 장엄, 청정히 함이다.

이 2가지에 걸림이 없는 것이 '大方便'이다. 이는 善巧莊嚴이 없는 데에서 해탈을 얻음이다.

第四 隨諸衆生等者는 謂大悲深厚라 故隨入生死어늘 衆生이 無邊일세 故永流轉而示導也라 此는 於無大悲捨衆生障에 得解脫也라

제4 수미음 천왕. "모든 중생을 따라…" 등은 大悲의 마음이 깊고 두텁기에 중생의 생사에 따라 들어가는데, 중생이 끝없이 많기에 천왕이 길이 따라 흘러가면서 인도한 것이다. 이는 大悲의 마음이 없어 중생을 버리는 장애에서 해탈을 얻음이다.

第五門은 佛調衆生에 或折或攝하고 或兼二行하나니 雖悲願多門이나 皆令趣無上道라 若憶念此면 居然受化하야 不滯於權이라 此는 於勝所緣有忘念障에 得解脫也라【鈔_ 或折攝等者는 勝鬘에 云應攝受者而攝受之오 應 折伏者而折伏之니 攝受折伏이면 則正法久住라하니라】

제5 정념안 천왕. 부처님이 중생을 조복하되 혹은 꺾어 굴복시키기도 하고 혹은 받아들이기도 하며 혹은 위의 2가지를 겸하여 조복하기도 한다. 비록 悲願이 문이 많으나 모두 더할 나위 없이

훌륭한 깨달음으로 나가도록 하는 것이다. 만일 이러한 점을 생각한다면 편안히 가르침을 받아 방편의 權道에 머물지 않을 것이다. 이는 훌륭한 반연이 되는 바를 잊어버리는 장애에서 해탈을 얻음이다. 【초_ "혹은 꺾어 굴복시키기도 하다." 등을 말한 것은 승만경에 이르기를, "응당 받아들여야 할 자는 받아들이고, 꺾어서 굴복시켜야 할 자는 꺾어서 굴복시키는 것이다. 받아들이거나 꺾어서 굴복시키면 바른 법이 오래 머물 수 있다."고 하였다.】

第六 得普門等者는 佛以稱法性之總持로 包攝一切總持라 故云普門이오 復能流演無盡일세 故得稱海라 此는 於聞思有忘失障에 得解脫也라

제6 가애락보조 천왕. '普門을 얻다.' 등은 부처님이 법성에 하나가 되는 總持로써 모든 총지를 포괄하여 받아들인 까닭에 '보문'이라 말하고, 다시 끝이 없이 흘러나오는 까닭에 '바다'라고 말한다. 이는 聞慧와 思慧를 잊어버린 장애에서 해탈을 얻음이다.

第七門은 謂佛出難値일세 引之令値오 信心難生일세 勸之令生이오 信含衆德일세 所以名藏이라 下經에 云 信爲寶藏第一財故라하니라 此는 於嫉妬邪見障에 得解脫也라

제7 세간자재주 천왕. 부처님의 출현을 만나기 어렵기에 그들을 인도하여 만나도록 주선하고, 信心을 내기 어렵기에 그들을 권하여 신심을 내도록 주선하는 것이다. 신심이란 수많은 덕을 간직하고 있기에 藏(信藏)이라고 말한다. 아래의 경문에 이르기를, "신심이 寶藏의 제1의 재물이 되기 때문이다."고 하였다. 이는 질투와

사견의 장애에서 해탈을 얻음이다.

第八 能令等者는 上令信佛이오 此令信法이니 仰依卽信이오 領解便喜라 信可趣入이오 喜則奉行이라 因得解脫하야 名而出離라 此는 於迷覆衆生障出離道에 得解脫이라

제8 광염자재 천왕. "모든 중생으로… 하도록 한다[能令一切衆生]."는 것은 위의 제7 천왕에서는 부처님에 대한 신심을 말했는데, 여기에서는 부처님의 법을 믿도록 하는 것이다. '우러러 의지함[仰依]'이란 곧 신심이요, 이를 알면 곧 기쁜 것이다. 신심이 있으면 달려 나갈 수 있고, 기뻐하면 받들어 행할 수 있다. 이로 인해 해탈을 얻음이 '벗어남[而出離]'이다. 이는 혼미한 중생이 벗어나는 道에 장애가 된 데에서 해탈을 얻음이다.

第九門은 謂衆生界·法界·調伏界·虛空界 皆無邊無盡이라 菩薩悲智 以方便界로 開示法界하야 行調伏界하야 等虛空界라 於有限礙障中에 得解脫故니라【鈔_ 謂衆生界等者는 瑜伽에 有五無量界어늘 此前列四오 後言以方便界者는 卽調伏方便界라 故五具矣니라】

제9 낙사유법변화 천왕. 중생계와 법계와 조복계와 허공계가 모두 끝이 없고 다함이 없기에 보살의 자비와 지혜가 방편계로써 법계를 열어주어 조복계에 행함을 허공계와 같이함을 말한다. 이는 한계가 있는 장애 가운데에 해탈을 얻음이다.【초_'衆生界' 등이란 유가경에 의하면, "5가지의 한량없는 경계가 있다."고 한다. 여기에서 앞부분에서는 '중생계·법계·조복계·허공계' 4가지를 열거

하고, 뒤에서 方便界를 말한 것은 유가경에서 말한 調伏方便界이다. 이렇게 "5가지의 한량없는 경계"가 갖춰진 것이다.】

第十 '觀衆生'等者는 由悲故憐愍이오 由智故觀察이니 觀察煩惱하야 知病行已에 化而度之라 此는 於無悲無方便障에 得解脫也라

제10 변화당 천왕. '觀衆生' 등은 大悲의 마음을 따른 까닭에 중생을 불쌍히 여기고, 大智의 방편을 따른 까닭에 중생을 관찰한 것이다. 번뇌를 관찰하여 중생의 병이 되는 행을 알기에 중생을 교화하여 제도하니, 이는 자비가 없고 방편이 없는 장애에서 해탈을 얻음이다.

(제11 성수음묘장엄 천왕의 법문은 대장경에 의거하여 보완한 것이다.)[27]

經

爾時에 淸淨慧名稱天王이 承佛威力하사 普觀一切少淨天無量淨天徧淨天衆하고 而說頌言하사대

그때 청정혜명칭(淸淨慧名稱) 천왕이 부처님이 지닌, 헤아릴 수 없는 영묘하고도 불가사의한 힘을 받들어 모든 소정천(少淨天)·무량정천(無量淨天)·변정천(徧淨天)의 대중들을 널리 살피고 게송으로 말씀드렸다.

....

27 이 부분은 본 국역의 대본에는 누락되었지만, 청량소를 근거로 한 탄허 스님의 번역을 轉載한 것임을 밝혀둔다.

◉ 疏 ◉

頌中에 十一頌이니 初十次第는 如前長行이라 依梵本列名中인댄 此長行 闕第十一天이라 彼名星宿音妙莊嚴天王이어늘 下言妙音者는 略而未迴라

게송에는 11수가 있다. 제1에서 제10 천왕의 게송 순서는 앞의 장항과 같다. 범본의 천왕 列名에 의하면, 위의 장항에 제11 천왕의 법문이 누락되었다.

범본에 의하면 "성수음묘장엄 천왕"이라고 그 이름을 적고 있다. 아래의 게송에서 이를 '妙音'이라 말한 것은 생략일 뿐, 본의에 어긋난 것은 아니다.

제1 청정혜명칭 천왕의 게송

經

了知法性無礙者여 普現十方無量刹하사
說佛境界不思議하사 令衆同歸解脫海로다

걸림이 없는 법성을 아시는 분이여
시방의 한량없는 세계에 널리 나타나
부처님 경계의 부사의를 설하여
중생에게 해탈 바다로 귀의케 하였네

◉ 疏 ◉

第一頌中에 初二句는 是了達方便이니 依法性而現故오 後二句는 說이 卽是道니 說不思議解脫하야 令衆同歸니라

제1 청정혜명칭 천왕의 게송. 제1, 2구는 "일체중생이 해탈할 수 있는 도의 방편을 깨달음[了達一切衆生 解脫道方便]"이니 법성에 의해 시방에 널리 현신한 때문이다. 뒤의 제3, 4구는 "말씀하신 바가 곧 道"이니 부처의 부사의한 해탈을 설하여 대중들과 함께 돌아가게 함이다.

제2 최승견 천왕의 게송

經

如來處世無所依여 譬如光影現衆國이라
法性究竟無生起시니 此勝見王所入門이로다

여래께서 세상에 계시되 의지한 바 없음이여
그림자와 같이 여러 나라에 나타나셨네
법성은 끝내 일어남이 없으니
최승견 천왕이 이런 법문에 들어갔네

◉ 疏 ◉

二中에 初二句는 明光影普現이니 無依故로 如影이라 第三句는 成上二義니 以無生故로 如影無依니 略不明隨天所樂이라

제2 최승견 천왕의 게송. 제1, 2구는 그림자처럼 널리 나타남을 밝힌 것이다. 의지한 바 없기에 그림자와 같다.

제3구는 위의 2구절의 뜻을 완성한 것이다. 남[生]이 없기에 그림자와 같이 의지한 바가 없다. 장항의 법문에서 말한 "하늘대중이 즐거워하는 바를 따른다[隨一切諸天衆所樂]."는 부분은 생략하여 밝히지 않았다.

제3 적정덕 천왕의 게송

經

無量劫海修方便하사 普淨十方諸國土하사대
法界如如常不動하시니 寂靜德天之所悟로다

한량없는 겁의 바다에서 방편을 닦으시어
시방 모든 국토 널리 청정하게 하되
법계 여여하여 항상 동하지 않으니
적정덕 천왕이 이런 도리 깨달았네

◉疏◉

三中에 初句는 標方便으로 無量劫修오 兼顯大義며 次二句는 正明方便으로 嚴佛境界니라

제3 적정덕 천왕의 게송. 제1구는 방편으로 한량없는 세월 동안 닦았음을 내세워 말했고, 겸하여 大義를 밝혔으며, 다음 제2, 3

구는 방편으로 부처의 경계가 장엄 청정함을 밝힌 것이다.

제4 수미음 천왕의 게송

經

衆生愚癡所覆障으로 **盲暗恆居生死中**이어늘

如來示以淸淨道하시니 **此須彌音之解脫**이로다

중생이 어리석음에 뒤덮여

장님처럼 항상 생사고해에 묻혀 있네

여래께서 청정한 도 보여주시니

이는 수미음 천왕의 해탈문이네

◉疏◉

四中에 初二句는 卽衆生永流轉이니 謂無明所盲으로 覆本淨心하야 造業受身이라 故恆居生死오 次句는 卽隨而示之니라

제4 수미음 천왕의 게송. 제1, 2구는 위의 장항 법문에서 말한 "중생이 생사의 바다에 길이 흘러감"을 말하니 無明에 가려진 바가 근본 청정한 마음을 뒤덮었기에 업을 지어 몸을 받아 태어난 것이다. 이 때문에 항상 생사의 바다에 머물게 됨을 말한다. 다음 제3구는 곧 "중생을 따라 보여줌"을 말한다.

제5 정념안 천왕의 게송

諸佛所行無上道여　　　一切衆生莫能測이라
示以種種方便門하시니　　　淨眼諦觀能悉了로다

모든 부처님이 행하신 더할 수 없는 도여
일체중생 헤아릴 수 없는 터라
가지가지 방편문 보여주시니
정안 천왕이 자세히 살펴 깨달았네

◉ 疏 ◉

五中에 總相으로 頌佛調生行이니 初句는 高오 次句는 深이오 後句는 廣이라

제5 정념안 천왕의 게송. 이는 總相[28]으로, 부처님이 중생을 조복하는 行을 게송으로 읊은 것이다. 제1구는 無上道의 드높음을, 제2구는 무상도의 심오함을, 제3구는 무상도의 광대함을 말하였다.

제6 가애락보조 천왕의 게송

如來恆以總持門이　　　譬如刹海微塵數라

28 總相 : 일체 유위법에는 총상과 별상이 있다. 무상(無常)·무아(無我)와 같이, 일체에 통하는 것을 총상. 땅의 굳은 것, 물의 젖는 것 같은 것은 별상. 여기에서는 無上道를 총상으로 인식하여 말한 것이다.

示教衆生徧一切하시니　　普照天王此能入이로다

여래께서 항상 쓰시는 총지문(總持門)은

비유하면 찰해의 미진수 같네

중생을 교화하여 모든 곳에 두루 하시니

보조 천왕이 이런 경지 들어갔네

◉ 疏 ◉

六中에 初二句는 卽普門陀羅尼오 次一句는 卽所流出이니 示教者는 示其善惡하야 教使修行하야 稱性無偏이라 故徧而無盡이니라

제6 가애락보조 천왕의 게송. 제1, 2구는 곧 위에서 언급한 普門陀羅尼의 바다를 말하고, 다음 제3구는 곧 바다에서 흘러나오는 것을 말한다. '示教衆生'이란 중생에게 선악을 보여주어 그들로 하여금 수행하게 하되 체성에 부합되어 편벽됨이 없도록 하기에 일체에 두루 하여 다함이 없는 것이다.

제7 세간자재주 천왕의 게송

經

如來出世甚難値여　　無量劫海時一遇라

能令衆生生信解케하시니　　此自在天之所得이로다

여래의 세간 출현은 매우 만나기 어려운 터

한량없는 겁 바다에 한 번 만남이여

중생으로 하여금 신심을 내게 하시니
자재 천왕이 이런 경계 얻었네

◉ 疏 ◉

七中에 初二句는 値佛이오 次句는 生信藏이니 不信이면 則佛難値오 正信은 唯佛이라야 能生이라 旣値佛·生信이 反覆相成인댄 今之一遇인들 何得不信이리오

제7 세간자재주 천왕의 게송. 제1, 2구는 부처님을 만남이며, 다음 제3구는 신심을 내도록[生信藏] 주선한 것이다. 신심이 없으면 부처님을 만나기 어렵고, 바른 신심은 오직 부처님만이 중생으로 하여금 내게 할 수 있다. 앞서 이미 부처님을 만났고 또 신심을 냈던 적이 반복하여 이뤄져 왔다면 금생에 한 번 만난다 한들 어찌 신심이 나지 않을 수 있겠는가.

제8 광염자재 천왕의 게송

經

佛說法性皆無性하야 甚深廣大不思議하사
普使衆生生淨信케하시니 光燄天王能善了로다

'법성은 모두 체성이 없다'는 부처님 설법
매우 깊고 광대하여 부사의여라
널리 중생에게 청정한 신심 내게 하시니

광염 천왕이 이런 도리 잘 알았네

◉ 疏 ◉

八中에 初二句는 卽所聞之法이니 以無性으로 爲法之眞性이오 次句는 卽令衆生으로 信喜出離니 淨則出不信濁하야 成無漏故니라

제8 광염자재 천왕의 게송. 제1, 2구는 중생이 부처님에게 들었던 법이다. 체성이 없다는 것으로 법의 眞性을 삼은 것이다.

다음 제3구는 곧 중생으로 하여금 신심과 기쁨을 얻어 벗어나게 함을 말한다. '청정한 신심[淨信]'은 곧 不信의 혼탁에서 벗어나 無漏를 이뤄주기 때문이다.

제9 낙사유법변화 천왕의 게송

經

三世如來功德滿이여 化衆生界不思議라
於彼思惟生慶悅케하시니 如是樂法能開演이로다

삼세 여래의 공덕이 원만함이여
중생세계 교화함이 부사의여라
그들에게 사유하여 환희심 내게 하시니
낙법 천왕이 이런 도리 널리 설하였네

◉ 疏 ◉

九中에 初句는 能調伏人이니 前은 因이오 此는 果耳라 化衆生界는 卽調伏行이니 無邊無盡이 爲不思議오 思惟悅生이 是名爲入이라

제9 낙사유법변화 천왕의 게송. 제1구는 중생을 조복시키는 주체이다. 앞의 장항 법문에서는 因으로 말하였고, 여기에서는 果로 말하였다. 제2구의 "중생세계를 교화하였다."는 것은 곧 법문에서 말한 "모든 보살의 調伏行"이다. 장항에서 말한 '無邊無盡'은 제2구절에서 말한 '不思議'이며, 제3구에서 말한 "사유하여 환희심을 내게 하였다[思惟生慶悅]."는 것은 장항 법문에서 말한 "무변무진의 해탈문에 들어감[得入一切菩薩… 無邊無盡解脫門]"이다.

제10 변화당 천왕의 게송

經

衆生沒在煩惱海하야　　愚癡見濁甚可怖어늘
大師哀愍令永離케하시니　　此化幢王所觀境이로다

번뇌의 바다에 빠진 중생이여
어리석음과 탁한 소견이 매우 두려운 존재이네
부처님이 중생 불쌍히 여겨 길이 벗어나게 하시니
변화당 천왕이 이런 경계 보았네

◉ 疏 ◉

十中에 初二句는 卽衆生無量煩惱니 謂利鈍二使와 愛見羅刹이 皆甚可怖也라 次一句는 以悲愍之오 以智令離라

제10 변화당 천왕의 게송. 제1, 2구는 장항 법문에서 말한 "중생의 한량없는 번뇌"이다. 이는 利鈍二使와 愛見羅刹은 모두 매우 두려운 존재임을 말한다.

제3구는 大悲의 마음으로 중생을 불쌍히 여기고 大智의 방편으로 중생의 한량없는 번뇌를 여의게 만들어주는 것이다.

제11 성수음묘장엄 천왕의 게송

經

如來恆放大光明하사　　一一光中無量佛이
各各現化衆生事하시니　　此妙音天所入門이로다

여래께서 항상 큰 광명을 쏟아내어
하나하나 광명 속에 한량없는 부처님이
제각기 중생 교화하는 일을 나타내시니
이는 묘음 천왕이 들어간 해탈문이네

◉ 疏 ◉

十一中에 旣闕長行일세 對名略顯이라 初二句는 星宿莊嚴義也니 謂佛光이 流於法界하야 燦若星羅오 次句는 卽妙音莊嚴이니 化衆生事

不出三輪이어늘 上云妙音은 擧一立稱耳이어니와 若長行立名인댄 應云得放光現佛三輪攝化解脫門이라하리라

제11 성수음묘장엄 천왕. 이에 대해 이미 장항의 법문에 누락되었기에, 여기에서는 그 명칭을 상대로 간단하게 그 의의를 나타낸 것이다.

처음 제1, 2구는 별들의 장엄한 광명의 의의를 밝힌 것이다. 부처님의 광명이 법계에 흘러넘침이 마치 수많은 별들의 찬란한 빛과 같음을 말한다.

다음 제3구는 장항에서 말한 "부처님의 오묘한 음성의 장엄"을 말한다. 중생을 교화하는 일은 三輪(身·口·意)에서 벗어나지 않는다. 그럼에도 위에서 妙音이라 말한 것은 3가지 가운데 하나를 들어 명칭을 세운 것이다. 그러나 만일 장항에 따라 명호를 세울 경우, "광명을 쏟아 부처님을 내보여 삼륜(三輪)으로 교화하는 해탈문을 얻었다."고 말해야 할 것이다.

第四 二禪 長行十法

제4. 二禪天

장항 10법

復次可愛樂光明天王은 得恆受寂靜樂호대 而能降現하야

銷滅世間苦解脫門하고
淸淨妙光天王은 得大悲心相應海에 一切衆生喜樂藏解脫門하고
自在音天王은 得一念中에 普現無邊劫一切衆生의 福德力解脫門하고
最勝念智天王은 得普使成住壞一切世間으로 皆悉如虛空淸淨解脫門하고
可愛樂淨妙音天王은 得愛樂信受一切聖人法解脫門하고
善思惟音天王은 得能經劫住하야 演說一切地義와 及方便解脫門하고
演莊嚴音天王은 得一切菩薩이 從兜率天宮沒하야 下生時에 大供養方便解脫門하고
甚深光音天王은 得觀察無盡神通智慧海解脫門하고
廣大名稱天王은 得一切佛功德海滿足하야 出現世間方便力解脫門하고
最勝淨光天王은 得如來往昔誓願力으로 發生深信愛樂藏解脫門하시니라

또 다음 가애락광명(可愛樂光明) 천왕은 항상 고요한 낙을 누리면서도 세상에 내려와 세간의 고통을 소멸하는 해탈문을 얻었고,

청정묘광(淸淨妙光) 천왕은 큰 자비심이 상응하는 바다에서 모든 중생이 즐거워하는 무진(無盡)한 해탈문을 얻었고,

자재음(自在音) 천왕은 한 생각 속에서 끝없는 겁의 모든 중생의

복덕의 힘을 나타내는 해탈문을 얻었고,

최승념지(最勝念智) 천왕은 널리 성립하고 머물고 무너지는 모든 세간으로 하여금 모두 허공과 같이 청정케 하는 해탈문을 얻었고,

가애락정묘음(可愛樂淨妙音) 천왕은 모든 성인의 법을 사랑하고 즐기고 믿고 받아들이는 해탈문을 얻었고,

선사유음(善思惟音) 천왕은 오랜 겁이 지나도록 머물면서 모든 지위의 뜻과 방편을 연설하는 해탈문을 얻었고,

연장엄음(演莊嚴音) 천왕은 모든 보살이 도솔천궁에서 내려와 태어날 때에 크게 공양하는 방편의 해탈문을 얻었고,

심심광음(甚深光音) 천왕은 끝없는 신통과 지혜의 바다를 관찰하는 해탈문을 얻었고,

광대명칭(廣大名稱) 천왕은 모든 부처님의 공덕바다가 만족하여 세간에 출현하는 방편의 힘의 해탈문을 얻었고,

최승정광(最勝淨光) 천왕은 여래가 지난 옛적 서원의 힘으로 깊은 믿음과 즐거움을 낳아주는 해탈문을 얻었다.

◉ 疏 ◉

初中에 二義니 一은 內證眞樂이라 經論共說에 樂有五種이니 謂一因·二果·三苦對除·四斷受·五無惱害라 無惱害樂에 更有四種이니 謂出家遠離樂·禪定適悅樂·菩提覺法樂·涅槃寂靜樂이니 今當第四어니와 若通取受字하야 兼禪定菩提면 則含因果라 言恆受者는 以無所受로 受諸受故니 若待境界면 卽非恆也니라

二는 '而能降'下는 外建大義하고 降神現相하야 除苦因果라 此는 於涅槃體用障에 得解脫也니라

제1 가애락광명 천왕. 이 법문에는 2가지의 뜻이 있다.

⑴ 안으로 眞樂을 증득함이다. 경론에서 모두 똑같이 말하기를, "眞樂에는 5가지가 있다."고 한다. ① 因樂, ② 果樂, ③ 苦對除樂, ④ 斷受樂, ⑤ 無惱害樂이다. 무뇌해락에는 또한 4가지가 있다. ㉮ 出家遠離樂, ㉯ 禪定適悅樂, ㉰ 菩提覺法樂, ㉱ 涅槃寂靜樂이다. 여기에서 말한 것은 ㉱ 열반적정락에 해당되지만, 경문에서 말한 '受(恆受)' 자까지 모두 취하여 禪定과 보리를 겸하여 말한다면 ① 因樂과 ② 果樂을 포괄하게 된다. '恆受'라 말한 것은 받은 바 없는 것으로 모든 受를 받기 때문이다. 만일 경계를 필요로 한다면 그것은 곧 시공을 초월하여 '항상[恆]' 누릴 수 있는 것이 아니다.

⑵ '而能降現' 이하의 뜻은 밖으로 大義를 내세움이다. 신으로 내려와 형상을 나타내어 세간 고뇌의 인과를 없애주는 것이다. 이는 열반 체용의 장애에 해탈을 얻음이다.

第二門은 謂無緣大悲 與性海로 相應하야 拔世憂患일세 故出生喜樂이오 無盡을 名藏이라하다 此는 於惱害心에 得解脫이라

제2 청정묘광 천왕. 無緣大悲가 性海와 상응하여 세상 우환을 없애주기 때문에 끝없는 즐거움을 낳는다. 무진한 즐거움을 '藏'이라고 말한다. 이는 惱害의 마음에 해탈을 얻음이다.

三 '一念等'者는 修福德因하야 感依正果는 福之力也라 雖多人多劫所感이나 念劫融之頓現이라 此는 於時劫에 得解脫也라

제3 자재음 천왕. '一念' 등은 복덕의 因을 닦아 依果·正果를 얻음이 복덕의 힘이다. 많은 사람이 오랜 겁의 세월 속에서 얻은 바일지라도 한 생각과 오랜 겁이 하나가 되어 단번에 나타난 것이다. 이는 時劫에 해탈을 얻음이다.

第四門은 謂以佛力不動으로 成住壞 三을 皆如空劫 常淸淨也라 此는 於遷變에 得解脫也라

제4 최승념지 천왕. 부처님 힘의 不動으로써 成·住·壞 3가지를 모두 空劫[29]과 같이 항상 청정하게 하는 것이다. 이는 변천에 해탈을 얻음이다.

五 愛樂等者는 謂信樂佛菩薩法하야 敬奉修行이니 則二障에 得解脫也라

제5 가애락정묘음 천왕. '愛樂' 등은 부처와 보살의 법을 믿고 좋아하여 공경히 받들어 수행함을 말한다. 이는 煩惱障·所知障에 해탈을 얻음이다.

第六門에 地는 謂地智오 義는 謂淸淨이니 卽離念超心地也라 方便者는 敎導及入地之由니 入住出等也라 以無盡辨으로 演無盡法이라 故能經劫이라

제6 선사유음 천왕. '地'는 地智(證道)를, '義'는 청정을 말하니,

....

29 空劫 : 4劫의 하나. 壞劫 다음에 세계가 온전히 空無해졌을 때부터 다시 다음 成劫에 이르기까지의 20中劫 동안을 말한다. 1중겁이란 人壽 8만 4천 세 때로부터 1백 년을 지날 적마다 1세씩 줄어서 10세 때에 이르고, 다시 1백 년마다 1세씩 늘어서 인수 8만 4천 세에 이르는, 한 번 늘고 한 번 줄어드는 오랜 시간을 말한다.

곧 생각을 여의어 心地에 들어감이다. '방편'이란 가르침과 심지에 들어갈 수 있는 유래이니 入·住·出 등이다. 끝이 없는 논변으로 끝이 없는 법을 연설한 까닭에 오랜 劫을 지내도록 머무는 것이다.

七'一切'等者는 通有二義니 一은 現多身과 興多供과 供多佛이 皆稱眞故로 名大方便이니 卽長行意오 二는 一念에 八相이 徧法界故로 名大方便이니 卽偈中意라 於上自在를 名爲解脫이라

제7 연장엄음 천왕. '一切' 등은 통틀어 2가지의 뜻이 있다.

⑴ 많은 몸을 나타내고 많은 공양을 마련하며 많은 부처에게 공양을 올리되 모두 眞心으로 한 까닭에 '大方便'이라 말하니 이는 장항 법문의 뜻이다.

⑵ 한 생각 사이에 八相[30]이 법계에 두루 한 까닭에 '대방편'이라 말하니 이는 곧 게송에서 말한 뜻이다.

이처럼 2가지 면에서 자재함을 해탈이라고 말한다.

八은 於定慧障에 得解脫이라

제8 심심광음 천왕. 定慧의 장애에서 해탈을 얻음이다.

九는 果滿應機니 是는 於現身化生 無堪任性에 得解脫이라

30 八相 : 불보살이 이 세상에 출현하여 중생을 제도하려고, 일생 동안에 나타내어 보이는 여덟 가지 모습. 이에 대해 여러 학설이 있다. ⑴ 降兜率相·託胎相·出生相·出家相·降魔相·成道相·轉法輪相·入涅槃相. ⑵ 강도솔상·入胎相·住胎相·出胎相·출가상·성도상·전법륜상·입열반상. ⑶ 受胎相·降生相·處宮相·출가상·성불상·항마상·설법상·열반상. ⑷ 在天相·處胎相·初生相·출가상·坐道場相·성도상·전법륜상·입열반상. ⑸ 生天相·처도솔천상·下天託胎相·출태상·출가상·항마상·전법륜상·입열반상. ⑹ 주태상·嬰孩相·愛欲相·樂苦行相·항마상·성도상·전법륜상·入滅相.

제9 광대명칭 천왕. 불공덕의 果가 충만하여 세간의 機緣을 응함이니 이는 현신하여 중생 교화를 감당할 수 없는 체성에 해탈을 얻음이다.

十은 見佛大願雲하야 愛樂隨學이니 此는 於自輕障에 得解脫이라

제10 최승정광 천왕. 부처님의 큰 서원 구름을 보고서 사랑하고 좋아하여 따라 배우는 것이다. 이는 스스로 경솔한 장애에 해탈을 얻음이다.

經

爾時에 **可愛樂光明天王**이 **承佛威力**하사 **普觀一切少光天·無量光天·極光天衆**하고 **而說頌言**하사대

그때 가애락광명 천왕이 부처님이 지닌, 헤아릴 수 없는 영묘하고도 불가사의한 힘을 받들어 모든 소광천(少光天)·무량광천(無量光天)·극광천(極光天)의 대중들을 두루 살피고 게송으로 말씀드렸다.

◉疏◉

二頌中 十偈는 次第依前이라

송덕 가운데 10게송 차례는 앞에서 말한 바를 따른다.

제1 가애락광명 천왕의 게송

我念如來昔所行이　　承事供養無邊佛이시니
如本信心淸淨業을　　以佛威神今悉見이로다

내가 생각건대 여래께서 옛적에 행하신 것은
한량없는 부처님을 받들어 공양하신 일
본래의 신심과 같이 청정한 업을
부처님 위신력으로 오늘 모두 보았네

◉ 疏 ◉

今初에 前三句는 明寂靜樂이니 通擧因樂하야 以顯果樂이오 後句는 降現之用이라

제1 가애락광명 천왕의 게송. 제1, 2, 3구는 寂靜의 낙을 밝힘이니 因樂을 전체로 들어 果樂을 나타냄이며, 맨 끝 구는 탄생하여 모습을 보여주는 妙用이다.

제2 청정묘광 천왕의 게송

經

佛身無相離衆垢라　　恒住慈悲哀愍地하사
世間憂患悉使除케하시니　　此是妙光之解脫이로다

부처의 몸 형상 없어 온갖 더러움을 떠나서
항상 자비와 애민의 땅에 머무시며

세간의 근심을 모두 없애주시니

이는 묘광 천왕의 해탈문이네

◉ 疏 ◉

二中에 初句는 卽所相應海오 次句는 卽能應大悲니 大悲荷物라 故名爲地오 次句는 卽生喜藏이니 憂除故로 喜오 患除故로 樂이라

제2 청정묘광 천왕의 게송. 제1구는 장항의 법문에서 말한 "큰 자비심으로 상응해야 할 대상으로서의 바다"이며, 제2구는 능히 상응할 수 있는 주체로서의 큰 자비심으로 중생을 짊어주기에 '慈悲哀愍地'라고 말하며, 다음 제3구는 "모든 중생이 즐거워하는 무진함[生喜藏]"이다. 걱정이 사라진 까닭에 기쁘고, 우환이 없어진 까닭에 즐겁다.

제3 자재음 천왕의 게송

經

佛法廣大無涯際하야　　**一切刹海於中現**하사대
如其成壞各不同하시니　　**自在音天解脫力**이로다

부처님 법 광대하여 끝이 없기에

모든 세계가 그 속에 나타나되

이뤄지고 무너짐이 각각 같지 않나니

자재음 천왕의 해탈한 힘이네

◉ 疏 ◉

三中에 初句는 能現이오 次二는 所現이라

제3 자재음 천왕의 게송. 제1구는 주체로서의 현신이요, 다음 제2, 3구는 대상으로서의 현신이다.

제4 최승념지 천왕의 게송

經

佛神通力無與等하야 **普現十方廣大刹**하사
悉令嚴淨常現前케하시니 **勝念解脫之方便**이로다

부처님 신통력 함께할 자 없어
광대한 시방세계 널리 보여주어
모두 장엄 청정으로 항상 앞에 나타나게 하시니
승념 천왕의 해탈 방편이네

◉ 疏 ◉

四中에 初二句는 卽普使成住等이오 次一句는 頌如虛空淸淨이니 以三災彌綸이라도 而淨土不毁故라 然三四二偈는 似如前卻이나 且順文釋耳라

제4 최승념지 천왕의 게송. 제1, 2구는 위에서 말한 "널리 成住壞 일체 세간 등을 보여줌"이며, 다음 제3구는 "모두 허공과 같이 청정함"을 찬송함이니 水·火·風 세 재앙이 가득할지라도 淨土

는 훼손되지 않기 때문이다.

그러나 제3 자재음 천왕과 제4 최승념지 천왕의 게송을 살펴보면, 전후 순서가 뒤바뀐 것처럼 보인다. 하지만 아직은 문장에 따라 해석하는 바이다.

제5 가애락정묘음 천왕의 게송

經

如諸刹海微塵數한　　所有如來咸敬奉하야
聞法離染不唐捐하니　　此妙音天法門用이로다

모든 세계 미진수와도 같은
수많은 여래 모두 공경히 받들어
법문 듣고 번뇌 여의어 헛되이 보내지 않으니
이는 묘음 천왕의 법문의 작용이네

◉ 疏 ◉

五中에 初二句에 '咸敬奉'은 是愛樂이오 餘는 是聖人이며 次一句는 卽上法과 及信受也라

제5 가애락정묘음 천왕의 게송. 제1, 2구의 "모두 공경히 받듦"은 수많은 여래를 사랑하고 좋아함이며, 나머지는 일체 성인이다. 다음 제3구는 곧 성인의 법과 믿고 받아들임이다.

제6 선사유음 천왕의 게송

經

佛於無量大劫海에	**說地方便無倫匹**하사
所說無邊無有窮하시니	**善思音天知此義**로다

부처님은 한량없는 큰 겁 바다에

지위와 방편을 설하심이 짝할 이 없어

설하신바 끝이 없고 다함없으시니

선사유음 천왕이 이런 뜻을 알았네

◉ **疏** ◉

六中에 初句는 經劫住오 次二句는 卽地義·方便이니 無邊은 是一切也라

제6 선사유음 천왕의 게송. 제1구는 오랜 겁이 지나도록 머무심이며, 다음 제2, 3구는 위에서 말한 '地義'와 '방편'이니 "끝이 없고 다함없다."는 것은 '一切地義'의 一切를 말한다.

제7 연장엄음 천왕의 게송

經

如來神變無量門이여	**一念現於一切處**에
降神成道大方便하시니	**此莊嚴音之解脫**이로다

여래의 신통변화, 한량없는 문이여
한 생각 찰나, 모든 곳에서
탄생하고 성도하는 큰 방편 보이시니
이는 장엄음 천왕의 해탈문이네

◉ 疏 ◉

七中에 通頌八相普周오 略無供養이라

제7 연장엄음 천왕. 이 게송에서는 전체로 八相이 널리 두루 함을 찬송하고, '大供養方便'에 대해서는 생략하여 언급하지 않았다.

제8 심심광음 천왕의 게송

經

威力所持能演說하며　　及現諸佛神通事하사
隨其根欲悉令淨케하시니　　此光音天解脫門이로다

지니신 위신력으로 연설하시며
모든 부처의 신통한 일 보여주어
그 근기와 욕망 따라 모두 청정케 하시니
이는 광음 천왕의 해탈문이네

◉ 疏 ◉

八中에 初句는 是前智慧오 次句는 神通이오 次句는 無盡及海니 以隨

根令淨이 是深廣故니라

제8 심심광음 천왕의 게송. 제1구는 법문에서 언급한 '지혜'요, 제2구는 '신통'이요, 제3구는 '無盡'과 '海'를 말하니 중생의 근기를 따라 청정하게 해줄 수 있었던 것은 바다처럼 깊고도 드넓기 때문이다.

제9 광대명칭 천왕의 게송

經

如來智慧無邊際하사 **世中無等無所著**하사대
慈心應物普現前하시니 **廣大名天悟斯道**로다

여래의 지혜 끝이 없어
세상에 짝도 없고 집착도 없으시나
자비한 마음으로 중생 위해 널리 보여주시니
광대명 천왕이 이런 도리 깨달았네

◉ **疏** ◉

九中에 初二句는 卽德海滿足이오 次句는 出現世間이라

제9 광대명칭 천왕의 게송. 제1, 2구는 '一切佛功德海滿足'이며, 제3구는 '세간에 출현'함을 말한다.

제10 최승정광 천왕의 게송

經

佛昔修習菩提行하사 **供養十方一切佛**하고
一一佛所發誓心하시니 **最勝光聞大歡喜**로다

부처님이 옛적에 보리행을 닦으시어
시방 모든 부처님께 공양하고
낱낱 부처님 처소에서 서원을 내시니
최승광 천왕이 이를 듣고 기뻐하였네

◉ 疏 ◉

十中에 三句는 通明前昔誓願力이오 第四句는 結中에 便顯深信愛樂藏이니 以文云大歡喜故일세니라

제10 최승정광 천왕의 게송. 제1, 2, 3구는 모두 '지난날의 誓願力'을 밝힘이며, 제4구는 結尾의 가운데 갑자기 '深信愛樂藏'을 밝혀주었다. 이는 게송의 문장에서 '大歡喜'라 말하였기 때문이다.

세주묘엄품 제1-5 世主妙嚴品 第一之五
화엄경소론찬요 제6권 華嚴經疏論纂要 卷第六

화엄경소론찬요 제7권
華嚴經疏論纂要 卷第七

◉

세주묘엄품 제1-6
世主妙嚴品 第一之六

第五 初禪 長行十法

제5. 初禪天

장항 10법

經

復次尸棄梵王은 得普住十方道場中說法호되 而所行清淨無染著解脫門하고

慧光梵王은 得使一切衆生으로 入禪三昧住解脫門하고

善思慧光明梵王은 得普入一切不思議法解脫門하고

普雲音梵王은 得入諸佛一切音聲海解脫門하고

觀世言音自在梵王은 得能憶念菩薩의 教化一切衆生方便解脫門하고

寂靜光明眼梵王은 得現一切世間業報相各差別解脫門하고

普光明梵王은 得隨一切衆生의 品類差別하야 皆現前調伏解脫門하고

變化音梵王은 得住一切法清淨相寂滅行境界解脫門하고

光曜眼梵王은 得於一切有에 無所著하며 無邊際하며 無依止하야 常勤出現解脫門하고

悅意海音梵王은 得常思惟觀察無盡法解脫門하시니라

또 다음 시기(尸棄) 범왕은 시방 도량에 널리 머물면서 법을 설

하되 행하는 바가 청정하여 물들지 않는 해탈문을 얻었고,

혜광(慧光) 범왕은 일체중생으로 하여금 선정 삼매에 들어 머물게 하는 해탈문을 얻었고,

선사혜광명(善思慧光明) 범왕은 모든 불가사의한 법에 널리 들어가는 해탈문을 얻었고,

보운음(普雲音) 범왕은 모든 부처님의 일체 법음의 바다에 들어가는 해탈문을 얻었고,

관세언음자재(觀世言音自在) 범왕은 보살이 일체중생을 교화하는 방편을 기억하는 해탈문을 얻었고,

적정광명안(寂靜光明眼) 범왕은 모든 세간 업보의 모습이 각기 달리 나타나는 해탈문을 얻었고,

보광명(普光明) 범왕은 일체중생의 품류 차이에 따라서 모두 그 앞에 나타나서 조복하는 해탈문을 얻었고,

변화음(變化音) 범왕은 모든 법의 청정한 모습과 적멸행의 경계에 머무는 해탈문을 얻었고,

광요안(光曜眼) 범왕은 모든 유(有)에 집착이 없으며 끝이 없으며 의지가 없어서 항상 부지런히 출현하는 해탈문을 얻었고,

열의해음(悅意海音) 범왕은 다함이 없는 법을 항상 사유하고 관찰하는 해탈문을 얻었다.

◉ 疏 ◉

一 普住等者는 大用應機라 故普偏說法이오 用而常寂일세 故行淨無

染이라 得心無行일세 故行淨이오 了境無相일세 故無染이라

제1 시기 범왕. "시방 도량에 널리 머물며[普住十方道場普住]" 등은 큰 작용으로 모든 일을 응하기에 널리 두루 설법하고, 작용을 하되 항상 고요하기에 모든 행이 청정하여 물듦이 없다. 마음에 가는 곳이 없기에 일신의 행이 청정하고, 경계에 相이 없음을 깨달았기에 물듦이 없다.

二 佛爲定境이니 住定이면 則所見深故일세니라

제2 혜광 범왕. 부처님의 선정 경계이다. 선정에 머물면 보는 바가 깊기 때문이다.

三 普入等者는 法海難量을 名不思議오 一言演盡을 名爲普入이라

제3 선사혜광명 범왕. "일체 부사의 법에 널리 들어간다[普入一切不思議法]." 등은 법 바다의 헤아리기 어려움을 '부사의'라 말하였고, 한마디의 말로 다 연설하였기에 '普入'이라고 말하였다.

四 圓音隨類를 名音聲海오 要無分別이라야 方入佛聲이라

제4 보운음 범왕. 원만한 음성으로 무리에 따라 설법한 것을 '법음의 바다[音聲海]'라 말하고, 요컨대 분별심이 없어야 비로소 부처님의 음성을 받아들이게 된다.

五 能憶等者는 化生이 即是趣菩提行이라 故以宿住智로 明記라

제5 관세언음자재 범왕. "보살이 일체중생을 교화하는 방편을 기억하다[憶念菩薩敎化一切衆生方便]." 등은 중생의 교화란 곧 보리에 나아가도록 하는 수행이다. 이 때문에 宿住智(宿命智)로 이를 분명히 기억한 것이다.

六 衆生報異하야 隨業有差일세 佛示現受하사 令生正信이라

제6 적정광명안 범왕. 중생의 과보가 달라서 업에 따라 차이가 있기에, 부처님께서 '현재의 몸으로 받은 과보[現受]'를 보여주어 중생으로 하여금 바른 신심을 내도록 교화한 것이다.

七 於法自在라야 方能隨類調生이라

제7 보광명 범왕. 법에 자재하여야 만이 비로소 온갖 무리의 중생에 따라 그들을 조복할 수 있다.

八 佛身無相은 等法性之淸淨이오 現而同化는 爲寂滅之行矣라

제8 변화음 범왕. 부처님의 몸에 相이 없다는 것은 법성의 청정함과 같고, 나타내 보여주되 幻化와 같음은 적멸의 行이다.

九 不著諸有일세 故能常現이오 三業無邊하며 更無可依라

제9 광요안 범왕. 모든 유에 집착하지 않기에 항상 출현하며, 身·口·意 삼업이 끝이 없으며, 또 의지함이 없는 것이다.

十 觀性無相이 猶如虛空이어니 何有可盡가 察用隨宜 如擊水文하야 隨擊隨生이어니 復何可盡가

제10 열의해음 범왕. 상이 없는 본성이란 허공과 같은 줄을 보았나니 어찌 다함이 있겠는가. 時宜를 따르는 작용이 마치 물을 쳤을 적에 일어나는 波紋과 같아서 치는 대로 일어나는 물결과 같음을 살폈으니, 그 작용 또한 어찌 다함이 있겠는가.

經

爾時에 **尸棄大梵王**이 **承佛威力**하사 **普觀一切梵身天梵輔**

天梵衆天大梵天衆하고 **而說頌言**하사대

그때 시기 대범왕이 부처님이 지닌, 헤아릴 수 없는 영묘하고도 불가사의한 힘을 받들어 모든 범신천(梵身天)과 범보천(梵輔天)과 범중천(梵衆天)과 대범천(大梵天)의 대중들을 두루 살피고 게송으로 말씀드렸다.

◉ 疏 ◉

偈中에 先上首觀衆에 開成四天이나 合則梵身이 卽衆이라 亦有經에 云"梵衆梵身과 梵輔梵眷屬이라"하니 身은 卽是衆이오 輔는 卽眷屬이라

게송에서 먼저 上首 범왕이 하늘의 대중을 살펴볼 적에 梵身天·梵輔天·梵衆天·大梵天 4가지의 하늘로 구분하였으나 이를 합하면 梵身이 곧 대중이다. 또한 본 경문에 이르기를, "梵衆·梵身과 梵輔·梵眷屬"이라 하니 梵身이 곧 梵衆이요, 梵輔가 곧 梵眷屬이다.

제1 시기 범왕의 게송

經

佛身淸淨常寂滅하사　　**光明照曜徧世間**하사대
無相無行無影像이여　　**譬如空雲如是見**이로다

부처님의 몸 청정하고 적멸하사
광명을 세간에 두루 비추되

형상도 행도 그림자마저 없음이여

허공의 구름처럼 보여주시네

◉疏◉

十偈 初中에 初句는 法身普徧道場이오 次句는 智光說法이오 次句는 行淨無染이니 境相智行 旣亡이면 則大用影像 亦寂이오 後句는 通以喩顯이니 雲不離空이오 空不礙雲으로 以況寂用이라

열 편의 게송 가운데, 제1 시기 범왕의 게송. 제1구는 법신이 도량에 두루 함이며, 제2구는 지혜광명의 설법이다. 제3구는 行이 청정하여 물듦이 없음이니 경계의 相과 지혜의 行이 이미 없으면, 大用의 영상 또한 고요하다는 것이다. 제4구는 전체가 비유를 들어 밝히고 있다. 구름은 허공을 떠나지 않고, 허공은 구름에 걸리지 않는다는 것으로 寂·用을 비유한 것이다.

제2 혜광 범왕의 게송

經

佛身如是定境界여　　一切衆生莫能測이어늘

示彼難思方便門하시니　　此慧光王之所悟로다

부처님의 몸 이와 같은 선정 경계여

모든 중생이 헤아릴 수 없는데

그 생각하기 어려운 방편문 보여주시니

혜광 범왕이 이런 경계 깨달았네

◉ 疏 ◉

二中에 初二句는 入禪之境이라 如來法身이 卽是心性이니 若能觀之면 爲上定故오 次句는 示入이니 方便雖多나 同入一寂이라

제2 혜광 범왕의 게송. 제1, 2구는 선정에 든 경계이다. 여래법신은 곧 心性이다. 만일 이를 관하면 최상의 선정이기 때문이다. 제3구는 들어갈 수 있는 방편을 보여줌이니 방편이 비록 많으나 똑같이 하나의 寂에 들어가는 것이다.

제3 선사혜광명 범왕의 게송

經

佛刹微塵法門海를 **一言演說盡無餘**호되
如是劫海演不窮이여 **善思慧光之解脫**이로다

부처님 세계의 미진수 법문바다를
한마디 말로 연설하여 남김이 없되
이처럼 겁해에 끝없는 연설이여
선사혜광 범왕의 해탈문이네

◉ 疏 ◉

三中에 初句는 卽不思議法이오 次二句는 明普入義니 以一言說盡故

라 一言說盡之辯을 劫海로도 亦不能窮은 顯法無盡也라 約能包면 則一言說盡이어니와 約能久댄 則劫海로도 莫窮이니라

제3 선사혜광명 범왕의 게송. 제1구는 장항에서 말한 '부사의 법'이요, 다음 제2, 3구는 '부사의 법'에 널리 들어갈 수 있는['普入'一切不思議法] 뜻을 밝힘이니 한마디의 말로 모두 말한 때문이다. 한마디의 말로 모두 말한 논변을 오랜 劫海로서도 또한 끝이 없다는 것은 법의 無盡함을 밝힌 것이다. 모든 것을 포괄한 것으로 말하면 한마디의 말로도 모두 말할 수 있거니와, 오랜 시간으로 말하면 劫海로도 다할 수 없다.

제4 보운음 범왕의 게송

經

諸佛圓音等世間이여 **衆生隨類各得解**호되
而於音聲不分別하시니 **普音梵天如是悟**로다

모든 부처님의 원만한 음성, 세간과 같음이여
중생이 각기 유에 따라 각각 이해하되
그 음성에 분별이 없으시니
보음 범왕이 이와 같이 깨달았네

◉ 疏 ◉

四中에 圓音之義는 文略有三義니 一은 廣無邊이오 二는 別詮表오 三은

無分別이니 如次三句라 餘는 如出見品辨하다

제4 보운음 범왕의 게송. 여기에서 말한 '圓音'의 뜻에는 대략 3가지 뜻이 있다.

(1) 광대하여 끝이 없음이며,

(2) 개별로 말함이며,

(3) 분별이 없는 것이다.

이는 다음 제2, 제3, 제4구의 뜻과 같다. 나머지는 제37 여래출현품에서 말한 바와 같다.

제5 관세언음자재 범왕의 게송

經

三世所有諸如來의 趣入菩提方便行이여
一切皆於佛身現하시니 自在音天之解脫이로다

삼세에 계신 모든 여래의
보리에 나아가는 방편의 행이여
모든 것을 부처님의 몸으로 보여주시니
자재음 범왕의 해탈문이네

◉ 疏 ◉

五中에 初二句는 卽教化衆生方便行이니 三世諸佛은 皆以利他로 爲向菩提로 自淸淨業故오 次句는 前就梵王이라 故云憶念이어니와 今據

如來라 故身現耳라 一毛尙現이온 何況全身가

제5 관세언음자재 범왕의 게송. 제1, 2구는 일체중생을 교화하는 방편행이다. 삼세제불이 모두 利他로써 보리에 향하는 자신의 청정한 업을 삼기 때문이다. 제3구는 장항의 법문에서는 범왕으로 말하였기에 '憶念'이라고 말하였지만, 여기에서는 여래에 준하여 말하였기에 '부처의 몸에 나타냈다.'고 말한 것이다. 하나의 털구멍에도 오히려 나타나는데 하물며 全身이야 오죽하겠는가.

제6 적정광명안 범왕의 게송

經

一切衆生業差別이라　　隨其因感種種殊어든
世間如是佛皆現하시니　　寂靜光天能悟入이로다

일체중생 지은 업이 다른 터라
그 원인 따라 얻음이 가지가지 다르거늘
세간의 이러한 업보상에 부처님이 다 나타나시니
적정광 범왕이 이런 도리 깨달았네

◉ 疏 ◉

六中에 初句는 業相差別이오 次句는 報相差別이오 次句는 現同世間이라

제6 적정광명안 범왕의 게송. 제1구는 業相의 차별이요, 제2구는 報相의 차별이요, 제3구는 세간의 업보상과 같음을 보여준 것이다.

제7 보광명 범왕의 게송

經

無量法門皆自在하야　　　調伏衆生徧十方호되
亦不於中起分別하시니　　此是普光之境界로다

한량없는 법문에 모두 자재하시고
중생을 조복하여 시방에 두루 하되
그 가운데 분별을 일으키지 않으시니
이는 보광 범왕의 경계이네

◉ 疏 ◉

七中에 前二句는 卽隨類調生이니 調法自在라 故能隨類廣徧이오 次句는 顯明前義니 無思成事故라

제7 보광명 범왕의 게송. 제1, 2구는 곧 일체중생의 품류에 따라 중생을 조복함이다. 중생을 조복하는 법이 자재한 까닭에 품류에 따라 널리 두루 응함이며, 제3구는 앞에서 말한 뜻을 밝힌 것이다. 이는 아무런 생각 없이 그 일을 이룬 때문이다.

제8 변화음 범왕의 게송

佛身如空不可盡이라　　　無相無礙徧十方하사대

所有應現皆如化하시니　　變化音王悟斯道로다

부처님의 몸, 허공 같아 다함이 없고
형상 없고 걸림 없어 시방에 두루 하되
감응하여 나타남이 모두 환화 같으시니
변화음 범왕이 이 도를 깨달았네

◉ 疏 ◉

八中에 初二句는 明佛體性이니 卽前淸淨寂滅이라 '不可盡下는 略顯四義如空이오 次句는 佛用이니 應現爲行이니 旣皆如化댄 不失寂滅이라

제8 변화음 범왕의 게송. 제1, 2구는 부처님의 體性을 밝힘이니 이는 장항 법문에서 말한 "일체 법 淸淨相 寂滅行 경계"이다. '不可盡' 이하의 게송에서는 간단하게 4가지의 뜻(不可盡·無相·無礙·徧十方)이 허공과 같음을 밝혔다. 제3구는 부처님의 妙用이다. 감응하여 나타남으로써 행을 삼으니 이미 모두 幻化와 같다면 이는 적멸을 잃지 않음이다.

제9 광요안 범왕의 게송

經

如來身相無有邊하며　　智慧音聲亦如是하사
處世現形無所著하시니　　光曜天王入此門이로다

여래의 신상은 끝이 없으며

지혜와 음성 또한 이와 같아
세상에 형상을 나투되 집착 없으시니
광요 범왕이 이 문에 들어갔네

◉ 疏 ◉

九中에 初二句는 所見無有邊이오 次句는 勤觀無依著이라

제9 광요안 범왕의 게송. 제1, 2구는 현신으로 보여주신 바가 끝이 없음이며, 제3구는 항상 부지런히 출현하되 의지함과 집착한 바 없음을 말한다.

제10 열의해음 범왕의 게송

經

法王安處妙法宮하사　　法身光明無不照하사대
法性無比無諸相하시니　　此海音王之解脫이로다

법왕께서 미묘한 법의 궁전에 편히 머무시어
법신광명 비치지 않는 데 없으나
법성은 비할 데 없고 형상도 없으시니
이는 해음 범왕의 해탈이어라

◉ 疏 ◉

十中에 初二句는 常思大用無盡이니 謂安住大悲宮하야 能現大事故오

次句는 常觀法體無盡이라

제10 열의해음 범왕의 게송. 제1, 2구는 항상 다함이 없는 大用을 생각함이니 大悲宮에 안주하여 큰일을 나타내주기 때문이며, 제3구는 항상 다함이 없는 法體를 관조함이다.

第二 欲界諸天

文有七段

제2. 욕계 제천

이 문장은 7단락이다.

第一 他化天王 長行十法

제1. 타화천왕

장항 10법

經

復次自在天王은 **得現前成熟無量衆生自在藏解脫門**하고

善目主天王은 **得觀察一切衆生樂**하야 **令入聖境界樂解脫門**하고

妙寶幢冠天王은 **得隨諸衆生**의 **種種欲解**하야 **令起行解脫門**하고

勇猛慧天王은 **得普攝爲一切衆生所說義解脫門**하고

妙音句天王은 得憶念如來廣大慈하야 增進自所行解脫門하고

妙光幢天王은 得示現大悲門하야 摧滅一切憍慢幢解脫門하고

寂靜境天王은 得調伏一切世間瞋害心解脫門하고

妙輪莊嚴幢天王은 得十方無邊佛이 隨憶念悉來赴解脫門하고

華光慧天王은 得隨衆生心念하야 普現成正覺解脫門하고

因陀羅妙光天王은 得普入一切世間하는 大威力自在法解脫門하시니라

또 다음 자재(自在) 천왕은 눈앞에서 한량없는 중생들을 성숙시켜 자재케 하는 해탈문을 얻었고,

선목주(善目主) 천왕은 모든 중생의 즐거움을 살펴 성인 경계의 즐거움에 들어가게 하는 해탈문을 얻었고,

묘보당관(妙寶幢冠) 천왕은 모든 중생의 갖가지 욕망과 이해를 따라 행을 일으키게 하는 해탈문을 얻었고,

용맹혜(勇猛慧) 천왕은 일체중생을 위해 말한 뜻을 널리 거둬들이는 해탈문을 얻었고,

묘음구(妙音句) 천왕은 여래의 넓고 큰 자비를 기억하여 자신의 행할 바를 증장시키는 해탈문을 얻었고,

묘광당(妙光幢) 천왕은 큰 자비의 문을 보여서 모든 교만의 깃대를 꺾어 없애는 해탈문을 얻었고,

적정경(寂靜境) 천왕은 모든 세간의 성내고 해치는 마음을 조복하는 해탈문을 얻었고,

묘륜장엄당(妙輪莊嚴幢) 천왕은 시방의 한량없는 부처님이 생각을 따라 모두 오시는 해탈문을 얻었고,

화광혜(華光慧) 천왕은 중생의 마음 따라 정각 이루는 것을 널리 나타내는 해탈문을 얻었고,

인다라묘광(因陀羅妙光) 천왕은 모든 세간에 널리 들어가는 큰 위력이 자재한 해탈문을 얻었다.

◉ 疏 ◉

一은 謂現衆生前하사 自在調伏하사 使其成熟이니 化法無盡일세 故名爲藏이라

제1 자재 천왕. 중생 앞에 현신하여 자유자재로 조복하여 그들로 하여금 성숙케 함이니 교화의 법이 끝없기에 이를 藏이라고 말한다.

二는 觀世樂相이 皆苦라 故應捨어니와 觀世樂性일세 卽入聖樂이라

제2 선목주 천왕. 세간 즐거움의 모습이 모두 고뇌임을 보았기에 당연히 버리거니와 세간 즐거움의 性을 보았기에 곧 부처님 경계의 즐거움으로 들어간 것이다.

三은 隨樂斷疑하야 令起正行이라

제3 묘보당관 천왕. 일체중생의 갖가지 樂欲을 따라 의심을 끊어주어 중생으로 하여금 바른 行을 일으키도록 함이다.

四는 一言에 普攝諸義하야 偏於時處하야 爲物而說이라

제4 용맹혜 천왕. 한마디의 말로 많은 뜻을 널리 포괄하여, 모든 時空에 두루두루 중생을 위해 설법하는 것이다.

五는 倣佛修慈라

제5 묘음구 천왕. 부처님을 본받아 대자비를 닦음이다.

六은 示現等者는 大悲十力으로 摧彼慢高호되 而無摧心이라 故云示現이라

제6 묘광당 천왕. "큰 자비의 문을 보여[示現]" 등은 大悲 十力으로 중생의 모든 교만을 꺾되, 꺾으려는 마음이 없기에 "큰 자비의 문을 보여주는 것이다."고 말한다.

七은 以智慧光으로 照諸世間하야 令離三毒之暗이면 則無惡趣之果라 瞋癡障重일세 故與偈互陳이라

제7 적정경 천왕. 지혜광명으로 일체 세간에 비춰주어 중생으로 하여금 三毒의 혼미를 여의도록 하면 삼악취의 果가 없어질 것이다. 그러나 성냄과 어리석음의 장애는 거칠고 무겁기 때문에 장항의 법문과 게송에 모두 말한 것이다.

八은 '十方'等者는 爲念佛三昧純熟故로 隨念하야 何佛이든 卽能得見이니 如休捨解脫等이라

제8 묘륜장엄당 천왕. '十方無邊佛' 등은 염불삼매가 순숙한 까닭에 염불하는 데에 따라 어느 부처이든 곧 그 부처를 친견할 수 있다. 이는 입법계품에서 말한 休捨優婆夷의 해탈 등과 같다.

九는 應念現成이라

제9 화광혜 천왕. 중생의 생각하는 마음에 따라 정각을 이뤄주는 일을 나타내는 것이다.

十은 '普入'等者는 寂用自在하야 現世調生을 總名威力이라

제10 인다라묘광 천왕. "모든 세간에 널리 들어가다[普入]." 등은 寂靜과 妙用이 자재하여 일체 세간에 출현하여 중생을 조복하는 신통력을 총괄하여 '威力'이라고 말한다.

經

爾時에 **自在天王**이 **承佛威力**하사 **普觀一切自在天衆**하고 **而說頌言**하사대

그때 자재천왕이 부처님이 지닌, 헤아릴 수 없는 영묘하고도 불가사의한 힘을 받들어 모든 자재천 대중들을 두루 살피고 게송으로 말씀드렸다.

제1 자재 천왕의 게송

經

佛身周徧等法界하사 **普應衆生悉現前**이라
種種敎門常化誘하사 **於法自在能開悟**로다

부처님의 몸 두루 하심이 법계와 같아
중생에게 널리 응해 모두 앞에 나타나
갖가지 가르침으로 항상 교화하사

모든 법에 자재하게 깨닫게 하셨네

◉ 疏 ◉

偈中에 亦十이니 初中에 初句는 體徧이오 次句는 用周라 故能現前이오 次句는 教藏能成이오 後句는 所成自在니 開於法藏하야 悟深法門이 卽成熟也라

게송 또한 10편이다.

제1 자재 천왕의 게송. 제1구는 본체가 두루 함이며, 제2구는 묘용이 두루 하기에 중생 앞에 나타남이며, 제3구는 무진한 가르침[教藏]을 성취함이며, 제4구는 성취시키는 바가 자재함이다. 무진한 법[法藏]을 열어 법문을 깊이 깨닫도록 마련해줌이 곧 성숙이다.

제2 선목주 천왕의 게송

經

世間所有種種樂에 **聖寂滅樂爲最勝**일세
住於廣大法性中케하시니 **妙眼天王觀見此**로다

세간에 있는 갖가지 즐거움에
성인의 적멸락 가장 훌륭하네
넓고 큰 법성에 머물게 하시니
묘안 천왕이 이런 도리 보았네

◉ 疏 ◉

二中에 初二句는 二樂이오 次句는 令入이라

제2 선목주 천왕의 게송. 제1, 2구는 중생의 즐거움과 성인 경계의 즐거움, 2가지를 말하고, 제3구는 중생으로 하여금 깨닫도록 마련해줌이다.

제3 묘보당관 천왕의 게송

經

如來出現徧十方이여　普應群心而說法하사
一切疑念皆除斷하시니　此妙幢冠解脫門이로다

여래께서 시방에 두루 출현하시어
널리 중생의 마음 따라 설법하사
모든 의심 다 끊어주시니
이는 묘당관 천왕의 해탈문이네

제4 용맹혜 천왕의 게송

經

諸佛徧世演妙音이여　無量劫中所說法을
能以一言咸說盡하시니　勇猛慧天之解脫이로다

모든 부처님이 세간에 두루 연설하신 미묘한 음성

한량없는 겁에 설법하신 바를
한마디 말씀으로 모두 설하시니
용맹혜 천왕의 해탈문이네

◉ 疏 ◉

三四는 可知라

제3 묘보당관·제4 용맹혜 천왕의 게송, 이는 설명하지 않아도 알 수 있다.

제5 묘음구 천왕의 게송

經

世間所有廣大慈는　　不及如來一毫分이라
佛慈如空不可盡이시니　　此妙音天之所得이로다

세간에 있는 광대한 자비는
여래의 털끝 하나에도 미치지 못하네
부처님 자비 허공과 같아 다할 수 없으니
이는 묘음 천왕이 얻은 바이네

◉ 疏 ◉

五中에 三句는 共顯如來大慈니 初二句는 擧劣顯勝이오 次句는 以喩正顯이니 謂世慈有相이라 若須彌之高와 大海之廣이라도 終可傾盡이어

니와 佛慈稱性이라 若芥子之空과 投刃之地라도 卽不可盡이라 又'如空'은 有普覆·常攝·廣容·無礙·難壞·無盡이로되 略擧一無盡耳라【鈔_'芥子之空'者는 卽四十一經에 云"佛子여 譬如虛空이라 於蟲所食芥子孔中에도 亦不減小오 於無數世界中에도 亦不增廣이라 其諸佛身은 亦復如是니라 見大之時에 亦無所增아오 見小之時에 亦無所減이라"하니 今但取能喩라

'投刃之地'者는 卽莊子中에 "庖丁이 爲文惠君하야 解牛 十九年이로되 而刀刃이 若新發於硎이어늘 君問其故한대 答云 臣始見牛에 爲全牛也러니 今見非全牛라 彼節者有間이오 而刀刃者 無厚하니 以無厚로 入有間이면 恢恢乎여 其於遊刃에 必有餘地矣라"하니 故文選에 云"投刃皆虛오 目牛無全라"하다 今借其骨間小空하야 以對上小空이니 爲眞俗之況耳라】

제5 묘음구 천왕의 게송. 제1, 2, 3구는 모두 여래의 대자비를 밝힌 것이다. 제1, 2구는 중생의 용렬함을 들어 부처님의 수승함을 밝혔고, 다음 제3구는 비유를 들어 바로 부처님의 자비를 밝힌 것이다.

세간중생의 자비는 相이 있는 터라, 수미산처럼 드높고 큰 바다처럼 드넓다 할지라도 결국 무너지고 다함이 있다. 그러나 부처님의 자비는 본성에 부합하는 터라, 벌레 먹은 겨자씨의 구멍과 칼날이 들어갈 수 있는 빈틈까지도 다함이 없다.

또 '허공과 같다.'는 것은 널리 모두 덮어줌, 항상 받아들임, 드넓게 용납함, 걸림이 없음, 무너지지 않음, 다함이 없는 등 여러 가

지의 덕이 있으나 간단하게 그중의 하나인 '다함이 없다[無盡].'는 것만을 들어 말하였다. 【초_ "벌레 먹은 겨자씨의 구멍"이란 四十一經에 이르기를, "불자여, 비유하면 허공과 같다. 벌레가 갉아먹은 겨자씨의 구멍 속에도 또한 적어지거나 줄어든 것이 아니요, 무수한 세계 가운데에도 또한 더하거나 커진 것도 아니다. 그 모든 부처의 몸 또한 이와 같다. 큰 것을 볼 적에도 또한 더 커진 바가 없고 작은 것을 볼 적에도 또한 줄어든 바가 없다."고 하니 여기에서는 단지 그 비유만을 취한 것이다.

"칼날이 들어갈 수 있는 빈틈"이란 장자 養生主에, "포정이 문혜군을 위해 소를 해체한 세월이 19년이나 되었지만 그가 사용하는 칼날은 마치 숫돌에서 막 갈아 나온 것처럼 예리하였다. 문혜군이 그 이유를 묻자, 포정이 대답하였다. '제가 처음 소를 잡을 적에는 온통 소만 보였는데 이제는 온전한 소가 보이지 않습니다. 저 관절에는 틈새가 있고 칼날은 두껍지 않으니, 두껍지 않은 칼날로 틈새가 있는 관절 사이로 넣으면 그 틈이 드넓고 드넓어서 칼날을 놀리기에 반드시 넉넉한 곳이 있습니다.'"고 하였다. 이 때문에 文選에서 이르기를, "칼날을 던지니 모두 공허한 자리요, 소를 보면 온전한 것이 없다."고 하였다. 여기에서는 그 골격의 사이에 작은 틈을 빌려서 위에서 말한 '겨자씨의 작은 구멍'과 대칭으로 말한 것이다. 이는 미묘한 진리와 세속의 이치를 비유한 것이다.】

제6 묘광당 천왕의 게송

經

一切衆生慢高山을　　十力摧殄悉無餘여
此是如來大悲用이시니　　妙光幢王所行道로다

모든 중생의 교만의 높은 산을
십력(十力)으로 남김없이 모두 꺾음이여
이는 여래의 큰 자비의 작용이니
묘광당 천왕이 행한 도이네

제7 적정경 천왕의 게송

經

慧光清淨滿世間이여　　若有見者除癡暗하야
令其遠離諸惡道케하시니　　寂靜天王悟斯法이로다

지혜광명 청정하여 세간에 충만함이여
만약 이를 보는 이는 어리석음 사라져
모든 악도를 멀리 벗어나게 하시니
적정 천왕이 이 법을 깨달았네

제8 묘륜장엄당 천왕의 게송

經

毛孔光明能演說　　　等衆生數諸佛名하사
隨其所樂悉得聞케하시니　　　此妙輪幢之解脫이로다

모공에서 쏟아지는 광명이
중생 수와 같이 부처님 명호 연설하사
그 즐기는 바를 따라 다 듣게 하시니
이는 묘륜당 천왕의 해탈문이네

◉ 疏 ◉

六七與八은 文亦可知라

제6 묘광당·제7 적정경·제8 묘륜장엄당 천왕의 게송, 이는 설명하지 않아도 알 수 있다.

제9 화광혜 천왕의 게송

經

如來自在不可量이여　　　法界虛空悉充滿하사
一切衆會皆明覩케하시니　　　此解脫門華慧入이로다

여래의 자재함 헤아릴 수 없음이여
법계와 허공에 모두 충만하사
모든 법회에서 분명하게 보여주시니
이 해탈문을 화혜 천왕이 들어갔네

◉ 疏 ◉

九中에 初二句는 明佛體普徧하야 無成·不成이오 次句는 隨衆生心하야 現成正覺이라

제9 화광혜 천왕의 게송. 제1, 2구는 부처님의 몸이 널리 두루하여, 이룬 것이나 이루지 못함이 없음을 밝힘이며, 제3구는 중생의 마음을 따라 널리 正覺을 이뤄줌을 나타낸 것이다.

제10 인다라묘광 천왕의 게송

經

無量無邊大劫海에 **普現十方而說法**하사대
未曾見佛有去來니 **此妙光天之所悟**로다

한량없고 끝도 없는 오랜 세월
시방에 두루 나타나 법을 설하셨지만
일찍이 부처님의 가고 옴을 볼 수 없나니
묘광 천왕이 이런 도리 깨달았네

◉ 疏 ◉

十中에 '普現十方'은 卽普入一切世間이오 餘는 皆威力自在라【鈔_餘皆威力自在者는 大集經에 云孩子는 以啼爲力이오 女人은 以瞋爲力이오 外道는 以見爲力이오 波旬은 以生死爲力이오 菩薩은 以慈悲爲力이오 佛은 以智慧爲力이라하니 故以說法으로 皆爲威力이니라】

제10 인다라묘광 천왕의 게송. "시방에 두루 나타남"이란 장항의 법문에서 말한, "모든 세간에 널리 들어감"이며, 나머지 부분은 모두 "큰 위력이 자재함"이다. 【초_ "나머지 부분은 모두 큰 위력이 자재함이다."는 것은 대집경에 이르기를, "어린아이는 우는 것으로 힘을 삼고, 여인은 성내는 것으로 힘을 삼고, 외도는 보는 것으로 힘을 삼고, 波旬은 생사로써 힘을 삼고, 보살은 자비로써 힘을 삼고, 부처님은 지혜로써 힘을 삼는다."고 하였다. 이 때문에 설법으로 모두 위력을 삼은 것이다.】

第二 化樂天 長行十一法

제2. 화락천

장항 11법

經

復次善化天王은 **得開示 一切業變化力解脫門**하고

寂靜音光明天王은 **得捨離一切攀緣解脫門**하고

變化力光明天王은 **得普滅一切衆生癡暗心**하야 **令智慧圓滿解脫門**하고

莊嚴主天王은 **得示現無邊悅意聲解脫門**하고

念光天王은 **得了知一切佛無盡福德相解脫門**하고

最上雲音天王은 **得普知過去一切劫成壞次第解脫門**하고

勝光天王은 得開悟一切衆生智解脫門하고
妙髻天王은 得舒光疾滿十方虛空界解脫門하고
喜慧天王은 得一切所作無能壞精進力解脫門하고
華光髻天王은 得知一切衆生業所受報解脫門하고
普見十方天王은 得示現不思議衆生形類差別解脫門하시니라

또 다음 선화(善化) 천왕은 모든 업이 변화하는 힘을 열어 보이는 해탈문을 얻었고,

적정음광명(寂靜音光明) 천왕은 모든 반연을 버리는 해탈문을 얻었고,

변화력광명(變化力光明) 천왕은 널리 모든 중생의 어리석은 마음을 소멸하여 지혜가 원만하도록 하는 해탈문을 얻었고,

장엄주(莊嚴主) 천왕은 끝없이 기쁜 마음의 소리를 보여주는 해탈문을 얻었고,

염광(念光) 천왕은 모든 부처님의 끝없는 복덕상을 아는 해탈문을 얻었고,

최상운음(最上雲音) 천왕은 과거 모든 겁의 이뤄지고 무너지는 차례를 널리 아는 해탈문을 얻었고,

승광(勝光) 천왕은 모든 중생의 지혜를 깨닫게 해주는 해탈문을 얻었고,

묘계(妙髻) 천왕은 광명을 펼쳐 시방 허공에 곧바로 가득하게 하는 해탈문을 얻었고,

희혜(喜慧) 천왕은 모든 하는 일을 무너뜨릴 수 없는 정진력의 해탈문을 얻었고,

화광계(華光髻) 천왕은 모든 중생이 업으로 받는 과보를 아는 해탈문을 얻었고,

보현시방(普見十方) 천왕은 생각지도 못할 중생들의 다른 모습을 보여주는 해탈문을 얻었다.

◉ 疏 ◉

一 爲物開示諸業如化니 化雖體虛나 而有作用爲力이라 業亦從緣無性而報不忘이라

제1 선화 천왕. 중생을 위해 모든 업이 허깨비와 같음을 보여주었다. 허깨비는 비록 지체가 없으나 작용이 있어 힘이 되고, 업 또한 반연을 따라 체성은 없으나 과보가 없지 않다.

二 '捨離等者는 攀取緣慮니 是惑病之本이라 若心境無得이면 則捨攀緣이라【鈔_ '攀取緣慮 是惑病之本'者는 卽淨名 問疾品이니 經에 云 "何謂病本고 謂有攀緣이라 何所攀緣고 謂之三界라 云何斷攀緣고 以無所得이라 若無所得이면 則無攀緣이니라 何謂無所得고 謂離二見이라 何謂二見고 謂內見外見이니 是無所得라" 故今疏에 云"心境無得이면 卽捨攀緣이라"하니라】

제2 적정음광명 천왕. "모든 반연을 버린다." 등은 마음이 바깥의 경지에 따라 반연하여 집착하고 생각하는 것이 '의혹의 병'의 근본이다. 마음과 경계를 얻음이 없으면 곧 모든 반연을 버린 것이

다. 【초_ "마음이 바깥의 경지에 따라 반연하여 집착하고 생각하는 것이 의혹의 병의 근본이다."는 구절은 정명경 問疾品에서 말한 부분이다. 정명경에 이르기를, "무엇이 병의 근본일까? 반연이 있음을 말한다. 무엇이 반연의 대상일까? 삼계를 말한다. 어떻게 반연을 끊을 수 있을까? 얻은 바가 없어야 한다. 얻은 바가 없다면 곧 반연이 없다. 무얼 얻은 바가 없다고 말하는가? 二見의 여읨을 말한다. 무엇을 二見이라고 하는가? 內見과 外見을 말한다. 이 2가지를 얻은 바가 없어야 한다."고 하였다. 이 때문에 이 부분의 청량소에서 이르기를, "마음과 경계를 얻음이 없으면 곧 모든 반연을 버린 것이다."고 하였다.】

三暗滅智生이 如月盈缺이라

제3 변화력광명 천왕. 혼미함이 사라지고 지혜가 일어남이 마치 달이 차고 기우는 것과 같다.

四'示現'等者는 梵聲微妙일세 故云悅意오 應徧十方일세 故云無邊이라

제4 장엄주 천왕. "기쁜 마음의 소리를 보여주다." 등은 梵聲이 미묘하기에 이를 '기쁜 마음'이라 하고, 두루 시방에 응하기에 '끝없다'고 말한다.

五'知一切'等者는 此有三義니 一은 福德之相이니 有十蓮華藏世界微塵數라 故無有盡이오 二는 謂淸淨慈門等이 無限因所生故오 一一因果 皆稱眞故니 一一卽無有盡이 皆同虛空이오 三은 大慈悲行이 是福德相이니 使盲聾視聽等이 皆慈善根力일세니라 故涅槃經中에 有"聞

讚佛爲大福德하고 怒云 生經七日에 母便命終이어늘 豈謂大福德相가 讚者云 年志俱盛이로되 而不卒暴하야 打之不瞋이오 罵之不報라 是故로 我言大福德相이라하노라 怒者 聞而心伏하다" 故慈爲無盡福相이라 然與前義로 相成이라【鈔_ '與前義相成'者는 第二義는 慈爲相因이어니와 此義는 慈卽是相果니 果由因致오 復能顯因일세 故云相成이라하노라】

제5 염광 천왕. "모든 부처님의 끝없는 복덕상을 안다." 등에는 3가지의 뜻이 담겨 있다.

⑴ 복덕의 모습이 십련화장세계 미진수만큼 많기에 끝이 없다.

⑵ 청정한 자비의 문 등이 한없는 因을 발생하기 때문이며, 하나하나 인과가 모두 미묘한 진리에 부합되는 까닭에 하나하나가 곧 끝이 없어 모두 허공과 같다.

⑶ 대자비의 행이 복덕의 모습이다. 봉사와 귀머거리로 하여금 보고 듣게 하는 등이 모두 대자비 善根의 힘이기 때문이다.

그러므로 열반경에 이런 말이 있다.

"어떤 사람이 '부처님은 큰 복덕을 누렸다.'고 찬탄하는 말을 듣고서 성내어 말하였다.

'부처님이 탄생한 지 이레가 지나 그 모친 마야 부인이 갑자기 돌아가셨는데, 어떻게 큰 복덕을 누렸다고 말할 수 있겠는가?'

찬탄한 자가 말하였다.

'나이와 의지가 모두 성대하시지만 갑자기 성을 내지 않아 누가 때려도 성내지 않고 욕하여도 앙갚음하지 않은 까닭에 나는 큰

복덕상이라고 말한 것이다.'

성냈던 자가 그의 말을 듣고 마음으로 굴복하였다."

이 때문에 자비가 '끝없는 복덕상'이다. 그러나 이는 위에서 말한 "(2) 청정한 자비의 문 등이 한없는 因을 발생한다."는 뜻과 서로 완성시켜주고 있다. 【초_ "(2) 청정한 자비의 문 등이 한없는 因을 발생한다는 뜻과 서로 완성시켜주었다."는 것은 '(2) 청정한 자비'가 복덕상을 낳아주는 因이 되거니와 여기에서 말한 뜻은 자비가 곧 복덕상의 果라는 점이다. 果는 因에 의해 이뤄지고, 또 因을 밝혀주기에 '서로 완성시켜주었다.'고 말한 것이다.】

六 三達圓智로 了三世劫이니 此就天王하야 且言宿住耳라

제6 최상운음 천왕. 三達[31]의 원만한 지혜로 三世劫을 통달함이다. 이는 천왕의 입장에서 또 宿住를 말함이다.

七 開悟等者는 此門缺偈이라 上下文中에 屢有開悟니 卽同法華 開示悟入이라 以開攝示오 以悟攝入이니 謂開示는 約能化오 悟入은 約所化라

제7 승광 천왕. "모든 중생의 지혜를 깨달았다." 등은 이 해탈문에 관한 게송이 누락되었다. 위아래의 법문에서 여러 차례 '開悟'를 언급하였다. 그것은 법화경에서 말한 '開示悟入'과 같다. 開 자로 示 자의 뜻을 받아들이고, 悟 자로 入 자의 뜻을 받아들인 것이다. 開

....

31 三達 : 三明을 말한다. 이는 범어 tri-vidya이며, 또는 三證法이라고도 한다. 無學位에 이르러 어리석음을 모두 없애고 3가지 일에 통달하여 걸림이 없는 밝은 지혜를 말한다. 즉 宿命智, 天眼智, 漏盡智.

示는 교화의 주체로 말하고, 悟入은 교화의 대상으로 말한 것이다.

八 稱性之光이어니 有何難徧고

제8 묘계 천왕. 불성에 어울리는 광명이니 두루 시방세계에 충만하는 데에 그 무슨 어려움이 있겠는가.

九 '一切'等者는 謂契理具修하야 長劫無倦이라 故衆魔外道 所不能摧라

제9 희혜 천왕. "모든 하는 일을 무너뜨릴 수 없는 정진력" 등은 오랜 세월에도 싫어하거나 피곤해함이 없기에 수많은 마군과 외도로서는 그를 꺾지 못할 대상이다.

十 善惡等殊와 苦樂等異에 皆知性相이라

제10 화광계 천왕. 선악 등의 다름과 고락 등의 차이에 대해 모두 性과 相을 아는 것이다.

十一 示現等者는 無邊品類를 一毛頓現이로되 更無來去니 尤顯難思라

제11 보현시방 천왕. "생각지도 못할 중생들의 다른 모습을 보여주었다." 등은 끝없이 각기 다른 중생의 모습을 하나의 털끝에다가 한꺼번에 보여주지만 또한 오고 감이 없으니 더욱 생각하거나 헤아리기 어려움을 밝혀준 것이다.

經

爾時에 **善化天王**이 **承佛威力**하사 **普觀一切善化天衆**하고 **而說頌言**하사대

그때 선화천왕이 부처님이 지닌, 헤아릴 수 없는 영묘하고도 불가사의한 힘을 받들어 모든 선화천 대중들을 널리 관찰하고 게송으로 말씀드렸다.

◉ 疏 ◉

偈中에 脫於第七이오 唯有十偈라

게송 가운데 제7 승광 천왕의 게송은 누락되었고, 오직 10편의 게송만 남아 있다.

제1 선화 천왕의 게송

經

世間業性不思議를 **佛爲群迷悉開示**하사대
巧說因緣眞實理와 **一切衆生差別業**이로다

세간 업성(業性)의 부사의를
부처님이 중생 위해 모두 보여주시니
인연의 진실한 이치와
일체중생 각기 다른 업을 잘 설하셨네

◉ 疏 ◉

初中에 初句는 總이오 次句는 開示오 後二句는 顯如化力이니 差別業者는 果不亡故라

제1 선화 천왕의 게송. 제1구는 총괄을, 제2구는 '보여주심'을, 제3, 4구는 변화의 힘을 밝힘이다. '差別業'이란 과보가 없지 않기 때문이다.

제2 적정음광명 천왕의 게송

經

種種觀佛無所有여 **十方求覓不可得**이라
法身示現無眞實하시니 **此法寂音之所見**이로다

갖가지로 부처님을 살펴봐도 계신 곳 없고
시방에 다 찾아도 찾을 수 없네
법신으로 보이심은 진실 아닌데
이런 법을 적음 천왕이 보았네

◉**疏**◉

二中에 初句는 所攀緣이오 後二는 無得이라 然緣境 有二하니 一은 眞이오 二는 妄이라 眞佛有緣도 亦成妄惑이온 況於妄耶아 '種種觀'者는 五求不得故라 謂佛有耶댄 常見爲惑이오 謂佛無耶댄 邪見深厚니 四句百非 所不能加일세 故'無所有'라하니라 非唯一佛이라 十方亦然하니 應化示現은 非眞實故라 求實無得이면 卽見眞身이니 眞은 卽無緣이라 佛尙應捨은 何況餘境가【鈔_ '五求不得'等者는 卽是中論 觀如來品偈에 云"非陰不離陰이오 此彼不相在라 如來不有陰이어니 何處有如來

아" 卽五求也라 由諸外道 妄計有我하야 我爲如來라하야 計有五故니 一은 謂卽陰이 是如來오 二는 謂離陰有如來오 三은 謂如來中에 有陰이오 四는 謂陰中에 有如來오 五는 謂陰能有如來니 今並非之라】

제2 적정음광명 천왕의 게송. 제1구는 반연할 대상이며, 제2, 3구는 찾아볼 수 없음을 말한다. 그러나 반연의 경계에는 2가지가 있다. 첫째는 眞佛이요, 둘째는 妄惑이다. 진불에 반연할지라도 또한 망혹을 이루는 법인데, 하물며 망혹에 반연한다면 오죽하겠는가.

"갖가지로 부처님을 살펴본다."는 것은 찾아보려고 해도 볼 수 없는 5가지의 이유 때문이다. 부처님이 계신다고 말한다면 常見의 망혹이요, 부처님이 계시지 않다고 말한다면 邪見이 깊은 것이다. 四句와 百非[32]로서도 더할 수 없다. 이 때문에 '계신 곳 없다.'고 말한 것이다. 하나의 부처님뿐만 아니라, 시방세계에서도 또한 그처럼 계신 곳을 찾아볼 수 없다. 이는 應身과 化身으로 몸을 나타내는 것은 진실한 모습이 아니기 때문이다. 진실한 모습을 구하되 구하여 볼 수 없으면 곧 眞身을 볼 수 있다. 진신은 반연이 없는 터라, 부처까지도 오히려 집착 없이 버려야 하는데, 하물며 그 나머

32 百非 : 백은 큰 수를 든 것. 非는 非有·非無·非一·非異 등 부인하는 것. 온갖 것을 모두 아니라고 하므로 백비라 한다. 또 백 가지 비를 만들기도 하니, 一·非一·亦一亦非一·非一非非一과 異·비이·역이역비이·비이비비이와 有·비유·역유역비유·비유비비유와 無·비무·역무역비무·비무비비무의 16을 과거·현재·미래에 곱하면 48이 되고, 또 이것을 已起와 未起에 곱하면 96이 되며, 거기에 一·異·有·無의 근본 4구를 더하면 100이 된다. 이와 같은 100을 모두 非라 하는 것을 백비라 한다.

지의 경계야 오죽하겠는가. 【초_ "찾아보려고 해도 볼 수 없는 5가지의 이유[五求不得]"란 中論 觀如來品의 게송에 이르기를, "① 陰도 아니요, ② 음을 여읨도 아니라, ③ 여기와 저기에 모두 있지 않다. ④ 여래는 음마저 있지 않거니 ⑤ 어느 곳에 여래가 있으랴."라는 것이 곧 五求不得이다. 모든 외도가 망령되이 자아가 있다고 헤아려 "자아가 여래가 된다."고 생각하는, 잘못된 생각[妄計] 5가지가 있기 때문이다. ① 陰이 여래이다고 말함이며, ② 음을 여의고 여래가 있다고 말함이며, ③ 여래 가운데 음이 있다고 말함이며, ④ 음 가운데 여래가 있다고 말함이며, ⑤ 음이 능히 여래를 둔다고 말함이다. 이는 모두 잘못된 것이다.】

제3 변화력광명 천왕의 게송

經

佛於劫海修諸行은　　**爲滅世間癡暗惑**이라
是故淸淨最照明하시니　　**此是力光心所悟**로다

부처님이 오랜 세월 수행한 것은
세간중생 어리석음 없애주기 위함이네
이 때문에 청정하게 가장 밝게 비추니
역광 천왕이 이런 도리를 마음으로 깨달았네

제4 장엄주 천왕의 게송

經

世間所有妙音聲이　　**無有能比如來音**이라
佛以一音徧十方하시니　**入此解脫莊嚴主**로다

세간에 그 어떤 오묘한 음성도
여래 음성에는 비할 수 없네
부처님 한 음성 시방에 두루 하시니
이 해탈문에 장엄주 천왕이 들어갔네

◉ **疏** ◉

三四는 可知라

제3 변화력광명 · 제4 장엄주 천왕의 게송, 이는 설명하지 않아도 알 수 있다.

제5 염광 천왕의 게송

經

世間所有衆福力이　　**不與如來一相等**이라
如來福德同虛空하시니　**此念光天所觀見**이로다

세간의 모든 복력이
여래의 한 복덕상만 못하네
여래의 복덕, 허공 같으시니
염광 천왕이 이런 경계 보았네

◉ 疏 ◉

五中에 初二句는 福德相이오 次句는 無盡相이니 相好者經에[33] 云盡人中福이라도 不及一天이오 乃至云盡世間福이라도 不及如來一相等이라 하다

제5 염광 천왕의 게송. 제1, 2구는 복덕상이며, 제3구는 복덕이 끝없는 모습이다. 相好經에 이르기를, "사람으로서 누릴 수 있는 복을 다 누려도 하늘에서 누리는 하나의 복에 미치지 못하고, 내지 세간의 복을 다 누려도 여래의 한 복덕상에 미치지 못한다."고 하였다.

제6 최상운음 천왕의 게송

經

三世所有無量劫에 如其成敗種種相을
佛一毛孔皆能現하시니 最上雲音所了知로다

삼세의 한량없는 겁 동안
그와 같이 이뤄지고 부서지는 갖가지 모양을
부처님의 한 털구멍에 모두 나타내니
최상운음 천왕이 이런 도리 알았네

....

33 相好者經 : 이는 相好經의 오류로 생각된다.

◉ 疏 ◉

六中에 約天之智댄 普知오 約佛一毛댄 能現이라

제6 최상운음 천왕의 게송. 하늘의 지혜로 말하면 "과거 모든 겁의 이뤄지고 무너지는 차례를 널리 알고[普知過去一切劫成壞次第]", 부처님의 한 털구멍으로 말하면 "모든 것이 나타나는 것[能現: 佛一毛孔皆能現]"이다.

제7 승광 천왕의 게송

이는 누락되었다.

제8 묘계 천왕의 게송

經

十方虛空可知量이어니와 **佛毛孔量不可得**이니
如是無礙不思議를 **妙髻天王已能悟**로다

시방 허공은 그 한계를 알 수 있으나
부처님의 모공은 헤아릴 수 없네
이와 같이 걸림 없고 부사의함을
묘계 천왕이 이미 깨달았네

◉ 疏 ◉

八中에 初二句는 明毛孔過空이니 謂靈智證理라도 非如虛空이라 眞理超事일세 故亦非比며 無限理智는 不可分析일세 隨其少分하야 卽融攝重重라 故一毛之量이 便越虛空이니라 次句는 別示越相이니 謂毛孔不大로되 而無涯니 卽廣狹無礙라 故杜絕思議之境이라 前은 卽一光外展이오 今則一毛內廣이니 文綺互耳라 一毛 本自徧空이어니 十方이 豈得難滿가【鈔_ 毛孔過空은 疏有三段하니 說三種過라 一은 如來靈智로 能證眞理이나 虛空은 不能證이오 二는 如來稱眞之理空으로 超過事空이니 事空은 卽斷滅空故라 三 '無限理智'下는 雙結上二니 皆不可分이라 理無分限이오 智契於理에 亦無分限이라 智는 結靈智오 理는 結眞理니 旣不可分이라 一毛稱眞이면 則重重融攝이니 此處之空은 豈不能攝於餘處之空이라오】

제8 묘계 천왕의 게송. 제1, 2구는 부처님의 털구멍 하나가 시방 허공보다 더 큼을 밝힌 것이다. 설령 신령스러운 지혜를 통하여 증득한 이치라 할지라도 그것은 허공과 같지 않다. 진리란 모든 사물을 초월한 터라, 그 어떤 것으로도 비유할 대상이 아니다. 한량없는 부처님의 理智는 분석할 수 없는 것이기에 그 조그마한 것만으로도 거듭거듭 모든 것을 다 받아들일 수 있다. 이 때문에 부처님이 지닌 하나의 털구멍은 시방 허공보다도 더 큰 것이다.

제3구는 또 다른 것을 들어 초월한 모습을 보여준 것이다. 털구멍은 크지 않지만 끝없이 커서 넓거나 좁은 곳에 걸림이 없기에 생각하거나 말할 수 있는 경계가 끊어진 자리이다. 앞의 제3 변화력광명의 게송에서는 하나의 청정한 광명이 바깥으로 펼쳐진 것이고, 여기에서는 하나의 털구멍이 안으로 드넓음을 말하였다. 전후의 문장이 서로 그 뜻을 밝혀주고 있다. 하나의 털구멍이란 본래 허공에 두루 하니 시방세계라 하여 어찌 충만함이 어렵겠는가.

【**초_** "털구멍 하나가 시방 허공보다 더 크다."는 데에 대해 청량소에서는 세 단락으로 말하였다. 이는 3가지의 果를 말한다.

① 여래의 신령스러운 지혜로 진리를 증득할 수는 있으나 허공은 증득할 수 없다.

② 여래의 진리에 맞는 이치의 공으로 事空을 초월함이다. '사공'이란 斷滅空이기 때문이다.

③ "한량없는 理智는 분석할 수 없다." 이하의 문장에서는 쌍으로 위의 2가지를 끝맺음이니 모두 나누어 볼 수 없다.

이치에는 구분과 한계가 없고, 지혜로 이치에 계합한 데 또한 구분과 한계가 없다. '智契於理'의 智 자는 靈智를 끝맺은 말이며, '智契於理'의 理 자는 眞理를 끝맺은 말이니 위에서 말한 것처럼 이를 나누어 볼 수 없다. 하나의 털끝이 진리에 맞으면 거듭거듭 모든 것을 융합하여 받아들이니 이러한 허공은 어찌 그 나머지의 허공을 모두 받아들이지 않을 수 있겠는가.】

제9 희혜 천왕의 게송

經

佛於曩世無量劫에　　具修廣大波羅蜜하사
勤行精進無厭怠하시니　　喜慧能知此法門이로다

부처님은 옛적 한량없는 세월 동안
광대한 바라밀을 구족하게 닦으시어
부지런히 정진하여 게으름 없으시니
희혜 천왕이 이 법문을 알았네

◉ 疏 ◉

九中에 初句는 長時修오 次句는 無餘修오 次句는 無間修니 具此三修라 故進力難壞어늘 而言廣大波羅蜜者는 至第五經釋이라

제9 희혜 천왕의 게송. 제1구는 오랜 세월의 수행을, 제2구는 남김없이 구족한 수행을, 제3구는 間斷이 없는 수행을 말한다. 이 3가지의 수행이 구족한 까닭에 정진의 힘이 무너지기 어렵다. '광대바라밀'에 대해서는 제5경에서 해석할 것이다.

제10 화광계 천왕의 게송

經

業性因緣不可思라　　佛爲世間皆演說
法性本淨無諸垢하시니　　此是華光之入處로다

업성의 인연 생각할 수 없으나

부처님은 세간을 위해
법성이 본래 청정하여 때 없는 법 연설하시니
이는 화광 천왕이 깨달은 곳이네

◉ 疏 ◉

十中에 初句는 總顯業之性相이니 卽緣生果報之不亡이 便是無性之非有라 故不可有無思也라 次句는 佛如是說을 天如是知오 次句는 以法性으로 示業性이라

제10 화광계 천왕의 게송. 제1구는 업의 性相을 총괄하여 밝혔다. 이는 곧 반연으로 과보를 낳지 않을 수 없다는 점이 곧 無性의 有가 아니기에 유와 무로 생각할 수 없다. 제2구는 부처님이 이와 같이 말씀하신 것을 화광 천왕이 이와 같이 깨달음이며, 제3구는 법성으로 業性을 보여준 것이다.

제11 보현시방 천왕의 게송

經

汝應觀佛一毛孔하라　　**一切衆生悉在中**호되
彼亦不來亦不去니　　**此普見王之所了**로다

그대는 부처님의 한 모공을 보라
일체중생이 모두 그 속에 있으나
오지도 않고 가지도 않나니

보현 천왕이 이런 도리 깨달았네

◉ 疏 ◉

十一中에 初二句는 小·一로 現大·多 爲一難思오 次句는 現時 不來오 不現 不去 又難思也라

제11 보현시방 천왕의 게송. 제1, 2구는 작고 하나인 것으로 크고 많은 것을 나타냄이 생각하기 어려운 점이며, 제3구는 나타날 때에 옴도 아니요, 나타나지 않을 때에 가는 것도 아니라는 것이 또한 생각하기 어려운 점이다.

第三 知足天 長行十法

제3. 지족천

장항 10법

經

復次知足天王은 得一切佛出興世에 圓滿教輪解脫門하고
喜樂海髻天王은 得盡虛空界清淨光明身解脫門하고
最勝功德幢天王은 得消滅世間苦淨願海解脫門하고
寂靜光天王은 得普現身說法解脫門하고
善目天王은 得普淨一切衆生界解脫門하고
寶峰月天王은 得普化世間하야 常現前無盡藏解脫門하고

勇健力天王은 得開示一切佛正覺境界解脫門하고

金剛妙光天王은 得堅固一切衆生菩提心하야 令不可壞解脫門하고

星宿幢天王은 得一切佛出興에 咸親近觀察하야 調伏衆生方便解脫門하고

妙莊嚴天王은 得一念에 悉知衆生心하야 隨機應現解脫門하시니라

또 다음 지족(知足) 천왕은 모든 부처님이 세상에 출현하여 가르침을 원만하게 하는 해탈문을 얻었고,

희락해계(喜樂海髻) 천왕은 허공계에 가득한 청정광명의 몸인 해탈문을 얻었고,

최승공덕당(最勝功德幢) 천왕은 세간의 고통을 없애주는 청정한 원력의 해탈문을 얻었고,

적정광(寂靜光) 천왕은 널리 몸을 나타내어 법을 설하는 해탈문을 얻었고,

선목(善目) 천왕은 모든 중생의 세계를 청정하게 하는 해탈문을 얻었고,

보봉월(寶峰月) 천왕은 세간을 널리 교화하여 항상 눈앞에 나타내는 무진장 해탈문을 얻었고,

용건력(勇健力) 천왕은 모든 부처님의 정각 경계를 보여주는 해탈문을 얻었고,

금강묘광(金剛妙光) 천왕은 일체중생의 보리심이 굳건하여 무너

지지 않게 하는 해탈문을 얻었고,

성수당(星宿幢) 천왕은 모든 부처님이 출현함에 모두 친근하고 관찰하여 중생을 조복하는 방편의 해탈문을 얻었고,

묘장엄(妙莊嚴) 천왕은 한 생각에 중생의 마음을 모두 알아서 그들의 근기에 따라 나타나는 해탈문을 얻었다.

◉ 疏 ◉

第一天은 得總相法門이니 諸佛 將興에 皆生彼天하나니 下生之時에 普應法界하야 頓闡華嚴이 爲圓滿相이라

제1 지족 천왕. 지족 천왕은 總相法門을 얻었다. 부처님이 출현할 적에 모두가 저 하늘에 나니 내려와 태어날 적에 널리 법계에 응하여 단번에 화엄을 밝혀준 것이 원만상이 된다.

二 盡虛空等者는 光明色身이 皆徧空界호되 了不可取라 故云淸淨이오

제2 희락해계 천왕. "허공계에 가득한 청정광명의 몸" 등이란 광명과 색신이 모두 허공계에 가득하되 전혀 취함이 없기에 '청정'이라고 말한다.

三 以淨願力으로 滅惑業苦오

제3 최승공덕당 천왕. 청정한 원력으로 세간 혹업의 괴로움을 없애주는 것이다.

四五는 可知라

제4 적정광 천왕과 제5 선목 천왕. 이 해탈법문은 설명하지 않

아도 알 수 있다.

六 '普化'等者는 普는 卽無偏이오 常은 卽無間이니 示其眞樂이 卽如來藏이오

제6 보봉월 천왕. "세간을 널리 교화하다[普化世間]." 등의 普는 치우치지 않음이며, "항상 눈앞에 나타낸다[常現前]."의 常은 간단이 없는 것이다. 그 眞樂을 보여줌이 곧 다함이 없는 여래장이다.

七 自覺智境에 佛已入之라 故示物同悟故라

제7 용건력 천왕. 스스로 깨달은 지혜의 경계에 부처님이 이미 들어가셨기에 중생에게 이를 보여줘 다 함께 깨달음을 얻도록 하기 때문이다.

八 以淨福으로 堅菩提心이오

제8 금강묘광 천왕. 청정한 복으로 보리심을 굳건히 함이다.

九 謂仰觀下化오

제9 성수당 천왕. 위로 일체 부처님을 살펴 아래로 중생을 교화함을 말한다.

十 卽照現速疾也라

제10 묘장엄 천왕. 곧 중생의 마음을 비춰주어 그들의 근기에 따라 빠르게 나타남을 말한다.

經

爾時에 **知足天王**이 **承佛威力**하사 **普觀一切知足天衆**하고 **而說頌言**하사대

그때 지족천왕이 부처님이 지닌, 헤아릴 수 없는 영묘하고도 불가사의한 힘을 받들어 모든 지족천의 대중들을 널리 살피고 게송으로 말씀드렸다.

제1 지족 천왕의 게송

經

如來廣大徧法界하사　　於諸衆生悉平等하시며
普應群情闡妙門하사　　令入難思淸淨法이로다

여래는 광대하여 법계에 두루 하사
모든 중생에게 모두 평등하시며
온갖 유정에게 널리 응하여 미묘 법문 열어주어
불가사의 청정법에 들어가게 해주셨네

◉ 疏 ◉

偈中에 初偈 前半은 卽出世義니 上句는 體智俱徧이오 下句는 悲用皆普며 後半은 卽圓滿敎輪이니 前句는 卽實之權爲妙門이오 後句는 會權入實로 爲圓滿이라

제1 지족 천왕의 게송. 제1, 2구는 곧 법문에서 말한 "모든 부처님이 세상에 출현[佛出興世]"하심이니, 제1구는 부처의 體性과 지혜가 모두 두루 함이며, 제2구는 자비와 묘용이 모두 드넓음이다.

제3, 4구는 원만한 가르침[圓滿敎輪]이니, 제3구는 청정법성을

갖춘 방편법문[卽實之權]으로 깨달음을 얻을 수 있는 오묘한 문을 삼고, 제4구는 방편법문으로 청정법성에 들어가도록 하는 것으로 원만을 삼음이다.

제2 희락해계 천왕의 게송

經

佛身普現於十方하사　　無著無礙不可取나
種種色像世咸見하니　　此喜髻天之所入이로다

부처님의 몸 시방에 나타나
집착도 걸림도 없어 취할 수 없으나
갖가지 부처님의 색상, 세간중생 모두 보니
희계 천왕이 이런 경계 깨달았네

◉ 疏 ◉

二中은 可知라

제2 희락해계 천왕의 게송, 이는 설명하지 않아도 알 수 있다.

제3 최승공덕당 천왕의 게송

如來往昔修諸行에　　清淨大願深如海하사

一切佛法皆令滿케하시니　　勝德能知此方便이로다

여래께서 지난 옛적 온갖 행을 닦으실 때
청정한 큰 원력 바다처럼 깊으시어
모든 부처님의 법 모두 원만케 하시니
승덕 천왕이 이런 방편 알았네

◉ 疏 ◉

三中에 初二句는 以行淨願이오 次句는 雜染이 本空이라 故前令滅이오 佛法本具라 故今令滿이니 妄盡眞顯에 二言相成이라

제3 최승공덕당 천왕의 게송. 제1, 2구는 청정한 원력을 행함이며, 다음 제3구는 법문에서 말한 세간의 雜染, 즉 혹업의 괴로움이 본래 공한 것이기에 위의 법문에서는 '없애주었다[消滅].'고 말하였고, 불법은 본래 구족하기에 이 게송에서는 '모두 원만케 해주었다.' 고 말하였다. 잡염의 妄惑이 다하면 불법의 진리가 나타나기에, 이 게송과 위의 법문에서 말한 바는 서로의 뜻을 완성시켜주고 있다.

제4 적정광 천왕의 게송

如來法身不思議여　　如影分形等法界하사
處處闡明一切法하시니　　寂靜光天解脫門이로다

여래의 법신 부사의여

몸의 그림자처럼 법계에 똑같이 나타나
곳곳마다 모든 법 밝혀주시니
적정광 천왕의 해탈법문이네

◉疏◉

四中에 初二句는 依體普現이 若月入百川이라 尋影之月에 月體不分이어니와 卽體之用은 用彌法界라 體用交徹일세 故不思議오 次句는 稱根說法이라【鈔_ '尋影之月 月體不分'者 此中에 法喩影略이오 若具댄 更云以月隨影에 萬流異見이어니와 尋用之體면 體本寂然이 爲寂靜光也라】

제4 적정광 천왕의 게송. 제1, 2구는 법신의 본체에 의해 應身이 널리 나타남이 마치 하늘의 달이 수많은 시냇물을 비추는 것과 같다. 달그림자를 찾아보면 달의 본체가 분리되어 시냇물 속으로 들어간 것은 아니지만, 법신의 본체를 갖춘 오묘한 작용은 그 작용이 법계에 가득하다. 본체와 작용이 서로서로 통하기에 생각하거나 말로 형용할 수 없다고 한다. 제3구는 중생의 근기에 알맞게 법을 설한 것이다.【초_ "달그림자를 찾아보면 달의 본체가 분리된 것이 아니다."란 그 가운데 법의 비유는 전후 부분을 생략하면서 서로 밝힌 것이다. 만일 이를 구체적으로 말한다면, 또한 "하늘의 달이 시내에 비친 수많은 달을 따라가면 흐르는 시냇물에 따라 각기 달리 보이지만, 오묘한 작용의 본체를 찾아보면 본래 고요한 본체가 적정광이다."고 말해야 할 것이다.】

제5 선목 천왕의 게송

經

衆生業惑所纏覆로 **憍慢放逸心馳蕩**이어늘
如來爲說寂靜法하시니 **善目照知心喜慶**이로다

중생은 업과 미혹으로 얽히고 뒤덮여
교만과 방일로 마음이 방탕하기에
여래가 그들 위해 적정법 설하시니
선목 천왕이 이를 알고 기뻐하였네

◉ **疏** ◉

五中에 前半은 卽所淨之衆生이 具三雜染故니 於中에 上句는 標오 下句는 略示惑相이라 慢은 是根本이오 憍·逸은 隨惑이며 憍는 謂染自盛事오 慢은 謂恃己陵他오 放逸은 卽是縱蕩이라 憍는 爲染法所依오 慢은 能長淪生死오 放逸은 衆惑之本이라 故偏擧此三이라 蕩者는 動也니 謂境風鼓擊하야 飄蕩馳散이라 次句는 能淨法門이니 謂不取於相하야 當體寂故라

제5 선목 천왕의 게송. 제1, 2구는 청정하게 교화해야 할 일체 중생이 3가지의 잡염을 갖추고 있음을 말한다. 제1구는 잡염의 제목을 내세운 부분이며, 제2구는 간략하게 중생이 지닌 혹업의 모습을 보여준 것이다. 慢은 근본 번뇌이고, 憍와 逸은 隨惑, 즉 隨煩惱이다. 憍는 자신이 잘한 일을 내세우는 染法을 말하고, 慢은 자

신을 믿고서 남을 능멸하는 것을 말하며, 방일은 곧 방종 내지 방탕[縱蕩]이다. 憍는 염법이 의지하는 대상이 되고, 慢은 생사고해에 길이 빠지고, 방일은 모든 혹업의 근본이기에 오직 이 3가지만을 들어 말한 것이다. 馳蕩의 蕩이란 격동함이다. 경계의 바람이 세차게 몰아쳐 정처 없이 여기저기 떠돌아다니고 흩어짐을 말한다.

다음 제3구는 청정하게 교화하는 주체로서의 법문이다. 相에 집착하지 아니하여 본체가 고요한 때문이다.

제6 보봉월 천왕의 게송

經

一切世間眞導師여　　　　爲救爲歸而出現하사
普示衆生安樂處하시니　　峰月於此能深入이로다

모든 세간의 참 스승이여
중생 구제하고 귀의처 되고자 출현하사
중생의 안락처 널리 보이시니
봉월 천왕이 이 경지 깊이 들어갔네

제7 용건력 천왕의 게송

諸佛境界不思議여　　　　一切法界皆周徧하사

入於諸法到彼岸하시니　　勇慧見此生歡喜로다

모든 부처님 경계 부사의여
일체 법계 모두 두루 하사
모든 법에 들어가 피안에 이르시니
용혜 천왕이 이를 보고 기뻐하였네

제8 금강묘광 천왕의 게송

經

若有衆生堪受化하야　　聞佛功德趣菩提하면
令住福海常淸淨케하시니　　妙光於此能觀察이로다

만약 어떤 중생이 교화를 받아
부처님 공덕 듣고 보리에 나아가면
복의 바다 안주하여 항상 청정하게 하시니
묘광 천왕이 이를 관찰했네

◉疏◉

六七과 及八은 文並可知라

제6 보봉월·제7 용건력·제8 금강묘광 천왕의 게송, 이는 모두 설명하지 않아도 알 수 있다.

제9 성수당 천왕의 게송

十方刹海微塵數인　　一切佛所皆往集하야
恭敬供養聽聞法이여　　此莊嚴幢之所見이로다

시방세계 미진수와도 같은
모든 부처님 처소에 모두 찾아가
공경하고 공양하고 법문 들음이여
장엄당 천왕이 이런 도리 보았네

◉ 疏 ◉

九中은 通顯이니 上旣親近일세 必當敬養聞法이니 以聞調他 爲眞供養이라 列名中에 云星宿幢일세 今云莊嚴이니 與長行으로 互出이라

제9 성수당 천왕의 게송. 이는 전체로 밝히고 있다. 위의 해당 법문에서 "모든 부처님이 출현함에 모두 친근하고 관찰[一切佛出興咸親近觀察]"하였기에, 이 게송에서 반드시 모든 부처님을 공경하고 공양하고 법문을 들을 수 있었다. 법문을 듣고서 중생을 조복하는 것이 참 공양이다.

앞의 법문에서 명호를 열거할 적에는 '星宿幢'이라 말했는데, 이 게송에서는 '장엄당[此莊嚴幢之所見]'이라 하니, 이는 장항의 법문과 서로 그 의미를 밝혀준 것이다.

제10 묘장엄 천왕의 게송

衆生心海不思議여 **無住無動無依處**어늘
佛於一念皆明見하시니 **妙莊嚴天斯善了**로다

중생의 마음바다 부사의여
멈춤도 움직임도 의지처도 없는데
부처님 한 생각에 모두 밝게 보시니
묘장엄 천왕이 이 경계를 잘 알았네

◉ 疏 ◉

十中에 前半은 所知衆生心이니 上句는 標深廣이오 下句는 顯相이라 念慮不住 多於草故로 廣也라 深者는 有三義하니 一은 恆轉如流故로 不住오 二는 本體寂然故로 不動이오 三은 從緣妄起일세 無別所依라 次句는 卽一念悉知라

제10 묘장엄 천왕의 게송. 제1, 2구는 알아야 할 대상이 되는, 중생의 마음이다. 제1구는 바다의 깊고 넓음을 말했고, 제2구는 중생 마음의 相을 밝힌 것이다.

끊임없이 멈추지 않는 생각이 잡초보다도 많기에 '넓다'고 말한다.

마음의 바다가 '깊다'는 데에는 3가지의 뜻이 있다.

(1) 항상 전전하여 흐르는 물과 같기에 멈추지 않는다[無住].

(2) 본체가 고요한 까닭에 움직이지 않는다[無動].

(3) 반연에 따라 허망하게 일어나기에 별도의 의지처가 없다[無

依處].

제3구는 곧 법문에서 말한 "한 생각에 중생의 마음을 모두 앎[一念 悉知衆生心]"이다.

第四時分天 長行十法

제4. 시분천

장항 10법

經

復次時分天王은 得發起一切衆生善根하야 令永離憂惱解脫門하고

妙光天王은 得普入一切境界解脫門하고

無盡慧功德幢天王은 得滅除一切患大悲輪解脫門하고

善化端嚴天王은 得了知三世一切衆生心解脫門하고

總持大光明天王은 得陀羅尼門光明으로 憶持一切法無忘失解脫門하고

不思議慧天王은 得善入一切業自性不思議方便解脫門하고

輪臍天王은 得轉法輪하야 成熟衆生方便解脫門하고

光焰天王은 得廣大眼으로 普觀衆生하야 而往調伏解脫門하고

光照天王은 得超出一切業障하야 不隨魔所作解脫門하고 普觀察大名稱天王은 得善誘誨一切諸天衆하야 令受行心淸淨解脫門하시니라

또 다음 시분(時分) 천왕은 일체중생의 선근을 일으켜서 근심과 고뇌에서 길이 벗어나게 하는 해탈문을 얻었고,

묘광(妙光) 천왕은 모든 경계에 널리 들어가는 해탈문을 얻었고,

무진혜공덕당(無盡慧功德幢) 천왕은 모든 근심을 없애주는 큰 자비의 해탈문을 얻었고,

선화단엄(善化端嚴) 천왕은 삼세의 일체중생의 마음을 잘 아는 해탈문을 얻었고,

총지대광명(總持大光明) 천왕은 다라니문의 광명으로 모든 법을 기억하여 잊지 않는 해탈문을 얻었고,

부사의혜(不思議慧) 천왕은 모든 업의 자성에 잘 들어가는 불가사의한 방편의 해탈문을 얻었고,

윤제(輪臍) 천왕은 법륜을 굴려 중생을 성취시키는 해탈문을 얻었고,

광염(光焰) 천왕은 넓고 큰 눈으로 중생을 널리 살펴 그들을 찾아가 조복하는 해탈문을 얻었고,

광조(光照) 천왕은 모든 업장에서 벗어나 마(魔)가 하는 짓을 따르지 않는 해탈문을 얻었고,

보관찰대명칭(普觀察大名稱) 천왕은 모든 하늘대중을 잘 가르쳐

서 그들로 하여금 가르침을 받아 행하고 마음이 청정하게 하는 해탈문을 얻었다.

◉ 疏 ◉

一은 善根 若發이면 憂惱自除라

제1 시분 천왕. 선근이 일어나면 근심과 고뇌는 절로 사라지게 된다.

二는 以無限方便으로 普證法身之境이오

제2 묘광 천왕. 한없는 방편으로 법신의 경계를 널리 증득함이다.

三은 悲摧惑苦일세 故名爲輪이오

제3 무진혜공덕당 천왕. 자비로 혹업의 고뇌를 꺾어주기에 '大悲輪'이라고 말한다.

四는 以三達智로 知機授法이오

제4 선화단엄 천왕. "삼세의 일체중생의 마음을 잘 아는[了知三世一切衆生心]", 즉 삼세를 통달한 지혜[三達智]로써 모든 일을 알아서 법을 전해주는 것이다.

五는 陀羅尼等者는 總持入理라 故名爲門이오 以慧爲體라 故云光明이라 若取助伴이면 則兼念定이라 念은 卽明記라 故能憶持오 定은 乃心一이라 常無忘失이니 四無礙(**四無礙解, 四無礙辨**)等 一切諸法이 皆是所持오

제5 총지대광명 천왕. '다라니문' 등이란 總持(다라니)로 이치에

들어가는 것이기에 '문'이라 하고, 지혜로써 본체를 삼기에 '광명'이라 말한다. 만일 이 보조를 취한다면 곧 念과 定을 겸해야 한다. 念이란 분명하게 기억하기에 잊지 않고서 지닐 수 있고, 定은 이에 마음이 오롯한 터라, 항상 잊음이 없다. 四無礙(四無礙解, 四無礙辨) 등과 일체 모든 법은 모두 기억[憶持]해야 할 대상이다.

六은 可知오

제6 부사의혜 천왕. 이는 설명하지 않아도 알 수 있다.

七은 轉法等者는 轉法 示菩提之道가 卽是成熟衆生方便이오

제7 윤제 천왕. '轉法輪' 등은 설법을 하여 보리의 도를 보여줌이 곧 중생의 근기를 성숙시켜주는 방편이다.

八은 十眼圓見하야 隨宜往調오

제8 광염 천왕. 十眼[34]으로 원만하게 보고서 시의적절하게 그들을 찾아가 조복함이다.

九는 超出等者는 超出業障하야 使離惡因하야 不隨魔作하야 捨惡緣也오

제9 광조 천왕. '超出' 등은 모든 업장에서 벗어나 악의 因에서 벗어나도록 하고, 마가 하는 일을 따르지 않도록 인도하여 악의 인연을 버리는 것이다.

十은 等雨法雨하야 誘令進善하야 使彼受行하고 誨令斷惡하야 得心淸

· · · · · · · · · · ·

34 十眼：肉眼·天眼·慧眼(聖慧眼)·法眼·佛眼(佛正覺眼)·智眼(智慧眼)·明眼(光明眼)·出生死眼(導利眼)·無礙眼(無爲眼)·普眼(一切智眼).

淨이니 此는 就於天이오 偈는 通一切라

제10 보관찰대명칭 천왕. 평등하게 법우를 내려서 일체 하늘 대중을 잘 이끌어 그들로 하여금 선에 나아가 가르침을 받아 행하게 하고, 그들을 가르쳐 그들로 하여금 악을 끊고서 청정한 마음을 얻도록 하는 것이다. 여기에서는 하늘의 대중[一切諸天衆]만을 들어 말했는데, 게송에서 말한 '중생[普雨法雨潤衆生]'은 사람과 하늘, 일체를 통틀어 말한 것이다.

經

爾時에 **時分天王**이 **承佛威力**하사 **普觀一切時分天衆**하고 **而說頌言**하사대

그때 시분천왕이 부처님이 지닌, 헤아릴 수 없는 영묘하고도 불가사의한 힘을 받들어 모든 시분천의 대중들을 두루 살피고 게송으로 말씀드렸다.

◉ 疏 ◉

偈中에 亦十이라

게송 또한 10편이다.

제1 시분 천왕의 게송

經

佛於無量久遠劫에 已竭世間憂惱海하시고
廣闢離塵淸淨道하사 永曜衆生智慧燈이로다

부처님은 한량없는 오랜 겁에
세간의 근심과 고뇌 바다 이미 다 없애고
번뇌 떠난 청정한 도 널리 열어주어
중생의 지혜 등불 길이 밝히셨네

◉ 疏 ◉

初偈는 通顯이니 前半은 彰已已離오 後半은 開發能離善根이라

제1 시분 천왕의 게송. 이는 전체를 밝힌 것이다. 제1, 2구는 부처님이 근심과 고뇌 바다를 이미 여의었음을 밝혔고, 제3, 4구는 번뇌에서 떠날 수 있는 선근을 열어줌이다.

제2 묘광 천왕의 게송

經

如來法身甚廣大하사 十方邊際不可得이라
一切方便無限量이어늘 妙光明天智能入이로다

여래 법신은 매우 광대하여
시방의 그 끝을 찾을 수 없네
모든 방편 한량없는데

묘광명 천왕이 지혜로 그 경계 들어갔네

제3 무진혜공덕당 천왕의 게송

經

生老病死憂悲苦가 **逼迫世間無暫歇**이어늘
大師哀愍誓悉除하시니 **無盡慧光能覺了**로다

생로병사, 근심, 슬픔, 고통이
중생을 핍박하여 잠깐도 멈추지 않는데
대사께서 슬피 여겨 모두 없애겠다 맹세하시니
무진혜 천왕이 이런 도리 밝게 깨달았네

제4 선화단엄 천왕의 게송

經

佛如幻智無所礙여 **於三世法悉明達**하사
普入衆生心行中하시니 **此善化天之境界**로다

부처님의 환술 같은 지혜, 걸림이 없음이여
삼세의 법 모두 밝게 통달하여
중생의 마음속에 널리 들어가시니
이는 선화 천왕의 해탈경계이네

제5 총지대광명 천왕의 게송

經

總持邊際不可得이며　　　辯才大海亦無盡하사
能轉淸淨妙法輪하시니　　此是大光之解脫이로다

총지의 끝 알 수 없으며

변재의 큰 바다도 끝이 없어

청정하고 미묘한 법륜 굴리시니

이는 대광명 천왕의 해탈법문이네

◉ 疏 ◉

二三四五는 文並可知라

제2 묘광·제3 무진혜공덕당·제4 선화단엄·제5 총지대광명 천왕의 게송, 이는 모두 설명하지 않아도 알 수 있다.

제6 부사의혜 천왕의 게송

經

業性廣大無窮盡을　　　智慧覺了善開示하시니
一切方便不思議여　　　如是慧天之所入이로다

업의 자성 넓고 커서 끝이 없는데

지혜로 깨달아 열어 보이니

모든 방편이 불가사의여

부사의혜 천왕이 이런 경계 들어갔네

◉ 疏 ◉

六中에 初句는 卽業性이니 言廣大者는 一念造一切故오 無窮盡者는 未得對治면 無能止故며 有多門故라 次句는 善入이니 智了는 自入이오 開示는 令他入이오 次句는 入門多種이라

제6 부사의혜 천왕의 게송. 제1구는 곧 '一切業自性'이다. 廣大라 말한 것은 한 생각에 모든 업을 만들어내기 때문이고, 無窮盡이란 이를 다스리는 법을 얻지 못하면 업을 그칠 수 없기 때문이며, 여러 가지의 문이 있기 때문이다. 다음 제2구는 잘 들어감을 말한다. 지혜로 깨달음[智慧覺了]은 그 자신이 들어감이며, 잘 열어 보여줌[善開示]은 중생으로 하여금 깨달아 들어가도록 마련해줌이다. 다음 제3구는 깨달아 들어갈 수 있는 문이 많음을 말한다.

제7 윤제 천왕의 게송

經

轉不思議妙法輪하사 顯示修習菩提道하야

永滅一切衆生苦하시니 此是輪臍方便地로다

부사의한 미묘 법륜을 굴려

닦아 익힌 보리의 도를 보여주어

일체중생 고통을 길이 없애주시니

이는 윤제 천왕의 방편법문이네

제8 광염 천왕의 게송

經

如來眞身本無二로대　　應物隨形滿世間하사

衆生各見在其前하시니　　此是燄天之境界로다

여래의 진신 본래 둘이 아니나

중생 따라 모습 보여 세간에 가득하사

중생이 목전에 제각각 여래 뵈니

이는 광염 천왕의 경계이네

◉ 疏 ◉

七八은 亦可知라

제7 윤제·제8 광염 천왕의 게송, 이 또한 설명하지 않아도 알 수 있다.

제9 광조 천왕의 게송

若有衆生一見佛이면　　必使淨除諸業障하고

離諸魔業永無餘케하시니　　光照天王所行道로다

어느 중생이 부처님 한 번 뵈면

반드시 모든 업장 말끔히 없어지고

모든 마업 길이 떠나 남김 없으시니

광조 천왕이 이런 도를 행하였네

◉ 疏 ◉

九中에 初句는 見佛爲緣이오 次二는 見佛二益이니 一은 正智生하야 必內超業障이오 二는 佛爲眞導니 豈外逐魔緣이리오 旣不隨魔어니 安造魔業이리오 十魔 並離라 故致'諸'言이니라【鈔_ 十魔並離者는 卽五十八經에 "一蘊魔·二煩惱·三業·四心·五死·六天·七善根·八三昧·九善知識·十菩提法智"라하니 下廣有釋이라】

제9 광조 천왕의 게송. 제1구는 부처님을 친견한 인연이다.

다음 제2, 3구는 부처님을 친견할 경우, 2가지의 이익을 얻을 수 있음을 말한다.

⑴ 바른 지혜가 생겨나 반드시 안으로 업장을 벗어나게 된다.

⑵ 부처님이 참 인도자가 되었는데 어떻게 바깥으로 마의 반연을 따르겠는가? 이미 마의 반연을 따르지 않았는데 어찌 마의 업장을 짓겠는가? 열 가지의 마가 모두 떠나게 될 것이기에 '모두[諸: 離'諸'魔業]'라고 말한 것이다.【초_ "열 가지의 마가 모두 떠나게 된다."는 것은 五十八經에 의하면, "① 蘊魔, ② 煩惱, ③ 三業, ④ 心, ⑤ 死, ⑥ 天, ⑦ 善根, ⑧ 三昧, ⑨ 善知識, ⑩ 十菩提法智."라

고 한다. 아래의 해당 부분에 자세한 해석이 있다.】

제10 보관찰대명칭 천왕의 게송

經

一切衆會廣大海에　　**佛在其中最威曜**하사
普雨法雨潤衆生하시니　　**此解脫門名稱入**이로다

모든 대중이 다 모인 넓고 큰 바다에

그 가운데 계신 부처님, 가장 위엄 있고 빛나시어

법비 널리 내려 중생을 적셔주시니

이 해탈문을 대명칭 천왕이 들어갔네

◉ **疏** ◉

十亦可知라

제10 보관찰대명칭 천왕의 게송, 이 또한 설명하지 않아도 알 수 있다.

第五 三十三天衆 長行十一法

제5. 33천왕

장항 11법

經

復次釋迦因陀羅天王은 得憶念三世佛出興과 乃至刹成壞하야 皆明見大歡喜解脫門하고

普稱滿音天王은 得能令佛色身으로 最淸淨廣大하야 世無能比解脫門하고

慈目寶髻天王은 得慈雲普覆解脫門하고

寶光幢名稱天王은 得恒見佛이 於一切世主前에 現種種形相威德身解脫門하고

發生喜樂髻天王은 得知一切衆生의 城邑宮殿이 從何福業生解脫門하고

端正念天王은 得開示諸佛의 成熟衆生事解脫門하고

高勝音天王은 得知一切世間의 成壞劫轉變相解脫門하고

成就念天王은 得憶念當來菩薩의 調伏衆生行解脫門하고

淨華光天王은 得了知一切諸天의 快樂因解脫門하고

智日眼天王은 得開示一切諸天子의 受生善根하야 俾無癡惑解脫門하고

自在光明天王은 得開悟一切諸天衆하야 令永斷種種疑解脫門하시니라

또 다음 석가인다라(釋迦因陀羅) 천왕은 삼세 부처님의 출현과 내지 세계가 이뤄지고 무너지는 일까지 기억하여 모두 밝게 보아 크게 환희하는 해탈문을 얻었고,

보칭만음(普稱滿音) 천왕은 부처님의 색신(色身)이 가장 청정하고

광대하여 세상에 비교할 수 없도록 하는 해탈문을 얻었고,

자목보계(慈目寶髻) 천왕은 자비의 구름이 널리 덮어주는 해탈문을 얻었고,

보광당명칭(寶光幢名稱) 천왕은 부처님이 모든 세간의 주인 앞에 갖가지 형상과 위엄과 덕의 몸을 나타내는 것을 항상 보는 해탈문을 얻었고,

발생희락계(發生喜樂髻) 천왕은 모든 중생의 성읍과 궁전이 무슨 복업으로 생겼는지를 아는 해탈문을 얻었고,

단정념(端正念) 천왕은 모든 부처님이 중생을 성숙하게 하는 일을 열어 보여주는 해탈문을 얻었고,

고승음(高勝音) 천왕은 모든 세간의 이뤄지고 무너져가는, 겁의 변화하는 모습을 아는 해탈문을 얻었고,

성취념(成就念) 천왕은 미래 보살이 중생을 조복하는 행을 생각하는 해탈문을 얻었고,

정화광(淨華光) 천왕은 모든 하늘의 쾌락 원인을 아는 해탈문을 얻었고,

지일안(智日眼) 천왕은 모든 천자가 받아 태어나는 선근을 열어 보여주어 어리석은 미혹이 없게 하는 해탈문을 얻었고,

자재광명(自在光明) 천왕은 모든 하늘대중을 깨닫게 하여 갖가지 의심을 길이 끊게 하는 해탈문을 얻었다.

◉ 疏 ◉

初中에 承力故憶念이라 念過去佛者는 曾入此天故라 三世 有二하니 一은 亦念未來오 二는 過去니 自互相望이면 亦有三世라 生大喜者는 境殊勝故오 慶自福故니라

제1 석가인다라 천왕. "부처님의 헤아릴 수 없는 영묘하고도 불가사의한 힘"을 받들었기 때문에 "삼세 부처님의 출현과 세계가 이뤄지고 무너지는 일까지 기억"한 것이다. 과거의 부처님을 기억한다는 것은 과거불 당시, 일찍이 그 하늘에 들어간 적이 있었기 때문이다.

三世에는 2가지의 뜻이 있다. 첫째는 또한 미래를 생각함이며, 둘째는 과거이다. 과거와 미래가 서로 바라보면 또한 삼세가 있다.

크게 환희심을 낸다는 것은 경계가 훌륭하기 때문이며, 자신의 복을 다행으로 여기기 때문이다.

二 能令等者는 然佛身에 無染淨大小오 亦無勝劣이 猶若虛空이라 雲屯卽暗이오 日朗卽明이며 色昏卽劣이오 物隔言小라 今妄雲盡而智光照라 故淸淨이오 性空現故로 廣大오 妙色顯故로 無比오 皆解脫力일세 故曰能令이라하니라

제2 보칭만음 천왕. "부처님의 색신(色身)이… 비교할 수 없도록 한다." 등은 그러나 부처님의 몸은 더러움과 청정, 그리고 크고 작음이 없으며, 또한 훌륭함과 용렬함도 없다. 이는 마치 허공과도 같다. 구름이 덮이면 곧 어두워지고 태양이 밝으면 곧 밝아지며, 날씨가 어두워지면 곧 용렬하고 물건이 가로막으면 하늘이 작

다고 말하는 것과 같다. 이제 妄念의 구름이 모두 사라지고 지혜의 광명이 비친 까닭에 '청정'하다 말하고, 자성의 허공이 나타난 까닭에 '광대'하다 말하고, 오묘한 빛이 나타난 까닭에 "비교할 수 없다[無比]." 말하고, 이 모두가 해탈의 힘인 까닭에 "그처럼 만들어주었다[能令]."고 말한다.

三 大慈 不揀怨親이 若雲無心而普覆라

제3 자목보계 천왕. 대자비의 마음으로 원수와 친한 이를 가리지 않는 것이 마치 구름이 무심으로 모두 덮어주는 것과 같다.

四 恒見等者는 人天世主 多恃威德이라 故佛現超之하야 令其敬喜라

제4 보광당명칭 천왕. "부처님의 현신을 항상 보았다." 등은 사람의 세계나 하늘의 세계에 주인들은 대부분 자신의 위엄과 덕을 자시하여 교만하게 굴기 때문에 부처님께서 그들보다 더 훌륭한 위엄과 덕을 나타내어 그들로 하여금 공경하고 환희하도록 만드는 것이다.

五 知其因果差別하야 使物勤修因果니 並得名福이라

제5 발생희락계 천왕. 일체중생의 인과가 모두 다르다는 점을 알려주어, 중생으로 하여금 부지런히 인과를 닦도록 함이다. 이를 아울러 '복'이라고 말한다.

六 開示等者는 示佛調生하야 令菩薩倣習이라

제6 단정념 천왕. "열어 보여주었다." 등은 부처님이 중생을 조복하는 모습을 보여주어, 보살로 하여금 부처님 하신 대로 따라서 익히도록 한 것이다.

七 初成·後壞·住時轉變으로 乃至毛孔細刹히 皆悉知之라 言轉變者는 福人出世면 則琳琅 現矣오 薄福者出이면 則荊棘 生焉이라

제7 고승음 천왕. 처음 이뤄지고 뒤에 무너지고 머무는 시간의 변화, 내지 털구멍의 작은 세계까지 모두 안 것이다. "머무는 시간의 변화[轉變]"라 말한 것은 복 있는 사람이 세상에 나오면 아름다운 옥이 나타나고, 박복한 사람이 나오면 가시나무가 돋아남을 말한다.

八 憶念等者는 佛毛現因調行이니 天憶이면 則能思齊라

제8 성취념 천왕. "미래 보살이… 생각하다." 등은 미래 보살이 因地에서 중생을 조복하는 행을 부처님의 모공에서 보여주시니, 諸天에서 보살이 그처럼 생각하면 제천 보살과 똑같이 할 것을 생각하는 것이다.

九 一切諸樂은 以佛爲因하야 具勝德故오 就樂增勝하야 說諸天耳라

제9 정화광 천왕. "일체 제천의 쾌락"은 부처로써 원인을 삼아 훌륭한 덕을 갖췄기 때문이며, 인간의 쾌락보다 더 훌륭하다는 점을 들어 '제천의 쾌락'이라고 말한 것이다.

十 開示等者는 受生善根은 卽念佛力이니 開示令不迷惑이면 則去放逸而進修라

제10 지일안 천왕. "모든 천자가 받아 태어나는 선근을 열어 보여주었다." 등에서 '받아 태어나는 선근[受生善根]'이란 곧 염불의 힘에 의한 것이다. 이러한 선근을 열어 보여주어 중생으로 하여금 미혹하지 않도록 하면 방탕과 안일의 잘못을 버리고 선한 업을 닦아나갈 수 있다.

十一은 疑自·疑他·疑理·疑事 有多種種이니 如聞空이면 疑斷이오 聞有면 疑常이오 聞雙是면 則疑其兩分이오 聞雙非면 疑無所據오 又聞空疑有와 聞有疑空等이 互相疑也어늘 今開之使悟라

제11 자재광명 천왕. 자신을 의심하고 남을 의심하고 진리를 의심하고 사물을 의심하는 따위의 수많은 종류가 있다. 예컨대 空의 도리를 들으면 斷滅인가 의심하고 有를 들으면 常見인가 의심하며, 모두 옳다는 말을 들으면 둘로 나뉠까 의심하고 모두 옳지 않다는 말을 들으면 근거할 바 없을까 의심하며, 또 공의 도리를 들으면 반대로 유를 의심하고 유를 들으면 거꾸로 공을 의심하는 따위로 모든 것을 서로 얽혀 의심하는 것이다. 여기에서 이런 의심을 열어주어 그들에게 깨달음을 얻도록 한 것이다.

經

爾時에 **釋迦因陀羅天王**이 **承佛威力**하사 **普觀一切三十三天衆**하고 **而說頌言**하사대

그때 석가인다라 천왕이 부처님이 지닌, 헤아릴 수 없는 영묘하고도 불가사의한 힘을 받들어 33천의 모든 대중들을 널리 살피고 게송으로 말씀드렸다.

◉ 疏 ◉

偈中에 亦有十一이라

게송 또한 11편이 있다.

제1 석가인다라 천왕의 게송

經

我念三世一切佛의 **所有境界悉平等**하시니
如其國土壞與成을 **以佛威神皆得見**이로다

내가 생각하니 삼세 모든 부처님이
계신 경계가 모두 평등하시니
국토가 무너지고 이룩되는 것을
부처님의 위신력으로 모두 보았네

◉ 疏 ◉

初中에 云'平等'者는 化儀同故라 又但以世俗文字數故로 說有三世언정 非謂如來 有去·來·今이라

제1 석가인다라 천왕의 게송. 제2구에서 말한 '평등'이란 부처님께서 교화하는 형식과 방법이 똑같기 때문이다. 또한 세속 문자의 수효에 따라 '三世'라 말했을 뿐, 여래에게 과거·미래·금생 삼세가 있다는 말은 아니다.

제2 보칭만음 천왕의 게송

佛身廣大徧十方하사 **妙色無比利群生**하시며

光明照曜靡不及하시니　　此道普稱能觀見이로다

부처님의 몸, 광대하사 시방에 두루 하여

비할 데 없는 미묘한 색, 중생을 이롭게 하시며

광명이 빛나 미치지 않는 데 없으시니

보칭 천왕이 이런 도리 보았네

◉ 疏 ◉

二中에 初句는 廣大오 次句는 無比오 次句는 淸淨이라 然古德이 明通有六義니 一은 廣이니 謂總法界爲身故오 二는 徧이니 全徧一塵으로 至十方故오 三은 妙니 色은 卽無色이라 無色之色故오 四는 勝이니 無有比故오 五는 益이니 利物無涯故오 六은 用이니 光破暗故라

제2 보칭만음 천왕의 게송. 제1구는 '광대'를, 제2구는 '무비'를, 제3구는 '청정'을 말하였다. 그러나 옛 스님은 전체로 6가지의 뜻이 있다고 밝히고 있다.

⑴ 廣, 총법계로 자체를 삼기 때문이다.

⑵ 徧, 하나의 티끌까지 모두 두루 하여 시방에 이르기 때문이다.

⑶ 妙, 색이 곧 無色이라, 무색의 색이기 때문이다.

⑷ 勝, 비할 데 없기 때문이다.

⑸ 益, 중생을 이롭게 함이 끝이 없기 때문이다.

⑹ 用, 광명으로 어둠을 타파하였기 때문이다.

제3 자목보계 천왕의 게송

經

如來方便大慈海여　往劫修行極淸淨하사
化導衆生無有邊하시니　寶髻天王斯悟了로다

여래의 방편인 큰 자비바다여
지난 겁의 수행으로 지극히 청정하사
중생의 교화 끝이 없으시니
보계 천왕이 이런 도리 깨달았네

◉ 疏 ◉

三中에 前半은 卽慈雲이니 上句는 果大오 下句는 因深이라 一切佛法이 依慈悲오 慈悲는 又依方便立하나니 俱稱深廣일새 故致海言이라 次句는 卽普覆也라

제3 자목보계 천왕의 게송. 제1, 2구는 법문에서 말한 '자비의 구름[慈雲]'이다. 제1구는 果의 큼을, 제2구는 因의 깊음을 말하였다. 일체 불법이 자비를 의지하고, 자비는 또한 방편에 의해 세워지는데, 모두 깊고도 드넓은 데에 부합되는 일이기에 이를 '대자비의 바다[大慈海]'라 말하였다. 제3구는 곧 법문에서 말한 "자비의 구름이 널리 덮어줌[慈雲普覆]"을 말한다.

제4 보광당명칭 천왕의 게송

經

我念法王功德海가 世中最上無與等하야
發生廣大歡喜心하시니 此寶光天之解脫이로다

내가 생각하니 법왕의 공덕바다

세상에 가장 으뜸이라 똑같을 게 없어

넓고 큰 환희심 내게 하시니

이는 보광 천왕의 해탈문이네

제5 발생희락계 천왕의 게송

經

佛知衆生善業海에 種種勝因生大福하사
皆令顯現無有餘하시니 此喜髻天之所見이로다

부처님이 중생의 선업바다에

갖가지 좋은 인(因), 큰 복 낸 줄 아시고

남김없이 모두 밝혀 나타내주시니

희락계 천왕이 이런 경계 보았네

제6 단정념 천왕의 게송

經

諸佛出現於十方하사　　普徧一切世間中하사
觀衆生心示調伏하시니　　正念天王悟斯道로다

모든 부처님이 시방에 출현하여
널리 일체 세간에 두루 하사
중생의 마음 살펴 조복을 보이시니
정념 천왕이 이런 도리 깨달았네

제7 고승음 천왕의 게송

如來智身廣大眼이여　　世界微塵無不見이라
如是普徧於十方하시니　　此雲音天之解脫이로다

여래 지혜의 넓고 크신 눈이여
미진수 세계를 모두 보셨네
이와 같이 시방에 두루 하시니
이는 운음 천왕의 해탈문이네

제8 성취념 천왕의 게송

經

一切佛子菩提行을　　如來悉現毛孔中하사대
如其無量皆具足하시니　　此念天王所明見이로다

모든 불자의 보리행을
여래께서 모공 속에 모두 나타내어
그처럼 한량없이 모두 구족하시니
성취념 천왕이 이런 경계 밝게 보았네

제9 정화광 천왕의 게송

經

世間所有安樂事여　　**一切皆由佛出生**이라
如來功德勝無等하시니　　**此解脫處華王入**이로다

세간에 있는 안락한 일이여
부처님에 의해 그 모두 나온 공덕이네
여래의 공덕 훌륭하여 비할 길 없으시니
정화 천왕이 이런 해탈처 들어갔네

◉ **疏** ◉

次六은 可知라

다음 제4 보광당명칭 천왕에서 제9 정화광 천왕의 게송까지는 설명하지 않아도 알 수 있다.

제10 지일안 천왕의 게송

若念如來少功德하야　　乃至一念心專仰하면
諸惡道怖悉永除니　　智眼於此能深悟로다

여래의 적은 공덕을 생각하여
잠깐 한 생각만이라도 마음에 우러르면
모든 악도 두려움이 모두 사라지니
지안 천왕이 이런 경지 깊이 깨달았네

◉ 疏 ◉

十中에 初二句는 卽前善根이니 少功德者는 以少況多하야 彰因爲勝이오 次句는 卽人天受生이라 故離三惡怖니라

제10 지일안 천왕의 게송. 제1, 2구는 앞의 법문에서 말한 '善根(一切諸天子 受生善根)'이다. '적은 공덕'이란 적은 것으로 많은 것을 비유하여, 이런 선근의 因이 훌륭함을 밝혔고, 다음 제3구는 곧 인간과 천상으로 생을 받아 온 것이다. 이 때문에 지옥·아귀·축생의 三惡道에 대한 두려움에서 벗어날 수 있음을 말한다.

제11 자재광명 천왕의 게송

寂滅法中大神通이여　　普應群心靡不周하사
所有疑惑皆令斷케하시니　　此光明王之所得이로다

고요한 법 가운데 큰 신통력이여
중생의 마음에 널리 응하여 두루 하사
모든 의혹을 다 끊도록 하시니
이는 광명 천왕이 얻은 해탈문이네

◉ 疏 ◉

十一中에 初句는 卽能開之法이니 是寂滅智通이오 次二句는 由普應故로 疑皆斷也라

제11 자재광명 천왕의 게송. 제1구는 곧 법문에서 말한 '중생을 깨우쳐줄 수 있는' 법이니 적멸지의 신통이며, 다음 제2, 3구는 "중생의 마음에 널리 응하여 주었기에" 중생이 지닌 의심을 모두 끊어줄 수 있음을 말한다.

第六 日天子 長行十一法

제6. 일천자

장항 11법

經

復次日天子는 **得淨光普照十方衆生**하야 **盡未來劫常爲利益解脫門**하고

光燄眼天子는 **得以一切隨類身**으로 **開悟衆生**하야 **令入智**

慧海解脫門하고

須彌光歡喜幢天子는 得爲一切衆生主하야 令勤修無邊淨功德解脫門하고

淨寶月天子는 得修一切苦行호되 深心歡喜解脫門하고

勇猛不退轉天子는 得無礙光普照하야 令一切衆生으로 益其精爽解脫門하고

妙華纓光明天子는 得淨光普照衆生身하야 令生歡喜信解海解脫門하고

最勝幢光明天子는 得光明普照一切世間하야 令成辦種種妙功德解脫門하고

寶髻普光明天子는 得大悲海로 現無邊境界種種色相寶解脫門하고

光明眼天子는 得淨治一切衆生眼하야 令見法界藏解脫門하고

持德天子는 得發生淸淨相續心하야 令不失壞解脫門하고

普運行光明天子는 得普運日宮殿하야 照十方一切衆生하야 令成就所作業解脫門하시니라

또 다음 일(日) 천자는 청정한 광명으로 시방의 중생을 널리 비추어 미래겁이 다하도록 항상 도움 되게 하는 해탈문을 얻었고,

광염안(光談眼) 천자는 모든 종류의 중생을 따라 나타난 몸으로 중생을 깨우쳐 지혜의 바다에 들어가게 하는 해탈문을 얻었고,

수미광환희당(須彌光歡喜幢) 천자는 모든 중생의 주인이 되어 끝

없이 청정한 공덕을 부지런히 닦도록 하는 해탈문을 얻었고,

정보월(淨寶月) 천자는 모든 고행을 닦되 깊은 신심으로 환희하는 해탈문을 얻었고,

용맹불퇴전(勇猛不退轉) 천자는 걸림 없는 광명을 널리 비추어 모든 중생으로 하여금 그 밝은 정기를 더하게 하는 해탈문을 얻었고,

묘화영광명(妙華纓光明) 천자는 청정한 광명으로 중생의 몸을 널리 비추어 기쁜 신심과 이해를 내게 하는 해탈문을 얻었고,

최승당광명(最勝幢光明) 천자는 광명이 모든 세간을 널리 비추어 갖가지 오묘한 공덕을 이루도록 하는 해탈문을 얻었고,

보계보광명(寶髻普光明) 천자는 큰 자비의 바다에 끝없는 경계의 갖가지 색상의 보배를 나타내는 해탈문을 얻었고,

광명안(光明眼) 천자는 모든 중생의 눈을 청정하게 다스려서 법계의 창고를 보게 하는 해탈문을 얻었고,

지덕(持德) 천자는 끊임없이 이어가는 청정한 마음을 내어 잃거나 무너지지 않도록 하는 해탈문을 얻었고,

보운행광명(普運行光明) 천자는 태양의 궁전을 널리 운전하여 시방의 일체중생에게 비춰주어 그들이 하는 일마다 모두 성취하도록 하는 해탈문을 얻었다.

◉ 疏 ◉

旣爲日天에 多辨光益이라 初一의 名及法門은 皆是總也라 謂佛身智光이 猶如彼日하야 無私而照일세 是曰淨光이니 此光體也오 次辨用光

이니 略有四義니 一은 約心인댄 高下齊明이라 故名普照오 二는 約處댄 則窮十方界오 三은 約時댄 盡於未來오 四는 約功用인댄 常無間斷이니라 如斯利益은 卽大智之功이라

일 천자는 이미 태양의 하늘이기에 태양의 광명에 대한 이익을 논변한 바 많다.

제1 일 천자. 명호와 해탈문은 모두 총체로 말한 것이다. 부처님의 지혜광명은 태양이 사심 없이 비춰주는 것과 같기에 이를 '청정한 광명[淨光]'이라 말하니 이는 광명의 본체이다.

그 다음은 광명의 작용에 대해 말한 부분이다. 이를 간단하게 말하면 4가지의 뜻이 있다.

⑴ 마음으로 말하면, 높고 낮은 곳을 똑같이 비춰주기에 이를 '널리 비춘다[普照].'고 말한다.

⑵ 공간으로 말하면, 시방세계 끝까지 비춰준다.

⑶ 시간으로 말하면, 미래겁을 다하도록 비춰준다.

⑷ 작용으로 말하면, 영원히 간단없이 비춰준다.

위와 같은 이익이 곧 부처님의 큰 지혜에 의한 공효이다.

二 '以一切'等者는 衆生本有佛智 如海潛流일세 今佛 以隨彼彼類身으로 設種種方便하야 務在開悟하야 令其證入이라

제2 광염안 천자. "모든 종류의 중생을 따라 나타난 몸으로" 등은 중생이 본래 소유한 부처의 지혜는 보이지 않게 흐르는 바닷물과도 같다. 여기에서 부처님이 각기 다른 무리, 즉 그들의 몸에 따라서 온갖 방편을 베풀어 그들을 깨우쳐줌으로써 그들이 증득하여

들어갈 수 있도록 마련해주는 데에 힘쓰는 것이다.

三 衆生愛染으로 漂泊無依어늘 佛德無礙하사 應爲其主라 隨修絕染을 名淨功德이오 一行契理로도 卽曰無邊이온 況其具修耶아

제3 수미광환희당 천자. 중생이 애욕으로 생사의 고해에 표류하여 의지처가 없다. 부처님의 덕은 걸림이 없어 응당 그들의 주인이 되기에 부지런히 수행함을 따라 애욕을 끊도록 마련해주는 것을 '청정한 공덕[淨功德]'이라고 한다. 하나의 行이 이치에 계합하는 것만으로도 곧 '無邊'하다고 말하는데 하물며 구족한 수행이야 오죽하겠는가.

四 修一切等者는 以智導悲하야 爲物受苦일세 故深歡喜라

제4 정보월 천자. "모든 고행을 닦되" 등은 지혜로써 자비를 인도하여 중생을 위해 괴로움을 받아들이기에 깊은 신심으로 환희하는 것이다.

五 謂體離障惑하야 用而遂通이라 故云無礙오 若身若智 俱得稱光하야 周而不偏이라 故云普照오 身心明利는 是益精爽이니 爽은 明也라 大集經에 云國王護法에 增長三種精氣하나니 一은 地精氣니 謂五穀豐熟이오 二는 衆生精氣니 謂形貌端嚴하야 無諸疾疫이오 三은 善法精氣니 謂修施戒信等이라 今文은 正在第三이니 益其福智오 義兼前二이니 法力遠資故일세니라

제5 용맹불퇴전 천자. 본체가 障惑을 여의어 妙用으로서 모든 일에 통하기에 '걸림이 없다[無礙].'고 말하고, 몸과 지혜가 모두 광명과 같아서 치우침 없이 두루 하기에 '널리 비춘다[普照].'고 말한

다. '몸과 마음의 광명'의 이로움이란 정기의 밝음[精爽]을 더해주는 것이니, 爽이란 밝음이다. 대집경에 이르기를, "국왕이 부처님 법을 밖에서 수호하면 3가지의 정기가 더욱 커나가게 된다.

⑴ 땅의 정기. 오곡이 풍성하게 익음을 말한다.

⑵ 중생의 정기. 중생의 얼굴과 몸의 모습이 단정하고 장엄하여 모든 질병이 없음을 말한다.

⑶ 善法의 정기. 보시·지계·신심 등을 닦는 것을 말한다."고 하였다. 이 문장에서 말한 정기는 대집경의 '⑶ 선법의 정기'를 말한다. 그에 따른 복과 지혜를 더하고, 그 뜻은 앞에서 말한 ⑴과 ⑵의 정기를 겸하고 있다. 이는 법력이 멀리 도움이 되기 때문이다.

六 淨光等者는 身智二光이 淨物身心하야 信解深廣하나니 于何不喜오

제6 묘화영광명 천자. "청정한 광명" 등은 부처님의 몸과 지혜의 두 광명으로 중생의 몸과 마음을 청정하게 하여 신심과 이해를 깊고 넓게 지니도록 마련해주니 어찌 기뻐하지 않겠는가.

七 晝則勤心하야 修善業故라

제7 최승당광명 천자. 낮에는 부지런히 마음으로 선업을 닦았기 때문이다.

八 '大悲海'等者는 謂無緣大悲로 坐於道樹하야 出多奇寶故오 色相寶者는 應言寶色相이라 圓明可貴故로 以寶爲體오 寶莊嚴故로 具十蓮華藏塵數일세 故云種種이오 一一色相이 用周法界일세 名現無邊境이니라 如是 皆從大悲海流하나니 悲海包納하야 不揀賢愚故니라

제8 보계보광명 천자. "큰 자비의 바다" 등은 끝없는 대자비

로 대도의 나무 아래 앉아 수많은 기이한 보배를 내주기 때문이다. "색상의 보배[色相寶]"란 당연히 '보배의 색상[寶色相]'이라고 말해야 한다. 둥글고 깨끗하여 고귀한 까닭에 보배로 본체를 삼고, 보배로 장엄한 까닭에 十蓮華藏塵數를 갖추고 있다. 이 때문에 이를 '갖가지[種種]'라고 말한다. 하나하나의 색상이 묘용으로 법계에 두루 하기에 이를 "끝없는 경계에 나타났다[現無邊境界]."고 말한 것이다. 이와 같이 모두 '큰 자비의 바다'에서 흘러나오니 '자비의 바다'는 모든 것을 받아들여 어리석은 중생이나 어진 중생을 가리지 않기 때문이다.

九 慧除癡翳면 法眼則淨하고 淨見法界면 法界卽藏이니 藏은 如前說이라

제9 광명안 천자. 지혜로 어리석은 장애를 없애면 법안이 청정하고, 청정하게 법계를 보면 법계가 곧 藏이다. 藏에 대한 설명은 앞에서 말한 바와 같다.

十 發生等者는 謂於佛所에 發生淸淨心하야 曾一供養하야 能令其福으로 續至菩提故로 如出現品 食金剛喩은 況相續耶아

제10 지덕 천자. "청정한 마음을 낸다." 등은 부처님이 계신 곳에서 청정한 마음을 내어 단 한 번 부처님을 공양할지라도 그 복으로 인하여 이어 보리에 이르게 해준다. 이 때문에 제37 여래출현품에서 "법문을 듣고서 설령 깨닫지 못했을지라도 신심으로 견고한 종자를 이루는 것이 마치 금강을 삼키면 끝내 배 속에서 소화되지 않는 것과 같다[謂聞雖未悟, 而能信向, 以成堅種, 如食金剛, 終竟不消]."고

말했는데, 하물며 끊임없이 이어감이야 오죽하겠는가.

十一은 使物居業하야 莫越日光이니 令人進德이 寧過法義리오

제11 보운행광명 천자. 중생이 일을 할 적에 밝은 햇살보다 더 좋은 것이 없다. 사람들이 덕을 닦아 나아감이 어찌 불법의 뜻보다 더 좋은 것이 있을 수 있겠는가.

經

爾時에 **日天子**가 **承佛威力**하사 **普觀一切日天子衆**하고 **而說頌言**하사대

그때 일 천자가 부처님이 지닌, 헤아릴 수 없는 영묘하고도 불가사의한 힘을 받들어 모든 일 천자 대중을 두루 살피고 게송으로 말씀드렸다.

◉ 疏 ◉

偈中에 亦有十一이라

게송 또한 11편이다.

제1 일 천자의 게송

經

如來廣大智慧光이 **普照十方諸國土**하시니
一切衆生咸見佛의 **種種調伏多方便**이로다

여래의 광대한 지혜광명이
시방 모든 국토를 널리 비추니
모든 중생이 부처님의
갖가지 조복의 방편을 보았네

◉ **疏** ◉

初中에 前半은 淨光普照오 後半은 常爲利益하야 滅惡生善하고 破愚爲智等이 爲多方便이라

제1 일 천자의 게송. 제1, 2구는 청정한 광명이 널리 비춤이며, 제3, 4구는 항상 중생에게 도움이 됨이니 악을 없애어 선을 내고 어리석음을 타파하여 지혜를 삼는 등 가지가지 방편이 있다.

제2 광염안 천자의 게송

經

如來色相無有邊이라 **隨其所樂悉現身**하사
普爲世間開智海하시니 **焰眼如是觀於佛**이로다

여래의 모습은 한량없어서
중생이 좋아함을 따라 몸을 나타내어
널리 세간을 위해 지혜바다 여시니
염안 천자가 부처님에게 이런 경계 보았네

제3 수미광환희당 천자의 게송

經

佛身無等無有比라　　**光明照曜徧十方**하사
超過一切最無上하시니　　**如是法門歡喜得**이로다

갈은 이 없고 비할 데 없는 부처님의 몸
광명이 시방에 두루 밝게 비쳐
모든 것 뛰어넘어 가장 높으시니
환희 천자가 이런 법문 얻었네

◉ 疏 ◉

二三은 可知라

제2 광염안 천자·제3 수미광환희당 천자의 게송, 이는 설명하지 않아도 알 수 있다.

제4 정보월 천자의 게송

經

爲利世間修苦行하사　　**往來諸有無量劫**이로대
光明徧淨如虛空하시니　　**寶月能知此方便**이로다

세간의 이익 위해 고행을 닦으시어
모든 유(有)에 왕래하신 지 한량없는 겁

광명 두루 청정하여 허공 같으시니

보월 천자가 이런 방편 알았네

◉ 疏 ◉

四中에 前半은 卽一切苦行이니 此有四難이라 一은 背己利世難이오 二는 行相唯苦難이오 三은 處經諸有難이오 四는 時劫無量難이라 於此具行일세 故云一切라 次句는 明深心歡喜니 亦有四義라 一은 爲物苦行은 滿本願故니 義在初句오 二는 智照苦性 本空寂故니 卽有光明照空이오 三은 徧淨無染하야 非雜毒故니 卽徧淨如空오 四는 自他有果하야 非無利故니 卽第三句全이라

제4 정보월 천자의 게송. 제1, 2구는 곧 위에서 말한 '일체 고행'이다. 여기에는 4가지의 어려움이 있다.

⑴ 자신을 저버리고 세간중생의 이익을 위하는 어려움.

⑵ 행상이 오직 고뇌인 어려움.

⑶ 모든 유에 처하여 겪어야 하는 어려움.

⑷ 한량없는 세월의 어려움.

이 4가지의 어려움을 모두 행하기에 '일체 고행'이라고 말한다.

제3구는 깊은 신심의 환희[深心歡喜]를 밝힘이니, 여기에 또한 4가지의 뜻이 있다.

⑴ 중생을 위해 고행함은 본원을 원만히 이루려는 것이니 그 뜻은 제1구에 있다.

⑵ 지혜로 苦의 체성이 본래 공적임을 비춰 보는 것이니 지혜

광명으로 空을 관조함이다.

⑶ 두루 청정하여 雜染이 없어 잡독이 없기 때문이다. 이는 허공처럼 두루 청정함이다.

⑷ 자타 모두 果가 있어 이익이 없지 않기 때문이다. 이는 제3구 전체의 뜻이다.

제5 용맹불퇴전 천자의 게송

經

佛演妙音無障礙여　　**普徧十方諸國土**하사
以法滋味益群生하시니　　**勇猛能知此方便**이로다

부처님 오묘한 설법의 음성, 걸림이 없음이여
널리 시방 모든 국토에 두루 하여
법의 맛으로 중생에게 도움 주시니
용맹 천자가 이런 방편 알았네

제6 묘화영광명 천자의 게송

經

放光明網不思議여　　**普淨一切諸含識**하사
悉使發生深信解케하시니　　**此華纓天所入門**이로다

광명 그물 펼치신 부사의여

널리 모든 중생 청정하게 하사
모두 깊은 신심과 이해 내게 하시니
화영 천자가 이 해탈문에 들어갔네

◉ 疏 ◉

五六은 可知라 光網之義는 如賢首品이라

제5 용맹불퇴전 천자 · 제6 묘화영광명 천자의 게송, 이는 설명하지 않아도 알 수 있다.

'광명 그물'에 관한 뜻은 현수품에서 말한 바와 같다.

제7 최승당광명 천자의 게송

經

世間所有諸光明이　　不及佛一毛孔光이라
佛光如是不思議여　　此勝幢光之解脫이로다

세간에 있는 모든 광명이
부처님 한 모공의 광명보다 못하네
부처님 광명 이처럼 부사의함이여
이는 승당광 천자의 해탈문이네

◉ 疏 ◉

七中에 通明이라 擧劣顯勝하야 以辨難思일세 故能成辦諸妙功德이라

言世不及者는 世雖多光이나 益非究竟이오 佛光雖少나 必徹眞源하야 不可盡故로 以一況諸라

제7 최승당광명 천자의 게송. 이는 전체로 밝히고 있다. 하찮은 하나의 모공을 들어 훌륭한 부처님의 광명을 나타내 불가사의 공덕을 말하였다. 이 때문에 "갖가지 오묘한 공덕을 이루었다."고 하였다.

"세간 모든 광명이 부처님 한 모공의 광명보다 못하다."는 것은 세상에 수많은 광명이 있으나 더욱 그것은 구경처가 아니며, 부처님의 광명은 아무리 적을지라도 반드시 眞源과 통하여 다함이 없기에 하나의 모공을 들어 나머지 그 모든 것을 비유하였다.

제8 보계보광명 천자의 게송

經

一切諸佛法如是여　　**悉坐菩提樹王下**하사
令非道者住於道케하시니　　**寶髻光明如是見**이로다

모든 부처님의 법 이러함이여
모두 보리수 아래 앉으시어
도에 이르지 못한 자를 도에 머물게 하시니
보계광명 천자가 이런 도리 보았네

제9 광명안 천자의 게송

經

衆生盲暗愚癡苦여 **佛欲令其生淨眼**이라
是故爲然智慧燈하시니 **善目於此深觀察**이로다

눈멀고 어리석은 중생의 고뇌여
부처님이 그들의 청정한 눈 열어주시고자
중생 위해 지혜 등불 밝히시니
선목 천자가 이를 경계 깊이 살폈네

제10 지덕 천자의 게송

經

解脫方便自在尊을 **若有曾見一供養**이라도
悉使修行至於果케하시니 **此是德天方便力**이로다

해탈 방편이 자재하신 부처님
만약 뵙고 단 한 번 공양 올려도
모두 수행으로 성과(聖果)에 이르게 하시니
이는 지덕 천자의 방편 힘이네

◉ **疏** ◉

八九與十은 文亦可知라

제8 보계보광명 천자·제9 광명안 천자·제10 지덕 천자의 게송, 이는 또한 설명하지 않아도 알 수 있다.

제11 보운행광명 천자의 게송

經

一法門中無量門을　　**無量千劫如是說**하시니
所演法門廣大義여　　**普運光天之所了**로다

한 법문 가운데 한량없는 법문을
한량없는 겁에 이처럼 설하시니
연설하신 법문, 넓고 큰 뜻이여
보운광 천자가 이런 도리 깨달았네

◉ **疏** ◉

十一中에 初句는 卽能照法門이니 猶一日宮이 千光並照라 隨擧一法하야 有無量門이라 然有二義하니 一은 約相類인댄 如一無常門에 有生老病死와 聚散合離와 得失成壞와 三災四相과 外器內身과 刹那一期와 生滅轉變과 染淨隱顯하야 皆無常門이오 餘亦如是라 二는 就性融인댄 不可盡也라 次二句는 普運照義니 一日周天則日日無盡이오 一門歷事則劫劫難窮이니 方便多門이 終歸一極이라 廣者는 無邊이오 大者는 無上이라

제11 보운행광명 천자의 게송. 제1구는 곧 시방 일체중생을 비춰 보는 부처님의 법문이니 하나의 태양이 수많은 광명을 쏟아내듯이 하나의 법문을 듦에 따라서 한량없는 법문이 그 가운데에 있다.

그러나 여기에는 2가지의 뜻이 있다.

⑴ 바깥으로 相을 들어 분류한다면, 예컨대 하나의 無常門에서 나고 늙고 병들고 죽고, 모이고 흩어지고 만나고 떠나고, 얻고 잃고 이뤄지고 무너지고, 3가지 재앙과 4가지 相, 外器와 內身, 찰나와 一期, 생멸과 전변, 染淨과 隱現이 있어 모두가 무상의 법문이다. 그 나머지 또한 이와 같다.

⑵ 본성으로 나아가 모든 것을 융합하면 끝이 없다.

다음 제2, 3구는 "태양의 궁전을 널리 운전하여 시방의 일체중생에게 비춰준다[普運日宮殿 照十方一切衆生]."는 뜻이다. 태양은 하루에 365度의 天體를 두루 한 차례 선회하는바, 이러한 선회는 날이면 날마다 끊임없이 반복하고, 하나의 법문으로 중생을 편력하면 오랜 세월에도 다함이 없으니 방편의 수많은 법문이 끝내는 하나의 극처로 돌아간다. '法門廣大'의 廣이란 끝이 없음이며, 大는 그 위에 더할 것이 없는 가장 높은 경지이다.

第七 月天子 長行十法

제7. 월천자

장항 10법

經

復次月天子는 **得淨光**으로 **普照法界**하야 **攝化衆生解脫門**하고

華王髻光明天子는 得觀察一切衆生界하야 令普入無邊法解脫門하고
衆妙淨光天子는 得了知一切衆生心海의 種種攀緣轉解脫門하고
安樂世間心天子는 得與一切衆生不可思議樂하야 令踊躍大歡喜解脫門하고
樹王眼光明天子는 得如田家가 作業에 種芽莖等을 隨時守護하야 令成就解脫門하고
出現淨光天子는 得慈悲救護一切衆生하야 令現見受苦受樂事解脫門하고
普遊不動光天子는 得能持淸淨月하야 普現十方解脫門하고
星宿王自在天子는 得開示一切法의 如幻如虛空하야 無相無自性解脫門하고
淨覺月天子는 得普爲一切衆生하야 起大業用解脫門하고
大威德光明天子는 得普斷一切疑惑解脫門하시니라

또 다음 월(月) 천자는 청정한 광명으로 법계를 널리 비추어 중생을 거두어 교화하는 해탈문을 얻었고,

화왕계광명(華王髻光明) 천자는 모든 중생계를 관찰하여 끝없는 법에 널리 들어가게 하는 해탈문을 얻었고,

중묘정광(衆妙淨光) 천자는 모든 중생의 마음바다가 갖가지 반연으로 달라짐을 아는 해탈문을 얻었고,

안락세간심(安樂世間心) 천자는 모든 중생에게 불가사의한 즐거

움을 주어 아주 기뻐서 뛰게 하는 해탈문을 얻었고,

수왕안광명(樹王眼光明) 천자는 농가에서 농사지을 적에 종자와 새싹과 줄기 등을 계절에 따라 지켜주고 보호하여 성취하게 하는 해탈문을 얻었고,

출현정광(出現淨光) 천자는 자비로 모든 중생을 구제하고 보호하여 고뇌를 받고 쾌락을 받는 일을 뚜렷이 보게 하는 해탈문을 얻었고,

보유부동광(普遊不動光) 천자는 청정한 달을 가지고 시방에 널리 비춰주는 해탈문을 얻었고,

성수왕자재(星宿王自在) 천자는 모든 법이 마술과 같고 허공과 같아서 모양도 없고 자성도 없음을 보여주는 해탈문을 얻었고,

정각월(淨覺月) 천자는 널리 일체중생을 위하여 대업의 작용을 일으키는 해탈문을 얻었고,

대위덕광명(大威德光明) 천자는 모든 의혹을 널리 끊어버리는 해탈문을 얻었다.

◉ 疏 ◉

初名法門은 亦總稱也라 謂光有身智二殊오 法界도 亦事理兩別이니 事는 卽機之身心及所依刹이라 身光은 照身令覺이오 照刹令淨이며 智光은 照心破癡하고 照理令顯이니 身智二光이 相卽이면 則所照四法亦融일새 以之稱普오 並除惑障일새 俱得淨名이니라

제1 월 천자. 이 명호와 법문 또한 총체로 말한 것이다. 광명에

는 법신광명과 지혜광명 2가지가 있고, 법계 또한 事法界와 理法界 2가지가 있다. 사법계는 機緣에 응하는 몸과 마음, 그리고 의지하는 대상의 세계를 말한다. 법신광명은 나의 몸을 비춰 깨달음을 얻게 하고 세계를 비춰 청정케 하며, 지혜광명은 마음을 비춰 어리석음을 타파하고 이치를 비춰 훤히 나타나게 한다. 법신광명과 지혜광명 2가지가 서로 함께하면 비춰야 할 대상이 되는, 4가지의 법[照身·照刹·照心·照理] 또한 모두 원융하여 잘 알 수 있기에 '널리 비춘다[普照].'고 말하였다. 그뿐만 아니라, 아울러 惑障까지 없애주기에 모두 '청정한 광명[淨光]'이라는 이름을 얻게 된 것이다.

二 '觀察'等者는 悲心普觀하사 授以多法하야 令入無邊法界라

제2 화왕계광명 천자. "모든 중생계를 관찰하다." 등은 자비의 마음으로 일체중생을 널리 관찰하여 끝없이 많은 법을 전수하며 그들이 끝없는 법계에 널리 들어가도록 함이다.

三 衆生藏識을 皆名心海오 前七轉識을 名攀緣轉이니 轉은 謂轉生이오 亦流轉也라 緣境非一일세 立種種名이라 故經에 云"藏識海 常住어든 境界風 所動으로 種種諸識浪이 騰躍而轉生이라"하고 喻云"洪波鼓溟壑하야 無有斷絕期라"하니 旣知機殊일세 隨應授法이니라【鈔_ 故經云'藏識海常住'等者는 此疏義引이로되 具云"譬如巨海浪은 斯由猛風起라 洪波鼓溟壑하야 無有斷絕期로다."하니 '藏識海常住'等으로 同이니 此義는 至問明品하야 當廣分別이라】

제3 중묘정광 천자. 중생의 藏識, 즉 제8 아뢰야식을 모두 '마음바다[心海]'라 이름하고, 앞의 七轉識을 攀緣轉이라고 말한다. 轉

이란 전전하여 발생함이며, 또한 이곳저곳으로 떠돌아다니는 流轉을 말한다. 반연의 경계는 한 가지가 아니기에 '種種攀緣'이라고 말한 것이다.

이 때문에 楞伽經의 게송에서 이르기를, "장식의 바다 늘 그대로인데, 바깥 경계 바람으로 동요되어, 가지가지 모든 식의 물결이, 솟구치고 일렁이며 이리저리 발생하게 된다."고 하였고, 이를 비유하여 이르기를, "거센 파도, 깊은 바다에 심하게 요동쳐서, 멈출 기약이 없다."고 말하였다. 그러나 부처님은 앞서 중생 마음의 근기가 각기 다름을 알았기에 그들을 따라 상응한 법을 전해주는 것이다. 【초_ 능가경의 게송에서 이르기를, "장식의 바다 늘 그대로인데" 등은 청량소에서 그 의의를 인용했는데, 이를 구체적으로 말한다면 다음과 같다. "비유하면 큰 바다의 물결은 사나운 바람에 의해 일어나도다. 거센 파도, 깊은 바다에 심하게 요동쳐서, 멈출 기약이 없다." 이는 "장식의 바다 늘 그대로인데" 등과 같은 뜻이다. 이 의의는 菩薩問明品에서 자세히 분별하여 말할 것이다.】

四 與一切衆生等者는 謂示物聖樂하야 令得初地라 此樂本有하야 染而不染이 爲不思議라

제4 안락세간심 천자. "모든 중생에게 불가사의한 즐거움을 준다[與一切衆生不可思議樂]." 등은 중생에게 부처님의 즐거움을 보여주어 그들로 하여금 初地를 얻도록 함이다. 이 즐거움은 본래 고유한 것이어서 물들여도 물들지 않는다는 것이 불가사의함이다.

五 謂以菩提心으로 爲家오 二利로 爲作業이오 並以身口로 爲牛오 利

智로 爲犂하야 耕於心地하고 下聞熏種하야 生信解芽하고 起正行莖하고 開諸覺華하야 獲菩提果라 自利는 則以不放逸로 隨時守護오 利他는 則以能化로 大願守護하야 不令魔惑과 禽獸侵犯하야 從因至果히 得成就也라

제5 수왕안광명 천자. 보리의 마음으로 농가를 삼고, 自利利他로 일을 삼고, 아울러 몸과 입으로 소를 삼는다. 예리한 지혜로 쟁기를 삼아 마음의 밭을 갈고, 本覺의 內熏인 聞熏의 종자를 뿌려서 신심과 이해의 새싹이 돋아나고, 바른 행의 줄기가 뻗어나고, 모든 깨달음의 꽃이 활짝 피어 보리의 열매를 얻은 것이다.

自利는 방탕과 안일하지 않고서 어느 때나 불법을 수호함이며, 利他는 교화의 주체로서 큰 서원을 수호하여 魔의 현혹을 당하지 않도록 하고 금수의 침범을 당하지 않도록 하여 因에서 果에 이르기까지 성취하도록 하는 것이다.

六 慈悲等者는 謂慈護現樂하고 悲救其苦하야 令見因果하야 斷惡修善을 名眞救護니라

제6 출현정광 천자. "자비로 모든 중생을 구제하고 보호하다." 등은 大慈로 중생의 분명한 즐거움을 보호하고, 大悲로 중생의 고뇌를 구제하여 그들로 하여금 인과를 보고서 악업을 끊고 선업을 닦도록 하는 것을 참다운 구제요, 참다운 수호라고 말한다.

七 以佛智風으로 持大悲月하야 使明見正覺하야 離苦淸涼이라

제7 보유부동광 천자. 부처 지혜의 바람으로 大悲의 달을 가지고 중생으로 하여금 분명하게 정각을 보고서 고뇌를 여의고 淸涼

함을 얻도록 한 것이다.

八 '開示'等者는 一切法에 有二種하니 一은 是所迷니 謂緣起不實故로 如幻이오 緣成故로 無性이라 二는 是能迷니 謂徧計無物故로 如空이오 妄計故로 無相이라 又緣起法에 有二義하니 一은 無相如空이면 則蕩盡無所有니 是相空也오 二는 無自性如幻이면 則業果 恆不失이니 卽性空也라 此二 不二라 爲一緣起일세 是故로 兩喩로 共顯一法이니 旣不迷能所면 則悟眞如하야 成正智火라【鈔_ 言'此二不二'者는 融上'性'·'相'二空也라 云何融耶아 謂若不達者는 性相二空이 俱非了義라 何者오 謂法若性空인댄 相不空故니라 若云相空이오 性又不空인댄 以性相異 猶如畫火에 無有熱性이나 而似火相이오 如木中火에 不見其相이나 而有其性이오 如角峯垂頡이 卽是牛相이라 負重致遠이 是其性故로 性主於內오 相據於外라 若一空者는 彼一不空일세니라 若得意者는 此二相成이니 謂由從緣無性을 名爲性空이라 故令體相 無不空寂이 卽相空也라 此以性空으로 成於相空이니 由諸相 蕩盡이라 是故로 空中에 無色·無受想行識이라야 方顯法性本自空耳오 此以相空으로 成於性空하야 二空相成을 云不二也라 又說性空에 總有三義하니 一은 法無定性을 名空인댄 則相未空이오 二는 法之眞性을 本空인댄 則相亦未空이오 三은 若說從緣無性이라 故名爲空인댄 則一切法性 自空矣오 非推之使空이라 '則悟眞如 成正智火'者는 此中에 具五法三自性이니 三性은 文顯이오 五法相者는 謂徧計無物일세 故亡名也오 妄計無相은 絕妄想也오 緣起無相일세 故亡相也오 悟眞如는 卽圓成이오 成正智火는 五法具矣라】

제8 성수왕자재 천자. "모든 법이… 없음을 보여주었다." 등에서 말한 '모든 법'에는 2가지의 뜻이 있다.

⑴ 혼미의 대상이다. 반연에 의해 일어나는 것은 實性이 아니기 때문에 마술과 같다고 말한다.

⑵ 徧計所執에 의한 자성은 실체가 없기에 허공과 같고, 그릇된 계책이기에 상이 없다고 말한다.

또한 연기법에도 2가지의 뜻이 있다.

⑴ 상이 없어 허공과 같으면 모든 것이 말끔히 다하여 존재하는 바가 없다. 이는 相空이다.

⑵ 자성이 없어 마술과 같으면 업과를 항상 잃지 않는다. 이는 性空이다.

性空과 相空 이 2가지는 둘이 아니다. 하나의 연기이기에 2가지의 비유를 들어 똑같이 하나의 법을 밝힌 것이다. 앞서 能所의 主客을 잘 알아 혼미하지 않으면 곧 진여를 깨달아 바른 지혜의 불꽃을 이룰 것이다. 【초_ "이 2가지는 둘이 아니다."고 말한 것은 위의 '性空'·'相空' 2가지를 융합한 것이다. 무엇을 융합이라 말하는가? 달관하지 못한 자라면 '성공'·'상공' 2가지를 모두 了義가 아니라고 말할 것이다. 무엇 때문인가? 법이 만일 성공이라면 相의 空이 아니기 때문이다. 만일 상은 공이지만 성 또한 공이 아니라면 성과 상이 전혀 다르다. 이는 마치 불을 그릴 적에 불의 뜨거운 성질은 그릴 수 없으나 불의 모습만큼은 비슷하게 그려내는 것과 같고, 또 다른 일례를 들면 나무 가운데의 불의 성질은 불의 형상이야 볼 수 없지만 불의 자성만큼은 있는 것이며, 또 다른 일례를 들면 뾰쪽 솟은 뿔이 아래로 처진 것은 곧 소의 모습이다. 무거운 짐을 짊어지고 먼 길을 갈 수 있는 것은 소의 본성이다.

그러므로 성품이란 내면의 존재를 위주로 말하고, 형상이란 바깥 존재를 근거로 말한 것이다. 이로 보면 그 어느 한쪽이 공이라는 것은 그 어느 한쪽은 공이 아니기 때문이다. 만일 그 뜻을 터득한 자라면 성품과 형상, 이 2가지를 하나로 형성하여 보는 것이다. 반연을 따라 자성이 없다는 것으로 말하면 그것은 '성공'이라고 말한다. 그러므로 형체의 모습이 공하여 전혀 찾아볼 수 없는 것을 '상공'이라고 한다.

이러한 '성공'으로써 '상공'을 형성하는 것이니 모든 상이 말끔히 없어졌기 때문이다. 그러기에 공 가운데에 색이 없고, 受想行識이 없어야 만이 비로소 법성이 본래 스스로 공한 것임이 나타나게 된다. 이러한 '상공'으로써 '성공'을 이루어 2가지의 공이 모두 하나로 이루어진 것을 '둘이 아니다[不二].'고 말한다.

또 '성공'에는 모두 3가지의 뜻이 있다고 한다.

① 법에 일정한 자성이 없는 것을 공이라 말한다면 이는 상이 공한 것은 아니다.

② 법의 眞性은 본래 공한 것이라면 상 또한 공한 것은 아니다.

③ 만약 반연에 의해 자성이 없기 때문에 공이라 말한다면 일체 법성이 절로 공한 것이지, 이를 미루어 공으로 만든 것은 아니다.

"곧 진여를 깨달아 바른 지혜의 불꽃을 이룬다."는 것은 이 가운데 5가지의 法相과 3가지의 자성을 갖추고 있기 때문이다. 위의 '3가지의 자성'에 관한 문장에 나타나 있고, '5가지의 법상'은 ① 徧計所執의 존재가 없기에 이름이 없으며, ② 妄計에 상이 없음은 망상이 끊어짐이며, ③ 緣起에 상이 없기에 상이 없으며, ④ 진여를 깨달음은 곧 圓成實性이며, ⑤ 바른 지혜의 불꽃을 이룬 것은 5가지의 법이 모두 갖춰진 것이다.】

九 悲願爲物하야 現相好形이 是大業也라

제9 정각월 천자. 大悲의 서원으로 중생을 위해 32相, 80種好의 모습을 보여주심이 '대업'이다.

十 普斷等者는 毛光普演이어니 何疑不斷가

제10 대위덕광명 천자. "모든 의혹을 널리 끊었다." 등은 모공의 광명으로 법문을 널리 연설하셨나니 그 무슨 의심을 끊지 못하겠는가.

經

爾時에 **月天子**가 **承佛威力**하사 **普觀一切月宮殿中諸天衆會**하고 **而說頌言**하사대

그때 월 천자가 부처님이 지닌, 헤아릴 수 없는 영묘하고도 불가사의한 힘을 받들어 모든 월 궁전의 여러 하늘대중의 모임을 두루 살피고 게송으로 말씀드렸다.

◉ 疏 ◉

偈中에 亦十이라

게송 또한 10편이다.

제1 월 천자의 게송

經

佛放光明徧世間하사 照曜十方諸國土하시며
演不思議廣大法하사 永破衆生癡惑暗이로다

부처님의 방광(放光), 세간에 두루 빛나

시방 모든 국토 비추시며

부사의한 넓고 큰 법을 연설하사

중생의 어리석음 길이 깨뜨리셨네

제2 화왕계광명 천자의 게송

經

境界無邊無有盡일세 於無量劫常開導하사대
種種自在化群生하시니 華髻如是觀於佛이로다

경계는 끝없고 다함도 없어

한량없는 겁 동안 항상 인도하사

갖가지 자재로 중생 교화하시니

화계 천자가 부처님에게 이를 보았네

◉ 疏 ◉

初二는 可知라

제1 월 천자 · 제2 화왕계광명 천자의 게송, 이는 설명하지 않아도 알 수 있다.

제3 중묘정광 천자의 게송

經

衆生心海念念殊를 **佛智寬廣悉了知**하사
普爲說法令歡喜케하시니 **此妙光明之解脫**이로다

중생의 마음바다 생각생각 다른 것을
부처님의 지혜, 널리 모두 아시기에
널리 법을 설해 기쁨을 주시니
이는 묘광명 천자의 해탈문이네

◉ 疏 ◉

三中에 初句는 卽心海攀緣轉이니 若以生滅八識인댄 卽彼第八도 亦名爲轉이라 以恆轉故로 云念念殊니 恆故로 非斷이오 轉故로 非常이라【鈔_ 若以生滅八識 卽彼第八 亦名轉者는 以起信中에 則生滅은 與不生滅로 和合이라 故有藏識海常住之言이니 如長行辨이어늘 今

取唯識宗八識하야 唯是業惑辨生이라 故皆生滅이라 言'以恆轉故'者는 卽引證也라 論釋第一能變은 卽阿賴耶오 於中에 因果法喩로 間之라 恆轉如瀑流는 論에 有問云阿賴耶識은 爲斷가 爲常가 論에 答云非斷이오 非常이라 以恆轉故라하니 恆은 謂此識이 無始時來하야 一類相續하야 常無間斷이니 是界趣生이 施設本故로 性堅持種하야 令不失故라 轉은 謂此識이 無始時來하야 念念生滅하야 前後變異하야 因滅果生이 非常一故로 可爲轉識 熏成種故라 恆은 言遮斷이오 轉은 表非常이니 猶如瀑流는 因果法爾라 云'念念殊'者는 卽以論恆轉之言이니 會同經文이라 】新新而生하고 念念而滅하야 念念殊故로 體恆'不卽'이오 彼如來藏은 功德常具하야 義亦'不離'니라 如彼瀑流는 離水無流오 離流無水라 又如海波濤는 有漂溺故오 多畜養故니 法合思之라 次句는 明了知니 謂此識이 深細하야 唯佛智하야 知故오 次句는 示心海性이 卽是佛智라 不令外求니 稱機故로 喜라【鈔_ '新新已下는 義引上論이오 '念念殊故'下는 會法性宗이 與如來藏으로 非一非異故니 起信에 云謂不生不滅이 與生滅로 和合하야 非一非異를 名阿賴耶識이라하니 由念念殊 是生滅일세 故與藏非一이오 卽此生滅心이 恆沙性德 本來具足일세 故名不離라 不卽不離오 卽不一不異니라

'如彼瀑流'者는 卽向所引唯識後文에 云如瀑流水는 非斷非常이오 相續長時하야 有所漂溺하나니 此識도 亦爾라 從無始來로 生滅相續하야 非常非斷이오 漂溺有情하야 令不出離라 又如瀑流는 雖因風等이 擊起諸波나 而流不斷하나니 此識도 亦爾라 雖遇衆緣하야 起眼等識이나 而恆相續이 又如瀑流하야 漂水上下하고 魚草等物이 隨流不捨하나

니 此識도 亦爾라 與內習氣와 外觸等法으로 恒相續轉이라 釋曰 但觀上引이면 於疏文中에 二宗合釋이니 如瀑流水는 卽唯識文이오 '離水無流'는 通二宗義라 若成法相은 離第八識하야 無眼等識이오 若依法性이면 離如來藏하야 無有八識하나니 廣如問明이라

'又如海波濤'는 卽起信에 云如大海水 因風波動하야 水相風相이 不相捨離라하니 海卽藏識은 如長行說이라 恒常住故로 是如來藏이라 此는 卽成上'離水無流'오 亦乃生下'有所漂溺'이 卽唯識이라 上生人天은 猶如漂草오 下沉三塗는 猶如溺魚오 多畜養故로 又兼法性이니 此中에 具有恒沙性德이라 一切智寶 自此而生이라

若取法相이면 阿陁那識 甚微細하고 一切種子 如瀑流라 我於凡愚에 不開演은 恐彼分別執爲我라 亦多畜養義는 義兼二宗이니 言法合思之는 已如上說이면 玄文又明이오 至問明品에 當廣分別二宗之異라 謂此識微細는 卽如向引偈文이니 卽唯識第三에 引解深密偈라 次句는 示心海性이니 卽是佛智者라 上句는 佛智爲能了일세 故八十經에 云"佛智廣大如虛空이오 悉了世間諸妄想이라" 故今此는 卽出現品에 云"一切衆生이 無不具有如來智慧니 如大海水 潛流四天下地라" 故云"卽是佛智 不令外求"者는 卽淨名에 云"諸佛解脫은 當於衆生心行中求하야 稱彼圓機라 故生歡喜라"하니라】

제3 중묘정광 천자의 게송. 제1구는 위의 법문에서 말한 "일체 중생의 마음바다에서 일어나는 온갖 攀緣轉"이다. 生滅八識으로 말한다면 그 제8 아뢰야식 또한 '轉'이라고 말한다. 끊임없이 언제나 전변하기 때문에 마음바다에서 일어나는 "모든 생각이 각기 다

르다[念念殊].”고 말하니 늘 언제나 일어나기 때문에 끊이지 않는 것이요, 전변하기 때문에 영원히 일정하지 않다. 【초_ “生滅八識으로 말한다면 그 제8 아리야식 또한 '轉'이라고 말한다.”는 것은 기신론에 의하면, “생멸은 생멸이 아닌 것들과 하나로 융합되는 까닭에 藏識의 바다에 상주한다.”는 말이 있다. 이는 장항의 법문에서 논변한 바와 같은데, 이 청량소에서 유식종의 팔식을 취하여, “오직 業惑이 발생하는 힘을 갖추고 있기 때문에 모두 생멸한다.”고 말한 것이다.

“끊임없이 언제나 전변하기 때문[以恆轉故]”이라고 말한 것은 곧 생멸에 대한 인증이다. 논석에 의하면, 第一能變이란 곧 아리야식이며, 그 가운데에 인과의 법과 비유를 대비로 들어 사이사이 논술하고 있다.

“항상 전변함이 폭포의 물줄기와 같다.”는 것은 논에서 어떤 사람이 묻기를, “아리야식은 끊어진 것입니까? 일정한 것입니까?”라고 하니 논에 답하여 말하기를, “斷도 아니요, 常도 아니다. 항상 전변하기 때문[以恆轉故]이다.”고 하였다.

恆은 제8 아리야식이 시작도 없는 아득한 옛날부터 한결같이 서로 이어져 항상 끊임이 없는 것이다. 이 경계 趣生의 시설이 본래 있기 때문이며, 성품이 종자를 굳건하게 지녀서 잃지 않도록 만들기 때문이다.

轉은 제8 아리야식이 시작도 없는 아득한 옛날부터 한 생각 한 생각이 일어나고 사라지면서 전후하여 변하고 옮겨가면서 因이 사라지고 果가 생겨나는 것이 떳떳하거나 일정하지 않기에 轉識이 훈습으로 종자를 이루기 때문이다.

恆이란 끊어졌던 것을 막기 위해 말한 것이며, 轉이란 일정하지 않음을 나타낸 것이다. "폭포의 물줄기와 같다."는 것은 인과법이다. "모든 생각이 각기 다르다[念念殊]."는 것은 "끊임없이 언제나 전변"으로 논한 말이니 경문과 같이 이해해야 한다.】

새롭게 또 새롭게 일어나고 한 생각 또 한 생각이 사라지는데 모든 생각이 각기 다르기 때문에 본체는 항상 붙어 있지도 않고, 그 여래장은 공덕이 항상 구족하여 義 또한 떨어져 있지도 않다. 이는 마치 저 폭포의 물줄기는 물을 떠나서는 흐를 수 없고 흐름을 떠나서는 물이 있을 수 없는 것과 같다. 또한 바다의 파도와 같이 떠다니기도 하고 빠지기도 하며, 길러줌이 많기 때문이니 법에 대해 이처럼 생각해야 한다.

제2구는 부처님의 지혜로 중생의 마음을 널리 모두 아는 데에 대해 밝히고 있다. 이처럼 제8 아뢰야식은 심오하고도 섬세하여 오직 부처님의 지혜만이 이를 알 수 있기 때문이다.

제3구는 중생 마음의 본성이 곧 부처님의 지혜임을 보여주어 중생으로 하여금 바깥에서 불성을 추구하지 않도록 함이니, 중생의 근기에 따라 맞추어주었기에 중생이 기뻐한 것이다. 【초_ "새롭게 또 새롭게 일어나고" 이하 문장의 뜻은 위의 논지를 인용한 것이며, "모든 생각이 각기 다르기 때문" 이하의 문장은 법성종이 여래장과 하나도 아니요 다른 것도 아님을 알았기 때문이다. 기신론에 이르기를, "나지도 않고 사라지지도 않는 존재가 나오고 사라지는 것과 화합하여 하나도 아니요 다르지도 않은 것을 아뢰야식이라고 한다."고 하였다. "모든 생각이 각기 다름"으로 말미암은 것은 생멸이 있기 때문이다. 따라서 여래장과 하나가 아니요, 곧 그 생멸심 자체가 항하사처럼 수많은 성품의 덕이 본래 구족하기 때문에 떨어져 있지도 않다고 말한다. 붙어 있지도 않고 떨어져 있지도 않으며, 그것은 하나도 아니요 다른 것도 아니다.

"폭포의 물줄기와 같다."는 것은 앞에서 인용한 유식론의 뒤 문장에서 다음과 같이 말하였다.

"폭포의 흐르는 물과 같다는 것은 끊어진 것도 아니요 일정한 것도 아니며, 기나긴 시간을 서로 이어오면서 표류하고 빠지는 바가 있는데, 제8식 또한 그러하다. 시작도 없는 아득한 옛날부터 생멸이 이어져 일정한 것도 아니요 끊어진 것도 아니며, 중생계에 빠져 벗어날 수 없는 것이다. 또한 폭포의 흐르는 물은 아무리 바람 등으로 인해서 수많은 물결이 일어날지라도 흐르는 물줄기는 끊임이 없다. 제8식 또한 그와 같다. 비록 수많은 인연을 만나 眼耳鼻舌 등의 식이 일어나지만 항상 끊임없이 서로 이어지는 것이 또한 폭포의 흐르는 물과 같아서 물에 표류하여 위아래로 출렁거리고, 물고기와 풀 등의 물건이 흐르는 물을 따라 벗어나지를 못하듯이 제8식 또한 그러한 것이다. 내면의 습기와 바깥 觸 등의 법으로 항상 서로 이어 전변하는 것이다."

주석에 이르기를, "단 위에 인용한 바를 살펴보면 청량소의 문장에서 법성종과 법상종의 뜻을 종합하여 해석하였다. "폭포의 물줄기와 같다."는 것은 유식의 문장이며, "물을 떠나서는 흐를 수 없다."는 것은 법성종과 법상종의 뜻을 전체로 들어 말한 것이다. 法相을 이루는 경우, 제8식을 떠나서 眼耳鼻舌 등의 식이 없고, 法性에 의하여 말하면 여래장을 떠나 제8식이 있을 수 없다."고 하니 자세한 설명은 보살문명품에서 말한 바와 같다.

"또한 바다의 파도와 같다."는 것은 기신론에서 "마치 큰 바다의 물결이 바람 따라 파도가 일어나 물결의 모습과 바람의 모습이 서로 떠날 수 없음과 같다."고 말하였다. 바다가 곧 藏識임은 장항의 법문에서 말한 바와 같다. 항상 변함없이 있기에 이는 여래장이다. 이는 위에서 말한 "물을 떠나서는 흐를 수 없다."는 말을 끝맺고, 또한 아래의 "표류하고 빠지는 바가 있다."는 것이 곧 유식임을 낳아주는 것이다. 위로 인간과 천상에 태어난 것은 '마치 표류하는 풀'과 같고, 아래로 三惡道에 잠기는 것은 마치 '물속에 사는 물고기'와 같다. '길러줌이 많기' 때문에 또한 법성을 겸하고 있다. 그 가운데에 항하의 모래와도 같은 수많은 성품의 덕을 갖추고 있기에 모든 지혜의 보배가 여기에서 발생하는 것이다.

만약 법상을 들어 말한다면, 아타나식은 매우 미세하고 일체 종자는 폭포의 흐르는 물과 같다. 내가 어리석은 사람에게 이를 말하여 밝혀주지 않은 것은 그들이 분별심으로 집착하여 자아를 삼을까 두려워한 때문이다. 또한 '길러줌이 많다.'는 뜻은 법성과 법상 二宗을 겸하고 있다.

"법에 대해 이처럼 생각해야 한다."는 것은 이미 위에서 말한 바와 같이 이해한다면 현묘한 문장 또한 명백할 것이며, 보살문명품에 이르러 법성종과 법상종의 차이점을 광범위하게 분별해야 할 것이다.

이 식이 미세하다는 것은 곧 조금 전, 유식의 게송을 인용한 것과 같다. 유식 제3에서 해심밀경의 게송을 인용한 부분을 말한다.

제3구는 마음의 본성을 보여준 것이다. 곧 부처님의 지혜이다. 위 제2구에서는 부처님의 지혜로 중생의 마음을 모두 알기 때문에 八十經에 이르기를, "넓고 크신 부처님 지혜, 허공과 같고 세간의 모든 망상을 다 아셨다."고 하였다. 이 때문에 여기에서는 곧 제37 여래출현품에서 이르기를, "일체중생이 여래의 지혜를 갖추지 않음이 없다. 이는 마치 큰 바다의 물이 사방천하의 땅속에 흐르는 것과 같다."고 하였다. 이 때문에 "부처님의 지혜는 바깥에서 추구해선 안 된다."는 것은 정명경에서 이르기를, "제불의 해탈은 의당 중생의 마음속에서 구하여 그들의 원만한 근기에 맞춰주었기에 환희의 마음을 낸다."고 하였다.】

제4 안락세간심 천자의 게송

衆生無有聖安樂하야　　沈迷惡道受諸苦어늘
如來示彼法性門하시니　　安樂思惟如是見이로다

중생은 성스러운 안락이 없어
삼악도에 빠져 온갖 고뇌 받거늘
여래께서 그들에게 법성의 문 보이시니
안락 천자가 사유하여 이런 도리 보았네

◉ 疏 ◉

四中에 初二句는 明失聖樂이니 聖安樂者는 卽聖智涅槃이라 本有今無일세 故沉迷妄苦니라 次句는 明與示其性有니 樂非苦外일세 名不思議오 見性得樂일세 性卽是門이니라【鈔_ '卽聖智涅槃 本有今無'者는 約法相說인댄 涅槃에 "本有聖智本無라 故無菩提覺法之樂"이어니와 今約法性인댄 涅槃聖智는 皆有性淨이니 卽法性門이라 是則眞樂本有어늘 失而不知하야 云無有耳라 故初地에 云"諸佛正法이 如是甚深이로되 而諸凡夫는 心墮邪見하야 旣失眞樂이오 妄苦 本空이어늘 得而不覺이라 是故로 沉迷니라" 若覺本性이면 不沉迷故일세 故第三句는 示其性有하야 令其覺性으로 了彼苦性이니라 眞寂靜樂은 云'樂非苦外'라 是以로 長行에 名不思議라 '見性得樂 性卽是門'者는 若約解苦無苦댄 苦爲見性之門이어니와 今約見性成佛일세 故性爲聖樂之門이라】

제4 안락세간심 천자의 게송. 제1, 2구는 성스러운 안락을 잃은 중생을 밝힌 것이다. 성스러운 안락이란 곧 부처님 지혜의 열반이다. 이는 본래 지녀온 것인데 오늘날 이를 잃어버린 까닭에 헛된 고뇌 속에 잠긴 것이다. 제3구는 부처님께서 중생의 본성에 지혜 열반의 안락이 있음을 분명하게 보여준 것이다. 즐거움은 고뇌 밖에 있는 것이 아니기에 이를 불가사의라 말하고, 불성을 깨달으면 안락을 얻을 수 있기에 불성이 곧 '문'이다. 【초_ "부처님 지혜의 열반이란 본래 지녀온 것인데 오늘날 이를 잃었다."는 것은 법상으로 말하면 열반경에서는 "본래 지녀온 부처님 지혜는 본래 없는 존재이다. 그러므로 菩提覺法의 즐거움이 없다."고 말하거니와, 여기에서 법성으로 말한다면 열반의 부처님 지혜는 모두 청정한 자성이 있으니 곧 '법성의 문'이다. 이는 眞樂이란 본래 있는 것인데 중생이 상실하여 알지 못한 까닭에 이를 없다고 말한 것이다. 이 때문에 初地에서 말하기를, "모든 부처의 바른 법이 이와 같이 매우 심오하지만 모든 범부의 마음은 사견에 떨어져서 이미 참다운 즐거움을 상실하였고, 헛된 고뇌는 본래 공한 것인데 이를 가지고서도 깨닫지 못한 것이다. 이 때문에 혼미에 빠지게 된 것이다."고 하였다. 만약에 본성을 깨닫는다면 혼미에 잠기지 않는다. 이 때문에 제3구에서 법성이 고유한 바임을 보여주어, 그들이 본성을 깨달아 고뇌의 자성을 알도록 마련해준 것이다. 寂靜의 참 즐거움에 대해 "즐거움은 고뇌 밖에 있지 않다."고 말하였다. 이 때문에 장항의 법문에서 이를 '不思議'라 말한 것이다. "불성을 깨달으면 안락을 얻을 수 있기에 불성이 곧 '문'이다."는 것은 만약 고뇌에서 해탈하여 고뇌가 없는 것으로 말하면 고뇌는 불성을 깨닫는 문이 된다. 그러나 여기에서는 불성을 깨달아 부처가 되는 것으로 말한 까닭에 불성이 聖安樂의 문이 된다.】

제5 수왕안광명 천자의 게송

經

如來希有大慈悲여　　**爲利衆生入諸有**하사
說法勸善令成就케하시니　**此目光天所了知**로다

여래의 희유하신 대자비여
중생의 이익 위해 모든 유에 들어가시어
설법과 권선으로 성취하게 하시니
목광 천자가 이런 경계 깨달았네

◉ 疏 ◉

五中은 但是法說이니 如來는 卽田主也니 悲는 佃이오 物은 田이라 '爲利入有'는 是所作業이니 爲利는 同於求果오 入有는 似於耕犂라 說法은 卽是下種이오 勸善은 正當守護오 令熟은 可知라

제5 수왕안광명 천자의 게송. 이는 하나의 비유사가 없이 법만을 들어 말하였다. 여래는 곧 밭주인이다. 大悲는 밭갈이며, 중생은 밭이다. "중생의 이익 위해 모든 유에 들어갔다."는 것은 농사일[所作業]이다. '이익을 위함'은 果를 구하는 것과 같고, '모든 유에 들어갔다.' 함은 쟁기질하는 것과 같다. 설법은 곧 씨앗을 뿌리는 것이요, 권선은 바로 수호[隨時守護]에 해당한다. '성취하도록 한다[令成就].'는 것은 설명하지 않아도 알 수 있다.

제6 출현정광 천자의 게송

經

世尊開闡法光明하사　　　**分別世間諸業性**인

善惡所行無失壞하시니　　　**淨光見此生歡喜**로다

세존이 법의 광명을 열어

세간 모든 업의 체성(體性)이 되는

선악의 소행을 잃지 않도록 분별해주시니

정광 천자가 이런 도리에 환희심을 내었네

◉ 疏 ◉

六中은 前悲救護는 語其本心이오 此明智光은 彰其所用이니 悲智相導라야 能眞救也라

제6 출현정광 천자의 게송. 이는 앞서 장항의 법문에서 말한 "자비로 모든 중생을 구제하고 보호한다[慈悲救護一切衆生]."는 것은 부처님의 본심을 말함이며, 이 게송에서 지혜광명을 밝힌 것은 부처님의 妙用을 나타냄이다. 자비의 마음과 지혜의 광명으로 인도하여야 만이 참다운 구제이며 보호이다.

제7 보유부동광 천자의 게송

佛爲一切福所依여　　　　譬如大地持宮室하야
巧示離憂安穩道하시니　　不動能知此方便이로다

부처님은 모든 복의 의지처라
궁실을 굳건히 지켜주는 대지와 같아서
근심 없는 안락의 도 잘 보여주시니
부동 천자가 이런 방편을 알았네

◉ 疏 ◉

七中에 初句는 佛爲福依오 月爲涼本이며 次句는 應言大風持宮이어늘 而今云爾는 卽是轉喻니 大地는 如佛이오 宮室은 如福이라 次句는 卽照現義오 亦淸涼義라

제7 보유부동광 천자의 게송. 제1구는 부처님은 복의 의지처이고, 월은 淸涼(熱惱의 반대)의 근본이다.

제2구는 "큰 바람이 월궁을 지켜준다[大風持宮]."고 말해야 할 것인데, 이 게송에서 이처럼 '大地持宮'이라고 말한 것은 어떤 사물이나 사실을 표현하기 위하여 그것과 가까운 다른 낱말을 사용하는 수사기법의 하나인 '換喻(轉喻)'를 사용하였기 때문이다. 大地는 부처님과 같고, 궁실은 복과 같다.

제3구는 청정한 달이 시방에 널리 비춰준다[淸淨月 普現十方]는 뜻이며, 또한 청량의 뜻이다.

제8 성수왕자재 천자의 게송

經

智火大明周法界하며　　**現形無數等衆生**하사
普爲一切開眞實하시니　　**星宿王天悟斯道**로다

지혜의 불, 밝은 빛이 법계에 두루 하며
수없는 형상, 중생과 똑같이 나타내어
일체중생 위해 널리 진실을 보여주시니
성수왕 천자가 이런 도리 깨달았네

◉ **疏** ◉

八中은 可知라

제8 성수왕자재 천자의 게송, 이는 설명하지 않아도 알 수 있다.

제9 정각월 천자의 게송

經

佛如虛空無自性이로대　　**爲利衆生現世間**하시니
相好莊嚴如影像이라　　**淨覺天王如是見**이로다

부처님은 허공과 같아 자성(자체)이 없으나
중생의 이익 위해 세간에 나타나시니
장엄한 상호, 영상 같은데

정각 천자가 이런 경계 보았네

◉ 疏 ◉

九中에 初句 '佛如虛空'은 大業性也오 次句는 大業體也니 不利衆生이면 非大業故오 次句는 大業相이니 依光有影이라야 可以知動靜이오 依鏡有像이라야 可以辨姸媸라 然彼影像은 無自性相이니 如來相好도 當知亦爾니라【鈔_ '依光有影'等者는 疏開影像二字하야 以爲兩喩라 影은 謂光影喩오 像은 謂鏡像喩라 然此二喩는 有通一切어니와 今取別義니 光影之喩는 喩佛現多端일세 故云有動靜이니 質動에 影動이오 質靜에 影靜이라 鏡像은 喩現身勝劣이니 丈六·三尺·三十二相等이 隨機見也라】

제9 정각월 천자의 게송. 제1구의 "부처님은 허공과 같음"은 大業의 性이다. 제2구는 대업의 體이다. 중생에게 도움이 되지 않는다면 대업이 아니기 때문이다. 제3구는 대업의 相이다.

광명에 의해 그림자가 있어야 동정을 알 수 있고, 거울에 의해 영상이 비쳐야 美醜를 알 수 있다. 그러나 저 영상은 자체의 모습이 없듯이, 여래의 모습 또한 그와 같음을 알아야 한다.【초_ "광명에 의해 그림자가 있어야" 등은 影·像 2글자로 구분 지어 2가지의 비유를 삼고 있다. 影이란 빛과 그림자의 비유[光影喩]요, 像이란 거울과 영상의 비유[鏡像喩]이다. 그러나 이 2가지의 비유는 모든 데에 통용되지만, 여기에서는 개별적인 뜻을 취하고 있다. 빛과 그림자의 비유는 부처님의 현신이 여러 가지임을 비유한 것이다. 이 때문에 '동정이 있다.'고 말하였다. 형체가 움직이면 그림자가 따라 움직이고, 형체가 고요하면 그림자도 따라 고요하게 된다. 거울과 영상의 비유는 훌륭한 현신과 그보다 못한 현신을 비유함이니 丈六·三尺·三十二相 등이 중생의 근기를 따라 보여줌을 말한다.】

제10 대위덕광명 천자의 게송

經

佛身毛孔普演音이여　　**法雲覆世悉無餘**라
聽聞莫不生歡喜하니　　**如是解脫光天悟**로다

부처님 모공에서 울려 나오는 법음이여
법 구름이 세상 덮어 남은 곳이 없네
듣는 이마다 환희심 내니
이러한 해탈문을 광명 천자가 깨달았네

◉ 疏 ◉

十亦可知라**(天衆 竟하다)**

제10 대위덕광명 천자의 게송, 이는 설명하지 않아도 알 수 있다.**(천중을 끝마치다.)**

세주묘엄품 제1-6 世主妙嚴品 第一之六

화엄경소론찬요 제7권 華嚴經疏論纂要 卷第七

화엄경소론찬요 ①
華嚴經疏論纂要

2016년 6월 7일 초판 1쇄 발행
2017년 6월 22일 초판 2쇄 발행

편저자 혜거
발행인 박상근(至弘) • 편집인 류지호 • 편집 김선경, 양동민, 이기선, 양민호
디자인 쿠담디자인 • 제작 김명환 • 홍보마케팅 허성국, 김대현, 박종욱 • 관리 윤애경
펴낸 곳 불광출판사 03150 서울시 종로구 우정국로 45-13, 3층
대표전화 02) 420-3200 편집부 02) 420-3300 팩시밀리 02) 420-3400
출판등록 1979. 10. 10 (제300-2009-130호)

ISBN 978-89-7479-316-6 04220
ISBN 978-89-7479-318-0 04220 (세트)

이 도서의 국립중앙도서관 출판예정도서목록(CIP)은
서지정보유통지원시스템 홈페이지(http://seoji.nl.go.kr)와
국가자료공동목록시스템(http://www.nl.go.kr/kolisnet)에서 이용하실 수 있습니다.
(CIP제어번호: 2016012586)

책값은 뒤표지에 있습니다.
잘못된 책은 구입하신 서점에서 바꾸어 드립니다.
독자의 의견을 기다립니다. www.bulkwang.co.kr

불광출판사는 (주)불광미디어의 단행본 브랜드입니다.